Peter Paul Cadonau
(1891–1972)

T V Z

HORST F. RUPP (HG.)

Peter Paul Cadonau (1891–1972)

Theologe und Seelsorger in bewegter Zeit

Mit Beiträgen von
Jan-Andrea Bernhard, Martin Fontana,
Horst F. Rupp und Manfred Veraguth

Eine Publikation des Instituts
für Kulturforschung Graubünden

TVZ

Theologischer Verlag Zürich

Gedruckt mit freundlicher Unterstützung von
SWISSLOS/Kulturförderung Kanton Graubünden
Walter F. Blüchert Stiftung/Axel und Friede Springer-Fonds, Chur
Stiftung Jacques Bischofberger, Chur
Stiftung Dr. M.O. Winterhalter, Chur
Ulrico Hoepli-Stifung, Zürich
Evangelisch-reformierte Landeskirche Graubünden
Fundaziun Anton Cadonau pil romontsch en Surselva, Vuorz/Waltensburg
Kirchgemeinde Waltensburg
Kirchgemeinde Trin
Regiun Surselva, Ilanz
Gemeinde Waltensburg (bis zum 31. Dezember 2017 eigenständige Gemeinde)
Fundaziun Anton Cadonau per cultivar e promover il romontsch en baselgia dallas valladas renanas, Vuorz/Waltensburg
Lia Rumantscha, Chur

Der Theologische Verlag Zürich wird vom Bundesamt für Kultur mit einem Strukturbeitrag für die Jahre 2019–2020 unterstützt.

Bibliografische Informationen der Deutschen Nationalbibliothek
Die Deutsche Nationalbibliothek verzeichnet diese Publikation in der Deutschen Nationalbibliografie; detaillierte bibliografische Daten sind im Internet über http://dnb.dnb.de abrufbar.

Umschlaggestaltung
Simone Ackermann, Zürich
unter Verwendung einer Illustration von Isabelle Bühler © Isabelle Bühler, Uster
Satz und Gestaltung
Claudia Wild, Konstanz
Druck
Westermann Druck Zwickau GmbH

ISBN 978-3-290-18203-8

www.tvz-verlag.ch

Hans-Günter Heimbrock,
dem Freund und Kollegen,
herzlich zugeeignet

Inhalt

ANHANG

Vorwort und Einleitung

Der Theologe Peter Paul Cadonau (1891–1972) war dem Herausgeber als Übersetzer der Bibel beziehungsweise zentraler Teile davon durchaus bekannt. Allerdings wusste er vom Leben und übrigen Werk Cadonaus recht wenig. Als sich dann im Kontext von Vorüberlegungen zu einer noch zu schreibenden Geschichte der surselvischen Gemeinde Waltensburg die Frage stellte, welche Persönlichkeiten aus der reichen Geschichte dieser Gemeinde eventuell eigens in einem Beitrag zu würdigen wären, wurde eine intensivere Auseinandersetzung mit ihm unumgänglich. Präsenter als Peter Paul Cadonau ist wohl sein Namensvetter Anton Cadonau (1850–1929). Die beiden sind nicht enger miteinander verwandt, auch zeitlich durch gut eine Generation voneinander getrennt und haben sehr unterschiedliche Lebensläufe; Anton Cadonau suchte und fand sein Glück in der weiten Welt, Peter Paul Cadonau blieb – abgesehen von Zeiten des Studiums – immer in seiner engeren Heimat Graubünden. Beide verbindet die Liebe zu ihrer Heimat, insbesondere zu ihrem Heimatdorf Waltensburg. Und auch weitere Verbindungen gibt es zwischen den beiden: Peter Paul Cadonau hat in seinen späteren Lebensjahren sehr profitiert von dem nicht geringen Reichtum, den sein Namensvetter in der weiten Welt erworben hatte und den dieser dann, da er nicht verheiratet war und keine direkten Nachkommen hatte, in eine nach ihm benannte Stiftung einbrachte: Nicht wenige von Peter Paul Cadonaus Schriften konnten mit Unterstützung der von Anton Cadonau ins Leben gerufenen Fundaziun Anton Cadonau per cultivar e promover il romontsch en baselgia dallas valladas renanas gedruckt und verbreitet werden.

Die vorliegende Publikation betritt Neuland, da es zu Peter Paul Cadonau meines Wissens bislang weder eine fundierte wissenschaftliche Untersuchung noch ein literarisches Lebensbild gibt. Auf der Suche nach Quellen und Materialien für eine im Rahmen der Darstellung der Geschichte der Gemeinde Waltensburg naturgemäss nicht sonderlich umfangreiche biografische Würdigung ist der Verfasser dieser Zeilen auf den sich im Besitz von Annalisa Bischoff-Pfister und Martin Pfister befindlichen Nachlass Peter Paul Cadonaus gestossen; sie hatten diese nachgelassenen Manuskripte, Texte, Bilder, Publikationen, Urkunden usw. von ihrer Mutter

Nesa Pfister-Cadonau (1922–2017) erhalten, die eine Nichte Peter Paul Cadonaus war, dessen Ehe mit Maria, ebenfalls geborene Cadonau, kinderlos geblieben war. Cadonau und seine Frau waren in der Familie seiner Nichte immer präsent als eine Art «weitere Grosseltern» für Annalisa und Martin Pfister.

Die sicherlich über seine Zeit hinausragende und historisch zu nennende Leistung Peter Paul Cadonaus war seine Übersetzung von Teilen der Bibel (Neues Testament und Psalmen, später auch von weiteren Teilen des Alten Testaments) in das surselvische Romanisch, zusammen mit Hercli Bertogg (1903–1958). Die beiden haben mit dieser wichtigen Übersetzung für die Entwicklung des Sursilvan sprachprägend gewirkt. Für dieses aussergewöhnliche Werk und Wirken wurde ihnen von der Theologischen Fakultät der Universität Basel im Jahre 1955 der «Doktor der Theologie ehrenhalber» verliehen. Die grundlegende Initiative für diese romanische Bibelübersetzung ging von Cadonau aus, der schon seit Beginn seiner Pfarramtstätigkeit an einer Übertragung des Bibeltextes arbeitete und dann den Theologen und Historiker Hercli Bertogg insbesondere als Sprachexperten für Griechisch und Hebräisch beizog.

Ursprünglich hatte der Herausgeber dieses Buches nur einen relativ knappen Text zu Cadonau projektiert, eben abgezirkelt auf ein kurzes Lebensbild im Rahmen der Geschichte der Gemeinde Waltensburg. Sehr schnell zeigte sich jedoch bei der Sichtung des Nachlassmaterials zum einen, dass die Unterlagen sehr umfangreich und auch reichhaltig sind, zum anderen begann das Material die gespannte und auch nachhaltige Aufmerksamkeit des Herausgebers und Verfassers auf sich zu ziehen. Je mehr er sich in das Material vertiefte und gleichsam festlas, desto interessanter, ja spannender und aufregender erschien es ihm, so dass er sich entschloss, eine umfangreichere wissenschaftliche Publikation ins Auge zu fassen. Als eine Art Vorstudie zu der nun vorliegenden Buchveröffentlichung in dem ursprünglich geplanten Umfang eines knappen Lebensbildes erschien dann im Calender *Per mintga gi* für das Jahr 2017 der von Annalisa Bischoff-Pfister und Barbara Rupp-Pfister ins Romanische übersetzte Text *Peter Paul Cadonau: In plevon grischun en «survetsch dil Segner»*[1].

Für die Buchpublikation galt es jedoch, einen grösseren Rahmen zu entwickeln, der den verschiedenen Facetten von Leben, Werk und Wirken von Peter Paul Cadonau versucht gerecht zu werden. Erfreulicherweise liessen sich für dieses grössere wissenschaftlich fundierte Werk mit Jan-Andrea Bernhard, Martin Fontana und Manfred Veraguth namhafte Autoren gewinnen, die Wesentliches zur Darstellung und Analyse von einzelnen zentralen Aspekten der Lebensleistung Cadonaus beizutragen haben.

1 Rupp 2017a.

Die darstellend-analytischen Texte in diesem Band beginnen unter der Überschrift «Verbi Divini Minister. Peter Paul Cadonau (1891–1972) – ein Bündner Theologe in bewegter Zeit» mit einem biografischen Lebens- und Werkabriss zu unserem Protagonisten aus der Feder des Herausgebers. Orientiert an den Lebensstationen Cadonaus – Geburt und Kindheit in Waltensburg, Schulzeit in Chur, Studium in Basel und Zürich, Pfarrämtern in Luven-Flond, Ardez-Ftan, Thusis und Trin sowie seinem Wirken im Hilfswerk «Gott hilft» in Seewis, Prättigau, und schliesslichen Rückkehr in sein Heimatdorf Waltensburg und dem Tod im Spital in Ilanz – versucht der Autor, die Lebensschicksale und das reiche Wirken Cadonaus auf der Grundlage des vorliegenden Quellenmaterials nachzuzeichnen. Darin «eingeflochten» werden die «Lebensthemen», die ihn in diesen Lebensstationen beschäftigt, ja umgetrieben haben. Dabei zeigt sich, wie Cadonau sich in vielfältiger Weise anregen liess durch die Lebensumstände, in die er hineingeriet bzw. die er selbst mit verursachte, denn er war eben kein nur von den jeweiligen Umständen getriebener Mensch, sondern er versuchte, soweit dies einem Individuum überhaupt möglich ist, seine Welt und Umwelt aktiv mitzugestalten. Dies tat er natürlich von bestimmten Vorstellungen, von einer bestimmten Theologie und «Lebensphilosophie» her, die er sich in seiner lebensgeschichtlichen Genese erworben, ja hart «erarbeitet» hatte. Die Eckwerte seines Denkens und Handelns sollen im Folgenden im Detail entwickelt werden. Dabei werden wir versuchen, möglichst nahe an Cadonaus eigenen Aussagen zu bleiben, die ja in vielfältiger Weise vorliegen, sowohl im gedruckten Wort wie auch in reichen, nicht publizierten Nachlassmaterialien.

Manfred Veraguth – Historiker, Theaterexperte sowie Fachmann für romanische Sprache und Kultur – beschäftigt sich in zwei Artikeln mit unterschiedlichen Aspekten des kuturellen Wirkens von Peter Paul Cadonau. Zum einen versucht er den beim frühen Cadonau schon feststellbaren Ansatz der Sorge um das sprachlich-kulturelle Erbe des reformierten Teils der Bevölkerung der Surselva nachzuzeichnen. Um 1920 bündelten sich die Bestrebungen, dieses Erbe zu bewahren und weiter zu kultivieren, in der Gründung der «Renania». Diese Vereinigung initiierte auch eine romanische Zeitung, die den reformierten Romanen ein sprachlich-kulturelles Forum bot: *La Casa Paterna*; deren erster Redaktor wurde Peter Paul Cadonau.

Und zum Zweiten lenkt Manfred Veraguth den Blick auf einen spannenden Wirkungsaspekt beim späteren Peter Paul Cadonau, der in den vierziger und fünfziger Jahren des 20. Jahrhunderts sich auch an der dramatischen Form literarischen Schaffens versuchte und ein Drama im engeren Sinne sowie einige Hörspielszenen für das Radio verfasste, alles auf Romanisch. Er beteiligte sich damit auch erfolgreich an dramatischen Wettbewerben. Manfred Veraguth weist in seinem Text aber ganz sicher zu Recht darauf hin, dass es Cadonau auch in seinem dramatischen Schaffen insbesondere darum zu tun war, die religiös-christliche, erweckliche, an der Bibel orientierte Botschaft zu verbreiten, der er sich seit seiner Zeit in Thusis auf das Engste verbunden fühlte.

Martin Fontana, wie Cadonau selbst «Verbi Divini Minister» der Evangelisch-reformierten Landeskirche Graubünden, der schon seit einigen Jahrzehnten und auch aktuell im Rahmen einer Arbeitsgruppe an einer ökumenisch ausgerichteten neuen Bibelübersetzung ins Romanische arbeitet, beschäftigt sich unter dem Titel «Peter Paul Cadonaus romanische Bibelübersetzung im Vergleich mit früheren und nachfolgenden Übersetzungen» mit der in den fünfziger Jahren von Peter Paul Cadonau (in Zusammenarbeit mit Hercli Bertogg) vorgelegten Übersetzung des Neuen Testaments und der Psalmen. Entsprechend stellt er Cadonaus Mitte des 20. Jahrhunderts angesiedelte Übersetzung in den weiten historischen Rahmen der romanischen Bibelübersetzungen seit der nachreformatorischen Zeit, beginnend etwa mit der grundlegenden Übersetzungsarbeit eines Luci Gabriel, dessen Neues Testament in Sursilvan im Jahre 1648 erschienen ist. Auf diesem historisch differenzierten Hinter- und Untergrund gelingt es, die sprachliche Übersetzungsleistung Cadonaus detailliert und elaboriert zu erfassen.

Und schliesslich sichtet Jan-Andrea Bernhard, seines Zeichens wissenschaftlich exzellent ausgewiesener Theologe und Historiker, unter dem Titel «Die Zeichen der Zeit erkennen. Literarischer Reflex von Cadonaus sozialem, kirchlichem und sprachlichem Engagement im Calender *Per mintga gi* (1925–1965)» die Beiträge von Cadonau in einem der zentral wichtigen Publikationsorgane des reformierten Romanentums über mehrere Jahrzehnte hinweg, welches ebenfalls zu Beginn der zwanziger Jahre begründet worden war. Dabei werden die Parameter seiner Theologie deutlich sichtbar: Verkündigung des biblischen Wortes, das Tun dieses biblischen Wortes und die gedankliche und sprachliche Durchdringung der religiösen Botschaft in der romanischen Muttersprache, da nur so diese Botschaft eine reelle Chance hat, von den vor allem im Blick befindlichen romanischsprachigen Adressaten auch angemessen wahr- und angenommen zu werden.

Alle Beiträge belegen, welch grosse, ja zentrale Bedeutung Peter Paul Cadonau der Sprache beigemessen hat. Zwar konnte er sich selbst ebenso gut im Deutschen wie auch im Romanischen artikulieren – alle von ihm stammenden Texte belegen diese seine sprachliche Exzellenz in beiden Kulturen. Wenn er sich jedoch an seine romanischen Landsleute wandte, dann war es für ihn unerlässlich, dies auch auf Romanisch zu tun, denn das ganze emotionale Erleben wie dann auch die Kognition, das Denken dieser Landsleute, spielte sich sozusagen auf Romanisch, nicht auf Deutsch ab. Und nur so konnte dann schliesslich auch mit Aussicht auf Erfolg die biblisch-religiöse Botschaft, der sich Cadonau über alles verpflichtet fühlte, greifen und sich auch im Handeln, in der Aktion dieser Landsleute realisieren.

Wir werden deshalb nachfolgend alle Quellen in der vom Autor gewählten originalen sprachlichen Form, also entweder auf Deutsch oder auf Romanisch, zitieren, an der einen oder anderen Stelle für die nicht des Romanischen mächtigen Leser auch Übersetzungen anbieten.

Noch ein Wort zur Quellenlage: Zum einen greifen die Autoren natürlich primär auf gedruckte Quellen zurück, diese umfassen unter anderem Bücher, Broschüren, Aufsätze, didaktisch ausgerichtete Publikationen. Die Nachlassmaterialien enthalten erfreulicherweise aber auch diverse, bislang noch nicht publizierte Quellen, etwa zwei autobiografische Darstellungen aus der Feder von Peter Paul Cadonau,[2] Predigten, Meditationen, aber auch dokumentarisches Material, etwa Schulzeugnisse, Briefe, universitäre und Zivilstandsurkunden, diverses fotografisches Material und Ähnliches.

Als Grundmuster werden in der Werkbiografie des Herausgebers zu Peter Paul Cadonau die erwähnten Selbstdarstellungen beigezogen. Natürlich müssen diese von Cadonau verfassten autobiografischen Texte gleichsam auch historisch-kritisch gesichtet werden, da ein (autobiografisch schreibender) Autor selbstverständlich immer auch Deutungen und Stilisierungen vornimmt, die der kritische Leser bei seiner eigenen Interpretation und Wertung der Texte sehen und berücksichtigen muss.

Im Anhang zu den inhaltlich ausgerichteten Beiträgen der Autoren werden in unserem Band verschiedene, bislang noch nicht gedruckt vorliegende Texte von Peter Paul Cadonau geboten, die einige seiner (praktisch-) theologischen und religiös-spirituellen Positionen zu veranschaulichen vermögen.

Auf bis anhin nicht gedruckt vorliegendes Quellenmaterial greift auch Manfred Veraguth in seinen Ausführungen zum dramatischen Schaffen von Peter Paul Cadonau zurück. Die drei inhaltlich fokussierten dramatischen Texte konnten in der Kantonsbibliothek Graubünden bzw. in der Bibliothek der Lia Rumantscha in Chur recherchiert werden und kommen hier ebenfalls erstmalig zum Abdruck. Zum Drama *Aua viva* bietet der Anhang auch noch weiteres wichtiges Textmaterial, das zum Verständnis der Genese der dem Drama zugrundeliegenden Thematik von nicht untergeordneter Bedeutung ist.

Abgerundet wird der Reigen der abgedruckten Texte durch die Predigt von ser Martin Caveng anlässlich der Beerdigung von ser Peter Paul Cadonau am 27. August 1972 in Waltensburg sowie verschiedene ausgewählte Nachrufe, die ein schöner Beleg dafür sind, wie einige Kollegen und Zeit-

2 Der erste autobiografische Text – verfasst 1954 am Ende seiner Zeit als Pfarrer der reformierten Landeskirche Graubünden – trägt den Titel «40 Jahre im Dienst der Kirche» und umfasst achtzehn nicht paginierte Seiten. Der zweite, kürzere, ebenfalls nicht paginierte autobiografische Text ist überschrieben mit «Wege Gottes in meinem Leben»; er umfasst nur acht Seiten.

genossen Cadonau, sein Werk und sein Wirken erfahren und erlebt haben und welche Bedeutung sie ihm beimassen.

Im uns vorliegenden Nachlass von Peter Paul Cadonau findet sich über die hier genannten Texte hinaus noch umfangreiches weiteres Textmaterial, insbesondere viele Predigten, Andachten und biblische Meditationen. Es war in diesem Projektkontext nicht möglich, dies alles im Detail zu sichten und zu analysieren. Nach Einschätzung des Herausgebers dieses Bandes wäre dieses Material problemlos und auch gewinnbringend etwa als Grundlage für eine historisch ausgerichtete praktisch-theologische Qualifikationsschrift geeignet.

Und auch die diversen von Cadonau verfassten Texte in unterschiedlichen Periodika, so etwa in *La Casa Paterna* und im *Kirchenboten*, konnten in unserem Projektrahmen nicht systematisch ausgewertet werden, sondern harren zukünftiger Bearbeitung.

Damit kommt dieser Einleitungsbeitrag zum Danken.

An erster Stelle ist der Herausgeber Annalisa Bischoff-Pfister und Martin Pfister zu Dank verpflichtet, die mit dem von ihnen verwahrten und zur Verfügung gestellten Nachlass von Cadonau die Grundvoraussetzung geschaffen haben, um dieses Projekt überhaupt in Angriff nehmen zu können – merci vielmal!

Sodann gilt der Dank des Herausgebers den drei Mitautoren dieses Bandes, nämlich Jan-Andrea Bernhard, Martin Fontana und Manfred Veraguth, die sich – trotz drängender anderweitiger Verpflichtungen – haben gewinnen und begeistern lassen, an diesem Buch mit ihren thematischen Textbeiträgen mitzuwirken und so dieses Projekt inhaltlich weiter zu qualifizieren und zu differenzieren. Auch dafür ganz herzlichen Dank!

Nicht unerwähnt bleiben darf in diesem Zusammenhang auch das Institut für Kulturforschung Graubünden unter der Leitung von Dr. Cordula Seger, das die Erarbeitung dieses Projekts im Sinne einer Kooperation unterstützt und begleitet hat. Das Institut für Kulturforschung Graubünden fungiert denn auch als Mitherausgeber dieses Werkes.

Dann ist hier selbstverständlich den Einrichtungen und Institutionen und deren Mitarbeiterinnen und Mitarbeitern zu danken, die wichtiges dokumentarisches Material zu Peter Paul Cadonau in ihrem Besitz oder ihren Beständen haben: die Kantonsbibliothek Graubünden, das Staatsarchiv Graubünden, die Lia Rumantscha, alle in Chur, das Archiv der Kirchgemeinde Waltensburg sowie die bis zum 31. Dezember 2017 bestehende politische Gemeinde Waltensburg, die alle in äusserst freundlicher und hilfsbereiter Weise die Arbeit von Herausgeber und Autoren befördert und unterstützt haben – auch dafür ein herzliches Dankeschön an dieser Stelle!

Weiterhin sind die generösen Sponsoren, Förderer und Mäzene zu erwähnen, die durch ihre grosszügige finanzielle Unterstützung die Drucklegung des vorliegenden Buchs erst ermöglicht haben – auch dafür ein aufrichtiger und von Herzen kommender Dank!

Im Einzelnen:
SWISSLOS / Kulturförderung Kanton Graubünden
Walter F. Blüchert Stiftung/Axel und Friede Springer-Fonds, Chur
Stiftung Jacques Bischofberger, Chur
Stiftung Dr. M. O. Winterhalter, Chur
Ulrico Hoepli-Stifung, Zürich
Evangelisch-reformierte Landeskirche Graubünden
Fundaziun Anton Cadonau pil romontsch en Surselva, Vuorz/Waltensburg
Kirchgemeinde Waltensburg
Kirchgemeinde Trin
Regiun Surselva, Ilanz
Gemeinde Waltensburg (bis zum 31. Dezember 2017 eigenständige Gemeinde)
Fundaziun Anton Cadonau per cultivar e promover il romontsch en baselgia dallas valladas renanas, Vuorz/Waltensburg
Lia Rumantscha, Chur

Dank abzustatten ist hier auch jenen Personen, die Peter Paul Cadonau noch persönlich erlebt und mir davon berichtet haben und so Elemente einer «oral history» zu diesem Werk beisteuerten: Neben Annalisa Bischoff-Pfister und Martin Pfister trifft dies auch auf Barbara Rupp-Pfister, Mathias Pfister, Erich Cadonau, Paul Pfister, Barla Candrian-Janki, Eva Décosterd-Janki und Marlis Siegrist-Pfister zu, die alle aus Waltensburg stammen, ser Paul in unterschiedlichen Kontexten begegnet sind und mir davon erzählen konnten. Heinz Zindel und Alfred Aplanalp haben Cadonau während seiner Zeit im Hilfswerk «Gott hilft» getroffen und mir auf Vermittlung von Daniel Zindel von diesen intensiven Begegnungen berichtet. Auch Johannes Flury, dessen Vater ab Ende der fünfziger Jahre Pfarrer in Seewis war, hat noch recht lebendige Erinnerungen an den im Ort agierenden Peter Paul Cadonau.

Weiterhin ist hier unter der Rubrik «Dank» auch noch Barbara Rupp-Pfister zu erwähnen, die als «native speaker» die bislang ungedruckten und nicht publizierten romanischen Texte zuverlässig übertragen, korrigiert und in eine angemessene äussere Form gebracht hat – auch dafür herzlichen Dank!

Um das Lesen der Korrekturen des Gesamtmanuskripts haben sich Annalisa Bischoff-Pfister, Nutal Bischoff, Cordula Seger, Manfred Veraguth sowie erneut Barbara Rupp-Pfister verdient gemacht.

Verlegerisch weiss der Herausgeber das Werk in sehr guten Händen beim Theologischen Verlag Zürich (TVZ). Lisa Briner Schönberger und Hansruedi Hausherr verantworten im Verlag die Programmgestaltung und haben sich dieses Projektes dankenswerterweise mit grossem Engagement angenommen. Das Lektorat hat in umsichtiger Weise Günther Fässler besorgt.

Ein weiterer Dank soll an dieser Stelle schliesslich Michael Byrd gelten, der den Herausgeber seit Jahren in seiner freundlich-hilfsbereiten Art und mit seiner exzellenten computertechnischen Expertise unterstützt und so nicht wenig zum Gelingen dieses und anderer Publikations- und Forschungsprojekte beigetragen hat.

Und: Erinnert werden soll mit dieser Publikation auch an Nesa Pfister-Cadonau (1922–2017), die Nichte Cadonaus, in deren Leben der Onkel als eine Art Vorbild eine sehr, sehr wichtige Rolle spielte. Ihr ist es auch zu verdanken, dass sein privater Nachlass nach dem Tode nicht einfach «entsorgt», sondern für die Nachwelt aufbewahrt und überliefert wurde und so zum Grundstock für diese Veröffentlichung werden konnte.

Gewidmet sei dieses Werk schliesslich dem Freund und Kollegen Hans-Günter Heimbrock, Frankfurt am Main.

Gerne entlässt der Herausgeber das Werk nun sozusagen in die Welt hinaus und ist gespannt auf die Reaktionen des lesenden und hoffentlich gewogenen Publikums.

Waltensburg/Würzburg, 20. Februar 2018,
80. Gedenktag der Abstimmung über das Rätoromanische als
vierte Landessprache der Schweizerischen Eidgenossenschaft

Horst F. Rupp

«Verbi Divini Minister»

Peter Paul Cadonau (1891–1972) – ein Bündner Theologe in bewegter Zeit

Horst F. Rupp

Einführung

Nachfolgend wird ein Bild von Leben, Wirken und Werk des Bündner Theologen und Pfarrers Peter[1] Paul Cadonau geboten, der «40 Jahre im Dienst der Kirche» wirkte, wie er selbst es in einem autobiografischen Abriss formulierte. In seinem Leben und Werk spiegeln sich zum einen die gesellschaftlichen, religiösen und theologischen Bewegungen seiner Zeit, zum anderen gehen diese Bewegungen in seiner Person aber auch eine ganz individuell-einzigartige Mischung ein. Der Beitrag versucht, diese Mixtur aus transpersonalen und individuell-personalen Faktoren an der konkreten Person Peter Paul Cadonau, wie sie sich aus den vorliegenden Quellen erschliessen lässt, herauszuarbeiten. Diese analytische Arbeit an den vorliegenden Quellen und Texten wird begünstigt, ja überhaupt erst ermöglicht, durch den in den Händen von Annalisa Bischoff-Pfister und Martin Pfister befindlichen Nachlass ihres Grossonkels Peter Paul Cadonau. Als exponierte primäre Quelle der nachfolgenden biografischen Skizze dient zum einen eine achtzehnseitige, maschinenschriftliche, mit handschriftlichen Korrekturen von ihm selbst versehene autobiografische Darstellung von Peter Paul Cadonau aus dem Jahre 1954, in der er auf «40 Jahre im Dienst der Kirche» zurückblickt.[2] Eine zweite, undatierte, knapp achtseitige

1 Bisweilen wird sein Vorname Peter auch in der romanischen Form Pieder geschrieben.

2 «40 Jahre im Dienst der Kirche»: Diese autobiografische Darstellung hat Cadonau zum Abschied vom Pfarramt und Wechsel in den Dienst des Hilfswerkes «Gott hilft» verfasst. Sie ist sprachlich-stilistisch – grammatikalisch, syntaktisch, orthografisch und im Blick auf die Interpunktion – wie auch in der Gliederung sehr reflektiert und elaboriert und zeigt, wie nahezu alle anderen Schriften Cadonaus, grosse Eloquenz und ausgeprägtes Reflexionsvermögen; er artikuliert sich geradezu meisterhaft in der deutschen Sprache. Dabei muss natürlich gesehen werden, dass seine Muttersprache das Romanische war, Deutsch war für ihn nur die erste Fremdsprache. Umso eindrücklicher präsentiert sich für den Leser, die Leserin seine Meisterschaft in der deutschen Sprache.

autobiografische Schrift mit dem Titel «Wege Gottes in meinem Leben» liegt aus späterer Zeit vor.[3]

Nach seiner exakt vierzigjährigen Tätigkeit im Dienst der Bündner reformierten Kirche wirkte Cadonau weitere vierzehn Jahre als geistlich-theologischer Berater in dem von Emil Rupflin begründeten Projekt «Gott hilft».

Neben seiner Gemeinde-, Pfarramts- und schliesslich Seelsorgetätigkeit im Rahmen des Werkes «Gott hilft», seinem Wirken in der Blaukreuzbewegung und seiner publizistischen Tätigkeit ist Cadonau insbesondere durch seine Übersetzung der biblischen Schriften ins Rätoromanische (Sursilvan) wichtig geworden. Dies brachte ihm im Jahr 1955 zusammen mit Hercli Bertogg eine Ehrenpromotion der Theologischen Fakultät in Basel ein. Im Alter von 81 Jahren starb Peter Paul Cadonau am 24. August 1972 im Spital in Ilanz.

Cadonau verkörperte mit seinem spezifischen theologischen Entwurf und seiner profilierten Frömmigkeit einen ganz bestimmten Typus pietistisch-erweckter christlicher Existenz[4] im 20. Jahrhundert, der sich einerseits durch eine ausgeprägte theologische Enge, andererseits aber auch durch ein beeindruckendes christliches Engagement auszeichnete, das in die Gesellschaft hineinwirkte.

Nicht weniges, was es zu Peter Paul Cadonau zu sagen gibt, wirkt heute wie der Blick in eine andere, uns sehr fremd gewordenen Zeit und Welt. Dies betrifft etwa die von ihm praktizierte und vertretene Frömmigkeit und Theologie oder auch seinen rigiden Einsatz für die Positionen des Blauen Kreuzes, der Abstinenzbewegung. Auf der anderen Seite kann er heute aber auch als ein Exempel für eine überzeugende und authentische christliche Existenz in seiner Zeit und Lebenswelt gesehen werden, ein Beispiel, das uns Heutigen noch immer Bewunderung abnötigt für die gelebte Konsequenz seines christlich-religiös geprägten Denkens und Wirkens.

Und: Erstaunen mag vielleicht, dass in bestimmten Kontexten auch in der Gegenwart bisweilen noch auf Peter Paul Cadonau rekurriert wird. Als ein aktuelles Beispiel sei eine Interviewpassage der Bündner Zeitung *Südostschweiz* aus dem Jahr 2013 angeführt. Der interviewte seinerzeitige Rektor der Pädagogischen Hochschule Graubünden in Chur, Johannes Flury, beruft

---

3 «Wege Gottes in meinem Leben»: Diese späte autobiografische Darstellung weist leider nicht (mehr) den Grad an sprachlicher Durchdringung auf wie die Schrift «40 Jahre im Dienst der Kirche». Die Gebrechen des Alters – Cadonau litt im Alter etwa an einer ausgeprägten Sehschwäche, die ihn auch beim Schreiben sehr behinderte – machen sich hier auch sprachlich-stilistisch und im Blick auf die äussere Form bemerkbar: Gelegentliche Brüche in der Satzkonstruktion, mit der Schreibmaschine falsch gesetzte Buchstaben und ähnliche, bei ihm ungewohnte Erscheinungen prägen diesen späten Text.

4 Der Pietismus als theologische wie auch als Frömmigkeitsrichtung hat in Graubünden eine lange Tradition. Vgl. dazu Seidel 2001.

sich zur Legitimation der Erhaltung einer rätoromanischen Professur an der Universität in Freiburg i. Ü. in Kooperation mit der Pädagogischen Hochschule Graubünden auf ein Diktum von Cadonau: «Der Romane Peter Paul Cadonau hat vor vielen Jahren einmal gesagt, das Romanische sei wie eine Grossmutter, die im Haus lebe. Man wisse, dass sie eines Tages sterben werde. Das heisst jedoch nicht, dass man ihr dann für den Rest ihrer Tage bloss noch die Hälfte zu essen gebe und nur noch den schlechtesten Stuhl zum Sitzen anbieten würde. Solange diese Grossmutter da ist, versuchen wir, ihr ein möglichst optimales Leben zu ermöglichen ...»[5] Auch wenn sich in diesem Zitat wohl nicht das, nach Cadonaus eigener Einschätzung, Zentrum seines Wirkens und seiner Botschaft spiegelt, zeigt es doch, in welcher Beziehung er für die Nachgeborenen heute (noch) von Bedeutung ist.

Kurzbiografie

28. März 1891	Geboren in Waltensburg, der reformierten Enklave in der Surselva (Eltern: Caspar Cadonau, Landwirt und Lehrer, und Margarete, geb. Gabriel); drei jüngere Schwestern: Mengia (1892–1973), Betti (1894–1980) und Maria (1906–1987). Primarschule in Waltensburg.
September 1903 bis 1910	Gymnasium/Kantonsschule in Chur (Maturitätszeugnis vom 28. Juni 1910), Berufswunsch vonseiten des Vaters: «Lehrer oder Verwaltungsmann»[6] bzw. «Anwalt oder Staatsmann»[7]. Schon während der Schülerzeit Kontakt zur Abstinenzbewegung.
1910–1914	Studium der Theologie in Basel (Immatrikulation 29. Oktober 1910; Abgangszeugnis 12. Juli 1912): Kontakt mit der wissenschaftlichen, historisch-kritisch ausgerichteten Theologie; und in Zürich (Immatrikulation 22. Oktober 1912, Matrikelnummer 21498, Abgangszeugnis 4. März 1914): Einfluss insbesondere von Leonhard Ragaz und dem sogenannten religiösen Sozialismus.
1914–1924	Ordination und Aufnahme in die evangelisch-rätische Synode in Davos Dorf: Verbi Divini Minister der reformierten Landeskirche Graubünden. Übernahme der Pfarrei Luven-Flond.
Mai 1918	Heirat mit Anna Maria Cadonau, geb. Cadonau (geb. 5.2.1889, gest. 17.12.1979), gelernte Arbeitslehrerin. (Mit-)Begründer des Konsumvereins Ilanz und Umgebung.

5 Südostschweiz, 6. April 2013.

6 40 Jahre im Dienst der Kirche.

7 Wege Gottes in meinem Leben.

1920	(Mit-)Begründer der Sprachvereinigung Renania und dann über Jahre hinweg (erster) Redaktor der Wochenzeitung *La Casa Paterna*.
1924–1931	Pfarrer in Ardez und Ftan.
1932–1944	Pfarrer in Thusis. Vermehrter Einsatz in der (Spital-)Seelsorge. Missions- und publizistische Tätigkeit in Graubünden und später in der gesamten Schweiz. Intensive Übersetzungsarbeit an biblischen Texten ins Romanische.
1944–1954	Pfarrer in Trin.
1954	Ruhestandsversetzung als Gemeindepfarrer und gleichzeitig auf ein Angebot von «Vater Rupflin» Übernahme der Funktion des geistlich-theologischen Leiters des «Gott hilft»-Hauses in Seewis (bis 1967/68) mit Versehung der «täglichen Bibelstunde» und der «Seelsorge an den [...] Gästen»[8] des Hauses (Wohnsitze von Cadonau in Waltensburg und Seewis). Intensivierung der Evangelisationsarbeit, insbesondere in Bündner Gemeinden, aber auch in der übrigen Deutschschweiz. Intensivierung der theologisch-publizistischen Tätigkeit sowie der sonstigen schriftstellerischen Arbeit. Abschluss der Übersetzung des Neuen Testaments (mit Psalmen). Neuherausgabe des romanischen Kirchengesangbuchs.
1955	Ehrenpromotion durch die Theologische Fakultät der Universität Basel für die Übersetzung der Bibel ins Romanische, zusammen mit Hercli Bertogg (1903–1958).
ab Ende 1950er/ Anfang 1960er Jahre	Wirken in der Bündnerischen Telefonseelsorge.
1967/68	Rückzug aus der Mitarbeit in der Stiftung «Gott hilft». Ab dieser Zeit lebte Cadonau mit seiner Frau wieder ausschliesslich in ihrer Herkunftsgemeinde Waltensburg, wo er noch gelegentlich und vertretungsweise Predigtdienst und auch Religions- und Konfirmandenunterricht übernimmt.
24. August 1972	Peter Paul Cadonau stirbt im Spital in Ilanz nach siebenwöchiger Krankheit. Er wird am 27. August 1972 in Waltensburg beerdigt.

8 Maschinenschriftliches Manuskript (mit handschriftlichen Korrekturen) im Nachlass Cadonau: «Lebenslauf (zur Verwendung bei meiner Bestattung)».

Abb. 1 Historische Aufnahme von Waltensburg mit Burgruine Jörgenberg.

Kindheit und erste Jugend in Waltensburg

Geboren wurde Peter Paul Cadonau am 28. März 1891 in Waltensburg/ Vuorz in der Surselva, wo er auch seine Kindheit und beginnende Jugend verbrachte. Vertreter des Geschlechts der Cadonau hatten über Jahrhunderte dem Bündner Gemeinwesen in unterschiedlichen Funktionen gedient. So wird schon im 16. Jahrhundert in Plurs ein Ulrich de Cadunau erwähnt, im 18. Jahrhundert exponierte sich ein Landammann Johann de Cadunau im Zusammenhang mit der politischen Loslösung der Gemeinde Waltensburg vom Kloster in Disentis. Auch wird von einem Mistral Johann Jacob Cadonau berichtet, der an der Wende zum 19. Jahrhundert zusammen mit anderen, dem revolutionären Frankreich freundlich Gesinnten, von den Österreichern in Innsbruck inhaftiert wurde. Von besonderer Bedeutung in dieser Cadonau-Stammreihe ist sicherlich auch der weitgereiste Weltenbummler und in Singapur und Paris zu Reichtum gelangte Anton Cadonau (geb. 1850 in Waltensburg, gest. 1929 in Ospedaletti, Italien), der, kinderlos verstorben, seinen Reichtum in eine Stiftung einbrachte, von der dann später auch Peter Paul Cadonau profitieren sollte, wurden doch nicht wenige seiner Werke mit Unterstützung dieser «Fundaziun Anton Cadonau per cultivar il romontsch ella baselgia reformada dallas valladas renanas» gefördert.[9]

9 Vgl. auch den Nachruf in der *Neuen Bündner Zeitung* im Anhang.

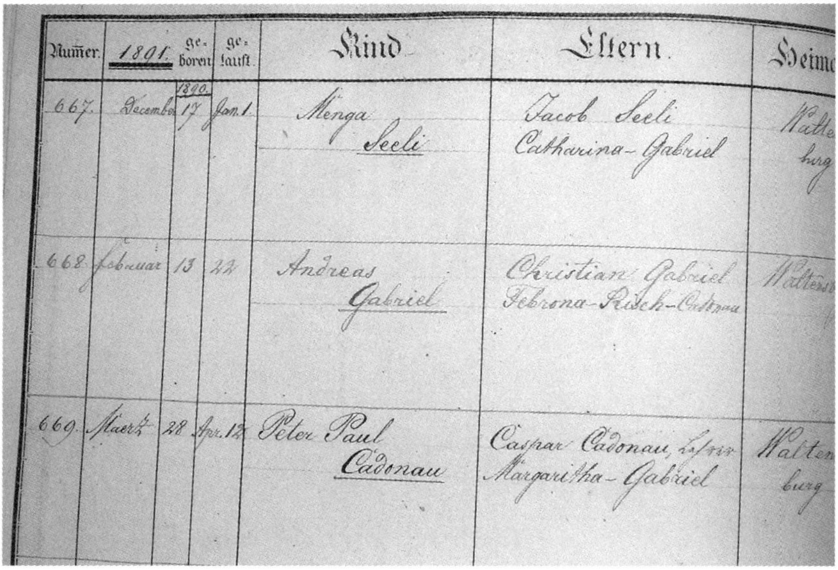

Nummer	1891.	Geboren	Getauft	Kind	Eltern	Heima[t]
667.	December	1890. 17	Jan. 1.	Menga Seeli	Jacob Seeli Catharina-Gabriel	Walte[n]burg
668.	Februar	13	22	Andreas Gabriel	Christian Gabriel Febrona-Risch-Cadonau	Walte[n]s[burg]
669.	Maerz	28	Apr. 12	Peter Paul Cadonau	Caspar Cadonau, Lehrer Margaritha-Gabriel	Walten-burg

Waltensburg war seit den Zeiten der Reformation im 16. Jahrhundert eine reformierte Enklave im Vorderrheintal, die letzte reformierte Gemeinde vor dem Oberalp- bzw. Lukmanierpass. Diese Situation der reformierten Diaspora prägte das Empfinden aller Einwohner Waltensburgs über Jahrhunderte hinweg bis in die Gegenwart hinein. Und die damit gegebene Mentalität hat sicher auch das Elternhaus von Peter Paul Cadonau wie sein eigenes Empfinden entscheidend beeinflusst. Er wurde als sehr bewusster reformierter Christ erzogen, dessen christliches Bekenntnis sich auch ein ganzes Stück weit im Gegenüber zum katholischen Glauben definierte.[10]

Waltensburgs Einwohnerzahl ist in den letzten rund zweihundert Jahren, also seit der Zugehörigkeit des Kantons Graubünden zur Schweizerischen Eidgenossenschaft, relativ stabil geblieben und schwankt(e) zwischen 350 und maximal 450 Einwohnern. Das Dorf war agrarisch geprägt, Land- und Forstwirtschaft bildeten die Grundlage des Lebenserwerbs der Einwohner. Waltensburg verfügte – und verfügt noch immer – über einen umfangreichen Waldbesitz. War dies in früheren Zeiten ein unschätzbarer Reichtum, so wandelte sich dies im Laufe des 20. Jahrhunderts durch den Verfall der Holzpreise.

Peter Paul Cadonaus Vater Caspar war Landwirt und Lehrer. Aufgrund der Auseinandersetzungen um die Waltensburger Wasserversorgung

---

10 Ulrich Pfisters Studie *Konfessionskirchen, Glaubenspraxis und Konflikt in Graubünden*, vom 16. bis zum 18. Jahrhundert, ist eindrücklich. Vgl. Pfister 2012.

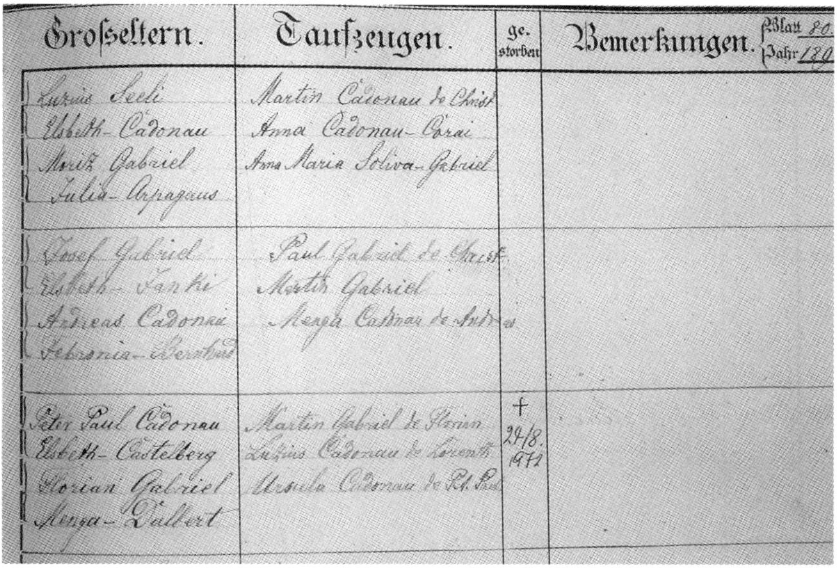

Großeltern.	Taufzeugen.	gestorben	Bemerkungen. Blatt 80. Jahr 189
Luzius Seeli Elsbeth Cadonau Moritz Gabriel Julia Arpagaus	Martin Cadonau de Christ Anna Cadonau-Carai Anna Maria Soliva-Gabriel		
Josef Gabriel Elsbeth Janki Andreas Cadonau Febronia Bernhard	Paul Gabriel de Christ Martin Gabriel Menga Cadonau de Andreas		
Peter Paul Cadonau Elsbeth Castelberg Florian Gabriel Menga Dalbert	Martin Gabriel de Florin Luzius Cadonau de Lorenz Ursula Cadonau de Pet. Paul	† 24/8. 1971	

Abb. 2 Auszug aus dem Geburtsregister der Kirchgemeinde Waltensburg.

im Jahre 1902 wurde er als Lehrer nicht wiedergewählt und konzentrierte sich von da an ausschliesslich auf die Besorgung seiner Landwirtschaft. Die Mutter Margarete Cadonau stammte ebenfalls aus Waltensburg, sie war eine geborene Gabriel. Peter Paul war der einzige Sohn des Ehepaars Cadonau; er wuchs zusammen mit den Schwestern Mengia, Betti und Maria auf. Peter Paul erinnert in späteren Äusserungen vor allen Dingen die Frömmig-

Abb. 3 Historische Aufnahme von Waltensburg/Vuorz: Blick über die Dächer des Dorfes von Sumvitg Richtung Kirche.

Abb. 4 Reformierte Kirche in Waltensburg/Vuorz, Aufgang von Cadruvi, mit Brunnen von 1902 im Vordergrund (Aufnahme vermutlich um 1920).

keit der Mutter, die wohl auch nicht abgeneigt war, ihren Sohn die Pfarrerslaufbahn beschreiten zu lassen. So schreibt er in seinem nachgelassenen autobiografischen Abriss «40 Jahre im Dienst der Kirche»: «Bei mir selber trat aber sehr bald, wohl unter dem Einfluss meiner frommen Mutter [...] der Gedanke in den Vordergrund, die theologische Laufbahn zu beschreiten.» Man darf vermuten, dass Bildung im Hause Cadonau durchaus grossgeschrieben wurde, auch wenn natürlich die ersten Kindheitserfahrungen durch das dörfliche, agrarisch-bäuerlich geprägte Leben entscheidend beeinflusst worden sein dürften. Peter Paul Cadonau war in Waltensburg wohl sehr nahe am bäuerlich-dörflichen Leben, denn er konnte sich auch später noch lange, trotz der genossenen universitären Bildung, problemlos in die Welt und die Mentalität seiner ländlichen Gemeindeglieder hineindenken und seine biblisch-christliche Botschaft auf deren Situation hin sprachlich «übersetzen» und formulieren.

Sehr früh schon, nämlich im Alter von zwölf Jahren, verliess er – wohl auf Veranlassung des Vaters, der den Sohn gerne als «Lehrer oder Verwaltungsmann» bzw. «Anwalt oder Staatsmann» sehen wollte – nach dem Besuch der Primarschule in seinem Heimatort Waltensburg das Elternhaus und ging an die Kantonsschule in Chur. Dies war gleichsam das «Schick-

Abb. 5 Der kleine Peter Paul Cadonau im Kreise seiner Familie.

sal» derer, die sich eine gehobene Bildung aneignen wollten, die man eben zur damaligen Zeit nur in den höheren Lehranstalten der Kantonshauptstadt Chur erhalten konnte – oder in der Klosterschule in Disentis, was sich aber wohl aus konfessionellen Gründen zur damaligen Zeit für einen reformierten Oberländer nicht nahelegte.

Erstaunlicherweise unerwähnt bleibt in den beiden uns überlieferten autobiografischen Texten «40 Jahre im Dienst der Kirche» und «Wege Gottes in meinem Leben» ein oben schon kurz erwähntes wichtiges Geschehnis in seiner Kindheit. Dieses Ereignis bearbeitete und beschrieb Cadonau dann im Jahre 1952 in seiner exponierten Bedeutung sowohl für sein Heimatdorf Waltensburg wie auch für seine Herkunftsfamilie, speziell für seinen Vater, aber auch für seine Mutter, seine Schwestern und auch für ihn selbst. Im Jahre 1902, als Peter Paul also elf Jahre alt war, wurde unter nicht geringen Auseinandersetzungen und Konflikten der Waltensburger Einwohner beschlossen, für das Dorf eine neue Wasserversorgung durch die Errichtung von Brunnen zu erschliessen. Die dramatischen Geschehnisse, die im Zusammenhang damit stehen und die bis hin zu einem Todesfall im Dorf mit anschliessender polizeilicher und gerichtlicher Untersuchung führten, kosteten Caspar Cadonau, den Vater von Peter Paul, seine Anstellung als Waltensburger Lehrer, was offensichtlich in der Familie Cadonau noch lange und geradezu traumatisch nachhallte. Im Jahre 1952 publizierte Cadonau drei Texte, die die Bedeutung der historischen Geschehnisse des Jahres 1902 im Kontext der Waltensburger Wasserversorgung widerspiegeln. Ein erster, knapp fünfseitiger Text im Calender *Per mintga gi* des Jahres 1952 präsentierte die historischen Fakten aus der Sicht Cadonaus. Direkt angeschlossen an diesen narrativen Text bietet Cadonau ein kurzes romanisches Gedicht, das die Geschehnisse von 1902 in religiöser Interpretation beleuchtet. Und schliesslich mündet seine Auseinandersetzung mit diesem historischen Stoff in eine umfangreiche dramatische Bearbeitung, die ebenfalls 1952 unter dem schon für das Gedicht verwendeten Titel *Aua viva* entsteht und im gleichen Jahr in Trin auf der Theaterbühne uraufgeführt wird.[11]

Schulzeit in Chur

Der Übertritt in die Kantonsschule in Chur datiert aus dem Jahr 1903. Schon in der zweiten Kantonsschulklasse wechselte Peter Paul Cadonau in die Gymnasialabteilung, was wohl aus der Entscheidung resultierte, die geistliche Laufbahn einzuschlagen. Er schreibt dazu in «40 Jahre im Dienst der Kirche»: «Wenn ich versuche, mir über meine eigenen Beweggründe bei dieser Berufswahl Rechenschaft zu geben, so sind diese nicht sehr viel anders als die Gedanken meines Vaters. Ich dachte vor allem, dass ich als Pfarrer meinem Volk ein geistiger Führer, ein Erzieher und Berater sein werde. Jedenfalls war das Bild, das ich mir vom Pfarrer machte, etwas ganz anderes als das, welches dann später sich in meinem Leben verwirklichte. Es war das Bild des Pfarrers als ‹Volksfreund›, wie es in Gestalten von Bündner Prädikanten jener und der vorhergehenden Zeit eine achtenswerte Ausprägung erfahren hatte.» Deutlich wird hier wohl, dass Cadonaus ursprüngliche Intention, den Pfarrerberuf zu ergreifen, ethischer Natur war. Er wollte durch sein eigenes ethisches Exempel seinem «Volk» – wobei nicht ganz klar wird, welcher Begriff von Volk hier gemeint ist: das Schweizer Volk oder die Mitglieder seiner christlichen Gemeinde oder eine Mischung aus beidem – pädagogisches Vorbild sein: «geistiger Führer, ein Erzieher und Berater». Später versteht er den Pfarrerberuf insbesondere aus den von ihm aufgenommenen Impulsen der sogenannten «Dialektischen Theologie» überhaupt nicht mehr unter diesen ethischen Kategorien, sondern sehr viel eher beziehungsweise ausschliesslich als ein Amt, eine Berufung zur Verkündigung des Wortes Gottes, wie wir noch sehen werden.

11 Siehe zur Thematik den entsprechenden Beitrag von Manfred Veraguth in diesem Band.

Die komplett im Nachlass vorliegenden Zeugnisse der Jahre 1903 bis 1910 zeigen, dass Peter Paul Cadonau ein sehr guter Schüler war. Einzig im Fach «Turnen» erzielte er meist nicht die Bestnoten. Mit dem Eintritt in den Gymnasialzweig erfolgt auch sukzessive die Unterrichtung in den altsprachlichen Fächern, als Vorbereitung auf den geistlichen Beruf: ab dem Schuljahr 1904/05 in Latein, ab 1905/06 in Griechisch; und im letzten Schuljahr 1909/10 wird dann schliesslich auch noch das Hebräische als Unterrichtsfach und auch im Maturitätszeugnis vom 28. Juni 1910 testiert. Dieses Maturitätszeugnis weist für alle alten Sprachen sowohl im Schriftlichen wie auch im Mündlichen die Bestnote aus.

Der Entschluss, die Pfarrerlaufbahn einzuschlagen, blieb für ihn jedoch in der Folgezeit «nicht ohne Anfechtungen». Ihren Grund hatten

MATURITÄTS-ZEUGNIS
GYMNASIAL-ABTEILUNG

Herr Peter Paul Cadonau von Waltensburg
geboren den 1891
in die Kantonsschule eingetreten den September 1903
hat
ZUM BESUCHE DER HOCHSCHULE
das
ZEUGNIS DER REIFE
erhalten.

Dasselbe gründet sich auf folgende Spezialzeugnisse:

Deutsch	schriftlich	5	Englisch	mündlich	
Deutsch	mündlich	6	Mathematik	schriftlich	6
Latein	schriftlich	6	Mathematik	mündlich	6
Latein	mündlich	6	Geschichte	"	6; 6
Griechisch	schriftlich	6	Geographie	"	5
Griechisch	mündlich	6	Naturgeschichte	"	5
Französisch	schriftlich		Physik	"	6
Französisch	mündlich		Chemie	"	6
Italienisch	schriftlich		Freihandzeichnen	"	4
Italienisch	mündlich		Hebräisch	"	6
Englisch	schriftlich				6

CHUR, den 28. Juni 1910.

Der Chef des Erziehungsdepartements:

Bedeutung der Noten:
6 sehr gut.
5 gut.
4 ziemlich gut.
3 kaum genügend.
2 schwach.
1 sehr schwach.

Der Rektor der Kantonsschule:

Abb. 6 Maturitätszeugnis von Peter Paul Cadonau vom Juni 1910.

diese Anfechtungen in «heftige[n] Auseinandersetzungen mit katholischen Mitschülern über konfessionelle Fragen» – hier wird vermutlich sein Waltensburger konfessionelles Erbe zum Tragen gekommen sein – sowie in Anfragen seines Glaubens durch einen damals durch das Land gehenden «Propagandafeldzug für den monistischen Unglauben», der unter den Schülern «grosse Wellen warf». Hier ist aller Wahrscheinlichkeit nach auf die monistische Lehre eines Ernst Haeckel (1834–1919) angespielt, dessen von Darwin (1809–1882) inspirierter naturwissenschaftlich fundierter Monismus den Menschen ausschliesslich als ein auf seine Natur reduziertes Wesen interpretierte, das verzichten konnte auf einen supranaturalistischen Offenbarungs- und Wunderglauben, auf eine Transzendenz bzw. ein Jenseits und das sich exklusiv vom Diesseits her verstand. Aus diesen inneren Anfechtungen geht er jedoch gestärkt hervor, wie er in seiner autobiografischen Skizze anmerkt: «Beide Male war das Ergebnis schwerer innerer Kämpfe, dass ich mit mehr Gewissheit dem vorgesteckten Ziele entgegenging, indem ich diesen Glauben lieb gewann.»[12] Wichtig für ihn in der Auseinandersetzung mit dieser monistischen Lehre war offensichtlich auch das Gespräch mit seinem Chemielehrer an der Kantonsschule in Chur, Dr. Nussberger, wie er in seinen Erinnerungen «Wege Gottes in meinen Leben» schreibt.

Ein weiteres Schlüsselerlebnis, das seinen zukünftigen Weg entscheidend prägen sollte, datiert ebenfalls aus seiner Churer Schulzeit, nämlich seine Hinwendung zur Abstinenzbewegung, die dann später einmünden konnte in ein aktives Mitwirken beim Blauen Kreuz.[13]

> «Mein Wunsch, meinem Volke ein Retter und Helfer zu werden, wurde noch vertieft, als ich mich in den letzten Klassen der Kantonsschule zur Abstinenz entschloss. Durch die Beteiligung an einem Schülerverein war ich gelegentlich in Kneipereien hineingekommen. Durch den Vortrag eines Fürsorgers vor der ganzen Schülerschaft war mir darüber das Gewissen geweckt worden, so dass ich lange Zeit, wohl durch Jahre hindurch, um eine Entscheidung rang. Als ich in einer Kandidatenpredigt anlässlich der in Chur tagenden Synode das Wort vernahm: ‹Wer die Hand an den Pflug legt und siehet zurück, der ist nicht geschickt zum Reiche Gottes›, war der Entscheid

12 Alle Zitate: 40 Jahre im Dienst der Kirche.

13 Das Blaue Kreuz ging aus dem Schweizerischen Temperenzverein hervor, der 1877 von dem freikirchlichen Pfarrer Louis-Lucien Rochat (1849–1917) gegründet wurde. Rochat hatte 1876 in England die verheerenden Folgen des Alkoholkonsums in der Arbeiterschicht kennengelernt und dazu die englische Abstinenzbewegung. In Anlehnung an das von Henry Dunant begründete Rote Kreuz nannte er den Schweizer Ableger der Abstinenzbewegung Blaues Kreuz. Blau war im angelsächsischen Raum schon lange die Symbolfarbe der Abstinenzbewegung. Leitendes Motto der Blaukreuzbewegung war: «Evangelium und Abstinenz – mit Jesus und ohne Alkohol».

> gefallen. Am gleichen Tage trat ich dem Abstinentenverein bei. Wenn ich auch noch viele Jahre lang bei der religiös neutralen Abstinenz blieb, so bedeutete doch dieser Schritt für mich die erste Stufe an der Leiter, auf der mich Gott ganz in seinen Dienst zu ziehen suchte.»[14]

Und sehr konsequent setzte er schon als Jugendlicher in der Folgezeit diesen Entschluss konkret im Alltagsleben um. Sowohl in den Städten unter der depravierten und entwurzelten Arbeiterschaft wie auch unter der bäuerlichen Bevölkerung auf dem Land grassierte zur damaligen Zeit ein exzessiver Alkoholkonsum, ein Phänomen, von dem offensichtlich auch seine Heimatgemeinde Waltensburg nicht unberührt blieb. In seinen Erinnerungen schreibt er dazu: «Dass es mir nicht nur um die persönliche Abstinenz ging, zeigte sich darin, dass ich kurze Zeit später in meiner Heimatgemeinde anfing, die jungen Burschen für die Abstinenz zu begeistern, in der Weise, dass wir einige Zeit dort einen sehr starken Jugendbund hatten.»

Von Bedeutung in seiner Schulzeit in Chur scheint für Peter Paul Cadonau auch der damalige Stadtpfarrer Benedikt Hartmann gewesen zu sein, wie er in «Wege Gottes in meinem Leben» berichtet. Er hatte ihn etwa auf Leo Tolstoi, dessen Denken und Schriften aufmerksam gemacht. Hartmann wurde so für Cadonau «für längere Zeit zu einem gottgesegneten geistigen Führer.»

Die Zeit des Studiums in Basel und Zürich

Diese Abstinenz-Problematik wird Peter Paul Cadonau gleichsam sein restliches Leben begleiten, auch während seiner Studienzeit in Basel und dann in Zürich. So schreibt er in «40 Jahre im Dienst der Kirche»: «[...] habe ich mich auch als Student sehr aktiv an der Abstinenzbewegung beteiligt, was mich immer wieder mit bedeutenden Männern in Verbindung brachte und neben dem Theologiestudium mir Beziehungen zu verschiedenen kulturellen und geistigen Bewegungen vermittelte, die mir fürs Leben wertvoll waren.»

Ansonsten aber begann er sein Theologiestudium in Basel im Status einer «Voraussetzungslosigkeit», wie sie für eine historisch-kritische Annäherung an die Thematik wohl ideal geeignet war. Er führt dazu Folgendes aus: «Abgesehen von dieser Entscheidung [sc. für die Abstinenzbewegung] konnte ich das Studium der Theologie mit jener Voraussetzungslosigkeit beginnen, die für die wissenschaftliche Betätigung so oft gerühmt worden ist. Ich war kirchlich gesinnt, aber nicht gläubig. Das Gebet kannte ich

14 40 Jahre im Dienst der Kirche.

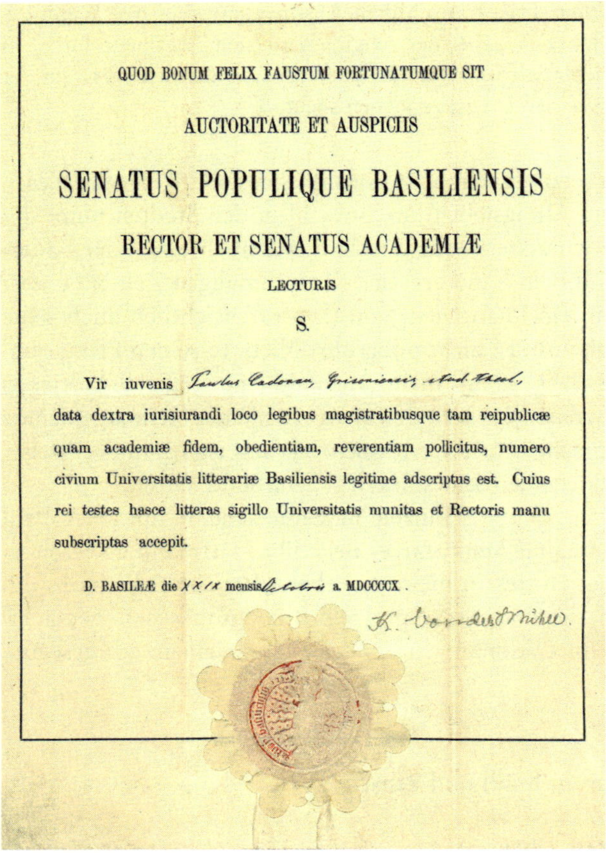

QUOD BONUM FELIX FAUSTUM FORTUNATUMQUE SIT

AUCTORITATE ET AUSPICIIS

SENATUS POPULIQUE BASILIENSIS

RECTOR ET SENATUS ACADEMIÆ

LECTURIS

S.

Vir iuvenis Paulus Cadonau, Grisoniensis stud. theol., data dextra iurisiurandi loco legibus magistratibusque tam reipublicæ quam academiæ fidem, obedientiam, reverentiam pollicitus, numero civium Universitatis litterariæ Basiliensis legitime adscriptus est. Cuius rei testes hasce litteras sigillo Universitatis munitas et Rectoris manu subscriptas accepit.

D. BASILEÆ die XXIX mensis Octobris a. MDCCCCX.

K. VonderMühll.

Abb. 7 Immatrikulationsbescheinigung der Universität Basel vom 29. Oktober 1910.

kaum. Als Kind hatte meine Mutter mit mir gebetet, aber ich selber hatte es nicht von ihr übernommen. Bibel besass ich keine; die erste deutsche Bibel, die ich mir erwarb, wurde im gleichen Jahr gedruckt, wie ich mein erstes Examen bestand. Ich habe sie also kurz vor dem ersten Examen gekauft, um noch die wichtigsten Bücher der Bibel selber zu lesen und nicht nur auf die Darstellungen von Lehrbüchern angewiesen zu sein. Einzig in den Sonntagsgottesdienst ging ich regelmässig.»[15]

Er scheint sich in Basel richtiggehend in den Wissenschaftsbetrieb gestürzt zu haben, hatte die Theologische Fakultät doch auch einige recht angesehene Dozenten zu bieten, die – wie er schreibt – «die Erforschung der Bibel mit Geist und innerer Beteiligung betrieben, die darum auch uns Studenten begeistern konnten». Allerdings mussten dabei wohl nicht wenige

15 40 Jahre im Dienst der Kirche.

seiner Mitstudierenden erleben, «dass der sorgfältig errichtete und gehütete Bau eines herkömmlichen Bibelglaubens bei ihnen in kurzer Zeit zerschlagen war». Bei ihm selbst aber stellte sich dieser Mechanismus nicht ein, denn «ich selber besass nichts, das hätte zerschlagen werden können, und war darin also hemmungslos»[16].

Und er kann in der Rückschau einräumen: «Was man damals gelernt und erarbeitet hat, hat gewiss bis heute seinen bedingten Wert behalten, hat aber auf der anderen Seite doch zur Folge gehabt, dass [ich] später lange Zeit Mühe hatte, zu einzelnen Stellen und Büchern der Bibel ein inneres Glaubensverhältnis zu gewinnen.» Dieses Aufgehen in wissenschaftlicher, historisch-kritischer Arbeit währte bei ihm in Basel offensichtlich vier Semester, bis er – wie er schreibt – ihrer «überdrüssig wurde». Für ihn stellte sich die Frage: «Wie soll ich mit dieser Bibel, die zwar ein interessantes historisches Werk ist, aber doch von sehr verschiedenem Werte, einmal auf die Kanzel steigen, und wie kann ich daraus meinen Bauern etwas geben, das ihnen in ihrer Lage etwas dient?» Und schliesslich führt ihn diese Not gar in existenzielle Zweifel am Sinn seines Studiums selbst: «Die Frage steigerte sich zur schweren Gewissensnot. Ja, es erwachte in mir mit allem Ernst der Gedanke: Wenn es nicht etwas anderes gibt, das die Kirche verkündigen kann, dann ist es besser, ich gebe das Studium auf und gehe nach Hause, um dort meinen Eltern in ihrer Landwirtschaft beizustehen.»[17]

Als Konsequenz daraus tritt er gleichsam die «Flucht» aus Basel an, weg vom rein wissenschaftlichen Studium, aber nicht wie viele andere Schweizer Theologiestudierenden der damaligen Zeit nach Deutschland, um die dortigen theologischen Koryphäen aufzusuchen, sondern ihn trieb es nach Zürich, um dort bei seinem Bündner Landsmann Leonhard Ragaz zu hören und zu studieren.[18] Unter der Matrikelnummer 21498 wird er an der Universität Zürich eingeschrieben.

In der Studienzeit in Basel ergaben sich für Cadonau jedoch auch Freundschaften, die über Jahrzehnte anhielten. So erwähnt er mehrfach seinen Studienfreund Rudolf Grob, den späteren langjährigen Leiter der Anstalt für Epileptische in Zürich, dem er sich engstens verbunden fühlte, nicht zuletzt auch, weil der «seinem orthodoxen Bibelglauben stets Treue bewährt hatte»[19].

In Zürich nun lehrte Leonhard Ragaz (geb. 1868 in Tamins, gest. 1945 in Zürich) seit 1908 als Professor für Systematische und Praktische Theologie an der Theologischen Fakultät der Universität. Er initiierte eine

16 Alle Zitate: ebd.

17 Alle Zitate: ebd.

18 Vgl. ebd.

19 Wege Gottes in meinem Leben.

№ 21498

Im Namen des

Zürcherischen Volkes und seiner hohen Regierung.

Rektor und Senat

der

Zürcherischen Hochschule

geben hiemit kund:

Herr Peter Paul Cadonau, stud. theol.

von Waltensburg (Kt. Graubünden)

ist mit heutigem Tage an hiesiger Hochschule immatrikuliert und in alle den akademischen Bürgern zustehenden Rechte eingesetzt worden, nachdem er unter Handschlag feierlich versprochen hat, daß er sich den Statuten unserer Hochschule und den Gesetzen unseres Landes in allem unterziehen, den Studien mit Ernst und Eifer obliegen und alles meiden wolle, was unserer Hochschule zum Schaden oder zur Unehre gereichen könnte.

Zum Zeugnis dessen ist heute diese Urkunde ausgestellt und durch die Unterschrift des Rektors mit Beifügung des amtlichen Stempels unserer Hochschule bekräftigt worden.

Zürich, den 22. Oktober 1912.

Der Rektor:

ACADEMIA TVRICENSIS MDCCC XXXIII

St.-Sch. A. – IV. 11. – 2000

Abb. 8 Immatrikulationsbescheinigung der Universität Zürich vom 22. Oktober 1912.

der grossen theologischen Schulen des 20. Jahrhunderts, nämlich den sogenannten Religiösen Sozialismus, der sich den gesellschaftlichen Herausforderungen der damaligen Zeit zu stellen versuchte. Ragaz sah in der Arbeiterfrage das zentrale Problem der Zeit; der Aussöhnung der Arbeiterklasse mit der Gesellschaft, der Kirche und der Religion galt seine ganze Kraft. Im Begriff des «Reiches Gottes» sah er ein visionäres, eschatologisches Ziel, auf das es hinzuarbeiten gilt. Der Kapitalismus galt ihm dabei als eine zu überwindende Form von Gesellschaft und Wirtschaft, ein genossenschaftlich organisierter Sozialismus hingegen als ein mit der biblisch-evangelischen Botschaft kompatibles Modell von Wirtschaft und Gesellschaft. Ragaz war in diesen Jahren ganz sicher einer der «Stars»,

Abb. 9 Leonhard Ragaz (1868–1945).

wenn nicht sogar *der* «Star» unter den Professoren der Theologischen Fakultät in Zürich. Nicht wenige der Studierenden kamen seinetwegen an die Limmat.

Cadonau besucht eifrig die Lehrveranstaltungen von Leonhard Ragaz, wie die «Vorlesungsbescheinigungen» im Testatheft ausweisen:

Wintersemester 1912/13: Christliche Ethik; Kirche, Pfarramt und Theologiestudium; Homiletisches Seminar
Sommersemester 1913: Religionsphilosophie; Das Christentum und die soziale Frage; Der Religionsunterricht; Übungen im Religionsunterricht
Wintersemester 1913/14: Das Christentum; Religionsphilosophisches Seminar

Peter Paul Cadonau schreibt über seine Annäherung an Ragaz:

> «Bei ihm fand ich eine Auffassung der Bibel und des Evangeliums, die weitgehend über der historischen Kritik stand, die aber auch sehr gegenwartsnahe war und darum auch für die kirchliche Arbeit ein Ziel zeigte. Ja, während die Schultheologie damals sich meist mit dem Rückblick in die Ge-

Matrikelnummer 21498

UNIVERSITÄT ZÜRICH.

Vorlesungs-Bescheinigungen

für

Herrn stud. theol.

Peter, Paul Cadonau

von Waltensburg (Ct. Graubünden)

Auf die diesen Vorlesungs-Bescheinigungen vorgedruckten **Statuten** werden die Studierenden noch ganz besonders aufmerksam gemacht.

J. B. Z. — IX. 10. — 2000.

Abb. 10 Peter Paul Cadonaus Testatheft Universität Zürich.

schichte begnügte, war hier der Blick nach vorwärts gerichtet und war getragen von einer grossen Hoffnung, der Hoffnung auf das kommende Reich Gottes. Das war für mich ein Schlüssel zu den Schätzen der Heiligen Schrift. Und wenn ich später darin noch anderes fand, so bleibt es mir doch wertvoll, dass damals mir die Türe dazu aufgeschlossen wurde.»[20]

Als Fazit seiner Studienjahre in Basel und Zürich hält Cadonau in seiner autobiografischen Skizze aus dem Jahr 1954 fest:

20 40 Jahre im Dienst der Kirche.

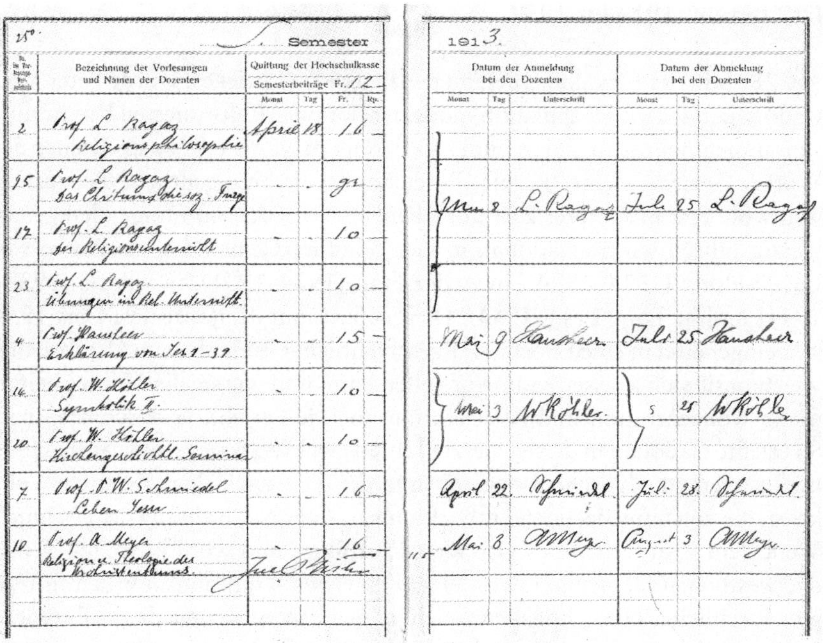

25. S. Semester 1913.

Nr. im Verzeichnis	Bezeichnung der Vorlesungen und Namen der Dozenten	Quittung der Hochschulkasse: Monat	Tag	Fr.	Rp.	Datum der Anmeldung bei den Dozenten: Monat	Tag	Unterschrift	Datum der Abmeldung bei den Dozenten: Monat	Tag	Unterschrift
		Semesterbeiträge Fr. 72									
2	Prof. L. Ragaz Religionsphilosophie	April	18	16	–						
15	Prof. L. Ragaz Das Christentum und die soz. Frage	–	–	[illegible]		Mai	8	L. Ragaz	Juli	25	L. Ragaz
17	Prof. L. Ragaz Der Religionsunterricht	–	–	10	–						
23	Prof. L. Ragaz Übungen im Rel. Unterricht	–	–	10	–						
4	Prof. Hausheer Erklärung von Jes 1–39	–	–	15	–	Mai	9	Hausheer	Juli	25	Hausheer
14	Prof. W. Köhler Symbolik II	–	–	10	–	Mai	3	W. Köhler	5	25	W. Köhler
20	Prof. W. Köhler Kirchengeschichtl. Seminar	–	–	10	–						
7	Prof. P. W. Schmiedel Leben Jesu	–	–	16	–	April	22	Schmiedel	Juli	28	Schmiedel
10	Prof. A. Meyer Religion u. Theologie des Urchristentums	–	–	16	–	Mai	3	A. Meyer	August	3	A. Meyer

Abb. 11 Belegungen im Sommersemester 1913 mit Originaleintragungen von Leonhard Ragaz.

«So war, als ich mit 23 Jahren ins Pfarramt eintrat, meine Ausrüstung recht kärglich. Von der Zürcher Schule her war ich vor allem erfasst und gestärkt worden im Bestreben, das soziale Leben unseres Volkes zu heben und gegen die Volksfeinde wie Alkoholismus, Militarismus, Kapitalismus anzukämpfen. Der Idealismus, der schon bei meiner Berufswahl bestimmend gewesen war, wurde dort gestärkt. Dabei blieb er – wohl in einem bloss oberflächlichen Verständnis des Menschenbildes meines Lehrers Ragaz – mit einem grossen Optimismus begleitet. Und wenn mir auch der Zugang zur Bibel geöffnet war, so blieb mir ihre Botschaft in weiten und wichtigen Teilen noch weitgehend fremd, vor allem inbezug auf die Erkenntnis Jesu als Offenbarungs- und Heilsquelle. Von meiner theologischen Ausbildung wie von meiner nebenhergehenden Betätigung in den studentischen Abstinentenkreisen war es mir vor allem wichtig, dass der Mensch das Mass aller Dinge sei. Dieser ungebrochene Humanismus spricht noch aus Predigten aus der ersten Zeit, die ich damals, weil ich sie für entscheidend hielt, besonders abgeschrieben hatte.»[21]

21 Ebd.

Im Pfarramt 1914 bis 1954

Am 28. Juli 1914, exakt zu Beginn des Ersten Weltkrieges, wurde Peter Paul Cadonau in Davos Dorf in die Synode der Bündner Reformierten Kirche aufgenommen, wurde ordiniert zum «Verbi Divini Minister», zum «Diener des Wortes Gottes» – eine (Berufs-)Bezeichnung, deren eigentliche Bedeutung ihm wohl erst in späterer Zeit aufgehen sollte. In den nun folgenden genau vierzig Jahren wirkte Cadonau in vier Bündner Gemeinden als Pfarrer: In Luven-Flond (1914–1924), in Ardez-Ftan (1924–1931), in Thusis (1932–1944) und in Trin (1944–1954). Dieser Zeitraum der Jahre 1914 bis 1954 war eingebettet in eine Epoche weltgeschichtlicher Ereignisse und Umbrüche, wie man sie sich krasser kaum vorstellen kann und wie sie die Menschheit in dieser Konzentration und Akzeleration noch nie erlebt, ja durchlitten hat: So erlebte Cadonau in diesen vierzig Jahren zwei Weltkriege, eine aufregende und aufgeregte Zwischenkriegszeit und die Zeit nach dem Zweiten Weltkrieg, die von umwälzenden Entwicklungen, einer Neuordnung der gesamten Welt, dem Aufbrechen des Ost-West-Konfliktes und wohl in weiten Teilen der westlichen Hemisphäre von einem gewissen Traditionsabbruch in religiös-kirchlicher Hinsicht gekennzeichnet war. Nicht wenige dieser Entwicklungen wirkten sich massiv auch auf Peter Paul Cadonau, seine Gemeinden, deren Leben wie dann eben auch auf Cadonaus Wirken aus.

In «40 Jahre im Dienst der Kirche» versieht er jede seiner vier Pfarramtsstationen mit einem eigenen thematischen Motto oder Leitmotiv und interpretiert auf diese Weise seine Entwicklung im Pfarramt vom Beginn bis zum Abschluss. Wir verwenden nachfolgend diese Etikettierungen seiner Pfarramtsstationen, wohl wissend, dass sich dahinter natürlich auch Stilisierungen des Protagonisten/Autors verbergen können, der sein Leben auf dem Hintergrund eines ganz bestimmten Entwicklungsmusters, mit einem ganz bestimmten Ziel deutet. Welches dieses Entwicklungsmuster und dann auch das Ziel ist, dies lässt sich im Laufe der Ausführungen recht gut erkennen.

- Luven-Flond: «Der Pfarrer auf der Flucht»
- Ardez-Ftan: «Der volksverbundene Pfarrer»
- Thusis: «Die Wende»
- Trin: «Der Pfarrer in der Fremde»

1914–1924: Luven-Flond – «Der Pfarrer auf der Flucht»

Nahezu zwanzig Jahre war die Pfarrstelle, die Cadonau nun einnahm, vakant gewesen, was für den neuen Pfarrer in seiner Arbeit sehr bald schon recht spürbar wurde. Vieles, was in kontinuierlich intakten Gemeinden selbstverständlich war, musste er mühsam wieder neu anstossen und installieren. Aber er machte sich mit grossem Elan an die Arbeit, inspiriert vor allen Dingen durch die Anregungen, die ihm im Studium in Zürich bei

Abb. 12 Der junge Pfarrer von Luven-Flond im Kreise seiner Gemeindeglieder.

Leonhard Ragaz vermittelt worden waren. Neben der regulären Predigt- und Unterrichtstätigkeit an der Schule forderten ihn besonders auch die kritischen Zeitumstände: Viele der Männer seiner beiden (Teil-)Gemeinden waren zur Grenzsicherung während des Krieges abwesend, und Cadonau musste deshalb Dienste und Tätigkeiten verrichten, die im Normalfall nicht unbedingt in das Aufgabenfeld eines Pfarrers fallen. So engagierte er sich etwa im Schulbereich nicht nur im Religions- und Konfirmandenunterricht, sondern übernahm zeitweise auch den übrigen Unterricht für einen abwesenden Lehrer. Oder er kümmerte sich um die Lebensmittelversorgung; in den Kontext dieser Tätigkeit gehört wohl auch der Aufbau eines Konsumvereins für Ilanz und Umgebung, in dem er federführend tätig wurde. Aber auch bei der Krankenpflege engagierte er sich, was besonders nötig wurde im verheerenden Jahr 1918, als eine Grippepandemie die Bevölkerung des gesamten Globus heimsuchte und in deren Folge nicht wenige Menschen auch in der Gruob, der Region um Ilanz, starben.[22] Ebenfalls intensiv brachte er sich in das Vereinswesen seiner beiden Gemeinden ein, wirkte

22 Vgl. dazu etwa Spinney 2018.

mit im Gesang- und Theaterverein, ja übernahm bei ersterem zeitweise auch die Funktion eines Dirigenten. Aufgaben wurden ihm gleichfalls auf der Ebene der kantonalen Kirchenleitung übertragen, wo er etwa über viele Jahre als Aktuar des Kirchenrates amtierte. Und schliesslich engagierte er sich auch noch bei der Gründung und Leitung der Renania,[23] einer protestantisch ausgerichteten Vereinigung, die sich der Pflege der rätoromanischen Sprache und Kultur annahm, im Zuge einer Bewegung, die gerade zur damaligen Zeit aufblühte und die das Romanische, das lange Jahre als ungehobelte und der Bildung nicht fähige bzw. unwürdige Bauernsprache gegolten hatte, aus seinem Dornröschenschlaf erwecken wollte.[24] Cadonau übernahm dann auch hier über Jahre hinweg die Redaktion der Wochenzeitung dieser Vereinigung, nämlich der *La Casa Paterna*,[25] deren erste Ausgabe im Dezember 1920 erschien.

Sehr früh in seinem beruflichen Wirken als Pfarrer beschäftigt er sich auch schon mit der Übersetzungsarbeit an den biblischen Schriften – etwas, was ihn dann später noch intensiver umtreiben sollte, ging er doch davon aus, dass seine romanischen Landsleute den biblischen Stoffen vor allem auch in ihrer Muttersprache begegnen sollten, und zwar in einer auch in der Gegenwart verständlichen sprachlichen Ausformung. 1919 erscheint in Kooperation mit den Pfarrerkollegen Conradin Bonorand, Christian Candrian und Theodor Cavegn die Ausgabe *Historias biblicas per famiglias e scolas evangelicas della Surselva*,[26] verantwortet vom Colloqui Sur-igl-Uaul, wie das Vorwort festhält. Das Bändchen bietet eine Auswahl von 55 alttestamentlichen und 56 neutestamentlichen Erzählungen in Sursilvan. Ausdrücklich weisen die vier Bearbeiter im Vorwort auch darauf hin, dass ihre Sammlung von biblischen Erzählungen nicht die Lektüre der originalen biblischen Texte ersetzen solle, sondern dass ganz im Gegenteil damit ein Anreiz geschaffen werden solle, sich den originalen biblischen Texten zuzuwenden.

> «El [sc. quest cudisch] vul buca remplazzar il leger la bibla sezza. Il contrari ei il cass. Quest cudisch voless stimular quels, che legian el, de studegiar quellas historias, che ein raquintadas cheu mai curtamein, cun ils nunvarg-

23 Renania: Verein zur Förderung der romanischen Sprache für den evangelischen Teil der Surselva, das Domleschg/Heinzenberg und die Val Schons.

24 In die gleiche Richtung zielte in diesen Jahren die Gründung des Periodikums *Per mintga gi. Calender popular per las valladas renanas*, welches auch ein sprachliches und kulturelles Forum für die reformierten Romanen zur Verfügung stellen wollte. Die ersten Jahrgänge betreute Gian Fontana (1897–1935) als verantwortlicher «redactur». Peter Paul Cadonau hat sich auch hier als Autor diverser Beiträge eingebracht. Siehe hierzu den Beitrag von Jan-Andrea Bernhard in diesem Band.

25 Zur Gründung der Renania sowie der Zeitung *La Casa Paterna* und zur wichtigen Rolle, die Cadonau dabei spielte, siehe den ausführlichen Beitrag von Manfred Veraguth in diesem Band.

26 Cadonau (u.a.) 1919.

Historias biblicas

per

famiglias e scolas evangelicas

della

Surselva.

Da retrer dagl actuar dil cussegl baselgia evangelic dil cantun Grischun.

Engadin Press Co., Samaden e St. Murezi, 1919

Abb. 13
Umschlag der 1919 erschienenen «Historias biblicas per famiglias e scolas evangelicas della Surselva».

heivels plaids originals della bibla. Perquei eis ei dau en el register il liug, nua che ellas ein ded anflar. Era en scola dei quest cudisch buca remplazzar la bibla ed il Niev Testament. Cun ils scolars vegls dei ei vegnir legiu en quella, suenter che els ein entras quest cudisch vegni preparai tier. Ord quei motiv ein biars raquints de gronda valitta buca conteni cheu.»[27]

---

27 Übers: «Es (sc. dieses Buch) möchte nicht das Lesen der Bibel selbst ersetzen. Das Gegenteil ist der Fall. Dieses Buch möchte die motivieren, die es lesen, diese Geschichten, die hier nur kurz erzählt werden, mit den unvergänglichen Original-Worten der Bibel zu ergründen. Deshalb ist der Ort im Register angegeben, wo diese zu finden sind. Auch in der Schule soll dieses Buch nicht die Bibel und das Neue Testament ersetzen. Mit den älteren Schülern soll darin gelesen werden, nachdem sie mit diesem

Und auf eine weitere wichtige Aktivität Cadonaus in seiner Zeit in Luven-Flond ist hier hinzuweisen. Vom 27. September bis zum 1. Oktober 1921 veranstaltete ein Komitee aus prominenten und kompetenten Experten auf dem Gebiet der Jugendfürsorge des Kantons Graubünden im Grossratssaal in Chur eine Tagung mit insgesamt mehr als dreihundert Teilnehmerinnen und Teilnehmern, bei der achtzehn Referentinnen und Referenten unterschiedliche Problemaspekte des Themas Jugendfürsorge erörterten. Die Referate wurden im Anschluss an die Tagung von Constanz Jecklin, dem Bezirkssekretär von Pro Juventute in Chur, zusammengetragen und unter dem Titel *Verhandlungen des ersten bündnerischen Jugendfürsorgekurses* publiziert.[28] In dieser Zeit wichtige Themen der Jugendfürsorge in Graubünden werden hier verhandelt, wie etwa «Über Wöchnerinnenfürsorge und Mutterschutz», «Über psychische Erkrankungen im Kindesalter», «Das anormale Kind», «Über jugendliches Verbrechertum», «Berufswahl und Berufsberatung unserer Mädchen». Am Ende der Tagung verabschiedeten die Teilnehmenden eine Resolution mit 27 Einzelforderungen, die sich in appellativer Form an die verantwortlichen Institutionen und Personen wenden und dazu auffordern, den verhandelten Problembereichen ihre intensive Aufmerksamkeit zuzuwenden.[29]

Einer der Referenten war der junge, gerade einmal dreissigjährige Peter Paul Cadonau, der offensichtlich in den relativ wenigen Jahren seines beruflichen Wirkens als Pfarrer in den Gemeinden Luven und Flond in der bündnerischen Öffentlichkeit als einschlägig ausgewiesener Experte zum Thema «Jugend und Alkoholismus» wahrgenommen worden war – auch dies insgesamt wohl ein Hinweis darauf, dass im Zentrum seines christlichen Glaubens in diesen Jahren die soziale Frage und die ethische Verantwortung der Christen stand. Diese Aufmerksamkeit auf den jungen Pfarrer war sicherlich nicht zuletzt seiner Tätigkeit als Redaktor des neu gegründeten Wochenblattes *La Casa Paterna* geschuldet.

Seine Ausführungen bei der Tagung[30] weisen folgende Gliederung auf: Nach einführenden allgemein gesellschaftlichen Überlegungen zur Gesundheit der Jugend reflektiert Cadonau das Problem des Alkoholismus unter individuellen und gesellschaftlichen Aspekten, bevor er sich mit der Frage auseinandersetzt: Welche Rolle spielt der Alkoholismus bei der Jugend? Dabei rezipiert er durchaus auch neuere empirische Erkenntnisse, indem er

Buch darauf vorbereitet wurden. Aus diesem Grund sind viele Erzählungen von grossem Wert hier nicht enthalten.» Als lecturs (Vorwort), ebd.

28 Verhandlungen des ersten bündnerischen Jugendfürsorgekurses vom 27. September bis 1. Oktober 1921 im Grossratssaale in Chur. Herausgegeben im Auftrage des Organisations-Komitees von Dr. C. Jecklin, Chur 1922.

29 Vgl. ebd., S. 309–312.

30 Vgl. ebd., S. 237–261.

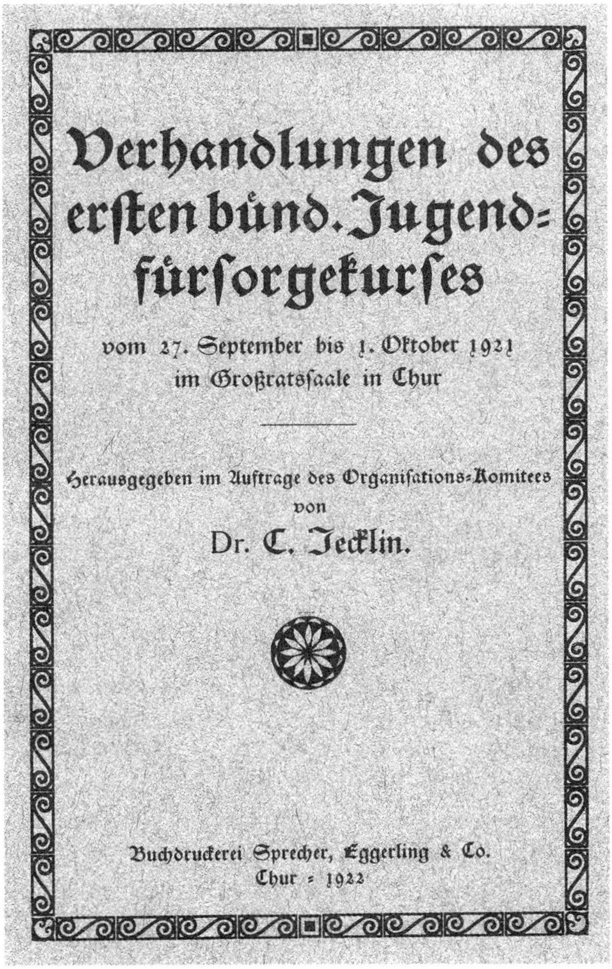
Verhandlungen des ersten bünd. Jugend-fürsorgekurses

vom 27. September bis 1. Oktober 1921 im Großratssaale in Chur

Herausgegeben im Auftrage des Organisations-Komitees von

Dr. C. Jecklin.

Buchdruckerei Sprecher, Eggerling & Co. Chur 1922

Abb. 14 Umschlag der 1922 erschienenen «Verhandlungen des ersten bündn. Jugendfürsorgekurses» mit einem Beitrag von Peter Paul Cadonau zum Thema «Jugend und Alkoholismus».

den Alkoholkonsum bzw. auch die Alkoholabstinenz von Jugendlichen in Städten in der Schweiz, in Deutschland und in Österreich miteinander vergleicht.[31] Deutlich wird bei alledem, welch verheerenden Einfluss der Alkohol in der Sicht Cadonaus auf die Jugend insgesamt ausübt. Sein Vortrag ist ein einziges Plädoyer dafür, dies zu erkennen und die entsprechenden Konsequenzen daraus zu ziehen.

Im Zentrum seiner Überlegungen steht die Frage: Welche Aufgaben stellt uns der Alkoholismus für die Arbeit an der Jugend?[32] In dreifacher Hinsicht entfaltet er diese Aufgaben. «1. Das Kind soll über das Wesen und

31 Vgl. ebd., S. 244.
32 Vgl. ebd., S. 248.

die Gefahren des Alkohols unterrichtet werden.» «2. Es müssen ferner die nötigen persönlichen Kräfte geweckt werden.» «3. Nicht dass man [...] die Vergnügungen der Jugend beschneiden müsste. Im Gegenteil. Gerade in diesen bietet sich uns die schönste Gelegenheit, sie an eine alkoholfreie Gemütlichkeit zu gewöhnen.»[33]

Und unter der Frage «Welche Mittel stehen uns zur Verfügung zur Erreichung dieser Ziele?» präsentiert er folgende Antwortansätze: «Es muss also für Aufklärung der Eltern gesorgt werden.» Und: «Vor allem kann die Schule hier viel tun, am besten wohl durch die viel verlangten Elternabende und Besprechungen.»[34] Und nicht zuletzt steht auch eine Institution hier in der Pflicht, der sich Cadonau natürlich besonders verbunden weiss: «Aber auch die Kirche sollte da nicht zurückbleiben.»[35] Schliesslich sieht er auch den Staat in der Pflicht, die entsprechenden gesetzlichen Grundlagen zu schaffen, die etwa die Abgabe von Alkohol an Kinder und Jugendliche restriktiv regeln.[36] Von besonderer Bedeutung sind für ihn auch private Initiativen,[37] die die Kinder und Jugendlichen vom Alkohol fernhalten, sei es durch direkt belehrenden und aufklärenden Einfluss, sei es dadurch, dass man sich mit den jungen Menschen beschäftigt und ihnen Möglichkeiten des Zusammenseins vermittelt, die auch ohne Alkohol auskommen. Cadonau nennt in diesem Zusammenhang etwa Jugendorganisationen der verschiedenen Abstinenzvereine, aber auch die in diesen Jahren eine Blüte erlebenden bündischen Jugendorganisationen, die die Jugendlichen in die Natur hinausführen und ihnen ein positives Gemeinschaftserlebnis vermitteln wollten. Darüber hinaus regt er aber z.B. auch die Gründung von «Gemeindehäusern und Gemeindestuben»[38] an, in denen die jungen Menschen zusammenkommen können und ihr geselliges Leben selbstorganisiert gestalten könnten – ein Vorschlag, der dann etwa auch Eingang fand in den Forderungskatalog[39] dieses ersten bündnerischen Jugendfürsorgekurses. Cadonau schliesst seine Ausführungen mit dem Bibelzitat, das für sein Leben im Kontext der Auseinandersetzung mit der Alkoholfrage wegweisend geworden war: «Wer die Hand an den Pflug legt und siehet zurück, ist nicht geschickt zum Reiche Gottes.»[40]

So lässt sich im Rückblick festhalten, dass es eine reich gefüllte Zeit war, in der sich Peter Paul Cadonau insbesondere aus einer christlich-ethi-

---

33 Ebd., S. 250f.
34 Ebd., S. 251
35 Ebd., S. 252.
36 Vgl. ebd., S. 257.
37 Vgl. ebd., S. 257–260.
38 Ebd., S. 260.
39 Ebd., S. 311, Punkt 25 des Forderungskatalogs: «Unterstützung der Bestrebungen zur Einrichtung von alkoholfreien Gemeindestuben und Volkshäusern».
40 Ebd., S. 261.

schen Motivation heraus sozial und kulturell in seinen beiden Kirchgemeinden und darüber hinaus einbrachte. Er selbst schreibt über diese Jahre: «Für einen Pfarrer sozialer Richtung war es im grossen Ganzen auch eine befriedigende Tätigkeit.» Und doch macht er entscheidende Vorbehalte geltend:

> «[...] weiss ich, dass ich schon damals und wohl je länger je mehr innerlich unbefriedigt war. Ich hatte doch einen Blick in Bibel und Kirchengeschichte getan, der mir bewusst werden liess, dass sich darin die Aufgabe eines Pfarrers nicht erschöpfen kann. Ich weiss, wie ich bei verschiedenen dieser Unternehmungen immer wieder hoffte, der Seele des Volkes und der Menschen näher zu kommen. Am meisten erinnere ich mich, wie ich bei meinen Krankenbesuchen, die vor allem der Beratung und Pflege dienten, immer ein schlechtes Gewissen hatte, dass ich schon wieder nicht dazu gekommen war, den kranken und sterbenden Seelen etwas vom wahren Heil und von der Ewigkeit zu sagen. Aber das andere, die äussere Fürsorge stand immer im Weg, dass ich nur selten zu einem geistlichen Gespräch und wohl nie zum Lesen des Wortes und zum Gebete kam.»[41]

Auf der Suche nach der Ursache für diesen Umstand stellt Cadonau folgende Überlegungen an:

> «Lange Zeit, auch noch später suchte ich den Grund dafür in dem, dass unsere Leute nach dieser Richtung hin kein Bedürfnis haben und für geistlichen Zuspruch verschlossen seien. Man täte aber gut, nicht so selbstverständlich von dieser Verschlossenheit zu reden. Wo Menschen mit reichen inneren Gaben zu ihnen kommen, können sie sich auch öffnen. Heute [sc. im Jahre 1954] sehe ich den Grund des Versagens bei mir selber. Ich war weder durch meine Vorbereitung noch durch meine innere Stellung zugerüstet, den Menschen die Gaben des Geistes zu vermitteln. Darum stürzte ich mich in allerlei andere Tätigkeiten. Diese waren deutlich eine Flucht vor der eigentlichen Aufgabe des Pfarramtes. Was mich in dieser Beziehung noch heute bedrückt, ist der Gedanke an die vielen Seelen, die mir anvertraut waren, denen ich da und dort wohl allerlei Wertvolles vermittelt, aber das letztlich Entscheidende doch vorenthalten habe.»[42]

Im Rückblick des Jahres 1954, also aus der Perspektive dessen, der seinen Weg gegangen ist und den für sein Leben und Wirken letztlich gültigen Entwurf festgemacht hat, kann Cadonau sein damaliges ethisch, sozial und kulturell ausgerichtetes Pfarrerhandeln nur als defizitär qualifizieren, als «Flucht vor der eigentlichen Aufgabe des Pfarramts», die sich für ihn dann substanziell in geistlichem Gespräch, im Lesen des Wortes und im Gebet

41 40 Jahre im Dienst der Kirche.
42 Ebd.

Koch- und Haushaltungs-Schule

CHUR

ZEUGNIS

für

Fräulein A. Maria Cadonau,

Kursdauer: 3 Monate

Unterrichtsfach	Fleiss	Fortschritt
Kochen	gut	gut
Hausgeschäfte	gut	gut
Bügeln	gut	gut
Weibliche Handarbeiten	gut	gut
Nahrungsmittellehre	gut	gut
Haushaltungskunde	gut	gut
Gesundheitslehre	gut	gut
Rechnen	gut	gut

Ordnungsliebe gut

CHUR, den 22 Dez. 1905

Die Vorsteherin:

E. Müller

Abb. 15
Maria Cadonaus Abschlusszeugnis der Koch- und Haushaltungsschule Chur aus dem Jahre 1905.

füllen sollte, um den ihm anvertrauten «Seelen» etwas «vom wahren Heil und von der Ewigkeit» mitzuteilen.

In diese Jahre in Luven-Flond fällt auch ein anderes wichtiges Ereignis in Cadonaus Leben, das er jedoch in den auf seine intellektuelle Entwicklung ausgerichteten autobiografischen Darstellungen nicht eigens thematisiert, obwohl es sicherlich auch unter pfarramtlichen Aspekten von nicht geringer Bedeutung für ihn war, nahm doch insbesondere in diesen älteren Zeiten eine Pfarrfrau quasi pfarramtliche Funktionen wahr: Cadonau ehelichte im Mai des Jahres 1918 Maria, geborene Cadonau (geb. am 5. Februar 1889) aus seiner Heimatgemeinde Waltensburg, die er also gleichsam schon von Kindesbeinen an kannte. Sie war die Tochter des Landwirts Luzius Cadonau und seiner Frau Agnes, geb. Janett, beide ebenfalls aus Waltensburg stammend. Maria Cadonau-Cadonau war zwei Jahre älter als ihr Mann und hatte in Chur die Kurse einer Koch- und Haushaltungsschule absolviert. In dem Abschlusszeugnis aus dem Jahr 1905 tauchen als testierte und durchweg mit «gut» benotete Fächer etwa auf: Kochen, Haus-

Abb. 16
Titelblatt der «humoristischen und amoristischen» Hochzeitszeitung von Peter Paul Cadonau und Maria Cadonau (Mai 1918), vermutlich von Freunden und Verwandten gestaltet.

geschäfte, Bügeln, Weibliche Handarbeiten, aber doch auch noch Rechnen. Eine derartige Ausbildung qualifizierte sie natürlich auch in ganz besonderer Weise zur kompetenten Führung eines Pfarrhaushaltes. Zwar blieb die Ehe kinderlos, aber Maria war ihrem Mann über knapp fünfeinhalb Jahrzehnte Ehe hinweg eine treue Begleiterin und Weggenossin, bis zu seinem Tod im Jahre 1972. Auch in diesem Falle gilt wohl das Diktum, dass hinter, oder wohl besser: neben, einem starken Mann nicht selten auch eine starke Frau steht, die es verdient, dass man ihrer speziell gedenkt. Von Cadonau existiert im Nachlass ein Brief vom 16. Juli 1917, also ein knappes Jahr vor der Hochzeit, an seine «cara» Maria. In diesem Brief reflektiert der junge Pfarrer von Luven-Flond theologisch-anthropologisch recht tiefschürfend über die Natur des Menschen, speziell auch über seine eigene Natur. In geradezu skrupulöser Weise attestiert er sich selbst «tutta malizia» wie etwa «mendas de character» und «glisneregn», also Charakterdefizite wie Heuchelei bzw. Scheinheiligkeit oder auch Schmeichelei. Zu diesem Zeitpunkt kann er aber auch noch anerkennen, dass es neben der «mala natira»,

Abb. 17a Das Ehepaar Maria und Peter Paul Cadonau vermutlich um 1935 in Thusis, mit der Nichte Nesa Cadonau.

der bösen Natur, auch noch eine «buna natira», eine gute Natur des Menschen gebe. Und von seiner zukünftigen Frau Maria erhofft und erwartet er, dass sie ihn durch ihre Gegenwart und durch ihre bisweilen doch auch sehr direkten «Ansprachen» weiterhin in der Hinsicht unterstützt und fördert, die «buna natira» herauszubilden.

Maria Cadonau verstarb, gut sieben Jahre nach ihrem Mann, am 17. Dezember 1979. Ihre letzten Lebensjahre nach dem Tod ihres Mannes hatte sie in Zizers im Altenheim der Stiftung «Gott hilft» verbracht.

Zum Ende seiner Amtstätigkeit in Luven-Flond 1924 wird Peter Paul Cadonau vom Praeses des Kolloquiums aufgefordert bzw. eingeladen, während der Herbstsitzung in Ilanz den Kollegen einen Abschiedsvortrag zu halten. Gerne nimmt er diese Einladung an und entscheidet sich, über das Thema «Mein Konfirmandenunterricht» zu referieren. Mit diesem maschinenschriftlich im Nachlass erhaltenen Referat liegt uns der erste nicht publizierte, im engeren Sinne reflexiv-theologische Text aus der Feder Cado-

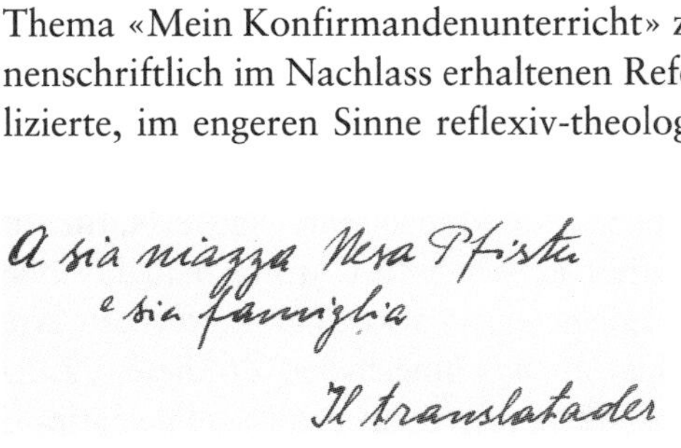

Abb. 17b Cadonaus Widmung eines Exemplars seiner Bibelübersetzung für seine Nichte Nesa Pfister, geb. Cadonau, und ihre Familie.

Abb. 17c
Maria Cadonau in fortgeschrittenem Alter mit der Nichte ihres verstorbenen Mannes, Nesa Pfister.

naus vor, der im Anhang unseres Bandes abgedruckt ist. Mehreres ist bei diesem Text in unserem Zusammenhang von Interesse. So belegt das Manuskript zum einen, dass sich Cadonau von Beginn seines beruflichen Wirkens an intensiv, konzentriert und äusserst reflektiert mit wichtigen Aspekten seines beruflichen Handelns auseinandersetzte. Dies geschieht weiterhin auf der Grundlage einer Rezeption der wichtigen neueren, ja neuesten Fachliteratur zum Thema. Und schliesslich ist in seinen Ausführungen deutlich erkennbar, dass er nicht bloss in der «scientific community» verhandelte Thesen rezipierte, sondern vorstösst zu eigenen, strukturierten und äusserst reflektierten Konzepten zur behandelten Thematik, die neben der theoretischen Fundierung auch eine gediegene praktische Erdung aufweisen.

1924–1931: Ardez-Ftan – «Der volksverbundene Pfarrer»

Die zweite Station in Peter Paul Cadonaus Pfarrerleben waren die Engadiner Gemeinden Ardez und Ftan. Sehr schnell erlernte er das Vallader, das Unterengadiner Romanisch, so dass er auch seine Predigten und seinen Unterricht in dieser Sprachvariante des Romanischen halten konnte.[43]

Diese sieben Jahre im Engadin bilden eine Art vorbereitende Relaisstation in Cadonaus Pfarrerexistenz, bevor dann an der nächsten Station in Thusis der Durchbruch oder die «Wende» kommen sollte, wie er selbst dies charakterisierte. Zwei Impulse scheinen ihn in dieser Zeit weitergebracht zu haben auf dem Weg zu dem dann von ihm gleichsam als Ziel bezeichneten Punkt: Zum einen rekurriert er auf die Anstösse der Reformation bzw. der Reformatoren, die «ihr ganzes Werk auf ihrem Bibelglauben aufgebaut» hatten. Aus der Frage heraus, «[...] wo ist dieser Glaube

43 Vgl. hierzu auch den Nachruf von Michael auf Peter Paul Cadonau in der *Bündner Post*, abgedruckt im Anhang.

heute und bei mir?», findet er den Weg zu «ernstem persönlichen Bibelstudium». Der zweite Anstoss resultierte aus einem «konfessionellen Kampf mit katholischen Priestern», bei denen er etwas ausmacht, was er bei sich selbst nicht entdecken konnte: «Diese Christen haben etwas, das du nicht hast; sie wollen Christus, ihrem Herrn dienen.» Und als Anfrage an sich selbst ergibt sich daraus: «[...] wo ist dein Christus?»[44] Wichtig in dieser Zeit scheint für ihn auch das kollegiale Gespräch mit gleichgesinnten, ähnliche Wege wie er beschreitenden Kollegen im Pfarramt geworden zu sein.[45] Namentlich zu nennen wären hier vermutlich diejenigen Kollegen, mit denen er etwa dann im Jahre 1933 biblische Meditationen erarbeitete und publizierte, also zum Beispiel Conradin Bonorand, Emil Camenisch und Raget Ragaz (siehe unten).

Verweis auf das Bibelstudium und Hinweis auf Christus als den Herrn der Christen, dies waren die beiden Anstösse für eine theologische Neuorientierung von Peter Paul Cadonau in diesen Jahren, die er in den grösseren Kontext der gesellschaftlichen und theologischen Entwicklungen der Zeit einordnete: «... [hatten sich] bei mir allerlei innere und theologische Wandlungen vollzogen. Allerlei Erfahrungen auf sozialem Gebiet in der Kriegs- und Nachkriegszeit hatten ein gutes Stück meines ungebrochenen Optimismus zerstört und die bei mir damit verbundenen irdischen Erwartungen stark herabgesetzt. Das machte mich offen für andere bisher übergangene oder weniger beachtete Seiten des Gotteswortes und der in jener Zeit aufgekommenen neuen theologischen Richtung, die den Kampf gegen alle Ideologien aufnahm.»[46]

Der autobiografische Autor beschreibt hier sehr präzise den Wandel, der sich in diesen Jahren in der Theologie als eine Art Paradigmenwechsel auf dem Hintergrund der zeitgeschichtlichen Ereignisse, wie sie insbesondere durch die Erschütterungen des Weltkrieges gegeben waren, vollzog: Weg von der das 19. Jahrhundert so stark prägenden liberalen Theologie, wie sie vor allem mit dem Namen von Friedrich Daniel Ernst Schleiermacher (1768–1834) verbunden war, und hin zur sogenannten «Dialektischen Theologie der Krise» oder auch zu einer «Theologie des Wortes Gottes», die mit dem Namen von Cadonaus Schweizer Landsmann Karl Barth (1886–1968) zu assoziieren ist. Nicht mehr die intendierte Synthese von Glauben und menschlicher Kultur bzw. Ethik, sondern die radikale Infragestellung des Menschen, seiner Kultur und seiner Ethik durch das offenbarte Wort Gottes in der Heiligen Schrift und die Hinwendung zu Jesus Christus als dem alleinigen und einzigen Fundament des menschlichen Heils bestimmten nun das theologische Gespräch der Zeit.

44 Alle Zitate: 40 Jahre im Dienst der Kirche.
45 Vgl. ebd.
46 Ebd.

Abb. 18 Peter Paul Cadonau im Kreise seiner Konfirmanden in Ardez-Ftan (ca. 1930).

In diese Jahre fällt dann aber schliesslich auch der definitive Bruch mit seinem Zürcher Lehrer Leonhard Ragaz und dessen vorwiegend sozial engagierter Theologie. Cadonau schreibt in seinen Erinnerungen «Wege Gottes in meinem Leben»:

> «In diese Zeit fielen auch die ersten Schriften von Karl Barth. Als ich einmal als Zeitungsreporter – der ich auch war – einen begeisterten Artikel über einen Vortrag Barths geschrieben hatte, traf ich gleich darauf im Zuge mit meinem verehrten Lehrer Ragaz zusammen. Dabei hielt er mir auf der ganzen Strecke diesen Vortrag vor. Die Folge war die, dass ich zu den Tagungen der Theologen Ragazischer Richtung nicht mehr eingeladen wurde.» Und Cadonau kommentiert an dieser Stelle auch gleich diese Trennung von Ragaz und dessen Theologie: «Das betrachte ich auch als einen freundlichen Weg Gottes. Hätte ich weiterhin an diesen Tagungen teilgenommen, wäre es mir wohl ergangen wie anderen Theologen, dass sie trotz vorübergehender anderer Einsichten doch im alten Stil verharren. Ich war frei und konnte nun selber meinen Weg suchen und mich führen lassen.»

Bevor jedoch in der Pfarrerexistenz von Peter Paul Cadonau diese Impulse endgültig zum Tragen kommen, lernte er in dieser Zeit noch die andere Seite des Lebens kennen, nämlich die gesellige, dem einfachen Volk verbundene: «Trotz meiner Abstinenz, die in jener Zeit zeitweise an einem dünnen Faden

Abb. 19
Karl Barth (1886–1968).

hing, fanden wir uns gelegentlich auch in Wirtschaften zu Spiel und Unterhaltung zusammen.»[47]

Als Fazit dieser Jahre im Engadin hält er fest:

> «[...] dennoch kann ich nicht anders als auch vor diesen Erinnerungen ein negatives Vorzeichen zu setzen, und ich muss damit rechnen, dass ich vor Gottes Thron für diese Zeit viel mehr Versäumnisse als positive Taten aufzuweisen habe, Versäumnisse vor allem den Menschen gegenüber, denen ich die wirksame Ausrichtung seiner Botschaft schuldig geblieben bin. Wie gesagt glaube ich, schon damals die Botschaft von der Wahrheit und der Errettung in Christus auf den vorgeschriebenen Bahnen ausgerichtet zu haben. Ich fand aber auch da nicht den Weg zum persönlichen Gespräch in der Seelsorge und zur rechten Anleitung zum Beten.»[48]

Zwar war er auch hier in der Gemeinde zu seelsorgerlichen Krankenbesuchen unterwegs, weil er

> «nicht derjenige sein wollte, von dem es hiess, er kümmere sich nicht um die Kranken seiner Gemeinde. Ich erinnere mich aber noch, wie ich mich zu diesen zwingen musste [...]. Auch von dieser Gemeinde erinnere ich mich kaum, dass ich je einmal am Krankenbett aus der Bibel gelesen oder gebetet hätte. Ich erinnere mich besonders des Falls eines jungen Trinkers, dessen

47 Ebd.
48 Ebd.

ich mich als Abstinent annehmen wollte, wobei ich keinen Erfolg hatte, während ich viel später, als mir dieser in viel schwererer Lage begegnete, ihm den Weg zu einem neuen Leben zeigen konnte. Während ich durch besondere Fügung an diesem das Versäumte nachholen konnte, werden es viele sein, denen ich diesen Dienst in Ewigkeit schuldig bleiben muss.»[49]

Deutlich zu erkennen sind die Skrupel, denen sich Cadonau in der Zeit in Ardez-Ftan konfrontiert sieht. Vor dem Hintergrund seiner späteren theologischen Ausrichtung lässt sich feststellen, dass in dieser Phase die zukünftigen theologischen Einsichten zumindest vorbereitet, wenn nicht schon theoretisch präsent waren, jedoch noch nicht praktisch umgesetzt werden konnten ins alltägliche pfarramtliche Handeln, insbesondere in der Seelsorge. Für die Übergangszeit zwischen Ardez-Ftan und seiner nächsten Station hält Cadonau fest:

«Woran lag es, dass ich damals zwar Christus und sein Wort verkündigte, ihn aber doch den Menschen nicht nahe bringen konnte? Ich sehe heute [sc. 1954] die Antwort darauf ganz klar. Ich konnte ihn glaubensmässig bekennen, aber ich kannte ihn noch nicht als meinen persönlichen Heiland, als den, der mir meine Sünden vergibt und mich mit seinem Geist leitet. Und ich konnte andere nicht zu einem Leben mit dem Herrn führen, weil ich selber dieses noch nicht kannte, weil ich in mir noch nicht Ordnung geschaffen hatte. Da habe ich es nun der grossen unverdienten und unbegreiflichen Gnade unseres Gottes zu verdanken, dass er mich so leitete, dass ich gerade das lernen musste, was mir so sehr fehlte.»[50]

In die Zeit des Übergangs von Ardez-Ftan zu seiner nächsten Pfarramtsstation Thusis fällt auch die Abfassung und dann Publikation erster praktisch-theologischer, pastoraltheologisch ausgerichteter Texte für die einfachen Gemeindeglieder. So werden etwa im Januar 1933 zwei kleinere Bändchen von ihm publiziert, deren erste Wurzeln vielleicht schon auf das Engadin oder gar noch früher auf die Zeit in Luven-Flond zurückgehen und die belegen, wie intensiv er sich etwa zur Seelsorge und zum gesamten Gemeindeleben Gedanken machte. Mit einem im Vorwort mit «Tusaun, il schaner 1933» ausgewiesenen, mehr als 100-seitigen Band mit dem Titel *Meditaziuns biblicas, offeridas al pievel rumontsch reformau* bieten er und zehn weitere Autoren (u. a. Conradin Bonorand, Emil Camenisch und Raget Ragaz) biblische Meditationen in Sursilvan unter sechs Rubriken: «Aduraziun de Deus», «Suandar a Cristus», «Duers enviers il proxim», «Surpurtar las afflicziuns», «Baselgia cristiauna», «Temps festiv». Einfühlsam und stehend auf biblischem Fundament belegen die Meditationen die pastoraltheo-

49 Ebd.
50 Ebd.

Abb. 20 Umschlag der 1933 erschienenen «Meditaziuns biblicas, offeridas al pievel rumontsch reformau».

Abb. 21 Umschlag der 1933 erschienenen «Canzuns rumontschas per chor mischdau» mit «Canzuns religiusas».

logische Expertise der Autoren wie insbesondere natürlich auch des Herausgebers, der für die Edition verantwortlich zeichnete. Gefördert wurde der Druck des Bandes von der Fundaziun Anton Cadonau per cultivar e promover il romontsch en baselgia dallas valladas renanas.

Die von Cadonau hier praktizierte Kooperation mit Pfarramtskollegen zeichnet auch ein etwas anders geartetes Projekt aus, dessen Publikation in die gleiche Zeit fällt: Ebenfalls vom Januar 1933 stammt das Vorwort zu einem Liederbuch unter dem Titel *Canzuns rumontschas per chor mischdau*[51] mit «Canzuns religiusas», «Cun in annex: Canzuns religiusas popularas», welches von der von Cadonau mitbegründeten Renania herausgegeben wurde. Hier tritt Cadonau bei einer ganzen Reihe von Liedern – etwa neben Gian Fontana und Steffan Gabriel – als «Poet», das heisst als Liederdichter, in Erscheinung, der auch seine lyrischen Fähigkeiten in den Dienst der Verkündigung des Evangeliums stellt. Die von ihm gedichteten «canzuns» tragen etwa Titel wie «Negina plonta crescha», «Deus cun mei» oder «En santeri». Den musikalischen Part der Herausgabe dieses Liederbuches

51 Gedruckt mit Unterstützung der «fundaziun ecclesiastica Anton Cadonau» (Vorwort).

Abb. 22
Lehrer, Schulmusiker und Komponist Tumasch Dolf (1889–1963).

verantwortete der Lehrer, Schulmusiker und Komponist Tumasch Dolf (1889–1963), der sich insbesondere auch als Sammler des sutselvischen Brauchtums und Liedgutes einen Namen machte. Der eine oder andere von Peter Paul Cadonau verfasste Choral fand später dann etwa auch Eingang in die offiziellen Liederbücher der reformierten Kirchen, wie zum Beispiel das Lied «Ti has, o Deus, las veglias ligias dils babs ord grazia benediu», das sich etwa findet als Lied 117 in dem 1965 gedruckten Gesangbuch *Canzuns Choralas Per La Baselgia Evangelica Romontscha*[52].

Für die Zeit in Ardez-Ftan ist hier noch auf ein Ereignis in Cadonaus Leben hinzuweisen, das in gewisser Weise auch ganz typisch und aussagekräftig für ihn ist, zeigt es doch, wie offen und unkompliziert er sich neuen technischen Entwicklungen und Errungenschaften zuwenden und diese in den Dienst seines pfarramtlichen Wirkens stellen konnte. Er war nämlich einer der Ersten im ganzen Kanton Graubünden, der sich in der zweiten Hälfte der zwanziger Jahre ein Automobil zulegte und damit seine Tätigkeit als Pfarrer zweier räumlich getrennter Gemeinden, als Redaktor einer romanischen Zeitung sowie als jemand, der sich auch in der Leitung der kantonalen Kirche engagierte, optimieren konnte.

52 Canzuns Choralas Per La Baselgia Evangelica Romontscha. Ediziun: Colloqui Sur igl Uaul e Fundaziun Anton Cadonau, Zürich 1946, zweite Auflage Zürich 1965.

Abb. 23 Peter Paul Cadonau während seiner Zeit in Thusis.

1932–1944: Thusis – «Die Wende»

Die nächste und dritte Station seiner Pfarrerlaufbahn führte Peter Paul Cadonau nach Thusis, wo er die oben beschriebene Erfahrung machen konnte. Hier erfährt er die von ihm so bezeichnete Wende.

Wie in pietistisch-erweckten Kreisen üblich, kann er genau die Situation dieser «Wende» in seinem Leben erinnern.

> «Es war in der ersten Zeit in meiner dritten Gemeinde, als dies geschah. In den Augen anderer mag es klein und unbedeutend erscheinen, mir ist es noch heute etwas unbegreiflich Grosses. Eines Tages sagte mir eine Tochter aus der Gemeinde, die selber die Siegeskraft Jesu Christi erfahren hatte: ‹Wir sind Ihnen dankbar für Ihre biblische Verkündigung; aber etwas fehlt Ihnen.› Das Wort hat mich zuerst geärgert und verletzt, hat mich aber doch weiter umgetrieben. Da wir am neuen Ort infolge besonderer Notfälle einen Blaukreuzverein gegründet hatten, dem ich als bisher freier Abstinent als Leiter beitrat, fühlte ich mich verpflichtet, an der nächsten Mitarbeitertagung des Blauen Kreuzes teilzunehmen. Sie fand, wohl auch darin eine besondere Führung Gottes andeutend, in dem zu den Kinderheimen ‹Gott hilft› gehörenden Haus Steinbock in Igis statt. Dort hörte ich einen Vortrag über das rechte Beten von einem Wissenschafter, Herrn Prof. Johann Jakob aus

Abb. 24 Das Haus Steinbock in Igis.

Zürich, der in dem Satz gipfelte: ‹Willst du lernen, was Beten heisst, dann stehe jeden Tag eine Viertelstunde früher auf, geh in dein Kämmerlein, knie nieder vor deinem Herrn Jesus Christus und bete zu ihm für drei Menschen, von denen du weisst, dass sie in Not sind.› In diesem Satz war alles enthalten, was ich in meiner Lage brauchte, eben was mir noch fehlte. Von diesem Tage an habe ich stets genug damit zu tun gehabt, den Sinn dieser Worte richtig zu erfassen und zu befolgen.»[53]

Cadonau schreibt weiter: «Es gab keine plötzliche Bekehrung. Aber es war doch so, dass ich in der Folge mein ganzes Leben, privat und amtlich, einer Prüfung unterziehen musste. Und wenn ich auch nachher manche Fehler und Sünden begangen habe, so weiss ich doch, dass von dorther ein neues Leben und Wirken mit der Hilfe Gottes beginnen durfte, das sich vor allem auch im Pfarrdienst auswirkte. Die Dankbarkeit für dieses grosse Geschehen hat mich aber auch verpflichtet, künftig im Blauen Kreuz und, so weit es mir möglich war, auch im Gott-hilft-Werk, nach Kräften mitzuwirken [...].»[54]

Dass er dieses Erweckungserlebnis machen konnte, führt er auch auf eine Art Gebetserhörung zurück: «Wie ich später erfuhr, hatten sich bei meinem Amtsantritt einige gläubige Menschen in der Gemeinde zusammen-

53 40 Jahre im Dienst der Kirche.
54 Ebd.

getan, um für den neuen Pfarrer zu beten. Dieser Umstand mag manches erklären, was mir persönlich unerklärlich und wunderbar erscheint. Auf ihr Gebet hin wurden mir die Wege geöffnet zu einer Gemeindearbeit in einem ganz neuen Sinne.»[55]

Eng mit diesem Erweckungserlebnis war auch die von ihm oben angesprochene Arbeit in der Abstinenzbewegung verbunden, die bis Thusis sich als freies Wirken in diesem Bereich bewährte, ab dann jedoch in eine führende Mitarbeit in der Institution des Blauen Kreuzes mündete, wie er in seinem Text «Wege Gottes in meinem Leben» ausführt: «In der ersten Zeit meines Aufenthalts in der neuen Gemeinde fragte mich der damalige Präsident des Bündner Blauen Kreuzes an, ob ich in Thusis nicht die Gründung eines Blaukreuzvereins an die Hand nehmen wolle. Ich war schon 25 Jahre abstinent gewesen, hatte aber noch nie mit dem Blauen Kreuz etwas zu tun gehabt, hatte aber auch noch nie eine wirkliche Rettung erlebt. Ich zögerte und wollte zuerst abwarten, ob sich in der Gemeinde eine Notwendigkeit erwies. Ich hatte nicht lange zu warten, bis sich gerade eine Anzahl solcher Fälle zeigte, die mich dann zur Gründung eines Blauen Kreuzes führte.»[56]

Die neue Art der Gemeindearbeit beschreibt er mit dem Begriff «Aufbau der Gemeinde», welchen er insbesondere an einer neuen Form der Seelsorge festmacht. «Zu meinen neuen Obliegenheiten gehörte auch der regelmässige Besuch bei den Kranken im dortigen Bezirksspital. Obgleich es bisher auch nicht geschehen war, war ich mir dessen bewusst, dass ich dabei mich nicht mit geselligen Gesprächen begnügen konnte. So zwang ich mich zunächst dazu, wenn möglich an den Krankenbetten aus der Bibel vorzulesen und mit den Kranken zu beten. Ich konnte dabei erleben, wie die böse Macht mich daran zu hindern versuchte. Doch hielt ich daran fest und bekam dann mit der Zeit dazu eine rechte Freudigkeit, so dass mir diese Besuche bald zur eigenen Stärkung und zum Mittelpunkt der Gemeindearbeit wurden.»[57]

Die Krankenbesuche im Spital inspirieren ihn schliesslich dazu, dieses Seelsorgemodell auch in der eigenen Gemeinde zu praktizieren.

> «Diese Arbeit führte mich mehr und mehr dazu, auch in der Gemeinde eifrig Besuche zu machen bei Kranken, Alten, Einsamen und irgendwie Bedrängten. Durch die Leitung des Blauen Kreuzes kamen dazu auch viele Besuche bei Trinkern und ihren Familien. So wurde sozusagen meine ganze nicht durch andere Amtsfunktionen erfüllte Zeit für Hausbesuche verwendet, und zwar meistens für solche, bei denen es irgendwie um ein Ringen um Hilfe und Gnade ging. Es mag sein, dass ich dadurch zu wenig zu jener allgemeinen Besuchstätigkeit kam, die man heute vielleicht vom Pfarrer erwartet und

55 Ebd.
56 Zum Blauen Kreuz siehe Anm. 13.
57 40 Jahre im Dienst der Kirche.

> die nach Möglichkeit alle zur Gemeinde gehörenden Haushaltungen regelmässig besucht. Während aber bei dieser doch die Gefahr besteht, dass es zu einer Form- und Gefälligkeitssache wird, geht es bei jener speziellen Seelsorge immer um ganz konkrete Fragen und Probleme. Das Ringen um Lösungen im Glauben kann, auch wenn es sich hierbei um einen kleinen Kreis von Leuten handelt, doch dem Aufbau der Gemeinde viel mehr dienen. Und auch wenn ein Teil der Gemeinde von dieser Tätigkeit des Pfarrers wenig berührt wird, so kann doch jeder damit rechnen, dass auch ihm dieser Beistand zuteil wird, wenn er in eine ähnliche Lage kommt. Aufgrund dieser eingehenden Tätigkeit in der Seelsorge durfte es dann auch geschehen, dass Menschen mit ihren Anliegen ins Pfarrhaus kamen, was bei uns sonst nicht üblich war, hingegen für wichtige Aussprachen fast unumgänglich ist.»[58]

Neben dieser intensiven Seelsorgetätigkeit im Spital wie auch in der Gemeinde in Thusis eröffneten sich Cadonau aus diesem Geist des Aufbaus der Gemeinde weitere Tätigkeitsfelder: «[F]ür solche, die vom Wort angesprochen waren, wurde es nötig, vermehrte Gelegenheit zur Wortverkündigung zu bieten, was in den neu eingeführten Bibelstunden geschah. Für die Jungen wurden besondere Jugendstunden eingeführt, die damals noch in Verbindung standen mit dem Blauen Kreuz. Den Kirchengliedern, die es wünschten, sich selber im Dienste zu betätigen, wurde diese Gelegenheit geboten durch Einführung der Sonntagsschule. Daneben gab es einen engeren Kreis, der sich regelmässig zu gemeinsamem Bibelstudium und Gebet versammelte. Ich beteiligte mich auch an diesem aus der Erwägung heraus, dass man nicht eine Gemeinde aufbauen kann, wenn man nicht auch den Weg, der zu solchem Aufbau führt, bejaht, und der doch darin besteht, dass diese zuerst in kleinen Zellen wirksam werden muss.»[59]

Cadonau erfährt dieses Wachsen der Gemeinde als gleichsam wunderbare Fügung: «Auch bei diesem Aufbau der Gemeinde wurde mir wunderbare und überraschende Hilfe zuteil, indem einige Kirchenglieder sich daran hervorragend beteiligten. Es waren besonders ein Jüngling und eine Tochter der Gemeinde, die als eigentliche Stützen dieser Arbeit angesehen werden müssen. Ihnen und dem Herrn, der sie dazu bereit machte, konnte ich nicht genug dankbar sein.»[60]

Neben diesem erfolgreichen Aufbau der Gemeinde berichtet Cadonau in seinen Erinnerungen aber auch in offener und ehrlicher Weise von inneren Kämpfen und Versuchungen, denen er sich in dieser Zeit ausgesetzt sah – ohne allerdings zu stark ins Detail zu gehen.

58 Ebd.
59 Ebd.
60 Ebd.

Abb. 25 Konfirmationsurkunde von Nesa Cadonau aus dem Jahr 1938 mit handschriftlichen Einträgen von Peter Paul Cadonau.

«Eine solche Tätigkeit erforderte von mir nicht nur vollen Einsatz der Kräfte, sondern ebensosehr ständige Arbeit an mir selber. Vor allem galt es, allerlei Bindungen und Hindernisse innerer Art zu überwinden. Ich kann es nicht unterlassen, einen solchen Fall hier besonders zu erwähnen, weil er noch weitere Kreise berührte. Aus dem bisher Gesagten geht hervor, dass ich von früher her einen starken Tätigkeits- und Geltungsdrang hatte. Dieser äusserte sich durch viele Jahre hindurch besonders im Bestreben, in der Leitung unserer Kantonalkirche Einfluss und Rang zu gewinnen. Bald nach der entscheidenden Wende wurde mir der Weg dazu verbaut. Obwohl ich das damals als Führung annahm, liess es mir noch lange Zeit innerlich keine Ruhe, so dass ich mich später wieder auf den Weg verlocken liess, was zu schuldhaftem Verhalten und schmählicher Niederlage führte. Es war aber für mich sehr heilsam. Erst die völlige Befreiung von solchen Wünschen befreite mich von einer fast ins Dämonische gesteigerten Gebundenheit. Es mag an diesem Beispiel sichtbar werden, wie wir uns oft von Dingen, die an sich nötig und lobenswert sein mögen, lösen müssen, um recht dem Herrn zu dienen.»[61]

61 Ebd.

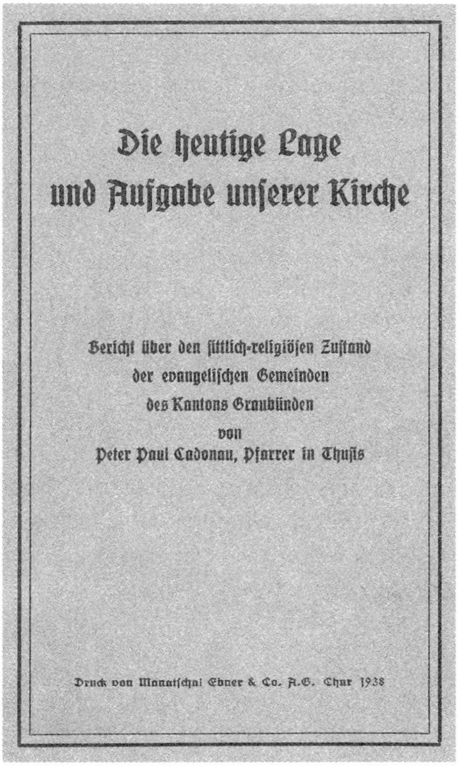
Die heutige Lage
und Aufgabe unserer Kirche

Bericht über den sittlich-religiösen Zustand
der evangelischen Gemeinden
des Kantons Graubünden
von
Peter Paul Cadonau, Pfarrer in Thusis

Druck von Manatschal Ebner & Co. A.-G. Chur 1938

Abb. 26 Umschlag des (dann publizierten) Synodenberichts «Die heutige Lage und Aufgabe unserer Kirche» von Peter Paul Cadonau aus dem Jahr 1938.

Welch einflussreiche und wichtige Rolle Cadonau in diesen Thusner Jahren trotz dieser hier anklingenden Versagenserfahrung in der Bündner reformierten Kirche spielte, geht aus dem Faktum hervor, dass ihn die Kirchenleitung im Jahre 1938, also in prekärer innerer und äusserer Lage von Kirche, Staat und Gesellschaft, beauftragte, der in Guarda tagenden Synode einen Bericht über «[D]ie heutige Lage und Aufgabe unserer Kirche» zu erstatten,[62] ein Vorgehen, welches gemäss der Bündner Kirchenordnung bei der Synode alle acht Jahre stattfinden sollte.[63] Pflichtbewusst unterzieht sich Cadonau dieser nicht ganz einfachen, sondern vermutlich ganz im Gegenteil sehr herausfordernden Tätigkeit.

62 Peter Paul Cadonau, Die heutige Lage und Aufgabe unserer Kirche. Bericht über den sittlich-religiösen Zustand der evangelischen Gemeinden des Kantons Graubünden. Erstattet an der Synode zu Guarda 1938 durch Pfarrer Peter Paul Cadonau in Thusis. Mit Genehmigung des Evangelischen Kirchenrates Graubünden herausgegeben und zu beziehen von der Redaktion des Bündner Kirchenboten, Jenaz, Chur 1938 (nachfolgend: Cadonau 1938a).

63 Vgl. ebd., S. 3.

Interessant und wegweisend für zukünftige empirisch fundierte Analyse kirchlicher, praktisch-theologischer, auch kirchenleitender Arbeit ist der gewählte methodische Ansatz des Synodenberichtes: «Damit die Beantwortung nicht nur aus persönlichen Beobachtungen geschehe, wurde an die Pfarrer, Kirchenvorstände und einen weiteren Kreis von Leuten ein Fragebogen gesandt.» Cadonaus Ausführungen in seinem Bericht fussen nun weitgehend auf den eingesandten Antworten auf die in diesem Fragebogen aufgelisteten Fragen. Als Rücklauf war insgesamt folgendes zu konstatieren: «Antworten von 61 Pfarrern, von welchen 16 gleichzeitig auch im Namen ihres Kirchenvorstandes berichteten, 12 Kirchenvorständen und 27 Privatpersonen». Cadonau stuft die eingegangenen Antworten als «mit wenigen Ausnahmen bedeutungsvoll» ein, denn sie «geben tiefe Einblicke in das Leben unserer Kirche» und geschahen «in Ernst und Verantwortung»[64]. Und so nimmt er in seinen Ausführungen immer auch sowohl im wörtlichen Zitat wie auch in inhaltlicher Paraphrase auf diese eingegangenen Antworten Bezug.

Deutlich feststellbar ist in den Ausführungen des Synodenberichts von 1938, dass er hier die glaubensmässige «Wende», die er in Thusis erlebte, hinter sich hat. Die Konzentration auf Schrift und Gebet, wie sie ab dieser «Wende» sein Glaubensleben kennzeichnet, bildet den intentionalen Background all seiner Erläuterungen.

Sein Synodenbericht weist folgende Gliederung auf:

Einleitung: Die heutige Lage und Aufgabe unserer Kirche

A. *Die gegenwärtige Lage der Kirche*
I. Der Stand der Kirchlichkeit
1. Gute Kirchlichkeit
2. Kirchliche Erstarrung
3. Zerfall der Kirchlichkeit
4. Neubelebung der kirchlichen Arbeit

II. Der Glaubensstand
1. Altes Glaubensgut
2. Der Unglaube
3. Gleichgültigkeit und Glaubensersatz
4. Scheinglaube
5. Aberglaube

III. Der Stand der Sittlichkeit

B. *Die gegenwärtige Aufgabe der Kirche*

I. Reden oder Tun

II. Die Wortverkündigung
1. Der Predigtgottesdienst
2. Neue Wege der Wortverkündigung

III. Die Arbeit an der Jugend
1. Kirchlicher Unterricht
2. Die Arbeit an der erwachsenen Jugend

IV. Die seelsorgerliche Betätigung

V. Die missionarische Aufgabe der Kirche

VI. Das kirchliche Amt
1. Die Kirchenleitung
2. Die Vorbereitung der Pfarrer
3. Das persönliche Glaubensleben des Pfarrers

64 Alle Zitate: ebd., S. 3 und 4.

Wie schon der Titel des Berichts vor der Synode in Guarda ausweist, gliedern sich Cadonaus Ausführungen in zwei Hauptteile; zum einen geht es um die *gegenwärtige Lage der Kirche*, zum anderen reflektiert er die zukünftig anzupackende *Aufgabe der Kirche*.

Die im ersten Abschnitt gemachten darstellend-analytischen Ausführungen zur aktuellen Lage der Kirche weisen ein ambivalentes Gesicht auf: Einerseits malt er diese Lage durchaus düster, indem er etwa auf die «Wirkung des Zeitgeistes» verweist, der zu einer «kirchlichen Erstarrung»[65], ja zu einem «Zerfall der Kirchlichkeit»[66] führe, z. B. abzulesen an der «Stellung des Einzelnen zu Bibel und Gebet»[67] und an der «vielfach fehlende[n] Werbekraft»[68] der Kirche, an der «Ausbreitung von Sekten» oder an der «Gleichgültigkeit eines Teils der Männer und der Jugend»[69]. Die katholische Kirche zeigt nach Cadonau hier ein ganz anderes Selbstverständnis und auch Selbstbewusstsein, etwa in ihrer Haltung zur religiösen Erziehung der Kinder in konfessionell gemischten Ehen.[70] Einiges von diesem katholischen Selbstbewusstsein wünscht Cadonau auch der eigenen reformierten Kirche: «Die einzig angemessene Haltung gegenüber dem Anspruch der katholischen Kirche, der alleinige Heilsweg zu sein, wäre unserseits das Bewusstsein dafür, dass wir dazu berufen sind, das Evangelium aller Welt zu verkünden […].»[71]

Neben diesen als Zerfallserscheinungen charakterisierten Entwicklungen sieht Cadonau jedoch durchaus auch positive neue Aspekte der kirchlichen Arbeit. Und in diesem Kontext verweist er schon im Jahr 1938 auf eine Einrichtung, die dann in seinem späteren Leben noch eine sehr grosse Bedeutung gewinnen sollte:

> «Solche Neubelebung ist nun da und dort doch auch schon zu beobachten, vor allem in den Zentren, aber auch an anderen und kleineren Orten. Wo das der Fall ist, hört man denn auch wieder mehr vom zunehmenden Interesse an der Mission, von grösserem Eifer im Gebet und Bibellesen […] Fragen wir nach den Ursachen solcher Neubelebung, so treten uns als sichtbare Einflüsse vor Augen die aus der inneren und äusseren Mission fliessenden Kräfte, die bei uns besonders, soweit es die innere Mission betrifft, von den Kinderheimen ‹Gott hilft›, der Blaukreuz- und Jugendarbeit mit ihren verschiedenen Ferien- und Bibelkursen her (sic). Aus verschiedenen Gemeinden

65 Ebd., S. 6.
66 Ebd., S. 9 f.
67 Ebd., S. 6.
68 Ebd., S. 7.
69 Ebd., S. 10.
70 Vgl. ebd., S. 8.
71 Ebd.

> haben Leute unter dem Einfluss von Möttlingen[72] entscheidende Einflüsse empfangen. An anderen Orten war mehr die Gruppenbewegung im gleichen Sinne wirksam. Es ist auffallend und muss als eine besondere Gnade erkannt werden, dass diese verschiedenen Bewegungen nicht zur Abspaltung von der Kirche geführt haben, wenn auch gewisse Gefahren in dieser Beziehung zeitweise zu spüren waren. Es gehört zur besonderen verantwortungsvollen Aufgabe der Kirche in unserer Zeit, diese neuerwachten Kräfte lebendig zu erhalten und in ihren Dienst zu nehmen.»[73]

Klar ist dabei für Cadonau auch, dass sich gegen solche Neuentwicklungen auch Gegenkräfte formieren werden:

> «Das muss uns freilich klar sein, dass eine Neubelebung der kirchlichen Betätigung nicht ohne Kampf geschieht. Jene Kreise, die der Kirche heute wohlwollend, aber gleichgültig gegenüberstehen, werden in der Regel dem, was man zur Neubelebung unternimmt, ablehnend entgegentreten. Wir werden da gewisse Scheidungen und Entscheidungen nicht scheuen dürfen und wollen auch nicht davor zurückschrecken, das und jenes zur Belebung des Gemeindelebens einzuführen, selbst wenn es den Frieden in der Gemeinde stören könnte. Es gibt etwas, das noch wertvoller ist als der äussere Friede [...].»[74]

Im Blick auf den gegenwärtigen Glaubensstand in den Gemeinden ergibt sich für Cadonau ein ambivalentes Bild: Er erkennt ganz deutlich:

> «Es kann nicht bezweifelt werden, dass in unserem Volk, wenn auch oft verborgen, manches alte Glaubensgut vorhanden ist. Es wird offenbar besonders in allerlei Heimsuchungen und Nöten, in Krankheit, ja selbst in der Arbeitslosigkeit unserer Tage. Da zeigt es sich stärker, als man meinen möchte, und oft bei Leuten, wo man es nicht erwarten würde. Vor allem dem Tod gegenüber erweist sich dieser Glaube immer noch als wirkliche Kraft. Man kann ihn zwar, wie betont wird, nicht am Heidelberger Katechismus messen; deswegen ist er doch vorhanden und wirksam. Aber gerade dieser Umstand, dass er oft von Bibel und Bekenntnis gelöst ist, bewirkt es, ‹dass diesem Glauben vielfach›, wie ein Kollege sagt, ‹eigene Erfahrung, Ursprünglichkeit, Kraft und Tiefe› fehlt. Weil uns, wie ein anderer Kollege

72 Mit dem Verweis auf Möttlingen (bei Bad Liebenzell im Schwarzwald) spielt Cadonau auf den Einfluss des württembergischen Pietismus bzw. der Erweckungsbewegung Blumhardt'scher Prägung an. Johann Christoph Blumhardt (1805–1880) war Pfarrer in Möttlingen. In den vierziger Jahren des 19. Jahrhunderts ereignete sich an einem seiner Pfarrkinder, der jungen Gottliebin Dittus, eine Art Wunderheilung, die der Auslöser wurde für eine Erweckungs- und Bussbewegung, der sich Tausende von Menschen zuwandten.

73 Cadonau 1938a, S. 11.

74 Ebd., S. 11 f.

> schreibt, ‹ein wirklich verbindendes Gotteswort fehlt› und wir ‹über alles reden, nur nicht über unseren Glauben›, ist dieser althergebrachte Glauben heute vielfach in Gefahr, den anstürmenden Einflüssen des Unglaubens zu erliegen.»[75]

In Gestalt der «Gottlosenpropaganda» und des «Neuheidentums»[76] sieht Cadonau diesen Unglauben am Werk, ebenso in einer allgemeinen Gleichgültigkeit dem Glauben gegenüber und in Spielarten des Glaubensersatzes, wie er etwa in Sportvereinen wie im Sport überhaupt begegne.[77] Weitere Formen eines fehlgeleiteten Glaubens kann Cadonau im «Aberglauben»[78] und im «Scheinglauben»[79] erkennen, den er etwa im «blossen Schöpfer- und Schicksalsglauben», im «Jenseitsglauben» oder im «Fortschrittsglauben» wirksam sieht.

Diesen Abschnitt seines Berichtes abschliessend, kommt er ausführlich auch auf den «Stand der Sittlichkeit»[80] in den Gemeinden zu sprechen, die er durch eine «sittliche Orientierungslosigkeit unseres Geschlechts» charakterisiert sieht. Denn: «Das Bewusstsein von Sünde und Gnade ist weithin verblasst. War früher die Gefahr des Pharisäismus nahe liegend, so neigen die Menschen von heute mehr zum Libertinismus. Die Sünde ist – auch von der Kirche aus – bagatellisiert worden.»[81] In Zitaten von Bündner Gemeinden bzw. Pfarrern hört sich in Cadonaus Bericht dies dann so an: «Heute sündigen die Menschen nicht mehr. Sie haben Fehler, sie sind schwach, sie machen Dummheiten.» Oder: «Recht ist, was mir nützt, und worin ich mich wohlfühle.»[82] Cadonau stellt dazu fest: «So offen wird diese Auffassung wohl selten ausgesprochen, vielleicht nicht einmal gedacht; aber man lebt unbewusst danach. Im privaten und öffentlichen Leben müssen die Rücksichten auf Gottes Gebote immer wieder vor materiellen und egoistischen Erwägungen zurücktreten.»[83] Konkret wird dies nach Cadonau dann in folgenden sittlichen (Verfalls-)Erscheinungen: «Zerfall der Sonntagsfeier», «Verbreitung von Verleumden und Fluchen», «Fehlen von Treu und Glauben», «Missachtung der soliden Arbeit», «grosse Verschwendungssucht», die sich etwa zeige im «Kleideraufwand» und in den «allzu vielen Vergnügungsanlässe[n]»[84].

---

75 Ebd., S. 12.
76 Ebd.
77 Vgl. ebd., S. 13–15.
78 Vgl. ebd., S. 17–20.
79 Vgl. ebd., S. 15–17.
80 Vgl. S. 20–28.
81 Ebd., S. 20.
82 Ebd.
83 Ebd.
84 Ebd., S. 21.

Vor diesem Hintergrund sieht Cadonau seine Zeit mitten in einer «Entscheidungsschlacht»[85] stehen. Denn:

> «Zuerst wurde die Autorität Gottes und seiner Gebote zerbrochen, und man stellte noch auf die allgemein anerkannte Sitte ab. Wenn man aber Gott nicht mehr gehorchte, bestand eigentlich kein Grund mehr, der Sitte zu folgen. So sind wir in einen Zustand hineingekommen, da für das sittliche Leben immer weniger Normen anerkannt werden, und so sind wir wehrlos gegen die Welle des modernen Lebens, die doch mehr und mehr auch uns erreicht.»[86]

Cadonau vermeint aber auch zu erkennen: «Da und dort regen sich zwar bereits neue sittliche Abwehrkräfte, indem die Wachsamkeit gesteigert und das öffentliche Gewissen mehr geweckt sind», aber: «Der Sieg des Guten wird nur gewährleistet sein, wenn ihm vom Glaubensleben her immer wieder neue Kräfte zufliessen.»[87] Nachfolgend beschreibt er dann konkrete ethische Felder, auf denen diese «Entscheidungsschlacht» aktuell stattfindet: Er nennt den «Alkoholismus», die «Wertung von Geld und Gut», das «Familienleben» und schliesslich den Bereich der Sexualität.[88]

Als einzig mögliche Rettung aus dieser Situation sieht Cadonau, dass die Menschen aufs Neue lernen müssen, sich «vor Gott»[89] zu beugen.

Damit ist er in seinen Ausführungen beim zweiten Teil angelangt, bei der «gegenwärtigen Aufgabe der Kirche»[90].

Er beginnt diesen Teil mit der Alternativfrage: «Reden oder Tun?», jedoch ohne sich voll auf diese Alternative einzulassen. Seine Antwort darauf ist, «mit der im Bibelwort enthaltenen Botschaft ernst zu machen». Denn: «Die Bibel schenkt uns wieder die geistige Heimat, sie schenkt uns die Sprache, in der wir uns über die tiefsten Menschheitsfragen verständigen und so uns vorbereiten können auf den Tag des Herrn.» Deshalb «wird die Aufgabe der Kirche zunächst hauptsächlich eine missionarische sein»[91].

Von dieser argumentativen theologischen Basis aus, nämlich der Gründung allen kirchlichen Handelns auf dem Wort Gottes, geht er nachfolgend die einzelnen Aufgabenfelder der Kirche an.

Er setzt hier ein mit der in seiner Sicht zentralen Aufgabe, nämlich der Wortverkündigung, die natürlich zuerst im «Predigtgottesdienst» ihren

85 Ebd.
86 Ebd.
87 Ebd.
88 Vgl. ebd., S. 22–27.
89 Ebd., S. 25.
90 Ebd., S. 29–54.
91 Ebd., S. 30f.

Platz hat. Hier sieht er in jüngerer Zeit auch einen gewissen Wandel im Gange, nämlich von den «religiösen Kanzelvorträgen» «hin zu einem schlichten Zeugnis von der offenbarten Schriftwahrheit», und dies heisst für Cadonau unter Aufgreifen einer Zuschrift eines Pfarramtskollegen, dass «persönlicher und schärfer von der Sünde» geredet werden dürfe, denn es «geht darum, dass der einzelne Mensch zur Erkenntnis seiner Not und Sünde, aber auch der göttlichen Gnade komme»[92].

Diese neue Konzentration auf das «Wort Gottes» als zentrale Verkündigungsaufgabe der gegenwärtigen Kirche, die natürlich auch die in der protestantischen Theologie in den zwanziger und dreissiger Jahren des 20. Jahrhunderts eingetretene Entwicklung – Stichwort «dialektische Theologie» von Karl Barth – nahelegt, zieht sich durch Cadonaus sämtliche Ausführungen seines Berichtes vor der Synode zu Guarda, ob es nun um die Predigt, die Liturgie, die Sakramente oder Kasualien wie die «Leichenrede» geht.[93]

Von daher erhalten auch seine Ausführungen im Abschnitt «Neue Wege der Wortverkündigung»[94] ihre Bedeutung und Brisanz. «Es erweist sich als notwendig, neben dem herkömmlichen Gottesdienst auch neue Wege der Wortverkündigung zu suchen und den veränderten Bedürfnissen Rechenschaft zu tragen.» Da schneiden dann «gelegentliche Abendvorträge und Kirchgemeindeabende [...] mit Vorträgen und Diskussionen» vergleichsweise schlecht ab. Dagegen stehen hoch «Bibelstunden, in denen einfach das Wort Gottes dargereicht wird». Auch wenn Cadonau «diese Art kirchlicher Betätigung nicht als das Alleinheilmittel» aufgefasst wissen möchte, so konstatiert er dennoch: «Wo in einer Gemeinde wirkliches neues Leben erwacht, wird man kaum ohne ihre Mithilfe auskommen.» Und: «Man hört immer wieder auch von treuen Gottesdienstbesuchern, dass sie diese Art mehr schätzen als die Predigt, wohl ein Hinweis darauf, dass unsere Predigt noch zu kunstvoll und zu wenig Wortauslegung ist.» Geschätzt wird in den Gemeinden – und wir können annehmen, dass Cadonau dies genauso sieht! –, wenn die Bibelstunde «von Gesang und freiem Gebet umrahmt» wird.[95] Damit sind auch in diesem Synodenbericht die Bestandteile erwecklicher Frömmigkeit benannt, denen sich Cadonau seit seiner Zeit in Thusis besonders verbunden, ja verpflichtet fühlt: Es geht ihm um die Konzentration auf das Bibelwort und das Gebet.

Auch in allen anderen Arbeitsfeldern der Kirche wird eine «Renovation» bzw. Neuausrichtung unter diesen Vorzeichen empfohlen. Dies gilt

92 Ebd., S. 31f.
93 Vgl. etwa ebd., S. 31 et passim.
94 Ebd., S. 36–38.
95 Alle Zitate: ebd., S. 36f.

ebenso für die «Arbeit an der Jugend»[96] wie für die «seelsorgerliche Betätigung»[97].

Der bislang praktizierte Religions- bzw. der kirchliche Unterricht, wie Cadonau lieber formuliert, wird aus seiner Sicht primär als Versagenserfahrung wahrgenommen, da die Kinder und Jugendlichen «an der Kirche vorbei zu Sport und Vergnügen» rennen. Auf die Frage nach den Gründen dafür formuliert Cadonau:

> «Der tiefere Grund dafür dürfte statt im Versagen des einzelnen Pfarrers viel eher darin zu finden sein, dass unser Jugendunterricht isoliert dasteht. Unser Unterricht ist in der Schule ein Fremdkörper, und keine pädagogischen Künste werden viel daran ändern. Wenn wir ihn aus dieser Isolierung retten und auf einen tragbaren Boden stellen wollen, müssen wir nicht mit der Schule, sondern mit der kirchlichen Arbeit Verbindung suchen. Wenn wir Pfarrer in der Schulstube stehen, so sind wir dort nicht Lehrer, auch nicht Lehrer der Religion, sondern auch dort sind wir Verkünder der Gnade Gottes. Das allein wird uns den rechten Boden und damit auch die nötige Disziplin und Autorität geben.»[98]

Und im Blick auf das Ziel eines solchen Unterrichts bedeutet dies:

> «Während die Schule dem Ziel der Erziehung zu guten Menschen dient, wissen wir als Christen, dass die Eigenschaften des guten Menschen nicht Früchte der Erziehung, sondern Früchte des Geistes sind. Daher können wir uns mit dem bescheideneren Ziele begnügen, die Schüler mit Jesus und mit dem Wort der Schrift bekannt zu machen. Es gilt damit die Bausteine bereit zu stellen, aus denen Gott der Herr die christliche Persönlichkeit baut.»[99]

Damit wird auch auf dem Felde des Religionsunterrichts der Schwenk zur «Theologie des Wortes Gottes» und damit eine Abkehr vom bisherigen liberalen Modell vollzogen, das eine ethische Erziehung präferierte. In Deutschland sprach man zu dieser Zeit dann eben lieber gar nicht mehr von einem *Religionsunterricht*, sondern eher von einer *Unterweisung im Worte Gottes*.

Im nächsten Abschnitt seines Berichtes wendet sich Cadonau gegen die Ansicht, dass die Seelsorge in der pfarramtlichen Arbeit nur von untergeordneter Bedeutung sei, wie dies von manchen Kollegen vertreten werde. Für ihn steht die Seelsorge in der Gemeinde dagegen im Fokus all seines Tuns, denn auch und vor allen Dingen hier wird das Zentrum der christlichen Botschaft aktiviert, wie wir es oben schon in anderen Bereichen der kirchlichen Arbeit kennenlernen konnten: Lesen der Bibel und das Gebet. Mit den Wor-

---

96 Vgl. ebd., S. 39–41.
97 Vgl. ebd., S. 41–45.
98 Ebd., S. 39 f.
99 Ebd., S. 40.

ten eines der im Vorfeld der Synode befragten Pfarrers: «Seelsorge im wahren Sinne heisst, dem andern das verbindliche Wort Gottes sagen, das der andere sich selber nicht gültig sagen kann, auch wenn er es sich hundertmal vor Augen hält.»[100] Oder mit Cadonaus eigenen Worten: «Nur der, dem wir unter vier Augen das Wort Gottes gesagt haben, kann es in der Predigt richtig verstehen und aufnehmen. So gehört die Seelsorge untrennbar zum Predigtamt.»[101] Als Ziel der Seelsorge macht Cadonau hier schliesslich fest: «[...] den Menschen von jeder menschlichen Seelsorge unabhängig zu machen, indem man ihn zu selbständigem Gebet und Bibellesen anleitet.»[102]

Gleichsam als Fazit dieses Abschnittes seiner Ausführungen beschäftigt sich Cadonau dann an dieser Stelle noch mit der «missionarischen Aufgabe der Kirche»[103], die er in innere und äussere Mission untergliedert. Kirche muss «wieder Missions- und Bekenntniskirche» werden. Die innere Mission weiss sich an die Mitglieder des eigenen Volkes gesandt, an die «Entfremdeten und Gleichgültigen». Und das geeignete Mittel dazu sieht Cadonau in den Evangelisationen, die er ja in den nachfolgenden Jahren selbst eifrig praktizieren sollte. Die innere Mission hat für ihn aber auch noch eine andere Seite; dies ist die praktisch-kirchliche Arbeit zur «Behebung der Not der Menschen», wie sie von verschiedenen kirchlichen und kirchlich inspirierten Hilfswerken betrieben wird, und auch dies ist ja ein Aspekt der Arbeit, die Cadonau selbst geleistet hat, etwa in Gestalt der Blaukreuzarbeit gegen den Alkoholismus oder auch, was er in Zukunft noch intensiv praktizieren wird, einer Mitarbeit im Werk «Gott hilft», beides Tätigkeiten der inneren Mission, die er an dieser Stelle seines Synodenberichtes bereits erwähnt. Und von der äusseren Mission erhofft er sich schliesslich auch positive Rückwirkungen auf die Arbeit der Kirche in den eigenen Gemeinden.

In einem abschliessenden Abschnitt seines Berichtes beschäftigt sich Cadonau schliesslich noch mit dem «kirchlichen Amt»[104].

Als Pendant zu der in den Bündner Gemeinden so hoch gehaltenen Gemeindeautonomie gibt er hier auf dem Hintergrund verschiedener Zuschriften zu erwägen, ob nicht doch an der einen oder anderen Stelle der pfarramtlichen Arbeit auch eine etwas stärkere Vereinheitlichung und Kirchenleitung angebracht wäre. Auch die Einführung eines Vikariats als Vorbereitung auf den eigentlichen Pfarrdienst findet an dieser Stelle Erwähnung.[105]

---

100 Ebd., S. 43.
101 Ebd.
102 Ebd.
103 Vgl. ebd., S. 46–48; Zitate: ebd.
104 Vgl. ebd., S. 48–54.
105 Vgl. ebd., S. 50f.

Abb. 27 Umschlag der «Bibla illustrada per affons rumontschs. Vegl Testament», 1939.

Seinen Bericht schliesst Cadonau mit Überlegungen zum «persönlichen Glaubensleben des Pfarrers»[106]. Hier sieht er ein grosses Defizit gegeben, da man ja auf allen Seiten davon ausgeht, dass der Pfarrer selbst alles habe, was er an Botschaft auszurichten hat. Gerade dies ist aber nach seiner Ansicht eben nicht der Fall. In den Kreisen der Pfarrer existiert nach Cadonau geradezu ein «tiefer Schrei nach Seelsorge unter Pfarrern»[107]. Denn: «Es ist auch nichts als Gnade, wenn ein Pfarrer dazu kommt, ein Leben in Gebet und Hören des Wortes zu führen; denn im Grunde hat es wohl niemand so schwer wie wir, die wir täglich berufsmässig mit diesen Dingen umgehen müssen.»[108] Und obwohl ganz sicher «in manchen Studierstuben wirklich ernstlich gerungen wird um Klarheit, Reinheit und Erweckung», müssen die Pfarrer lernen, «ganz als Privatleute die Bibel zu lesen, losgelöst von der Frage, wie wir das in unserer Arbeit verwenden können, und dass auch wir als heilsbedürftige und leidende Menschen uns vor dem Vater beugen»[109].

Mit diesem Synodenbericht aus dem Jahre 1938 haben wir ein schönes Zeugnis der theologischen Entwicklung vorliegen, die Peter Paul Cadonau bis in diesen Jahren in Thusis erreicht hat. Er hat die glaubensmässige

106 Vgl. ebd., S. 51–54.
107 Ebd., S. 53.
108 Ebd., S. 52f.
109 Ebd., S. 52.

Abb. 28 Umschlag der «Bibla illustrada per infants rumantschs. Nouv Testamaint», 1939.

«Wende» in seinem Leben gleichsam schon hinter sich, orientiert sich voll und ganz an den Parametern der Theologie des Wortes Gottes, die auf das Hören dieses Wortes setzt und darauf, dass sich der Lebenssinn für den Menschen, sein Heil, in diesem Hören des Wortes und in dem parallel dazu zu praktizierenden Gebet eröffnet.

In die Zeit in Thusis fällt auch noch ein weiteres Publikationsprojekt, das Zeugnis gibt von Cadonaus religionspädagogischen Intentionen. Im Jahr 1939 erscheint in der *Ediziun Zwingli*, Turitg, ein zweibändiges Werk unter dem Titel *Bibla illustrada per affons rumontschs* (sursilvan) bzw. *Bibla illustrada per infants rumantschs* (ladin), das je fünfzig alttestamentliche bzw. neutestamentliche Erzählungen bietet, deren Texte Cadonau unter Assistenz von Gian Gianet Cloetta (1874–1965), Lehrer in Thusis, zusammengestellt hat. Die Texte werden für die Kinder und Jugendlichen sowohl im surselvischen wie auch im ladinischen Idiom geboten. Die Illustrationen stammen von dem in dieser Zeit sehr beliebten deutschen Künstler Julius Veit Hans Schnorr von Carolsfeld (1794–1872), einem Vertreter der Nazarenerschule des 19. Jahrhunderts.

Cadonau hat zeit seines Lebens die theologischen, spirituellen und auch pfarramtlichen Aspekte seines Wirkens intensiv reflektiert und auch immer wieder (insbesondere maschinen)schriftlich festgehalten, wie aus nicht wenigen der sich in seinem Nachlass findenden Materialien hervorgeht. Eine ganz geringe Auswahl dieser meist nicht exakt zu datierenden

Texte bringen wir im Anhang dieses Bandes zum Abdruck; es handelt sich dabei vor allem um sehr aussagekräftige Texte, die, wie deren zentralen Thesen zu entnehmen ist, wohl grossteils nach der von ihm in seiner Zeit in Thusis erfahrenen Wende anzusiedeln sind:

- «Kurze Anleitung zur täglichen Andacht» mit den Abschnitten «Allgemeines», «Das Bibellesen» und «Das Gebet»
- «Gebetsgemeinschaft» und «Das seelsorgerliche Gebet»
- «Die Frage der Handauflegung»

Diese Texte geben tiefere Einblicke in die spirituelle Praxis von Peter Paul Cadonau, von der Bedeutung von Gebet und Bibellektüre für seine Gottesbeziehung, für seine christliche und Pfarrerexistenz, aber auch von seinem Bewusstsein um die Grenzen geistlichen Handelns, blickt man etwa auf den Text zur «Frage der Handauflegung», die ja gleichsam eines der Lieblingsthemen pietistisch-erweckter Kreise war. Cadonau warnt hier vor einem Missverständnis der Handauflegung, die keine Magie, «kein selbständig wirkendes Mittel» sei, sondern nur «sichtbares Zeichen» des Handelns Gottes, wie es im Gebet von Gott erfleht werden kann.

Zum Ende seiner Zeit in Thusis übernimmt Cadonau auch noch eine weitere verantwortungsvolle Aufgabe, nämlich die Funktion des Schriftleiters des *Bündner Kirchenboten*,[110] des Informationsblattes für die Gemeindeglieder, das natürlich auch ein überparochiales Identitätsbewusstsein der reformierten Christen in Graubünden schaffen hilft. Cadonau hat auch diese Aufgabe mehr als ein Jahrzehnt – von 1943 bis 1956 und damit über seinen Abschied aus dem Pfarramt hinaus – verantwortungsvoll ausgeübt.

Nach gut zwölf Jahren in Thusis, die ihm neben vielen positiven Erfahrungen aber doch bisweilen auch solche negativer Art eingebracht hatten, hielt Cadonau offensichtlich eine Veränderung für nötig: «Eine so intensive Arbeit schafft mit den Jahren Bindungen und Entfremdungen persönlicher Art, die der Ausrichtung des Auftrags auf die Länge hinderlich sein können. Aus diesem Grunde verliess ich nach 12 Jahren diese Gemeinde mit einer so befriedigenden Tätigkeit.»[111] Erstaunen mag, dass in den von uns beigezogenen und analysierten Texten und Zeugnissen Cadonaus die weltgeschichtlichen Geschehnisse während seiner letzten Jahre in Thusis – erinnert sei daran, dass ja ab 1939 Europa und die Welt von einem ungeheuren Krieg

---

110 Der *Bündner Kirchenbote* war 1914, dem Jahr der Aufnahme Cadonaus in die Bündner Synode und des Beginns seiner Pfarrertätigkeit, begründet worden. Heute erscheint er unter dem Titel *reformiert. Bündner Kirchenbote*. Die diversen Beiträge von Peter Paul Cadonau auch in diesem Periodikum konnten im Rahmen unseres Projektes nicht eigens analysiert und ausgewertet werden – auch dies somit ein Desiderat für weitere Forschungsarbeit.

111 40 Jahre im Dienst der Kirche.

erschüttert wurden – kaum eine grössere Rolle spielen, anders als in seiner von Leonhard Ragaz beeinflussten Zeit in Luven-Flond.

1944–1954: Trin – «Der Pfarrer in der Fremde»
Einleitend zu dieser Station schreibt Cadonau in «40 Jahre im Dienst der Kirche»: «In dieser [sc. Gemeinde] kam ich nun wieder in meine engere Heimat und in das mir vertraute romanische Sprachgebiet, zugleich auch in eine Gemeinde mit geringerer Einwohnerzahl und einfacheren Verhältnissen.» Trotz dieser Rückkehr in eine vertraute Umgebung betitelt er diesen Abschnitt mit «Der Pfarrer in der Fremde» – wie geht dies zusammen?!

Er fand ganz offensichtlich – gerade auch im Vergleich mit der vorangehenden Station in Thusis, die er als sehr erfüllt, gesegnet und glücklich erlebt hatte – keinen Zugang zu dieser neuen Gemeinde in Trin, die sich für ihn so anders präsentierte und so ganz andere Erwartungen an ihn stellte, Erwartungen, denen er offensichtlich weder gerecht werden konnte noch wollte.

Die Grösse der Gemeinde und die darob anfallenden pfarramtlichen Tätigkeiten lasteten ihn offenbar nicht voll aus. «Auch bei gewissenhafter Erfüllung der verschiedenen Aufgaben blieb mir noch genug freie Zeit, um andere angefangene Aufgaben, die über die Gemeinde hinausgingen, zu erfüllen. So konnte ich in der dortigen Amtszeit die romanische Übersetzung des Neuen Testaments mit Psalmen fertig stellen, konnte manche Jahre einen Teil der Seelsorge am Kantonsspital besorgen, daneben im Dienst des Gott-hilft-Werkes eine Evangelisationsarbeit in anderen

Abb. 29
Maria und Peter Paul Cadonau in Trin um 1950.

Gemeinden beginnen und auch die Redaktion des kantonalen Kirchenboten besorgen.»[112]

Nicht wenige Mitglieder der Gemeinde in Trin scheinen aber mit dem neuen Pfarrer und seiner Tätigkeit und Amtsführung ihre Probleme gehabt zu haben, wie sich sowohl aus Bemerkungen in der biografischen Skizze wie dann auch aus der Abschiedspredigt, die Peter Paul Cadonau am 24. Oktober 1954 in Trin gehalten hat, schliessen lässt.

An drei Punkten scheinen sich Differenzen zwischen dem Pfarrer und zumindest Teilen der Gemeinde in Trin ergeben zu haben. Zum einen übernahm Cadonau in diesen Jahren auf Ersuchen des Hilfswerkes «Gott hilft» Evangelisationen in anderen Bündner Gemeinden und auch darüber hinaus. «[...] kam es dazu, dass ich solche Dienste ausserhalb der Gemeinde übernahm. Das führte dann noch weiter dazu, dass ich gelegentlich in anderen Gemeinden ganze Vortragsreihen hielt. Dass mir das von der Gemeinde ermöglicht wurde, dafür bin ich ihr dankbar, besonders auch unseren Lehrern gegenüber, die diese Tätigkeit durch häufigen Austausch der Unterrichtsstunden ermöglichten.» Die nachfolgenden Passagen der Abschiedspredigt verdeutlichen dann aber, dass es vonseiten der Gemeinde auch Kritik an diesem Wirken ausserhalb von Trin gab. «Ich bin mir mit einem Teil der Gemeinde bewusst, dass dadurch meine Arbeit hier nicht wesentlich gelitten hat. Ich bin im Gegenteil überzeugt, dass mein Dienst in der Gemeinde durch diese auswärtige Tätigkeit sehr befruchtet worden ist. Auf der anderen Seite hat aber auch die Arbeit in der Gemeinde jene andere Arbeit sehr gefördert. Wenn man es richtig betrachtet, so war es eigentlich eine geradezu ideale Lage. Es gehört zum Wesen einer lebendigen christlichen Gemeinde, dass sie auch missionarisch nach aussen wirkt. Das war in dieser Zeit bei der Kirchgemeinde Trin in gewissem Sinne der Fall. Nehmt es mir auch nicht als Unbescheidenheit auf, wenn ich darauf aufmerksam mache, dass mit mir auch der Name der Gemeinde auf diese Weise an vielen Orten unseres Landes bekannt wurde, und wie ich hoffe nicht zu ihrer Unehre.»[113]

Cadonau scheint unter einem nicht geringen Legitimationsdruck seitens der Gemeinde zur Rechtfertigung seiner schweizweiten Evangelisationstätigkeit gestanden zu haben: Denn «mit der Zeit [drängte sich] eine Lösung auf durch Aufgabe der Gemeinde oder der auswärtigen Tätigkeit. Es zeigte sich nämlich immer deutlicher, dass ein Teil der Gemeinde diese Arbeit nicht gerne sah [...] Die Art, wie man in weiten Kreisen der Gemeinde meine Demission aufgenommen hat [...] haben dieser meiner Auffassung [sc. schlussendlich Trin zu verlassen] durchaus recht gegeben.»[114]

---

112 Ebd.

113 Abschiedspredigt vom 24. Oktober 1954, maschinenschriftliches Manuskript (Nachlass).

114 Ebd.

Eine zweite Konfliktlinie zwischen dem Pfarrer und seiner Gemeinde scheint sich im Blick auf den Religionsunterricht aufgetan zu haben: «[...] so bin ich mir bewusst, dass ich unter einem fruchtbaren Religionsunterricht etwas anderes verstehe als der grosse Teil der Gemeinde. In unserer heutigen Zeit hat dieser seinen Zweck nicht erfüllt, wenn die Kinder nur in strenger Zucht gehalten und zum Lernen von viel Stoff gezwungen werden, sondern erst dann, wenn es gelingt, ihnen an der Sache Gottes Freude zu erwecken und mit ihnen gewisse Glaubens- und Lebenserkenntnisse gemeinsam zu erarbeiten. Dieser Unterschied in den Auffassungen hat bewirkt, dass der Unterricht vor allem in den ersten Jahren hier für mich sehr mühsam war und dass bis zuletzt gewisse Schwierigkeiten zu überwinden waren. Diese kamen nicht zuletzt vom Elternhaus einzelner Kinder her. Es muss doch nachdenklich stimmen, wenn man zu Hause den wichtigtuerischen und aufgebauschten Berichten von Kindern über irgend eine an sich unbedeutende Disziplinlosigkeit grosses Gewicht beimisst und diese noch ausschmückt und verbreitet, während man sich kaum ernstlich um die Gegenstände des Unterrichts bekümmert.»[115]

Cadonau hatte wohl Probleme, in seinem Religionsunterricht die von manchen Eltern geforderte Disziplin aufrechtzuerhalten – er stand als in der Schule unterrichtender Pfarrer mit diesem Problem wohl nicht alleine da, was sicherlich nicht zuletzt auch mit der nicht ganz einfachen Stellung dieses Faches im schulischen Fächerkanon zu tun hat, das zum einen ordentliches Unterrichtsfach ist, zum anderen aber wegen der zu vermittelnden Inhalte wie aber eben auch teilweise durch die der Institution Kirche angehörenden Pfarrer als schulische Lehrpersonen eine ganz eigenartige, nicht eindeutig definierte Stellung an der öffentlichen Schule einnimmt.

Eine dritte Bruchlinie zwischen dem Pfarrer und seiner Gemeinde deutet sich im Blick auf den Gottesdienst bzw. den Besuch desselben an, der wohl in den Augen von Peter Paul Cadonau nicht zufriedenstellend ausgefallen ist. «Im Mittelpunkt der kirchlichen Arbeit stand[en] ja der Gottesdienst und die Predigt. Was den Besuch betrifft, war er [...] nicht schlecht, wenn auch nicht besonders gut. Da der sonntägliche Gottesdienst im Dorfe meist fast der einzige Anlass ist, wo am geistigen Aufbau der Gemeinde gearbeitet wird, sollte man erwarten, dass die Dorfgenossen und vor allem auch die, welche sich für das Leben im Dorf verantwortlich fühlen, ihm mehr Aufmerksamkeit schenken würden. Unser Bestreben in dieser Zeit ging stets dahin, im Gottesdienst eine innere Verbindung mit den Ereignissen und Begebenheiten herzustellen und auch zu einer etwas festeren Sitte zu gelangen, die den Inhalt und den Besuch des Gottesdienstes über blosse Zufälligkeiten hinausheben, zu einer festen Übung zu machen vermöchte. Ich bin mir bewusst, dass das eine Aufgabe ist, die nicht in so kurzer Zeit

115 Ebd.

gelöst werden kann und dass hier auch für kommende Jahre eine Aufgabe zu tun bleibt. Durch dieses Bestreben hoffe ich aber, dass die Verkündigung des Wortes Gottes nicht zu kurz gekommen sei und dass viele davon eine wirkliche Förderung ihres inneren Lebens erfahren konnten.»[116] Deutlicher wurde er da in Bezug auf den Gottesdienst und dessen Besuch in seiner autobiografischen Skizze: «Was aber das Schwerste war, die Predigt fand sozusagen kein Echo. Man hörte sie oder hörte sie nicht, aber dabei blieb es sich genau gleich, ich konnte sagen, was ich wollte.»[117]

Peter Paul Cadonau macht nun genau das, was einem pietistisch-erweckten Pfarrer sicherlich gut ansteht, indem er diese Konflikte als seine persönliche Schuld interpretiert und auf Vergebung und Gnade für diese Schuld vonseiten Gottes hofft, wie sich einem wichtigen Abschnitt in seiner Abschiedspredigt in Trin entnehmen lässt:

> «Ich kann diese persönlichen Bemerkungen nicht schliessen, ohne auch hier offen zu bekennen, dass ich selber zur Genüge weiss, wie sehr und wo ich selber versagt habe und dass ich deshalb auch selber die Schuld auf mich nehmen muss, dass es in diesen 10 Jahren hier nicht mehr vorwärts gegangen ist. Wenn ich dennoch von hier scheiden kann mit dem Bewusstsein, dass es doch nicht vergebens war, sondern dass da und dort der Blick für eine andere Welt geöffnet und der Weg zu einem neuen Leben gezeigt wurde, so ist das ganz der Gnade unseres Gottes zu verdanken. Von ihm habe ich auf meinen Abschied die deutliche Zusage bekommen, dass alle meine Gebete, die ich für Euch alle getan habe, so weit sie noch nicht in Erfüllung gingen, noch erhört werden und dass noch manche Frucht aufgehen wird, die man heute noch nicht sieht.»[118]

Natürlich wäre es für Cadonau als Pfarrer in der damaligen Situation hilfreich gewesen, wenn er analytische Mittel – etwa einer Religions- und Kirchensoziologie, einer sozialwissenschaftlich ansetzenden Theorie des Pfarrers bzw. des Pfarramts usw. – zur Verfügung gehabt hätte, die über eine Personalisierung der Probleme in Form der Schuldfrage hinaus eine strukturelle Analyse der an verschiedenen Punkten verfahrenen Situation zwischen dem Pfarrer und seiner Gemeinde eröffnet hätten. Aber weder von seiner Ausbildung noch von seinen Interessen her stand ihm dieser Weg offen. So muss etwa gesehen werden, dass er in diesen Jahren sicherlich nicht der einzige Pfarrer war, der sich mit den beschriebenen Problemen konfrontiert sah. Wir befinden uns in der Zeit nach dem Zweiten Weltkrieg, in der es ökonomisch und gesellschaftlich sozusagen bergauf ging, die Nöte der Kriegszeit überwunden waren, die vielleicht seinerzeit ein neues Hören der biblischen Botschaft bewirkten. Die

---

116 Ebd.
117 40 Jahre im Dienst der Kirche.
118 Abschiedspredigt vom 24. Oktober 1954 in Trin (vgl. Anm. 113).

praktisch-theologischen Konzepte der Kriegs- und Zwischenkriegszeit trugen in dieser veränderten gesellschaftlichen Situation nicht mehr unbedingt. Auch ist zu sehen, dass sich Peter Paul Cadonau durch seine insbesondere in Thusis vollzogene Hinwendung zu einem pietistisch-erweckten Glauben in der ihn umgebenden Mehrheitsgesellschaft sicherlich in der Situation des Angehörigen einer «kognitiven Minderheit» befand, der ein ganzes Stück weit Probleme hatte, mit seiner Sicht auf die Welt und den christlichen Glauben die Mehrheit, die offensichtlich von anderen Fragen und Problemen umgetrieben wurde, überhaupt mit seiner Botschaft zu erreichen. Und noch in anderer Hinsicht hatte sich Cadonau wohl immer weiter entfernt von nicht wenigen der ihm anvertrauten Gemeindeglieder: Wegen seines Alters und der kinderlos gebliebene Ehe fehlte ihm wohl je länger, je mehr der Zugang und eine Brücke zu den aktuellen Fragen und Nöten der Menschen in seiner Zeit und in seiner Gemeinde. «Im Pfarrhaus waren wir allein und einsam; niemand fand den Weg dorthin, als wenn es gerade galt eine Taufe oder Beerdigung anzuzeigen. Ich kann nicht sagen, wie wir rein menschlich darunter gelitten haben. Wir kamen uns vor wie in der Fremde.»[119]

In Parenthese sei vermerkt: Einen gewissen «Ersatz» für die kinderlos gebliebene Familie bot vermutlich die Teilnahme am Familienleben seiner Nichte Nesa[120] und ihrem Mann Gallus Pfister-Cadonau[121] mit den zwei Kindern Annalisa und Martin, denen er sich in besonderer Weise verbunden fühlte. So sind wir etwa im Besitz eines ursprünglich auf Deutsch publizierten Bändchens *Kinder-Gebete*[122], dessen deutsche Texte Peter Paul Cadonau mit maschinenschriftlichen, ins Romanische übertragenen und liebevoll gereimten Übersetzungen überklebt hat und die Nesa Pfister-Cadonau etwa beim Zubettgehen der Kinder verwenden konnte und auch verwandt hat, wie ihre Kinder sich erinnern.

---

119 40 Jahre im Dienst der Kirche.

120 Nesa Pfister, geb. Cadonau, geb. 2. Februar 1922 in Waltensburg, gest. 10. Februar 2017 in Chur, Nichte von Peter Paul Cadonau. Siehe auch die folgende Anm.

121 Gallus Pfister-Cadonau, geb. 14. Juli 1910 in Waltensburg, gest. 25. November 1989 in Ilanz. Besuch des Lehrerseminars (bis 1930), Lehrer in Castrisch (1930–1934), Waltensburg (1934–1954) und Davos (1954 bis zur Pensionierung 1975); 1943 Heirat mit Nesa Cadonau (Nichte von Peter Paul Cadonau); Kinder: Annalisa (geb. 1944) und Martin (geb. 1947). Gallus Pfister-Cadonau war u.a. Ende der vierziger, Anfang der fünfziger Jahre Redaktor der *La Casa Paterna* (gemeinsam mit Gian Caduff), er hatte verschiedene wichtige Ämter und Funktionen in der Renania inne (so war er etwa in den Jahren 1944–1947 deren Präsident) und betätigte sich auch literarisch; beispielsweise verfasste er verschiedene «giugs radiofonics», wofür ihm im Jahre 1976 ein Preis von Radio Romontsch verliehen wurde. Die Jubiläumspublikation *Ina cronica dalla Renania per siu giubileum da 75 onns 1922–1997* zählt ihn, u.a. neben Peter Paul Cadonau, zu den «40 Persunalitads dalla Renania» (S. 58).

122 Kinder-Gebete. Mit Bildern von Werner Theiss (Kinderland-Bilderbuch), Meiringen 1949.

Abb. 30a Cover des Bändchens «Kindergebete» …

Die Begriffe «Fremde» und «Fremdling», theologisch gedeutet als Ort des Nichtangenommenwerdens der christlichen Botschaft bzw. des Botschafters, sind dann konsequenterweise auch die zentralen Interpretations-Termini, die Cadonau zur Deutung seiner Situation in Trin zur Anwendung bringt.

> «Trotz allem Guten, was ich nicht übersehen möchte, war ich in dieser Gemeinde wie in der Fremde. Mit dem Gemeindeleben hatte ich abgesehen vom Schulwesen nichts zu tun. Das gesellige Leben spielte sich zum grossen Teil in den Vereinen [und] Wirtschaften und auf dem Tanzboden ab, denen ich fast ganz fernblieb. Im Religionsunterricht hatte ich mehr als an allen bisherigen Orten Mühe, das Interesse der Kinder zu wecken.» Und: «[…] soviel ist gewiss, dass zwischen dem Pfarrhaus und der Gemeinde, mit einigen Ausnahmen, ein grosser Unterschied bestand. So bin ich mir bewusst, dass ich mit meiner Lebensauffassung und meiner Verkündigung eine Belastung darstellte, die man nicht leicht ertragen konnte. Da kann man sich fragen, ob es nicht besser und erfolgreicher gewesen wäre, wenn ich mehr entgegengekommen wäre und es so eine gesunde Mischung gegeben hätte. Wir wissen aber nur zu gut, wie solche Kompromisse, solch ein Entgegenkommen der Welt gegenüber stets zum Schaden des evangelischen Gutes

Abb. 30b … mit gereimten romanischen Überklebungen der ursprünglich deutschen Gebete.

gereicht. Es erscheint mir daher durchaus sachgemäss und dem Worte Gottes entsprechend, dass Christen Fremdlinge sind in der Welt. Da ist es denn auch nicht verwunderlich, wenn Verkündiger des Evangeliums sich fremd vorkommen in der Welt und auch von dieser als Fremdlinge angesehen werden. Das ist wohl gerade in unserer Zeit, wo das Weltliche so sehr überhand nimmt, besonders angezeigt. Im Grunde dürfte es auch so sein, dass die Verkündigung des Predigers in der Wüste besser gehört wird als die eines grossen Volksredners. So besehen darf ich diese letzte Stufe in meinem Kirchendienst doch als einen weiteren Fortschritt und als den angemessenen Abschluss ansehen. Sie bedeutet dadurch auch eine wertvolle Vorbereitung für meinen jetzigen Dienst als Evangelist in den Gemeinden und als Leiter der Bibelarbeit im Erholungsheim Gott hilft in Seewis […].»[123]

Man kann sich angesichts derartiger Aussagen und Deutungen des Eindrucks einer gewissen Larmoyanz sowie der theologischen Überhöhung der Probleme nicht erwehren, die der autobiografische Schreiber hier zum Ausdruck bringt, wenn er auf die mangelnde Resonanz seiner Gemeindearbeit und Verkündigung in Trin zurückblickt.

123 Beide Zitate: 40 Jahre im Dienst der Kirche.

Seine Erinnerungen aus dem Jahre 1954 schliesst Cadonau mit Überlegungen zum Thema «Nöte und Freuden des Pfarrdienstes» ab, die ebenfalls die Problematik der mangelnden Resonanz des Gotteswortes in seiner Zeit reflektieren, die aber eine allgemeinere Ebene erreichen, als dies bei der Darstellung seiner individuellen Probleme während seines Pfarrdienstes in Trin der Fall ist. Er schreibt hier: «Man hört heute viel über die Not des Pfarramtes reden und zwar von Pfarrern selbst und fast noch mehr von anderen. Die Not sieht man vor allem darin, dass der Kirchenbesuch zurückgeht und das Leben an der Kirche vorbeirauscht und dass besonders die Jugend diesem Dienst den Respekt versagt. Die damit berührten Verhältnisse sind wohl nur ein Symptom einer anderen Not. Diese besteht darin, dass die Kirche mit ihrer Verkündigung von Christus und seinem Reiche tatsächlich ein Fremdkörper ist in dieser Welt. Das ist eine Tatsache, die immer bestand, die aber heute infolge der Selbstentfaltung der Welt und ihres Lebens nur offenbarer geworden ist. Man kann wohl versuchen, diese Kluft durch allerlei Mittel zu überbrücken, kann aber die Tatsache des unversöhnlichen Gegensatzes zwischen den beiden nicht aufheben.»[124]

Anschliessend illustriert Cadonau dann die «Not» des Pfarrdienstes an verschiedenen Einzelerscheinungen:

> «[…] da ist z. B. die Tatsache, dass wir Kinder taufen sollen, bei denen trotz des Taufversprechens der Eltern nach menschlichem Ermessen die Verhältnisse nicht so sind, dass dieses Versprechen gehalten werden kann. Dasselbe gilt von der Konfirmation und der Trauung. Dann ist da die Abendmahlsnot. In unseren Bündner Gemeinden ist es vielfach noch so, dass wir nicht eine Abendmahlsflucht, sondern eher eine Abendmahlsflut kennen. Da ist es denn oft so, und übrigens wohl auch an anderen Orten, dass Menschen zum Abendmahl kommen, die innerlich dazu nicht vorbereitet sind; sie kommen zum Abendmahl aus Tradition oder sogar aus Aberglauben, aber nicht weil sie den Herrn Jesus und seine Vergebung suchen. Und dasselbe gilt auch von der sonntäglichen Wortverkündigung. [Handschriftliche Einfügung: «Sorgen beim Seelsorgedienst / Im Krankenhaus ist man manchmal genötigt, das Wort auszurichten, wo es einem angemessen schien, es zu unterlassen.»] Da gibt es Zuhörer, oft fleissige Kirchgänger, denen man alles sagen kann, ohne dass sie es merken, dass es auch sie angeht. Und eine ganz grosse Not liegt vor bei den Bestattungen. Da soll man jeden Verstorbenen abdanken, auch wenn er nach menschlichem Ermessen sich in seinem Leben nicht um das Göttliche gekümmert hat, und dazu sollte man ihm noch die Seligkeit zusprechen. Nicht von ungefähr sind gewisse Grabreden zum grossen Ärgernis an der Kirche geworden. Das sind die Nöte, die unser Amt belasten. Die Belastung kann so gross sein, dass uns selber dadurch der Zugang zur Gnade erschwert wird. Daher braucht es hier grosse Wachsamkeit. Je mehr einem Diener am Wort die

124 Ebd.

> lebendige Beziehung zu seinem Herrn wichtig ist, umso grösser kann diese Belastung für ihn sein. Ich kann nicht behaupten, dass es mir immer gelungen sei, den Gefahren, die sich aus dieser Lage ergeben, auszuweichen.»[125]

Dem konfrontiert Cadonau nun die «Freuden» des Pfarramtes: «Und dennoch darf ich davon zeugen, dass es eine Freude ist und dass die Freude immer grösser wurde. Wenn sich auch meine Erwartungen, als Pfarrer dem Volke zu dienen, sich in der Weise nicht erfüllen liessen, so wurde mir etwas viel Herrlicheres mit dem Dienst als Pfarrer geschenkt. Es ist eine Freude, den Menschen von der göttlichen Gnade und Verheissung in Jesus Christus zu zeugen. Und wenn dies Wort oft auch ohne Wiederhall [sic] zu verhallen scheint, was ist es doch für eine Freude, wenn dann und wann ein Mensch auftaut und sein Herz dem Herrn öffnet. Oft kann man viel später einem Menschen begegnen, der einmal in der Schul- oder Kirchenbank vor einem gesessen ist und nun bekennt, dass er den Weg, von dem damals die Rede war, gefunden hat. Wenn ich noch einige Zeit hier leben darf, hoffe ich schon hier noch mehr solchen zu begegnen. // Wenn man diese Freude kennt, so wird man mehr und mehr dazu kommen, auch Wege zu suchen, um jene Not nach Möglichkeit zu vermeiden. Es wird einem dann leichter gemacht, bei der Verkündigung immer wieder das Heil in Christus in den Mittelpunkt zu stellen, auch wenn es manchen dann scheint, man sage immer nur dasselbe; denn das ist ja unser Auftrag. Man wird dann auch mehr und mehr davor bewahrt, im Unterricht die biblischen Geschichten nur möglichst unterhaltend zu gestalten, sondern wird dazu gedrängt, in diesen immer wieder auf das Eine Notwendige hinzuweisen. Und schliesslich gilt es auch bei Grabreden, so schwer es einem manchmal werden kann, doch immer auf die göttliche Verheissung hin[zu]weisen, aber so dass sie für uns sündige Menschen nur durch die Gnade Jesu zu erlangen ist.»[126]

Und als Fazit und grosse heilsgeschichtliche Hoffnung aus erweckungstheologischer Perspektive resümiert Cadonau: «In diesem Sinne dürfen wir das Predigtamt auch heute mit aller Freudigkeit ausrichten. Wir hoffen, so es Gottes Rat will, dass noch einmal eine grosse Erweckung durch die Welt gehe und alle Völker und Menschen noch zusammenbringt unter dem einen Hirten. Wenn das geschehen soll, so darf unser Dienst eine Vorbereitung dazu sein und ist damit das Wichtigste, das heute geschehen kann zur Bereitung von Frieden und Heil unter den Menschen. Aber auf alle Fälle kommt einmal die Zeit, da diese Welt vergeht und Jesus Christus als unser Herr und König die Seinen zu seinem Reiche sammelt. Das Einzige und Beste, was wir im Blick darauf tun können, ist, schon heute die Menschen zu ihm zu rufen. Was wird das für eine Freude sein, wenn wir dann nicht allein kommen

125 Ebd.
126 Ebd.

müssen, sondern mit Menschen, und seien es noch so wenige, denen wir mitgeholfen haben, dass sie den Weg zur Gotteskindschaft fanden.»[127]

Als Frage ergibt sich für ihn in diesem Kontext: «Manche Glaubensgeschwister fragen sich heute, ob es möglich sei, in der Landeskirche diesen Dienst zu tun. Trotz aller Nöte und Schwierigkeiten, die ich auch kennen gelernt habe, darf ich doch auf Grund meiner Erfahrungen diese Frage unbedingt bejahen. Wenn es im Dienst der Kirche fehlt, so liegt es an den Menschen. Nicht die Kirche hat versagt, sondern wir haben versagt, wir die Diener und die Glieder der Kirche. Das war das erste, was ich hier bekennen musste. Dank der Gnade Gottes darf ich aber auch das andere bezeugen: Wo wir Menschen die Erlösung in Christus annehmen und von ihm widergeboren [sic] und geheiligt werden, da können wir auch in der Kirche zur Ehre Gottes und zum Heil der Menschen mit aller Freudigkeit mitarbeiten.»[128]

Cadonau wirft damit die uralte Frage nach der kirchlich-religiösen Gesellungsform auf, die ernsthafte Christen zu allen Zeiten umgetrieben hat: Ist es möglich, das Heil zu finden im kirchlichen Mainstream, in dem neben den ernsthaft suchenden Christen eben auch die anderen zu finden sind, die es an der notwendigen Ernsthaftigkeit im Glauben fehlen lassen?! Müssen nicht notwendigerweise die ernsthaften Christen eine kleinere, engere Gemeinschaft derer bilden, die sich nicht auf dem breiten Weg halten, sondern die den schmalen Weg gehen, die eine «ecclesiola in ecclesia» bilden?

Im 19. Jahrhundert bildeten die «ernsthaften Christen» innerhalb des Protestantismus die sogenannten «Gemeinschaften»[129], die zurückgriffen auf das Erbe der Reformation und des Pietismus und die – im Verweis auf das Wort aus der Bergpredigt, Mt 7,13–14: «Gehet ein durch die enge Pforte. Denn die Pforte ist weit, und der Weg ist breit, der zur Verdammnis abführet; und ihrer sind viele, die darauf wandeln. Und die Pforte ist eng, und der Weg ist schmal, der zum Leben führet; und wenige sind ihrer, die ihn finden» – sich als die Gemeinschaft Gottes im engeren Sinne verstanden, die gleichsam für das Heil auserwählt waren. In dieser Gemeinschaftsbewegung kristallisierte sich eine eigene Theologie heraus, die – bei allen Unterschieden, die die einzelnen Glieder und Gruppierungen dieser Bewegung auch aufwiesen – sich durch folgende Essentials auszeichnete: An den Christen ergeht der Aufruf zur Entscheidung für ein Leben in und mit Jesus Christus. Der wahre Christ nimmt dies als Ruf zur Entscheidung und zur Umkehr. Diese Umkehr ist sein Werk, dem die vom Heiligen Geist bewirkte Wiedergeburt korrespondiert. Durch die Wiedergeburt geschieht die Wandlung des Menschen zur Gotteskindschaft, wodurch die Mitchristen zu Brü-

127 Ebd.
128 Ebd.
129 Vgl. Lippy 2000.

dern und Schwestern in Gott und im Geist werden. Mit diesem Mechanismus von Umkehr und Wiedergeburt wird natürlich ein ganzes Stück weit das Geschehen von Taufe und auch Konfirmation als relevanten kirchlichen Akten relativiert. Die wahre Kindschaft des wiedergeborenen Christen zeigt sich in seinem persönlichen und gemeinschaftlichen Umgang mit Gott, wie er im Gebet und in der intensiven Lektüre und im Hören auf das Wort Gottes in der Heiligen Schrift sich realisiert. Der Bruch mit der Vergangenheit zeigt sich auch im Leben des neuen Menschen, des wiedergeborenen Christen, das sich versteht als ein Leben in der Nachfolge Jesu Christi, die sich wiederum zeigt in der Verkündigung des Wortes Gottes, in der Evangelisation und in der Seelsorge, die zur Aufgabe eines jeden Christen werden und keine ausschliessliche Domäne des Pfarrers sind.

Der Theologie und Frömmigkeit Cadonaus ist nun eine grosse Affinität zu und ausgeprägte Sympathie mit diesen Positionen der «Gemeinschaftsbewegung» durchaus zu attestieren, was ihn vielleicht auch in einen gewissen, meist wohl latenten Konflikt mit der Landeskirche Graubündens brachte.

Der mit «Michael»[130] zeichnende Verfasser eines Nachrufs auf Peter Paul Cadonau war sich dessen Nähe zur Theologie der Gemeinschaftsbewegung durchaus bewusst, schrieb er doch in der *Bündner Post* vom 7. September 1972: «Pfarrer Cadonau hat im kirchlich-religiösen Leben unseres Kantons eine eigenartige – um nicht zu sagen einzigartige – Aufgabe gehabt. Er hat immer zwischen der Kirche und den Pfarrern einerseits und den Gemeinschaftsleuten anderseits [!] vermittelt. Wenn die Gemeinschaftsleute mit den ‹ungläubigen Pfarrern› abrechneten, dann verteidigte Cadonau seine Kollegen mit voller Überzeugung und konnte recht energisch werden. Aber ebenso energisch kämpfte er bei seinen Kollegen um das Verständnis für die ‹Frömmler und Stündeler›. Wenn das Verhältnis heute besser und gesünder geworden ist und man in seinen Urteilen zurückhält, dann verdanken wir das nicht zuletzt dem lieben Verstorbenen.»[131]

Oben angeklungen ist auch schon, dass sich Peter Paul Cadonau in gewisser Weise in seiner Gemeinde Trin nicht voll ausgelastet fühlte durch sein Pfarramt mit den Predigt-, Seelsorge- und Religions- bzw. Konfirmandenunterrichtsaufgaben, was ihm sozusagen Luft verschaffte für weitere Aktivitäten. Neben dem erwähnten Wirken im Bereich der Evangelisation sowie seinem ausgedehnten publizistischen Schaffen – in diversen Zeitschriften und Periodika liegen Dutzende von Aufsätzen und Beiträgen aus

---

130 Bei «Michael» handelt es sich wohl um ser Jacob Michael, in diesen Jahren Pfarrer in Samedan und Redaktor des Calender *Per mintga gi.*

131 Michael, Zur Erinnerung an Pfarrer Dr. Peter Paul Cadonau, in: Bündner Post vom 7. September 1972 (im Anhang).

seiner Feder vor[132] – betätigte er sich auch noch auf weiteren Feldern, die über die Versehung des parochialen Pfarramts deutlich hinausgingen. Zwei dieser Felder, nämlich seine biblische Übersetzungstätigkeit sowie sein dramatisches Schaffen, sollen nachfolgend etwas genauer betrachtet werden.[133]

Das wohl folgenreichste und wichtigste Tun betraf die Übersetzungsarbeit an der Bibel, speziell dem Neuen Testament und den Psalmen. Rund dreihundert Jahre vor Cadonau hatte ein anderer Bündner das Neue Testament ins surselvische Idiom übertragen. Im Jahre 1648 war die Übersetzung von Luci Gabriel (geb. 1597 in Flims, gest. 19.10.1663 in Ilanz),[134] dem Sohn von Steffan Gabriel (geb. um 1570 in Ftan, gest. 6.11.1638 in Ilanz),[135] in Basel erschienen, ein Werk, das Übersetzungs- und Sprachgeschichte geschrieben hat,[136] bot es doch – ähnlich wie Luther mit seiner deutschen Bibelübersetzung – eine Sprachplattform, deren sich fortan zumindest der reformierte Teil des Oberlandes bedienen konnte und auch bedient hat, wie wir aus nicht wenigen Zeugnissen wissen.[137]

Cadonau stellt sich ganz bewusst in die mit Luci Gabriels Übertragung einsetzende Tradition der surselvischen Bibelausgaben, wie wir etwa auch aus einem Beitrag unter dem Titel *Luzi Gabriels Übersetzung des Neuen Testaments* im *Bündner Jahrbuch* 1948 wissen, den er anlässlich der dreihundertsten Wiederkehr des Erscheinens von Luci Gabriels sprach(geschicht)licher Grosstat verfasst hatte. In dieser Übersetzung sieht Cadonau für seine Landsleute «einen zuverlässigen Führer in die Welt Jesu und der Apostel», die «bis heute dem romanischen Volk des Oberlandes, wenn auch in einigen Überarbeitungen, gedient» hat.[138] Cadonau lässt in seinem Aufsatz kurz die Geschichte der Bibelübersetzungen ins Sursilvan von Luci Gabriel bis in seine eigene Gegenwart Revue passieren, bevor er sich dann intensiver unter sprachlich-linguistischer Perspektive mit Luci Gabriels Übertragung kritisch auseinandersetzt – und damit natürlich dann auch eine Legitimation seiner eigenen Übersetzungsarbeit liefert:

---

132 Jan-Andrea Bernhard beschäftigt sich in seinem Beitrag in diesem Band mit ausgewählten Veröffentlichungen Cadonaus im Calender *Per mintga gi*, und Manfred Veraguth beleuchtet in seinem Beitrag Cadonaus Wirken als erster Redaktor der romanischen Zeitung *La Casa Paterna*.

133 Da diese beiden Aspekte von Cadonaus Wirken im vorliegenden Band Gegenstand eigener Analysen sind, kann ich mich hier auf einige wenige Schlaglichter dazu beschränken.

134 Zu Luci Gabriel vgl. Bundi 2005.

135 Zu Steffan Gabriel vgl. Walther 2012.

136 Bis ins 19. Jahrhundert hinein, konkret bis 1870, erschienen insgesamt neun Auflagen bzw. Nachdrucke von Luci Gabriels Übersetzung.

137 Zur Geschichte der romanischen Bibelübersetzungen von der Reformationszeit bis zur Gegenwart siehe den Beitrag von Martin Fontana in diesem Band.

138 Cadonau 1948a, S. 89.

> «[...] zwar wird man bei Luzi Gabriel vergebens nach besonders originellen romanischen Ausdrücken suchen, welche mühsam zusammengesucht oder von ihm selber geschaffen wären. Hingegen bürgt seine Übersetzung dafür, dass die von ihm verwendeten Ausdrücke zur damaligen Zeit im romanischen Volk auch wirklich vorhanden und gebräuchlich waren. Und besonders im Stil ist man immer wieder verwundert, wie sicher Gabriel die romanische Form beherrscht, obwohl er kunstvolle und übertriebene Satzformen vermeidet und sogar das im Romanischen zulässige und im griechischen Urtext so viel verwendete Partizip fast ganz vermeidet, eben weil dessen Gebrauch der Volkssprache im Grunde nicht entspricht. Es kann immer wieder beobachtet werden, wie Luzi Gabriel gerade im schlichten und echten romanischen Stil wegleitend sein kann.»[139]

Dann aber formuliert er auch sehr konzise seine Kritik an der Gabriel'schen Übersetzung:

> «Trotz dieser grossen Vorzüge seiner Sprache, die es eigentlich auch heute jedem Romanen erlauben sollte, das Neue Testament in der ursprünglichen Fassung zu lesen, müssen wir feststellen, dass unser Volk je länger je mehr Mühe hat, zu ihm und zu den verschiedenen Bearbeitungen Zugang zu finden. Der Grund dafür liegt nicht nur in der in der neuesten Zeit vollzogenen Verschmelzung der alten protestantischen mit der katholischen Rechtschreibung zu einer einheitlichen Schreibweise im Oberländer Romanisch. Es liegt vielmehr auch an einigen Eigentümlichkeiten der Gabrielschen Sprache, die man heute nicht mehr gut erträgt oder an die man sich schwer gewöhnt. Da ist zunächst die häufige Verwendung von deutschen Lehnwörtern zu nennen. Im Grunde genommen war dies das einzige, was ein Bibelübersetzer in der damaligen Zeit tun konnte, da eine ganze Reihe von notwendigen Begriffen kein entsprechendes Wort in der romanischen Sprache besass. Gabriel hat es vorgezogen, statt ein unverständliches Lehnwort aus dem Lateinischen oder einer anderen von diesem abstammenden Sprache das im Volke verständliche und zum Teil auch gebräuchliche deutsche Wort zu nehmen. So braucht er die deutschen Ausdrücke: Wassersucht, Zoller für Zöllner, Feld, Schutz und viele andere. Zur Begründung dieser Notbehelfe sagt er in der Einleitung, dass unsere Sprache arm an Ausdrücken sei, so dass man andere Sprachen zu Hilfe nehmen müsse; dennoch glaubt er sich entschuldigen zu müssen, dass er an manchen Orten den bekannteren deutschen Ausdruck doch durch einen romanischen ersetzt habe. Wir sehen auch, wie er in manchen Anmerkungen zu dem gewählten romanischen Ausdruck noch die deutsche Übersetzung gibt, wie beispielsweise Luk. 4, 23, wo er das von ihm verwendete romanische Wort ‹proverbi› in der Anmerkung durch ‹Sprichwort› erklärt. // Im Weiteren ist diese Bibelübersetzung dem heutigen romanischen Volk fremd, weil Luzi Gabriel, in Nachahmung seines engadinischen Vaters, manche ladinische Formen verwendet, die offenbar im Surselvischen nie heimisch waren und

139 Ebd., S. 90.

> auch durch den Gebrauch in der kirchlichen Literatur von drei Jahrhunderten nie heimisch wurden. Dazu gehört vor allem die Anwendung des Tempus historicum, der negativen Befehlsform mit dem Infinitiv und der vorgestellten Pronomina. Das sind alles Formen, welche in den meisten romanischen Sprachen Verwendung finden und viel beitragen zur Erzielung eines flüssigen romanischen Stils, die aber gerade im surselvischen Romanentum fremd und kaum anzutreffen sind ausser in einzelnen Spuren.»[140]

Schliesslich zitiert Cadonau in diesem Kontext noch aus einem Brief von Luci Gabriel, den dieser am 6. März 1648, dem Erscheinungsjahr seiner Übersetzung des Neuen Testaments, an Theodor Zwinger den Jüngeren (1597–1654) in Basel schrieb: «‹Populus noster incredibili desiderio Novi Testamenti editionem expectat› (unser Volk erwartet die Ausgabe des Neuen Testaments mit einem unglaublichen Verlangen)»[141] – eine Aussage, die er mit Sicherheit auch auf die eigene Übersetzungsarbeit bezogen hat!

Cadonau schliesst:

> «Seit einiger Zeit sind alle bisherigen Ausgaben des Testaments von Gabriel vergriffen und können nur antiquarisch oder auf privatem Wege erworben werden. Sollte nicht die dreihundertste Wiederkehr des Erscheinungsjahres der ersten Ausgabe Veranlassung genug sein, die romanische Ausgabe des Neuen Testaments in einer neuen, dem heutigen Sprachempfinden und Bibelverständnis angemessenen Form möglichst zu fördern?»[142]

Damit lieferte Peter Paul Cadonau wohl in seinem eigenen Verständnis eine für alle nachvollziehbare Begründung bzw. Legitimation seiner Übersetzungsarbeit, die er in diesen Jahren in Trin unter Mithilfe von Prof. Hercli Bertogg, Chur (geb. 19.10.1903 in Sevgein, gest. 5.11.1958 in Chur),[143] abschliessen konnte. 1954, im Jahr seines Abschieds aus Trin, erscheint diese Übersetzung des Neuen Testaments sowie der Psalmen in Chur im Verlag Bischofberger & Co. und wurde aufmerksam zur Kenntnis genommen und rezipiert. Die Drucklegung dieser Übersetzung konnte mit grosszügiger Unterstützung der Stiftung Anton Cadonau realisiert werden. Einer ihrer Stiftungszwecke ist auf dem Titelblatt der Bibelausgabe von 1954 festgehalten: «per cultivar il romontsch ella baselgia reformada della valladas renanas». Schon ein Jahr später verleiht ihm und auch Hercli Bertogg die Theologische Fakultät der Universität Basel für ihre Übersetzungsleistung den Dr. theol. honoris causa. Als Begründung für diese Ehrung hält die mit Datum vom 25. November 1955 ausgestellte Urkunde fest: «qui

140 Ebd., S. 91 f.
141 Ebd.
142 Ebd., S. 92.
143 Zu Hercli Bertogg vgl. Collenberg o. J.

omnibus suis viribus ecclesiae serviens et novum testamentum et psalmos in linguam rhaetorum suprasilvanorum convertit eaque in re fidissimum se praestitit vocis divinae interpretem». Eine besondere Beziehung zur Universität Basel und ihrer Theologischen Fakultät – abgesehen davon, dass er dort wichtige Abschnitte seines Studiums verbracht hatte – scheint für Cadonau auch in der Person des Kirchenhistorikers und mehrfachen Rektors der Basler Universität (1933, 1939 und 1960) Ernst Staehelin (1889–1980) bestanden zu haben, findet sich doch in einem Widmungsexemplar

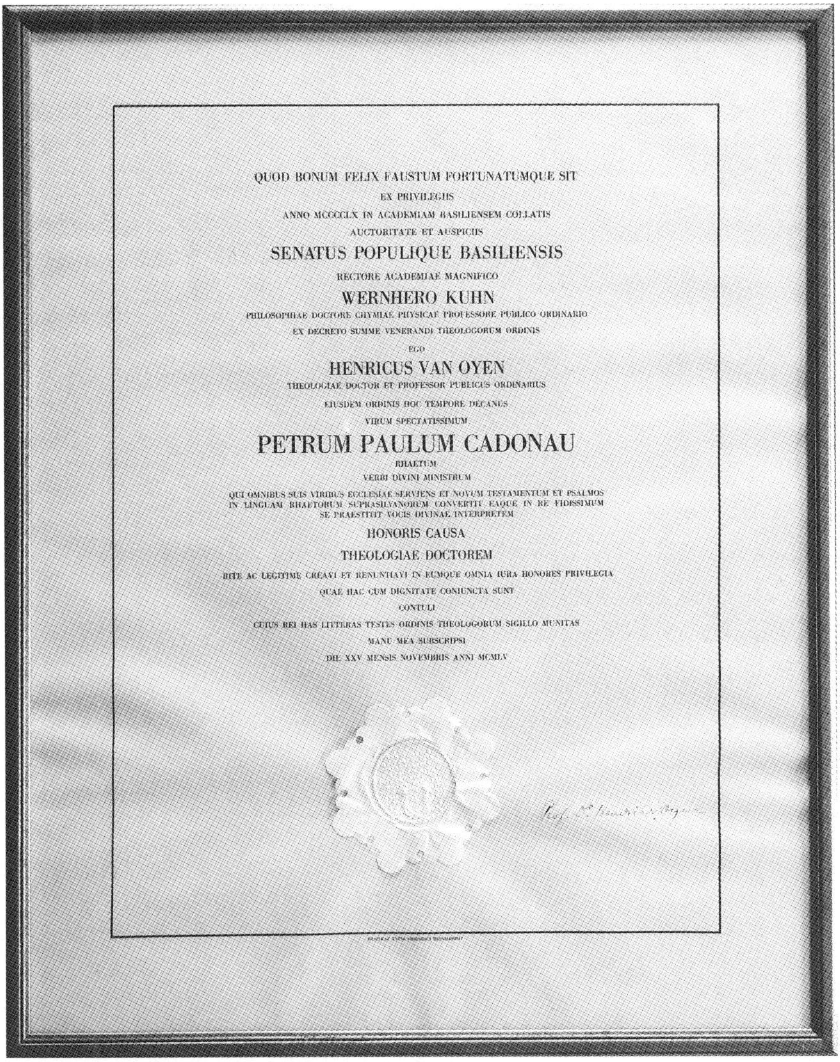

QUOD BONUM FELIX FAUSTUM FORTUNATUMQUE SIT
EX PRIVILEGIIS
ANNO MCCCCLX IN ACADEMIAM BASILIENSEM COLLATIS
AUCTORITATE ET AUSPICIIS
SENATUS POPULIQUE BASILIENSIS
RECTORE ACADEMIAE MAGNIFICO
WERNHERO KUHN
PHILOSOPHIAE DOCTORE CHYMIAE PHYSICAE PROFESSORE PUBLICO ORDINARIO
EX DECRETO SUMME VENERANDI THEOLOGORUM ORDINIS
EGO
HENRICUS VAN OYEN
THEOLOGIAE DOCTOR ET PROFESSOR PUBLICUS ORDINARIUS
EIUSDEM ORDINIS HOC TEMPORE DECANUS
VIRUM SPECTATISSIMUM
PETRUM PAULUM CADONAU
RHAETUM
VERBI DIVINI MINISTRUM
QUI OMNIBUS SUIS VIRIBUS ECCLESIAE SERVIENS ET NOVUM TESTAMENTUM ET PSALMOS IN LINGUAM RHAETORUM SUPRASILVANORUM CONVERTIT EAQUE IN RE FIDISSIMUM SE PRAESTITIT VOCIS DIVINAE INTERPRETEM
HONORIS CAUSA
THEOLOGIAE DOCTOREM
RITE AC LEGITIME CREAVI ET RENUNTIAVI IN EUMQUE OMNIA IURA HONORES PRIVILEGIA
QUAE HAC CUM DIGNITATE CONIUNCTA SUNT
CONTULI
CUIUS REI HAS LITTERAS TESTES ORDINIS THEOLOGORUM SIGILLO MUNITAS
MANU MEA SUBSCRIPSI
DIE XXV MENSIS NOVEMBRIS ANNI MCMLV

Abb. 31 Urkunde zur Ehrenpromotion für Peter Paul Cadonau durch die Theologische Fakultät der Universität Basel vom November 1955.

Abb. 32a Ernst Staehelin (1889–1980), Professor für Neuere Kirchengeschichte an der Universität Basel, mehrfacher Rektor der Universität.

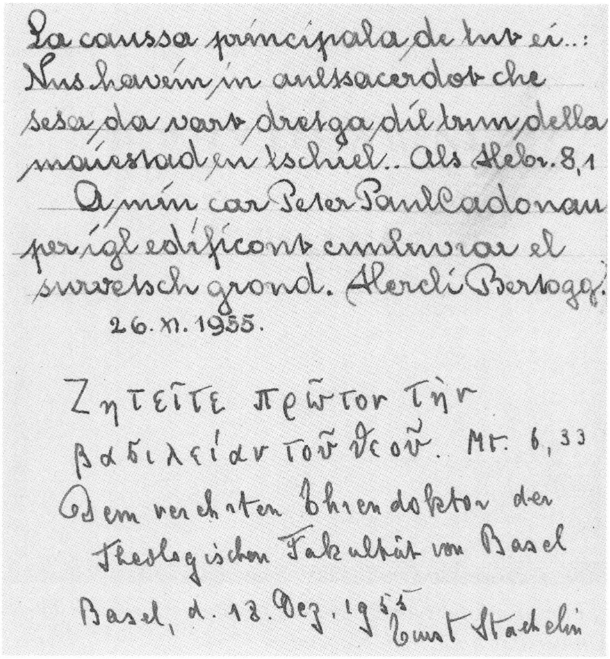

La caussa principala de tut ei..:
Nus havein in aultsacerdot che
sesa da vart dretga dil trun della
maiestad en tschiel.. Als Hebr. 8,1
A mia car Peter Paul Cadonau
per igl edificont cuntinuar el
survetsch grond. Hercli Bertogg.
26. XI. 1955.

Ζητεῖτε πρῶτον τὴν
βασιλείαν τοῦ θεοῦ. Mt. 6,33
Dem verehrten Ehrendoktor der
Theologischen Fakultät von Basel
Basel, d. 18. Dez. 1955 Ernst Staehelin

Abb. 32b Autografische Widmungsseite eines Exemplars der romanischen Bibelausgabe von 1954 mit Eintragungen von Hercli Bertogg und Ernst Staehelin.

Foto Reinhardt, Cuera

DDr. HERCLI BERTOGG †

** 19 d'october 1903*

† 5 de november 1958

Finida la stampa de quest calender, arriva la nova della mort de nies preziau e zun meriteivel redactur. Aschia daventa quei calender la davosa mona litterara dil niebel spért dil defunct als lecturs, in dun scaffius duront greva malsogna. Il car permiert resta nunemblideivels.

Abb. 33 Todesanzeige des sehr früh verstorbenen Hercli Bertogg (1903–1958) im Calender «Per mintga gi», Jahrgang 1959.

der romanischen Bibelübersetzung neben einer Eintragung von Hercli Bertogg auch eine solche von Staehelin, in welcher er «dem verehrten Ehrendoktor der Theologischen Fakultät von Basel» unter dem Datum des 18. Dezembers 1955 mit herzlichen Worten – und unter griechischer Zitation von Mt 6,33 – zu seiner Ehrung gratuliert.

Cadonau arbeitete auch in den folgenden Jahren intensiv an der biblischen Übersetzung. 1967 erschien als Ergebnis dieser Arbeit und unter Mitarbeit seiner surselvischen Kollegenschaft[144] ein erster Teil der alttestament-

144 Das Impressum der 1967 wieder bei Bischofberger & Co. erschienenen Ausgabe verweist auf diese gemeinschaftliche Arbeit: «Questa versiun ei vegnida procurada en lavur communabla dils plevons romontschs dil Colloqui Sur igl Uaul / sin fundament

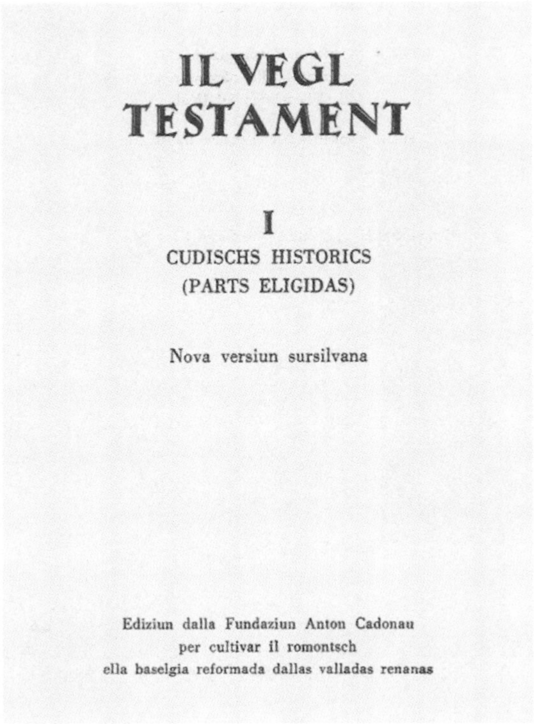

IL VEGL TESTAMENT

I

CUDISCHS HISTORICS
(PARTS ELIGIDAS)

Nova versiun sursilvana

Ediziun dalla Fundaziun Anton Cadonau
per cultivar il romontsch
ella baselgia reformada dallas valladas renanas

Abb. 34 Titelblatt der 1967 erschienenen Ausgabe «Il Vegl Testament: I Cudisch Historics (Parts Eligidas). Nova versiun sursilvana».

lichen Bücher.[145] Wegen Cadonaus fortgeschrittenem Alter und seinem Ableben im Jahre 1972 fand diese als Teil I ausgewiesene Ausgabe aber keine Fortsetzung. Festzuhalten ist in diesem Zusammenhang wohl auch: Cadonau hat ja seit seinem Erweckungserlebnis in Thusis die wissenschaftliche, historisch-kritische Theologie, wie er sie in seiner Studienzeit in Basel und Zürich kennengelernt hatte, nicht (mehr) sonderlich hoch eingeschätzt; nichtsdestotrotz bediente er sich insbesondere bei seiner Arbeit an der Übersetzung der biblischen Schriften der Ergebnisse dieser Theologie ohne Bedenken und auch mit nicht geringem Erfolg.

Ein zweites Feld seines sozusagen transparochialen Wirkens dieser Jahre sei hier angeführt. Peter Paul Cadonau hat sich auch als dramatischer Dichter versucht.[146] Wir kennen drei Texte, die unter diese Rubrik

---

d'ina emprema translaziun da ser dr. P.P. Cadonau, Vuorz. Redacziun finala: ser M. Fontana, Castrisch».

145 Il Vegl Testament, I: Cudischs Historics (parts eligidas). Nova versiun sursilvana, Chur 1967.

146 Das dramatische Schaffen von Peter Paul Cadonau war bislang kaum mehr präsent im Bewusstsein der Öffentlichkeit. Auch in seinem Nachlass finden sich davon praktisch

Abb. 35 Das Ehepaar Maria und Peter Paul Cadonau beim Taubenfüttern vor dem Mailänder Dom.

fallen: zwei für das romanischsprachige Radio verfasste Hörspiele, nämlich *La sontgetta dil vitg* (nach einer erstmals 1934 erschienenen Erzählung von Gian Fontana) und *Nabot e sia vegna* (nach der alttestamentlichen Erzählung 1Kön 21,1–29), die beide auch gesendet wurden, sowie das für die Theaterbühne geschaffene, auf eine wahre historische Begebenheit in seinem Heimatort Waltensburg zurückgehende Stück *Aua viva*, das verschiedene Aufführungen erlebte. Da Manfred Veraguths Beitrag in diesem Buch näher auf diese Seite von Cadonaus Wirken eingeht und diese Texte im Anhang abgedruckt sind, sparen wir hier ausführliche Erläuterungen dazu aus. Klar scheint zu sein, dass Cadonau auch sein dramatisches Schaffen ausschliesslich im Dienste seines Verkündigungsauftrages als Theologe und Pfarrer interpretierte: Es geht ihm darum, das Medium des Hörspiels und des Theaters zur Verbreitung der christlichen Botschaft ein-

---

keine Spuren. Mehr oder weniger zufällig ist der Autor dieser Zeilen darauf gestossen. Im Gespräch über das Forschungs- und Publikationsprojekt zu Peter Paul Cadonau mit dem aus Waltensburg stammenden Mathias Pfister, der über Jahre hinweg in seinem Heimatdorf einer Laientheatergruppe angehörte, erwähnte dieser ein seines Wissens von Cadonau stammendes Theaterstück mit dem Titel *Aua viva*. Die im Gefolge dieses Gespräches einsetzende Recherche brachte Zug um Zug sowohl dieses für das Theater geschriebene Stück wie dann auch die beiden für das romanische Radio verfassten Hörspielszenen ans Licht, die Manfred Veraguth in der Bibliothek der Lia Rumantscha bzw. in der Kantonsbibliothek in Chur ausfindig machen konnte, wobei sich zeigte, dass auch noch die Originaltonaufnahmen aus den vierziger bzw. fünfziger Jahren vorhanden sind (vgl. die im Anhang abgedruckten Texte).

zusetzen. Cadonau setzte damit alle drei gebräuchlichen literarischen Textgattungen zur Verkündigung der biblisch fundierten Botschaft ein: Neben der Erzählung, die er vor allem, aber nicht nur als biblische (Nach-)Erzählung pflegte, bediente er sich, wie wir sehen konnten, sowohl der lyrischen Form als Dichter von Liedern und Gedichten wie auch der dramatischen Gattung.

1954–1967/68: Im Dienst des Hilfswerkes «Gott hilft» in Seewis[147]

Im Blick auf diese Zeit sind wir nicht in der glücklichen Lage, eine kompakte autobiografische Darstellung aus der Feder von Peter Paul Cadonau vorliegen zu haben, wie dies für die vierzig Jahre im Pfarramt der Bündner kantonalen Kirche zwischen 1914 und 1954 der Fall ist. Dennoch liegen neben der knappen autobiografischen Skizze «Wege Gottes in meinem Leben» verschiedene weitere Quellen vor, die die Chance eröffnen, diese Epoche im Leben von Peter Paul Cadonau zumindest punktuell angemessen zu erschliessen und darzustellen.

Peter Paul Cadonau trat diese neue Stelle und Funktion wenige Jahre vor dem Eintritt ins offizielle Pensionsalter mit 63 Jahren an und übte diesen Dienst dann bis zum Alter von fast 77 Jahren aus – ein sicherlich nicht wenig erstaunliches Phänomen. In «Wege Gottes in meinem Leben» schreibt er dazu:

> «Als wir schon daran dachten, mit 65 Jahren vom Pfarramt zurückzutreten, kam ein Ruf an mich, zusammen mit einem Hausvater die verwaiste Stelle eines geistigen Leiters des Erholungsheims Gott hilft in Seewis zu übernehmen. Wir folgten ihm und erlebten nun zuerst ein recht bewegtes Leben. Zum Teil wohnten wir in unserer Heimat Waltensburg, zum anderen Teil in Seewis. Den Winter über war ich viel auswärts zu Evangelisationen, in denen ich etwa 70 Gemeinden in und ausserhalb des Kantons bedient habe. Mehr und mehr wurde aber der Dienst in Seewis wichtig, so dass wir die letzten Jahre dort verbrachten. Die Arbeit bestand in täglichen Bibelstunden mit gelegentlichen Abendvorträgen und der Seelsorge in Gemeinschaft mit einer erfahrenen Schwester an erholungsbedürftigen, kranken und irgendwie besessenen Menschen. Hier konnten wir so oft die Hilfe Gottes und die Gebetserhörung erfahren.»

147 Seit 1946 befand sich das ehemalige Hotel Scesaplana im Besitz der Stiftung Gott hilft, die dort zuerst ein Erholungsheim für biblische Rüstzeiten und dann ein Seminarhotel («Sinnhotel in den Bündner Bergen») betrieb. Im Jahr 2014 veräusserte die Stiftung das Haus, und es fand eine Rückumwandlung in einen reinen Hotelbetrieb statt; allerdings gehört das Hotel auch heute noch zu einem Verband Christlicher Hotels (VCH).

Abb. 36 Erholungsheim Scesaplana mit Kursheim Vilan in Seewis, seinerzeit im Besitz der Stiftung «Gott hilft».

Offensichtlich hatte ihn schon vor dem Jahre 1954 verschiedentlich das Angebot des Hilfswerkes respektive von Emil Rupflin erreicht, Peter Paul Cadonau hatte jedoch jeweils eine Absage erteilt. Vermutlich war aber dann im Jahr 1954 der Druck, vielleicht sogar der «Leidensdruck», durch das ihn enttäuschende Echo auf seine Gemeindetätigkeit in Trin so stark geworden, dass er sich dem Ruf nach Seewis nicht weiter widersetzte, sondern Folge leistete, versprach doch diese relativ geschlossene Welt des seit 1916 bestehenden, aus Heilsarmee-Wurzeln hervorgegangenen Hilfswerkes ein deutlich konsensuelleres Wirken für jemanden mit der pietistisch-erweckten theologischen Konzeption eines Peter Paul Cadonau, als dies «in der Fremde» in einer in seiner Wahrnehmung recht verweltlichten Gemeinde wie Trin der Fall war oder überhaupt sein konnte. In gewissem Sinne könnte man diesen Wechsel von Trin nach Seewis noch vor dem offiziellen Eintritt in das Pensionsalter auch mit dem Etikett versehen, welches der autobiografische Schreiber über seine Station in Luven und Flond gesetzt hatte: Der Pfarrer auf der Flucht.

Das Hilfswerk «Gott hilft» war eine Gründung des aus ganz einfachen sozialen Verhältnissen stammenden Emil Rupflin[148] (geb. 1885 im zürcherischen Lindau, gest. 1966 in Chur), der ab 1902 als Hausdiener in Zürich gearbeitet hatte und ab 1905 die Funktion eines Offiziers der Heilsarmee in Bern, dann in Zürich und schliesslich in der Ostschweiz ausübte. Mit offenen Augen nahm er die Not sozial stigmatisierter und marginalisierter Kin-

148 Zu Emil Rupflin vgl. Bundi 2012. Peter Paul Cadonau hat ein Lebensbild von Emil Rupflin nach dessen Tod 1966 publiziert. Vgl. Cadonau 1968.

Abb. 37 Emil Rupflin (1885–1966) auf dem Widmungsblatt der zu seinem 70. Geburtstag erschienenen Festschrift «Vater Rupflin erzählt wie Gott hilft», unterschrieben von Mitgliedern des Stiftungsrates von «Gott hilft», an erster Stelle «P. Cadonau Pfr.».

der wahr und rief aus seinem christlichen Glauben und Engagement heraus zusammen mit seiner Frau Babette eine Stiftung für von Verwahrlosung und Heimatlosigkeit betroffene Kinder ins Leben.[149] Das erste daraus hervorgehende Heim war in Felsberg bei Chur angesiedelt; einige weitere Heime sollten folgen, unter anderem in Scharans, in Zizers, in Trimmis und in Herisau. Das noch heute existierende Hilfswerk, das im Jahr 2016 sein einhundertjähriges Bestehen feiern konnte, leistete tausenden von Kindern dringend benötigte Hilfe. Es differenzierte sich in den zurückliegenden Jahrzehnten

149 Das Ziel und die Mittel des «Gott-hilft-Dienstes» werden knapp erläutert am Anfang der Emil Rupflin zu seinem 70. Geburtstag gewidmeten Festschrift *Vater Rupflin erzählt wie Gott hilft. Bilder aus dem Werden und Wachsen eines evangelischen Glaubenswerkes*: «Sein Ziel: Christenglauben und -leben zu wecken und zu fördern. Seine Mittel: Rat und Seelsorge, Erholung nach Leib und Seele in den Gott-hilft-Häusern in Seewis. Bibelstunden, -wochenenden und -wochen für Gemeinden, Chöre, Jugendgruppen, Konfirmanden. Schriftenverlag und -versand. Vorträge und Evangelisationen in den Gemeinden.» (S. 2).

Abb. 38 Peter Paul Cadonau mit Schwester Anna Milt in Seewis.

und gliederte sich über die Dienste für von Verwahrlosung bedrohte Kinder und Jugendliche weitere sozialpädagogisch orientierte Zweige der gesellschaftlichen Fürsorge an. So ist es heute etwa auch tätig in der Altenarbeit, in der Behindertenarbeit, in der Ehe- und Lebensberatung usw. und unterhält darüber hinaus auch eine Höhere Fachschule für Sozialpädagogik.[150]

Wohl noch in die Zeit in Thusis fiel die erste Begegnung von Peter Paul Cadonau und Emil Rupflin. Cadonau schreibt in «Wege Gottes in meinem Leben»:

«An jenem Tage [sc. dem Tag seines Wende-Erlebnisses in Igis im Haus Steinbock] habe ich zum ersten Male ein Haus Gott hilft betreten. Dieses Werk sollte in der Folge für mich von grosser Bedeutung werden. Es war ungefähr zu dieser Zeit, als Pfarrer Bäumlin aus dem Kanton Bern einige Bündner Pfarrer zu einer Freizeit nach Davos einlud. Ich ging auch hin und konnte gesegnete Tage erleben. Es war das erste Mal, als ich in einem Kreis von Christen stand, in dem man sich über die Bibel aussprechen konnte und auch miteinander ganz frei betete. Zu jenem Kreis war auch Vater Rupflin, der gottbegnadete Gründer der Kinderheime Gott hilft, eingeladen. Diese Verbindung ist seither erhalten geblieben. Er schenkte mir seine Freundschaft, was bei einem Mann wie Rupflin sehr viel hiess, und ich konnte ihm bei der Leitung seiner Heime irgendwie behilflich sein, bis ich schliesslich ganz in deren Dienst eintreten konnte.»

150 Vgl. die aktuelle Website der Stiftung: www.stiftung-gott-hilft.ch.

Zusammen mit der Schwester Anna Milt – sie ist die oben von ihm ohne Namensnennung erwähnte «erfahrene Schwester» – bildete Cadonau nach Erinnerung von Zeitgenossen eine Art «seelsorgerliches Traumgespann», das sich der Nöte und Sorgen der Gäste des Hauses Scesaplana in Seewis annahm.

Neben dem konkreten Dienst als Seelsorger und geistlich-theologischer Berater in Seewis engagierte sich Cadonau über Jahre hinweg auch auf der überörtlichen Leitungsebene im Stiftungsrat des Werkes «Gott hilft».

Als Peter Paul Cadonau den Ruf nach Seewis in das Heim «Gott hilft» annahm und in die neue Aufgabe eintrat, bewegten sich die Leiter und Protagonisten dieser Einrichtung vermutlich noch in einem sehr viel engeren christlich-erweckten Rahmen, als dies heute wohl der Fall ist, weil eine stärkere Professionalisierung der sozialpädagogischen Arbeit der Stiftung anzunehmen ist.

Peter Paul Cadonau entfaltete in seiner Zeit in Seewis eine intensive, ja vielleicht sogar rastlose Tätigkeit. Zwischen seinen Wohnorten in Waltensburg und Seewis pendelte er hin und her und war weiterhin im Rahmen seiner ausgedehnten Evangelisationsreisen unterwegs. Neben den täglichen Bibelstunden und der Seelsorgetätigkeit für die Gäste des Hauses in Seewis entfaltete er aber auch eine rege Schreibtischtätigkeit als Übersetzer, Schriftsteller und Publizist. Ob er sich in dieser Zeit auch noch in seiner Heimatgemeinde in Waltensburg in die Pflicht nehmen liess und gelegentlich predigte, gar auch noch Vertretungen im Religions- und Konfirmandenunterricht oder auch noch eine zeit- und energieintensive Seelsorgetätigkeit praktizierte, dies entzieht sich für diese Jahre unserer genaueren Kenntnis – es wäre ihm aufgrund seines Tatendranges jedoch durchaus zuzutrauen gewesen – und dies alles in einem Alter, in dem viele seiner Pfarramtskollegen schon lange den wohlverdienten Ruhestand genossen.

In diesen ersten Jahren in Seewis erwuchs ihm schliesslich ein weiteres Betätigungsfeld: Er engagierte sich nämlich in der neu entstandenen Telefonseelsorge. Das relativ neue Kommunikationsmedium Telefon wurde in diesen Jahren für den Bereich der Seelsorge entdeckt. Der engagierte, ja begeisterte Seelsorger Cadonau erkannte offensichtlich sehr schnell, welche Chancen dieses Medium der Seelsorge bot und hatte keinerlei Bedenken und Barrieren, es für seine Seelsorgetätigkeit im Dienste der Menschen einzusetzen.[151]

Zu erwähnen ist hier auch: So konsensuell, wie Peter Paul Cadonau sich dies vielleicht beim Antritt seines Dienstes in Seewis alternativ zu seiner Tätigkeit in Trin erhofft hatte, verlief aber auch die Zeit am neuen Wirkungsort nicht. Wie oben erwähnt, sollte sein Dienst in Zusammenarbeit

151 Der Beginn der Telefonseelsorge wird im Allgemeinen auf das Jahr 1953 angesetzt, als Chad Varah, anglikanischer Pfarrer einer Londoner City-Gemeinde, am 2. November

Abb. 39 Eng verbunden mit der Professionalisierung der pädagogischen Arbeit der Heime der Stiftung «Gott hilft» ist der Name des Pädagogen Dr. Heinz Zindel (geb. 1931), der 1964 in die Stiftung eintrat und diese dann ab 1972 leitete.

mit einem «Hausvater» verrichtet werden. Dieser Hausvater war der ehemalige Lehrer Fritz Wittwer.

An dieser Stelle sollen einige knappe Anmerkungen zu Fritz Wittwer (1896–1987), seiner Biografie und einigen Aspekten seines Wirkens eingeschoben werden.[152] Geboren und aufgewachsen ist Fritz Wittwer in recht ärmlichen Verhältnissen, sein Vater war dem Alkohol erlegen und seiner Frau und den Kindern gegenüber gewalttätig, so dass die Mutter mit den Kindern mehrere Anläufe machte, ihn zu verlassen. Nur mit der auch finanziellen Hilfe eines eingesetzten Vormunds gelang Fritz Wittwer der Zugang zu einem Lehramtsstudium. Wie existenziell problematisch seine persönli-

---

in der *Times* eine Anzeige folgenden Wortlautes schaltete: «Before you commit suicide, ring me up. Telephone Mansion House 9000» («Bevor Sie sich umbringen, rufen Sie mich an»). In Deutschland entstand die erste Telefonseelsorge-Einrichtung in Berlin im Jahr 1956. Im Herbst 1957 erfolgte dann die Gründung einer ersten Telefonseelsorgestelle in der Schweiz unter dem Namen «Die Helfende Hand» durch den Leiter der Zürcher Stadtmission, Pfarrer Kurt Scheitlin. Finanziell wurde diese Einrichtung in der Schweiz durch Personen wie den Migros-Gründer Gottlieb Duttweiler oder das sich für die Heilsarmee engagierende Ehepaar Plüer entscheidend gefördert und abgesichert. Das Gros der Mitarbeiter war ehrenamtlich tätig, nur die Leitungsspitze bestand meist aus hauptamtlich Tätigen im kirchlichen Bereich.

152 Wir stützen uns hier auch auf Luchsinger 2016, bes. S. 91 f und passim. Vgl. auch die Rezension Rupp 2017b.

Abb. 40 Fritz Wittwer (1896–1987), der zusammen mit Peter Paul Cadonau das Haus Scesaplana in Seewis leitete (links, zusammen mit einer Kindergruppe).

che Situation in seinen jungen Jahren dennoch war, zeigt ein Suizidversuch. Diese Krise konnte er jedoch in der Hinwendung zum christlichen Glauben überwinden. Jesus Christus begegnete ihm dabei als der Retter in persönlich prekärer Situation. 1919 trat er die Stelle eines Sekretärs beim Blauen Kreuz an, die es ihm nach dem Tod des Vaters ermöglichte, seine Familie finanziell über Wasser zu halten. Über einen Lehrerkollegen gerät er in Kontakt mit der Stiftung «Gott hilft», in deren Dienste er schliesslich tritt.

Er war ein passionierter Lehrer, der sich insbesondere für erziehungsschwierige Kinder engagierte und hierin ein besonderes Geschick entwickelte. Mit seiner Frau Luise führte er zuerst das Kinderheim in Igis, dann über fast zwei Jahrzehnte das Churer Heim Foral. Er verkörpert neben der Gründerfigur Emil Rupflin über Jahrzehnte die zweite prägende Gestalt der Stiftung «Gott hilft». Sein spezielles Anliegen war die pädagogische Ausbildung der Mitarbeitenden, da er wohl bemerkte, dass hier religiös-ethisch motiviertes Engagement auf die Länge vielleicht doch nicht alleine tragen konnte. Nicht selten musste er diese Sichtweise auch gegen Emil Rupflin vertreten, der wohl grössere emotionale Vorbehalte gegenüber einer stark pädagogisch basierten Arbeit hegte. Was Wittwer zu seinen und Rupflins Lebzeiten eher nur andenken denn realisieren konnte, dies sollte dann nach dem Tod von Rupflin 1968 dem Mitte der sechziger Jahre neu ins Werk eingetretenen Heinz Zindel vorbehalten sein: eine deutliche Professionalisierung der pädagogischen Arbeit im Rahmen der Stiftung.

Neben seiner Tätigkeit im Werk «Gott hilft» kultivierte Wittwer jedoch auch noch weitere Talente. So publizierte er verschiedene Romane, die sich mit brisanten Aspekten des Alltagslebens seiner Mitmenschen auseinandersetzten. Exemplarisch sei hier sein im Jahre 1968 veröffentlichter Roman *Was geschieht im Ebenen Grund? Eine Bergbauerngeschichte* erwähnt, eine Koproduktion des Blaukreuz-Verlages Bern sowie des Gott-hilft-Verlages Seewis, offensichtlich der Eigenverlag des Hilfswerkes. Wittwer greift hier die Notlage der Bergbauern seiner Zeit auf, die von Landflucht, aufgrund der Erbteilung immer kleiner werdenden Produktionsflächen, zurückgehenden Gewinnen und Ähnlichem gleichsam in die Zange genommen werden. Er verflicht damit eine Liebesgeschichte zwischen dem jungen und mit innovativen Ideen vorwärtsdrängenden Bergbauern Toni Aebli und der Tochter eines Veterinärarztes, Silvia Casti, die sich ganz bewusst für Toni und das Leben als Bergbäuerin entscheidet. Ganz zentral ist in der Erzählung jedoch auch die religiöse Botschaft, die von der elementaren, biblisch-fundamentalistischen und erwecklichen Botschaft des Hilfswerkes «Gott hilft» gespeist wird.

1954, im gleichen Jahr wie Peter Paul Cadonau, trat Wittwer zusammen mit seiner Frau in die Leitung des Erholungs- und Bibelheimes der Stiftung in Seewis ein und übernahm dazu die Verantwortung für die Telefonseelsorge. In dieser doppelten Verantwortung der Leitungsarbeit durch

Abb. 41 Schutzumschlag des Romans «Was geschieht im Ebenen Grund? Eine Bergbauerngeschichte» von Fritz Wittwer, 1968.

Wittwer und Cadonau lag aber auch der Grundstein für die sich dann einstellenden Konflikte zwischen den beiden.

Denn offensichtlich war es zu Beginn der gemeinsamen Arbeit verabsäumt worden, eine ganz klare und eindeutige Arbeits- und Kompetenzverteilung zwischen den beiden führenden Personen des «Gott hilft»-Heimes in Seewis, dem Hausvater und dem geistlich-theologischen Leiter, vorzunehmen, so dass sich schon bald zwischen den beiden Protagonisten Spannungen abzeichneten, die wohl für beide Seiten nicht sonderlich aufbauend und erspriesslich waren. Dies lässt sich jedenfalls einem im Cadonau-Nachlass befindlichen Briefwechsel zwischen Peter Paul Cadonau und Fritz Wittwer entnehmen. Erschwert wurde in diesem Umfeld die Austragung eines solchen Konfliktes vermutlich durch den hohen religiös-ethischen Anspruch der Beteiligten, die ja als einander mit Liebe, Respekt und Ehrfurcht begegnende «Brüder in Christus» miteinander Umgang haben sollten.

Nachfolgend bieten wir aus dem Nachlass unseres Protagonisten wichtige Passagen dieses Briefwechsels zwischen Cadonau und Wittwer aus der Zeit Ende der fünfziger und Anfang der sechziger Jahre, die zeigen, wie angespannt das Verhältnis zwischen beiden zumindest zeitweise war.

Fritz Wittwer schreibt am 28. April 1958 an «Hrn. Pfr. Cadonau»:

> «Mein Lieber, zum gestrigen kurzen Gedankenaustausch noch einiges ‹Werktägliche›:
> [...] Betr. Sommerdienst der Pfarrer müssen wir jetzt entscheiden. Vorweg: wann bist Du da, und wielang übernimmst Du allen Dienst, zusätzlich zu der Dich bestimmt stark beanspruchenden Seelsorge. Ich war in der letzten Zeit oft etwas bedrückt, dass Du Dich so viel Deinen schriftlichen Arbeiten widmetest und den Tag durch so wenig den Gästen; dann hätte ich eben mehr zu ihnen sollen oder Muetti, und wir hatten weiss Gott Vordringliches zu tun, um die Ordnung aufrecht zu halten.»[153]

Auch weiterhin bedrängt Wittwer Cadonau in diesem Brief und macht ihm mehr oder weniger offene Vorwürfe, so etwa, wenn er von ihm eine Kontaktaufnahme mit weiteren Pfarrern fordert: «Bitte hilf durch präzisen Rat bald erledigen, schiebs nicht auf nächste Woche auf.»

Oder im Blick auf die Gestaltung eines Treffens mit anderen Gleichgesinnten, die nach biblischen Texten fragten, formuliert Wittwer: «Auch da wäre eine präzise und mögl. verbindliche Programmgestaltung sehr dienlich.»

Und schliesslich thematisiert er noch ein Wort von Cadonau über die weitere Zukunft der Stiftung, das ganz offensichtlich nicht auf seine Zustimmung getroffen war: «Unser Werk dürfte nach Gottes Willen sicher wachsen,

153 Brief von Fritz Wittwer an Peter Paul Cadonau vom 28. April 1958 (Nachlass Cadonau). Auch die nachfolgenden Zitate sind diesem Schriftstück entnommen.

aber jener Satz, ‹dass es nun im Bereich der Stiftung gross genug sei› bewegt mich, ohne dass ich innerlich eine solche Bremse anzuerkennen frei würde.»

Auch in der Schlussformulierung seines Briefes steckt noch ein impliziter Vorwurf an Cadonau, der ja eigentlich für die Bibelstunden zuständig ist, sich jedoch offensichtlich nicht vor Ort befindet: «Ich muss zur Bibelstunde, bin herzlich dankbar für diesen Dienst, aber er absorbiert mit der stillen Vorbereitung einen Teil des Tages, während dem ich nicht bei den Männern sein kann, wo ich einfach nötig bin.»

Peter Paul Cadonau antwortet mit Datum vom 3. Mai 1958 dem «lieben Freund und Bruder» – und man merkt dem Text dieses Antwortschreibens an, wie indigniert und betrübt er über die in seinen Augen unberechtigte Kritik von Wittwer ist:

> «In meinem Brief von vorgestern konnte ich noch nicht zu Deinen Bemerkungen über meine Tätigkeit in Seewis definitiv Stellung nehmen. Es ist mir aber ein Bedürfnis, bevor wir am Sonntag gemeinsam das Abendmahl feiern, mich Dir gegenüber nun noch genauer auszusprechen.
> Im Voraus muss ich sagen, dass ich von einer solchen Bemerkung in Deinem Briefe überrascht war. Ich war, nachdem ich genau 30 Tage ununterbrochen in Seewis gewesen war (ich war von Ostersonntag bis Montag kurz hergekommen) doch recht müde und erschöpft heimgekommen und hatte tatsächlich von Dir in dieser Lage etwas anderes erwartet.
> Was Du mir geschrieben hast, war der Eindruck, den Du offenbar bekommen hattest, als Du häufig an meiner Zimmertüre in den Neubau gegangen warst. Da Du häufig meine Maschine klappern hörtest, dachtest Du, dass ich da grosse persönliche Arbeiten verrichte. Wie verhält es sich damit. Ich hatte am Palmsonntag, als ich nach Seewis kam, den Entwurf der Übersetzung des Deuterojesaja ins Romanische mitgenommen in der Erwartung, dass ich diese dort ins Reine schreiben könne. Ich habe bei meiner Rückkehr das Ganze unberührt wieder mitgenommen. Ich sollte zu diesem Stück schon lange eine biblische Studie für den romanischen Kalender schreiben. Ich habe den Inhalt an einem Abend wohl den Gästen und Mitarbeitern vorgelegt, kam aber nicht dazu, daran auch nur eine Silbe zu schreiben. Seit dem Winter hatte ich durch das Buch von Métraux[154] die Anregung bekommen, einen Artikel über Leonhard Ragaz zu schreiben. Die Notizen liegen noch immer unbenützt in Seewis.
> Was habe ich denn immer geschrieben? wirst Du fragen. Nun ich habe die Gewohnheit, bei allem, das ich lese und studiere, meine Notizen mit der Maschine zu machen. Daneben geschieht die Vorbereitung für die Stunden und allerlei Korrespondenz, die sich eigentlich ausschliesslich aus dem Dienst in Seewis und in den Gemeinden ergibt, auf der Maschine.
> Das Zweite betrifft meinen Umgang mit den Gästen. Auch da bin ich erstaunt zu hören, dass ich mich um sie nicht kümmere. Ich selber habe gerade in der letzten Zeit in vermehrtem Masse erlebt, dass die Gäste immer

154 Vermutlich ist der Schweizer Ethnologe Alfred Métraux (1902–1963) gemeint.

mehr den Zugang zur Seelsorge finden. Ich habe es allerdings nicht gemacht und erzwungen, weil ich immer der Meinung bin, dass gut vorbereitete Bibelstunden für manche eine genügende Seelsorge sind. Wenn dann die Menschen doch mit ihren Nöten kommen, so freut man sich, und gerade diese Freude hatte ich jetzt mehr als früher, obwohl es ja auch so ist, dass einen jeder schwerere Seelsorgefall nicht nur gerade für diese Stunde der Aussprache sehr belasten kann. Wenn es bei meiner Einladung zur Aussprache recht zurückhaltend war – ich habe auch immer wieder Leute dazu eingeladen – so geschah es einmal aus dem genannten Grunde und dann auch, weil ich niemanden dazu einlade, von dem ich weiss, dass er von anderer Seite Seelsorge empfängt.

Ich weiss nicht, ob Du mit Deiner Bemerkung meinst, dass ich mich gesellschaftlich der Gäste mehr annehmen sollte. Wenn das der Fall ist, so muss ich doch sagen, dass ich dazu keine rechte Begabung habe. Manchmal leide ich selber darunter, aber dann denke ich doch auch: Wenn ich das hätte, so wäre mir vielleicht der Zugang zur Seelsorge versperrt. Ich sage damit nicht, dass ich nicht auch gesellschaftliche Beziehungen gepflegt habe, aber auch diese kann man nicht erzwingen.

Ich weiss, dass ich Euch bei Eurer grossen Arbeit im Hause wenig entlasten konnte. Seit meiner Augenerkrankung war das noch mehr der Fall. Ich habe nun aber die feste Zuversicht, dass ich jetzt darauf nicht mehr so Rücksicht nehmen muss. Im Grunde entspricht es sehr wenig meiner Art und der Art meiner ganzen Familie, still auf meinem Zimmer zu bleiben, wenn andere schwer arbeiten. In Seewis habe ich es lernen müssen, wenn mich manchmal, namentlich wenn meine Frau nicht da war, die Einsamkeit drückte. Ich glaube aber auch, dass das für mich und unseren Dienst ganz gut war. Vor allem ging ich dabei von dem Grundsatz aus, in kein fremdes Amt zu greifen. Ich habe Dir wiederholt gesagt, dass Du mir Arbeiten zuweisen könnest, die ich für Dich machen könne, und ich glaube, dass ich jeden Auftrag, den Ihr mir gabt, auch ausgeführt habe. Von mir aus habe ich es aber streng vermieden, in irgend eine fremde Tätigkeit einzugreifen.

Du schreibst auch, wie es Dich belaste, dass ich mich in Zizers gegen eine Ausweitung des Gott-hilft-Dienstes ausgesprochen habe. Wenn ich Mitglied des Ausschusses bin, so muss ich meine Bedenken nennen gegen allerlei Pläne und Absichten. Ich darf Dich aber auch darauf hinweisen, dass ich solche Pläne, wenn sie dann zur Ausführung kamen, in keiner Weise verhindert habe, sondern vielmehr für die Sache nach innen und aussen eingestanden bin. Das beste Beispiel dafür hast Du im Neubau erlebt, an dem ich nun selber Freude bekommen habe und dieses auch bei jeder Gelegenheit kundgetan habe.

Mein Lieber, ich musste da nun etwas viel von mir reden. Aber das soll nun wieder für lange Zeit geschehen sein. Ich hoffe, dass Du diese Aussagen annehmen und würdigen könnest. Das würde unsere weitere Zusammenarbeit erleichtern.»[155]

---

155 Brief in Kopie von Peter Paul Cadonau an Fritz Wittwer vom 3. Mai 1958 (Nachlass Cadonau).

Damit war nun jedoch der Zwist zwischen Cadonau und Wittwer nicht beendet, ganz im Gegenteil, wie sich weiteren erhaltenen Briefen entnehmen lässt – und meist geht es um die Aufgaben- und Kompetenzverteilung im Rahmen der gemeinsamen Arbeit in Seewis.

Am 11. Juni 1958 schreibt Cadonau erneut an Fritz Wittwer, dieses Mal nicht aus der Distanz, sondern aus Seewis selbst. Auch dieses Faktum, dass die beiden, obwohl sie sich unter einem Dach befinden, nicht von Angesicht zu Angesicht miteinander sprechen und die aufgetretenen Fragen und Probleme auszuräumen versuchen, sondern dies schriftlich in Briefform machen, legt beredtes Zeugnis von den Spannungen zwischen ihnen ab.

> «Mein Lieber,
> Du hast unsere heutige Aussprache damit abgeschnitten, dass Du von deiner Demission sprachest. Hierdurch bitte ich Dich, dies nicht zu tun. Ich denke, dass wir unsere Aussprache unter uns in einem anderen Moment ruhig fortsetzen können.
> Du hast mich gebeten, ich sollte mich in Deine Lage hineinversetzen. Ich habe es weitgehend immer zu tun versucht. Das mir gestern sehr überraschend vorgelegte Sommerprogramm habe ich gestern bekämpft. Heute morgen habe ich Dir gesagt, dass ich es annehme und Dich nur gebeten, Du sollest mit Pfarrer Rade darüber reden. Ich habe es angenommen, dass ich bis 13. Juni die Bibelarbeit tun soll, wobei ich auch in der Hauptsache auf den Besuch der Synode wieder verzichte, und habe weiter angenommen, dass ich nach Deinem Plan bis 16. August so viel wie keine Bibelarbeit mehr hier tun soll. Das habe ich angenommen. Du kannst daraus entnehmen, dass ich auch weiter mich immer wieder bereit finde, mich Deinen Plänen einzufügen. So hast Du wirklich keinen Grund, meinetwegen die Flinte ins Korn zu werfen. Dass ich dabei, wenn ich gefragt werde, meine Meinung nicht verschweige, ist wohl nichts anderes als Pflicht. Du weisst, dass ich seit Jahren immer darauf gehalten habe, dass ich, wenn ich hier bin, Anteil habe an der Wortverkündigung. Ich war auch da eigentlich sehr genügsam und war zufrieden, wenn ich in einer Woche, wenn ein anderer da war, eine Abendandacht und eine Morgenbibelstunde zu halten hatte. Es geschah das aber nicht nur aus Ehrgeiz und Geltungsbedürfnis, sondern stets auch, weil die Gäste mich dazu drängten.
> Ich habe heute in unserer Aussprache leider ein böses Wort gesagt, wenn ich die Dekane erwähnte. Es tut mir leid, und ich bitte Dich, mir dieses Wort zu entschuldigen. Aber etwas muss ich sagen: Wie manchmal kommt Pfarrer Rade, der im Ort ist, während des Jahres zu uns ins Haus, indem er einen Dienst übernimmt. Aber in der Zeit, da unsere und auch meine bekannten Schweizer Gäste hier sind, hast Du ihm eine ganze und eine halbe Woche ganz überlassen, und ich soll dabeistehen. Wenn Du Dir das einen Augenblick ruhig überlegst, so kannst Du mich vielleicht verstehen. Du brauchst mir ja nicht Recht zu geben, aber mich verstehen. Darum bitte ich.
> Du verlangst, dass ich während 3 Wochen hier sein soll, um für allfällige Seelsorge an unseren Männern bereit zu sein. Dabei weisst Du, dass Du mir

eine Bemerkung gemacht hast, dass ich meine Zeit für persönliche Schreibarbeiten verwende. Ich habe mich gegen diesen Vorwurf nicht verteidigt, obwohl er gerade in jenem Zeitpunkt sehr ungerechtfertigt war. Da musst Du aber verstehen, dass ich es vor Dir und dem Hause nicht rechtfertigen kann, diese ganze Zeit ohne eine rechte Aufgabe hier zu sein.
Meine Frau weiss, dass ich mich in der vorletzten Nacht zum Entschluss durchgerungen habe, auf den Herbst um meine Entlassung von meinem regelmässigen Dienst in Seewis zu bitten. Es war für mich eine sehr schwere Entscheidung, und ich weiss, dass ich einen sehr schweren Weg zu gehen habe. Aber in meiner persönlichen Lage sehe ich keinen anderen Weg. Schon darum ist es nicht nötig, dass Du meinetwegen demissionierst. Ich bin schon jetzt jederzeit bereit, meinen Dienst an andere abzutreten. Wenn ich aber demissionieren werde, so darf ich Dich versichern, dass [ich] es nicht wegen irgendwelcher Differenzen oder Umstände hier in Seewis tue, sondern allein aus meiner persönlichen Lage heraus.
Ich hoffe, dass Du die augenblickliche Erbitterung über mich wieder vergessen kannst und wir miteinander den Dienst tun können, wie wir es vereinbaren können.
In herzlicher Verbundenheit verbleibe ich Dein [...]»

Dass diese Zwistigkeiten damit nicht beendet waren und auch nicht sein konnten, dies lässt sich alleine schon aus dem Ton und der persönlichen Betroffenheit, die in diesen Sätzen zum Ausdruck kommen, erschliessen. Die Probleme zwischen den beiden Personen lagen offensichtlich nicht in unterschiedlichen theologischen oder religiösen Ansichten, sondern vermutlich vorwiegend im Bereich der «persönlichen Chemie», der Aufgaben- und Kompetenzverteilung wie vielleicht auch ein Stück weit auf der Konkurrenz- und Neidebene, auf sehr menschlichen Ebenen also, wogegen offensichtlich auch solch fromme Kreise nicht gefeit waren.

Es liegt ein weiteres Schreiben von Peter Paul Cadonau vom 24. Oktober 1961 an Fritz Wittwer vor, welches das Andauern dieses Konfliktes auch für die Folgejahre belegt. Mit diesem Schreiben hat es nun aber etwas Besonderes auf sich, wie wir gleich noch sehen werden.

«Lieber Bruder im Herrn.
In Deinem Brief vom 20. dies. frägst Du mich, ob ich gedenke, die Bibelarbeit an dem geplanten Jugend-Bibelkurs allein zu halten. Da Du nach unserer Vorbesprechung die ganze Vorbereitung dieser Tagung selber besorgst, so habe ich darüber gar nicht zu befinden. Tatsächlich war ich darauf gespannt, ob Du mir vielleicht einen Teil dieser Arbeit zuweisen werdest, nachdem bei der Vorbesprechung dafür etwa fünf andere Namen genannt wurden. So muss ich deinen Brief als einen Versuchsballon betrachten, der durch den Ballast des Hinweises auf die Notwendigkeit der gleichzeitigen Bibelarbeit für die ‹alten Gäste› beschwert ist. Du hast es nicht gesagt, hast aber damit ganz unmissverständlich zu merken gegeben, ich solle bei den alten Gästen bleiben und die Arbeit an dem Jugendbibelkurs den andern überlassen.

Darum habe ich Dir heute sofort berichtet, dass ich in keinem Fall die Bibelarbeit an diesem Kurs übernehmen werde. Um das Zustandekommen des Kurses nicht zu gefährden und um Dich mit Deinem schwachen Herzen nicht zu belasten, musste ich darauf verzichten, Dir mehr zu schreiben. Aber heraus muss es einmal. Darum vertraue ich meine Gedanken darüber diesem Papier an, das ich wenigstens einstweilen keinem Menschen zeigen werde. Vielleicht stellt sich mit der Zeit doch die Notwendigkeit ein, es Dir vorzulegen. Sonst mag man es vielleicht einmal in meinem Nachlass finden.[156]
Im Grunde ist es schon lange und nicht erst seit meiner Augenkrankheit so, dass Du mich von wichtigen Funktionen unseres Heims fernzuhalten suchtest. Ich merkte es, und doch wollte ich es nicht glauben, schon darum nicht, weil ich Deine Glaubensstellung achtete, was ich auch noch heute tue. Wenn Du mir aber heute mit dem Zaunpfahl winkst, so kann ich nicht mehr anders als diesem Wink zu folgen. Ich will nur zwei Dinge erwähnen. Seit einem Jahr beziehst Du wichtiges Material für ‹Um die lebendige Gemeinde› aus Deutschland, während ich als Bündner in dem Blatt, das in erster Linie für Bündner bestimmt ist, in grundsätzlichen Fragen nicht zu Worte kommen soll. Aber schmerzlicher ist mir das andere. Du hast keine Ahnung, welchen Schmerz Du mir damals und seither auch immer wieder damit bereitet hast. Und doch habe ich bis heute darüber geschwiegen. Als [s]ich die Jungen hier in Seewis zum ersten Jugendtreffen versammelt hatten – darunter waren noch eine Anzahl von mir Konfirmierter – hast Du mich ausdrücklich in den Vilan zu den Alten geschickt, und als ich am folgenden Tag in den Saal kommen wollte, war da für mich kein Platz. So ist es seither geblieben. Zweimal habe ich im letzten Moment als Lückenbüsser einspringen müssen, sonst hatte ich aber an der ganzen Veranstaltung keinen Anteil. Wenn ich von meiner Wohnung mir durch Gang und Treppen des Scesaplana einen Weg bahnen wollte, wurde ich, der Bündner, von den Bündner Jungen als ein Fremdling angesehen und kaum gegrüsst. (Dasselbe geschah auch bei anderen Rüstzeiten; man fand es während einer ganzen Woche nicht für nötig, mich den Gästen bekannt zu machen.)
Wenn man das bedenkt, so wird man keinesfalls sagen können, ich hätte Deinen Brief missverstanden. Das ist auch nicht zufällig oder beiläufig, sondern entspricht der ganzen bisher befolgten Linie. Jetzt erst wird es mir bewusst, wie Du bei unserer Vorbesprechung der letzten Woche, als ich für mich das Referat über Christus reservieren wollte, dieses sofort für einen anderen Referenten reklamiert hast, so dass mir nichts blieb.
Du sprichst von den alten Gästen. Dabei weisst Du aber auch, dass unter diesen das ganze Jahr und besonders in den Ferien viele Junge sind. Wenn ich zu altmodisch oder zu unbeweglich für Jugendveranstaltungen bin, so

156 Diese Äusserung von Peter Paul Cadonau zeigt sehr deutlich, dass er damit gerechnet hat, dass seine Unterlagen in seinem Nachlass aufbewahrt und für die Nachwelt überliefert werden könnten, wie dies tatsächlich geschehen ist. So lassen sich auch diese für ihn nicht sonderlich erfreulichen Geschehnisse rekonstruieren.

darf ich auch nicht weiterhin in diesem Hause die regelmässige Bibelarbeit halten. Das ist der Schluss, den ich aus Deinem zarten Wink ziehen muss. Und ich bin gesonnen, ihn zu ziehen. Wie froh bin ich, dass ich nicht durch Notwendigkeiten meines Lebens dazu geführt werde, sondern durch die Rücksicht auf das Werk, in dem wir dienen. Gewiss, ich will Dich und das Haus nicht in Verlegenheit bringen. Trotz allem will ich noch aushalten, so weit Ihr es wünscht und ich es verantworten kann. Aber so viel steht mir fest: Von heute an muss allerlei in meinem Dienst anders werden. Ich will die nächstliegenden Folgerungen nennen:

1. Von Stund an werde ich meine Beteiligung an der Bibelarbeit einschränken. Wenn ich in den letzten Jahren, abgesehen von der Ferienzeit, wo andere dienten, auf durchschnittlich 20 Stunden im Monat kam, darf ich nunmehr höchstens die Hälfte, das sind ungefähr zwölf im Monat halten. Ich werde Dir das auf anderem Wege mitteilen, damit Du Dich vorsehen kannst.
2. Für die verschiedenen Ferienzeiten, wo es möglich ist, andere Wortverkündiger zu finden, will ich ganz auf diese Tätigkeit verzichten.
3. Für die Telephonseelsorge, die bei der jetzigen Ordnung auf die Länge kaum verantwortet werden kann, soll so bald als möglich ein besonderer Mitarbeiter gewonnen werden, der dann wohl auch den grössten Teil der Bibelarbeit übernehmen kann. Bei der ersten Sitzung der betreffenden Kommission werde ich diesen Vorschlag machen und begründen.
4. Anlässlich der Hauselterntagung und der Mitarbeiter-Tagungen dieses Winters soll jemand anders mit der Bibelarbeit betraut werden. Auch ohne dieses Erlebnis mit Deinem Briefe hatte ich schon vorher daran gedacht.
5. Vater Rupflin hat in seinem Mitteilungsblatt geschrieben, dass nach Eintritt der Familie Moosmann Du und Deine Frau die Wortverkündigung und Seelsorge übernehmen werden, was wohl nicht geschrieben ist, ohne dass Ihr davon wusstet. Daher soll nach dem Eintritt von Moosmann untersucht werden, ob und wieweit meine Mithilfe hier noch nötig ist. Ich habe Dir schon früher mündlich und schriftlich mitgeteilt, dass ich jederzeit zurücktrete, wenn Du andere Mitarbeiter findest. Das möchte ich damit bestätigen.

Ich will Dir nicht verschweigen, dass es mir schwer fällt, obige Folgerungen zu ziehen. Die Arbeit hier ist mir lieb geworden, und in mancher Beziehung habe ich auch die Arbeit mit Dir geschätzt und werde sie in guter Erinnerung behalten. Es tut mir leid, dass ich es nicht selber gemerkt habe und Du es mir sagen musstest, dass ich nur noch zu den Alten passe. Momentan scheint es mir, dass das mir auch den Mut und das nötige Selbstvertrauen für die Aufgaben, die ich noch habe und übernommen habe, raubt. Aber ich darf auch dafür und für das weitere Ergehen des Heimes hier auf Gottes Hilfe vertrauen.
Da dieser Brief nun bloss bei meinen Akten liegt, unterlasse ich den Gruss und zeichne ihn und damit alles oben Gesagte mit meinem Namen
P. Cadonau»

Dass Cadonau diesen an Wittwer adressierten Brief nur seinen Akten und damit seinem Nachlass anvertraute, dies ist doch auch ein Hinweis auf die Schwere des Konfliktes, wie wohl auch die drastischen Vorhaltungen, die er Wittwer macht, machen musste aus seiner Perspektive. Er wollte es wohl nicht zum öffentlichen Eklat kommen lassen, der dann sicherlich nicht nur die beteiligten Personen, sondern auch das Werk «Gott hilft» insgesamt und dessen Ruf beschädigt hätte. Cadonau zeigt sich sowohl im Blick auf den Inhalt des Schreibens wie auch auf die Art seines Vorgehens insgesamt, wie man feststellen muss, sehr nobel, demütig, zurückhaltend und friedfertig gesinnt, obwohl er doch recht klar die Verletzungen, die ihm zugefügt wurden, artikuliert. Er kommt also nicht umhin, seine Position in diesem Schreiben recht klar zum Ausdruck zu bringen. Dieses schriftliche Fixieren seiner Monita – ohne diese aber dem eigentlichen Adressaten zukommen zu lassen, was den Konflikt nur weiter zugespitzt hätte – ist wohl auch eine ganz bestimmte Art des Umgangs mit solchen Konflikten, die wohl zwangsläufig auch bei ihm zu seelischen Konflikten führten, führen mussten. Insofern hat dieses schriftliche Fixieren in etwa die Funktion eines Tagebuches, dem der Schreiber seine intimsten Fragen, Probleme und Nöte anvertrauen kann und so eine Art seelischer Katharsis bewirkt, die ihm einen weiteren Umgang mit den Problemen wie auch mit den beteiligten Personen ermöglicht.

Es mag unter Umständen neben den persönlichen Vorbehalten, die Wittwer vermutlich Cadonau gegenüber hatte, vielleicht auch eher objektive Ursachen dafür gegeben haben, dass Wittwer das Wirken seines Mithausvaters in Seewis gerne etwas zurückgefahren gesehen hätte. Denn: Natürlich machte sich bei Cadonau in diesen Jahren auch sein Alter bemerkbar; sowohl sein Seh- wie auch sein Hörvermögen waren reduziert, was ihn vielleicht auch nicht mehr alles Geschehen in seiner Umgebung vollumfänglich und realitätsadäquat wahrnehmen und im Blick auf seinen Einsatz für das Hilfswerk angemessen und effektiv umsetzen liess. Und natürlich ist es in solchen Verhältnissen und Situationen nicht selten für die drängenden Jüngeren lästig, wenn die Älteren, die ja an sich schon das Pensionsalter erreicht haben, partout nicht ins Glied zurück- oder gar ganz abtreten wollen. Dies signalisiert dann neben dem persönlichen Konflikt durchaus auch eine objektiv-strukturelle Bruchlinie, die sich in solchen Fällen fast schon zwangsläufig mit den gegebenen Verhältnissen einstellt und die erst «geheilt» werden kann, wenn durch den – biologisch irgendwann zwangsläufigen – Rückzug der Älteren das Konfliktpotenzial beseitigt wird.

Wir können annehmen, dass dieser Konflikt auch in den Jahren nach diesem letzten hier dokumentierten Schriftwechsel andauerte.

Christine Luchsinger schreibt in ihrer im Jahr 2016 publizierten umfangreichen Arbeit zur «Erziehung in den Heimen der Stiftung *Gott hilft*» über Wittwer: «1963 erfolgte ein überstürzter Austritt aus der Stiftung, ohne dass dazu die Gründe genannt wurden.»[157] Auf dem Hintergrund des hier beigezogenen Materials aus dem Nachlass von Peter Paul Cadonau ist es wohl – ohne dass man hier gross spekulieren müsste – unschwer vorstellbar, dass das extrem belastete Verhältnis zwischen den beiden die – oder zumindest: eine nicht unwesentliche – Ursache für den im Jahr 1963 vollzogenen Austritt Wittwers aus der Stiftung war. Beide hatten ja im oben wiedergegebenen Briefwechsel einander die Demission angeboten. Der Vollständigkeit halber sei hier aber auch vermerkt, dass Wittwer in späteren Jahren als Stiftungsrat wieder den Weg zurück zur Stiftung fand.

Cadonau selbst blieb, wenn eben vermutlich auch mit reduziertem Einsatz, noch bis in das Jahr 1967/68 in Seewis tätig. 1966 verstarb «Vater» Emil Rupflin, der Peter Paul Cadonau ja seinerzeit für das Werk «Gott hilft» gewonnen hatte. Neben seinem fortschreitenden Alter hat vermutlich auch dieses für das Hilfswerk einschneidende Geschehnis Cadonau dann doch davon überzeugt, seine Mitwirkung in Seewis ganz einzustellen.

So wendet er sich mit Datum vom 21. August 1967 – und das heisst in seinem 77. Lebensjahr! – an die «Leitung des Werkes Gott hilft / Herrn Pfarrer Gottfried Rade»[158] in Chur mit folgendem Schreiben, welches das Angebot eines Rücktritts von seinen Aufgaben und Funktionen beinhaltet:

> «Liebe Freunde,
> Mit der Einladung zur Ausschuss-Sitzung vom nächsten Montag ist für mich der Zeitpunkt gekommen, dass ich mich entscheiden muss, wie künftig meine Stellung zum Gott-hilft-Werk sein wird. Ich habe viel darüber nachgedacht und will Euch nun das Ergebnis bekannt machen.
> Nachdem ein Nachfolger an meine Stelle als Hausvater in Seewis gewählt wurde, ist es nun doch an dem, dass ich mein Amt in aller Form niederlege. Dadurch ist es natürlicherweise auch gegeben, dass ich als Mitglied des Ausschusses zurücktrete.
> Ob ich weiterhin im Stiftungsrat bleiben kann, ist mir fraglich. Einerseits würde es für mich persönlich eine nicht geringe Einbusse bedeuten, wenn ich die Angelegenheiten der Stiftung ganz weglegen müsste. Anderseits muss ich

157 Luchsinger 2016, S. 93.

158 Gottfried Rade (1891–1987), Pfarrer in Steinbach, Hallenberg und Chur. Er war der Sohn von Prof. Dr. Martin Rade, evangelischer Theologe und linksliberaler Politiker, der als Professor an der Universität in Marburg und als Schriftleiter der Zeitschrift *Die christliche Welt* einer der Hauptvertreter des deutschen Kulturprotestantismus war. Der Sohn Gottfried scheint sich in Anbetracht dieser Fakten in weltanschaulich-religiöser Hinsicht nicht unbedingt an der theologischen Ausrichtung seines Vaters orientiert zu haben. Gottfried Rade kehrte Deutschland in der Zeit des aufkommenden Nationalsozialismus den Rücken und kam als Pfarrer in die Schweiz, da seine Frau aus einer jüdischen Familie stammte (vgl. Zindel 2000, S. 103 f). Er war als Externer, nicht selbst im Werk «Gott hilft» tätiger Theologe lange Jahre Mitglied des Stiftungsrates. Nach dem Tod von Emil Rupflin trat er dessen Nachfolge als Präsident dieses Gremiums an.

mich fragen, ob ich in meinem künftigen Leben Euch noch eine Hilfe sein kann, und so noch weiterhin einen Platz im Stiftungsrat einnehmen darf. Jedenfalls erkläre ich mich ganz einverstanden, wenn Ihr mich in dieser Stellung ersetzen wollt.
Was die Telefonseelsorge anbetrifft, hat der betreffende Vorstand schon entschieden, dass sie von Herrn von Känel und Onkel Alfred weitergeführt werden soll. Diesbezügliche und andere Akten werde ich Herrn von Känel übergeben.
Es ist mir und meiner Frau ein grosses Bedürfnis, der Stiftung und dem Heim in Seewis herzlich zu danken, dass uns in diesen Jahren Gelegenheit gegeben wurde, im Dienst des Herrn zu stehen, und [wir] freuen uns, wenn wir auch weiterhin die Verbindung mit den Heimen und besonders mit Seewis erhalten können.
In alter Verbundenheit grüsst Euer [...]»

Das Leitungsgremium des Hilfswerkes scheint dieses Demissionsangebot akzeptiert zu haben, denn Peter Paul Cadonau zieht sich in der Folgezeit ganz aus Seewis zurück und lebt mit seiner Frau in Waltensburg, wo beide ihre Wurzeln hatten.

Ebenfalls im Sommer des Jahres 1967 zieht er sich aus einer anderen Funktion zurück, der er sich Jahrzehnte verbunden fühlte: aus dem Vorstand des Blauen Kreuzes in Graubünden. Es existiert ein Schreiben vom 27. Juli 1967, mit dem der Vorstand des Kantonalverbandes der Blaukreuzvereine in Graubünden – wenn auch schweren Herzens, wie zum Ausdruck gebracht wird – den Rücktritt, den Peter Paul Cadonau angeboten hatte, akzeptierte und ihn gleichzeitig – unter Anerkennung seiner grossen Verdienste um das Blaue Kreuz in Graubünden – zum Ehrenmitglied des Vorstandes ernannte. Cadonau hatte dem Vorstand insgesamt 31 Jahre angehört, 23 Jahre davon als dessen Präsident.

Zu erwähnen ist hier noch, dass sich Cadonau in seiner knapp eineinhalb Jahrzehnte währenden Tätigkeit in Seewis auch in wichtige Diskussionen der Bündner reformierten Landeskirche einschaltete. Ein auch in Graubünden besonders heiss diskutiertes Thema etwa in den sechziger Jahren war die Zulassung der Frauen zur Ordination und damit zum regulären Pfarramt. An der Synode der Bündner Kirche in Sent im Jahre 1963 (27. Juni bis 1. Juli) gab es dazu entsprechende Voten, eines davon auch von Peter Paul Cadonau, der sich nicht prinzipiell und kategorisch für oder gegen die Frauenordination aussprach, sondern den Versuch einer differenzierenden und vermittelnden Stellungnahme einbrachte.[159] So wollte er einerseits weder einer – wie er es nannte – «emanzipierten Gleichmacherei», die einer «moderne[n] Forderung der Welt» entspräche, das Wort reden,

159 Cadonaus Votum ist im Anhang abgedruckt.

und sich andererseits aber auch nicht abwenden von den für sich selbst als absolut verpflichtend erklärten biblischen Vorgaben, wie er sie verstand. Damit lehnte er eine generelle Zulassung der Frauen zu Ordination und Pfarramt ab. Seine vermittelnde Position sprach sich für eine Zulassung von Frauen zu Spezialpfarrämtern aus, zum Beispiel in der Seelsorge oder in der Betreuung von Gruppen, wofür die Frauen in seiner Perspektive spezielle Gaben und Fähigkeiten einzubringen hätten. Sein auf einen Kompromiss abzielendes Votum wird jedoch in Sent von den Synodalen mehrheitlich abgewiesen. Endgültig wurde dann die Zulassung von Frauen zu Ordination und Pfarramt in der Bündner reformierten Landeskirche bei der Synode zu Jenaz vom 25. bis 29. Juni 1964 beschlossen, keineswegs also im Sinne von Peter Paul Cadonau, denn eine uneingeschränkte Zulassung der Frauen lehnte er, wie wir gesehen haben, ab.

Die letzten Lebensjahre in Waltensburg 1968 bis 1972

Ab 1968 lebte Peter Paul Cadonau zusammen mit seiner Frau eher zurückgezogen in seinem Waltensburger Haus, welches vermutlich auch sein Eltern- und Geburtshaus war und das er weithin sichtbar mit einem für ihn

Abb. 42 Wohnhaus von Peter Paul Cadonau in Waltensburg, das er mit einem Sinnspruch und seinem Namenskürzel PPC versehen hat.

und sein Tun charakteristischen Sinnspruch versehen hatte. Er konzentrierte sein Handeln, neben der andauernden schriftstellerisch-publizistischen Tätigkeit, nun auf sein Heimatdorf Waltensburg.

Es finden sich im Nachlass aus diesen letzten Lebensjahren verschiedene Dokumente, die Hinweise geben auf sein sich nun in engerem Rahmen abspielendes Wirken. So liegt ein Vertrag zwischen ihm und der Pastoratsgemeinschaft Waltensburg-Schnaus vom 6. Mai 1970 vor, als dort eine Vakanz des Pfarramtes zu konstatieren war. Der fast achtzigjährige Peter Paul Cadonau verpflichtet sich mit diesem Vertrag, neben der seelsorgerlichen Tätigkeit in beiden Orten zweimal im Monat die Predigt zu übernehmen sowie für Beerdigungen und andere Kasualien zur Verfügung zu stehen bzw. – falls er verhindert sein sollte – sich um eine Vertretung zu kümmern – ein sicherlich nicht ganz gewöhnlicher Vorgang für einen emeritierten Pfarrer seines Alters!

Obwohl der Unterricht für die Konfirmanden und Präparanden laut Vertrag im Normalfall in Waltensburg von einem benachbarten Pfarrer bzw. in Schnaus von einem Lehrer übernommen werden sollte, scheint Peter Paul Cadonau zumindest vertretungsweise auch noch diese Tätigkeit übernommen zu haben – dies berichten zumindest Waltensburger Schüler und Konfirmanden dieser Jahre. Dass dies – wie wir es schon für seine Zeit in Trin konstatieren konnten – nicht immer ohne Disziplinprobleme über die Bühne ging bzw. überhaupt gehen konnte, auch dies lässt sich wohl ohne weiteres nachvollziehen. Cadonaus Seh- und Hörvermögen war überdies, wie wir wissen, in diesen Jahren in hohem Masse eingeschränkt.

Abb. 43 Der alte Peter Paul Cadonau mit Sehhilfe.

Neben solchem von unverändertem Tätigkeitsdrang zeugendem Engagement hat sich Peter Paul Cadonau in diesen Jahren aber doch auch mit seinem Lebensende beschäftigt, denn es liegen in seinem Nachlass in romanischer Sprache verfasste «notizi» für den Fall seines Todes vor, denen er eine «skizza da mia veta per mauns dil plevon» beifügte. Gleichfalls entworfen hat er eine Skizze der eigenen Todesanzeige – auf Deutsch wie auch auf Romanisch und unter Nennung der Kinderheimeinrichtung «Gott hilft» als Empfängerin von Geld- anstelle von Blumenspenden sowie der Bibelstelle Apg 4,12, unter die er die Anzeige gestellt wissen wollte – und verfügt, in welchen Zeitungen und Zeitschriften diese «Annunzia da mort» publiziert werden sollte. Ebenso macht er sich Gedanken darüber, wo er aufgebahrt werden soll, nämlich in seinem Arbeitszimmer, und wer aus dem Dorf Waltensburg seine Sargträger sein sollten. Und natürlich ordnet er auch seine finanziellen Verhältnisse und sorgt dafür, dass seine ihn überlebende Frau Zugriff auf seine Konten erhält.

Nach kurzer, schwerer Krankheit verstarb Peter Paul Cadonau im 82. Lebensjahr am 24. August 1972 im Spital in Ilanz. Unter grosser Anteilnahme der Waltensburger Bevölkerung wie auch vieler Auswärtiger, die ihn und sein theologisches und pfarramtliches Wirken in hohem Masse schätzten, wurde er am 27. August auf dem Waltensburger Friedhof beigesetzt.

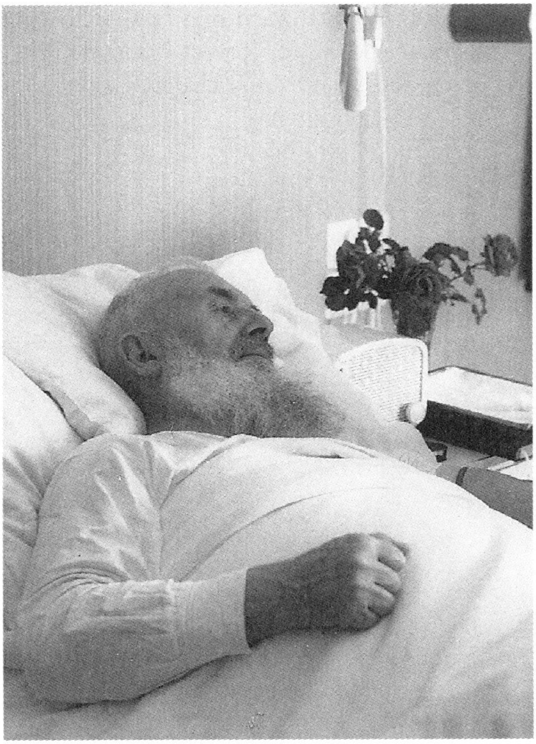

Abb. 44 Peter Paul Cadonau im Spital zu Ilanz, vermutlich das letzte Bild von ihm.

Es ist in keinem andern Heil
Ap. G. 4. 12

TODESANZEIGE

Allen Freunden und Bekannten geben wir bekannt, dass mein geliebter Gatte, unser guter Bruder und Onkel

Dr. h. c.
Peter Paul Cadonau-Cadonau
alt Pfarrer

heute nachmittag nach längerem Leiden im Spital Ilanz im Alter von 81 Jahren in unserem Herrn entschlafen ist.

Waltensburg/Vuorz, den 24. August 1972

Die trauernden Hinterbliebenen:

Anna Maria Cadonau-Cadonau, Gattin
Mengia Seeli-Cadonau und Familien, Schwester
Betti Cadonau-Cadonau und Familien, Schwester
Maria und Johann Gabriel-Cadonau und Familien, Schwester

Die Bestattung findet am Sonntag, den 27. August 1972 um 14.00 Uhr in Waltensburg/Vuorz statt.

Anstatt Blumenspenden gedenke man des Kinderheims «Gott hilft», Zizers, PC 70-4848, oder des Kantonalverbandes der Blaukreuzvereine Graubündens, PC 70-2561 Klosters.

Abb. 45 Todesanzeige.

Die Beerdigungsfeier gestaltete sein jüngerer Amtskollege Martin Caveng[160], der Sohn seines Freundes und Kollegen Theodor Caveng. Mit Peter Paul Cadonau verlor die Gemeinde Waltensburg einen Theologen, der über sie hinaus wirkte, einen authentischen «Verbi Divini Minister», einen Diener und Lehrer des Wortes Gottes im eigentlichen, emphatischen Sinne dieses Terminus, dem es darum gegangen war, sein ganzes Tun und Handeln eben im Dienste Gottes und seines Wortes zu sehen und zu verstehen. In diversen Zeitungen und Zeitschriften der Region erschienen Nekrologe und Würdigungen, die versuchten, Schlaglichter auf die Person des Verstorbenen sowie sein Wirken und seine Leistungen zu werfen.[161]

Seine Ehefrau Anna Maria Cadonau sollte ihren Mann um mehr als sieben Jahre überleben. Sie verbrachte ihre letzten Lebensjahre im Altersheim der Stiftung «Gott hilft» in Zizers, der sie sich, ebenso wie ihr Mann, auf das Engste verbunden fühlte. Sie starb neunzigjährig am 17. Dezem-

160 Die Beerdigungspredigt ist im Anhang abgedruckt.
161 Eine Auswahl ist im Anhang abgedruckt.

Abb. 46 Martin Caveng (1932–2015).

ber 1979 in Zizers und wurde wie ihr Gatte auf dem Friedhof in Waltensburg beerdigt.

Eckpunkte der Theologie Peter Paul Cadonaus

Im Anschluss an diese biografische Darstellung soll nun nachfolgend eine knappe Zusammenfassung der Theologie Cadonaus geboten werden.

Die Eckpunkte der Theologie Peter Paul Cadonaus lassen sich in seinen Schriften identifizieren. Zu berücksichtigen dabei ist, zu welcher Zeit seines Lebens diese theologischen Eckpunkte jeweils gehören. Wir haben bereits darauf hingewiesen, dass Cadonau eine fundamentale religiös-theologische Wende in seinem Leben durchgemacht hatte. Beeinflusst durch sein Studium in Zürich war er zu Beginn seiner pfarramtlichen Tätigkeit ein sehr konsequenter Anhänger der ethisch ausgerichteten, religiös-sozialen Theologie von Leonhard Ragaz, welcher die christliche Botschaft verstand als Auftrag zur Verbesserung der gesellschaftlichen Verhältnisse. Aus dieser frühen Zeit resultierte bei Cadonau sein soziales Engagement, das sich etwa in seinem Einsatz in der Abstinenzbewegung, in seinem politischen Engagement für einen christlich fundierten Pazifismus und Antimilitarismus und Ähnliches zeigte.[162] In späteren Jahren, beginnend schon in seiner ersten

162 Siehe hierzu die Studie von Jan-Andrea Bernhard in diesem Band.

Pfarramtszeit in Luven-Flond und Ardez-Ftan, endgültig aber dann in seiner Zeit in Thusis, wandte er sich der Wort-Gottes-Theologie von Karl Barth zu, die die biblische Schrift und den christlichen Glauben an Gottes Heilshandeln in Jesus Christus ins Zentrum der Theologie rückte. Das seinen weiteren Weg dann endgültig prägende Geschehnis war schliesslich das, was er als seine Wende erfahren sollte, das «Bekehrungs»-Erlebnis in seiner Zeit in Thusis, das eine Umwertung aller bisherigen Sichtweisen bei ihm bewirkte. Zug um Zug setzte er in der Folgezeit dieses religiöse Erlebnis dann auch in theologische Erkenntnisse und Positionen um.

Zu dieser Wende gehörte, dass sich Cadonau im Laufe der 1930er Jahre dem von Emil Rupflin ins Leben gerufenen, stark pietistisch inspirierten Werk «Gott hilft» zuwandte, das voll auf das dem Menschen zugesagte Wort Gottes vertraute. Seit der Zeit in Thusis standen das Wort Gottes, das dem Menschen insbesondere in der Predigt des biblischen Wortes verkündet wird, sowie das Gebet auf der Grundlage des biblischen Wortes im Zentrum seiner Theologie.

Begibt man sich auf die Suche nach einer Zusammenstellung der Eckpunkte seiner theologischen Konzeption der späteren Jahre, so bietet sich vielleicht am ehesten das 1963 im St. Galler Vadian-Verlag publizierte schmale, keine siebzig Seiten umfassende Bändchen unter dem Titel *Die Botschaft der Bibel. Eine Besinnung über wichtige biblische Wahrheiten*

Abb. 47 Umschlag des 1963 erschienenen Bändchens «Die Botschaft der Bibel».

an. Diese kleine Schrift, deren Titel Programm ist, wollen wir, neben dem Verweis auf das eine oder andere weitere schriftliche Zeugnis, vor allem der folgenden Zusammenfassung seiner theologischen Eckwerte zugrunde legen.

Zuerst sei hier das Inhaltsverzeichnis dieser Schrift geboten:[163]

Will man inhaltlich die Eckwerte dieser Theologie festmachen, so ist Folgendes zu sagen:

Cadonaus Theologie ist keine unikal-originäre Theologie, mit einem einzigartigen theologischen Zentrum, das eine solche Theologie dann von anderen theologischen Entwürfen unterscheiden würde, wie sie vielleicht in seiner Zeit von seinen Landsleuten Karl Barth oder Leonhard Ragaz entworfen worden ist. Diesen Anspruch erhebt Cadonau aber auch nicht für seine theologische Konzeption. Er entwirft kein theoretisch fundiertes oder gar abgehobenes systematisch-theologisches Lehrgebäude, das die traditionellen theologischen Topoi miteinander in Beziehung setzen, sie vielleicht miteinander in originell-originärer Weise verknüpfen würde. Was Cadonau bietet, dies ist eher eine fast schon naiv anmutende narrative Theologie, die sich einerseits prinzipiell an Barths Wort-Gottes-Theologie anlehnt und die zum anderen auf die heilsgeschichtlichen Stationen rekurriert, wie sie die biblischen Erzählungen bieten. Er verbleibt also auch hier ganz schlicht beim «verbum divinum», beim «Wort Gottes», und sieht sich selbst als «verbi divini minister».

Cadonaus Theologie ist so zuallererst Schrifttheologie, reformatorische Schrifttheologie, wie sie von den Reformatoren der ersten Generation, also von Luther, Zwingli, Calvin und anderen, entwickelt worden ist, in deren Zentrum das vierfache «sola» bzw. «solus» steht: das Prinzip des

163 Cadonau 1963.

«sola scriptura» – im inhaltlichen Konnex mit den drei anderen Essentials reformatorischer Theologie: solus Christus, sola gratia, sola fide. Dies steht eben auch im Zentrum von Cadonaus Theologie, und das vielleicht in nochmals potenziertem Sinne: Er war seit seinem Erweckungserlebnis in Thusis auf das biblische Wort als Gottes Wort geradezu fixiert, verstand sich eben als Diener dieses Wortes Gottes. In diesem Wort der Heiligen Schrift – wobei in der reformierten Theologie stärker als in der lutherischen das Alte Testament gleichwertig und gleichgewichtig neben dem Neuen Testament steht – ist für ihn alles enthalten, was der Mensch für sein Heil benötigt.

Und dies gilt nicht nur für eine aus der konkreten Heiligen Schrift gewonnene inhaltliche Botschaft, das *«Euangelion»*, die frohe Botschaft vom Kommen des Gottessohnes zur Errettung des Menschen, sondern es trifft ganz konkret auf jedes einzelne Wort der Schrift zu. Dies macht dann eben auch ein ganzes Stück weit den biblischen Fundamentalismus eines Peter Paul Cadonau aus, wenn jedes Wort der Schrift zu Gottes Wort im eigentlichen Sinne avanciert, gleichsam als verbalinspirierte Botschaft verstanden wird. Jede menschliche Eventualität wird dann unter dem Licht des wortwörtlich verstandenen Gotteswortes interpretiert, die menschliche Existenz theologisch gedeutet im Aufgreifen von biblischen Zitaten. Die biblische Schrift wird so zu einer Art «biblischem Steinbruch», aus dem ein theologisches Gebäude gefertigt wird, das den Rezipienten streckenweise dann wohl auch etwas unbefriedigt zurücklässt.

Schon im Vorwort zu dieser Schrift beruft sich Cadonau auf die theologische Tradition, in der er sich selbst verortet:

> «Mögen diese [sc. Darlegungen] auch durch persönliche oder traditionelle Schranken bestimmt sein, so darf doch gesagt werden, dass sie weitgehend der herkömmlichen und in unserem evangelischen Volk noch verwurzelten Auffassung entsprechen. Ja, es darf gesagt werden, dass diese jener Auffassung des christlichen Glaubens entsprechen, für die bis heute in der evangelischen Kirche gekämpft und gelitten wurde, aus der man je und je aber auch Kraft und Leben empfangen hat.»[164]

Die Autorität der Schrift steht für ihn über allem, sie ist das «Wort Gottes», das von Gott auch für den heutigen Menschen gesprochen wird – was, nach Cadonau, den Stellenwert der Bibelwissenschaft ein ganzes Stück weit relativiert:

> «Durch die Wissenschaft der Bibelkunde wurde die Entstehung der Bibel sehr gründlich erforscht, wobei allerlei interessante Feststellungen gemacht wurden, z.B. über die verschiedenen Quellen, aus denen die Bücher Moses

164 Ebd., S. 7.

zusammengestellt wurden, oder auch über das gegenseitige Verhältnis der Evangelien. Es ist eben so, dass diese Bücher von Menschen geschrieben wurden, bei denen allerlei Unwissenheit und Irrtum vorkommt. Umso grösser ist dabei das Wunder, dass Gottes Geist diese Schriften in seinen Dienst genommen hat, dass er sie erfüllt und ausgewählt hat, dass sie heute in ihrem ganzen Umfang eine heilige Schrift bilden, zu der sich Gott immer wieder als zu seinem Wort bekennt. ‹Denn alle Schrift, von Gott eingegeben, ist nütze zur Lehre, zur Strafe, zur Besserung, zur Tüchtigung in der Gerechtigkeit, dass ein Mensch Gottes sei vollkommen, zu allem guten Werk geschickt› (2. Tim. 3, 16.17). Man kann von dieser Schrift nicht nur sagen, dass sie Gottes Wort enthalte, wobei wir dann daraus auszuwählen hätten, sondern sie ist wirklich Gottes Wort, zu dem er steht.»[165]

Auf diesem biblisch-theologischen Fundament entwickelt Peter Paul Cadonau nun seine eigene Theologie in einer Art heilsgeschichtlichem Entwurf, indem er gleichsam theologisch naiv die biblischen Erzählungen nacherzählt. Gut reformiert, geht er dabei von der Heiligkeit Gottes aus, der aufseiten des Menschen der Glaube korrespondiert. Neben der Heiligkeit Gottes ist natürlich auch sein Schöpfertum theologisch zentral: Gott hat mit der Schöpfung von Welt und Mensch einen guten Anfang aller Dinge geschaffen:

> «Dass Gott in seiner Schöpfung alles sehr gut gemacht hatte, zeigt uns die Bibel mit der Erzählung vom Paradies, da die ersten Menschen im Garten Eden lebten in vollem Frieden mit allen andern Geschöpfen, indem sie vom Bösen noch nichts wussten und der Herr jeden Tag zu ihnen kam und mit ihnen redete. Es ist das Bild der Freude und des Friedens, wie es seither als verborgene Sehnsucht in den Herzen der Menschen lebt.»[166]

An den weiteren heilsgeschichtlichen Stationen orientiert sich der Fortgang der Geschichte Gottes mit dem Menschen. Der ideale Zustand, in dem sich die Schöpfung ursprünglich befand, wird empfindlich gestört durch das Auftauchen der Sünde:

> «Jener paradiesische Zustand nahm aber ein schnelles Ende. Gott hatte den Menschen die Herrschaft über seine Geschöpfe anvertraut. Dazu gehörte es auch, dass er ihnen vermehrte Gaben schenkte und ihnen einen freien Willen gab, mit dem sie selber entscheiden könnten. Sie durften von allen Früchten des Gartens geniessen, nur die Früchte des einen Baumes, des Baumes der Erkenntnis des Guten und des Bösen, waren ihnen verboten. Da geschah es, dass sie durch innere Lust und äussere Versuchungen verleitet wurden, von der verbotenen Frucht zu essen. Die Folge war, dass sie aus dem Garten

165 Ebd., S. 18.
166 Ebd., S. 24.

Eden vertrieben wurden und mit ihnen auch die andern Geschöpfe das friedliche Zusammenleben verloren (1. Mose 3).»[167]

Cadonau hat damit ein weiteres zentrales Element seiner Theologie angesprochen: die Sünde. Diese exponierte Gewichtung verbindet sie mit den pietistischen Entwürfen von Spener, Francke oder des erweckungsbewegten Blumhardt und auch mit den evangelikalen Bewegungen der Gegenwart:

> «Damit war die Sünde in die Welt eingetreten. Was in dieser Geschichte von der ersten Sünde und dem Sündenfall angedeutet ist, wiederholt sich immer wieder im Leben der Menschen. Die Sünde hat über sie Macht gewonnen, so dass David bekennen kann: ‹Ich bin in sündlichem Wesen geboren, und meine Mutter hat mich in Sünden empfangen› (Psalm 51, 7). Es ist eine durchaus zutreffende Klage, die in der Bibel immer wieder ausgesprochen wird, dass der Mensch von Natur unfähig ist zum Guten und dem Gesetz der Sünde unterworfen. So hiess es schon bei Noah: ‹Das Dichten des menschlichen Herzens ist böse von Jugend auf› (1. Mose 8, 21). Und Jesus sagt sogar von seinen Jüngern: ‹Der Geist ist willig, aber das Fleisch ist schwach› (Matth. 26, 41). In erschütternder Weise beschreibt Paulus den Kampf des Menschen, und zwar auch eines erlösten Menschen, gegen den Willen zum Bösen. ‹Ich weiss, dass in mir, das ist in meinem Fleisch, wohnt nichts Gutes. Wollen habe ich wohl, aber vollbringen des Guten finde ich nicht. Denn das Gute, das ich will, tue ich nicht, sondern das Böse, das ich nicht will, das tue ich› (Röm. 7, 18.19).»[168]

Im Abschnitt «Mächte und Gewalten» schildert Cadonau sehr drastisch und eindrücklich, wie bestimmend die Macht der Sünde über den heutigen Menschen ist und wie unmöglich es für diesen ist, sich alleine aus dieser Macht der Sünde zu erretten und zu erlösen. In dieser Schilderung der Macht der Sünde steckt natürlich auch ein ganz gerüttelt Mass an Zeitkritik und ein Hinterfragen der gesellschaftlichen Verhältnisse seiner Zeit und Welt, auch wenn es ihm darum nicht in erster Linie zu tun ist.

> «[...] kommt es, dass wir als schwache Menschen nicht nur gelegentlich der Sünde erliegen, sondern dass wir von ihr beherrscht werden. ‹Es herrschen wohl andere Herren über uns denn du› (Jes. 26, 13). Am deutlichsten wird das bei Lastern und Leidenschaften, wie bei Trinkern, Kettenrauchern und Pillensüchtigen, und nicht in geringem Masse bei der heute besonders starken Herrschaft der Sexualität über die Menschen. Da gibt es immer wieder solche, die gerne anders wären, und doch sind sie wie mit eisernen Ketten an das Böse gebunden. Nicht besser steht es bei denen, die vom Geldgeist beherrscht sind, wenn auch ihre Untugend öffentlich anerkannt und belo-

167 Ebd.

168 Ebd., S. 24 f.

bigt wird. Es ist doch so, dass ‹der Geiz die Wurzel alles Übels ist› (1. Tim. 6, 10).»[169] Und: «Der aufrichtige und ernste Mensch empfindet diese Not, und er macht die grössten Anstrengungen, um sich davon zu befreien; denn es fehlt ihm nicht an Erkenntnis dessen, was er sein sollte. Es will ihm aber nicht gelingen, sich und andere aus dieser Not zu befreien [...] Die ganze Bibel ist erfüllt von dem Bestreben, durch das Gesetz Gottes die Menschen zu erlösen und zu Gott zu führen; und doch sind die Einzelnen wie das ganze Volk immer wieder von Gott abgewichen und ihre eigenen Wege gegangen. Wir hören, wie die Apostel Jesu diese Tatsache in aller Nüchternheit feststellen; so Petrus, wenn er in der Versammlung der Apostel es ausgesprochen hat: ‹Man soll das alte Gesetz nicht den neu gewonnenen Christen auferlegen, welches weder unsere Väter noch wir haben tragen können› (Apg. 15, 10). ‹Wir wissen, dass der Mensch durch des Gesetzes Werke nicht gerecht wird› (Röm. 3, 28). Was hier vom israelitischen Gesetz gesagt wird, das gilt auch von jedem andern und z.B. auch von unsern moralischen Gesetzen. Sie dienen dazu, uns den Weg der Pflicht zu zeigen, aber die Kraft, es auszuführen, muss von anderer Seite kommen. So möchten wir ausrufen mit Paulus: ‹Ich elender Mensch, wer wird mich erlösen von dem Leibe dieses Todes?› (Röm. 7, 24).»[170]

Diese so drastisch geschilderte überproportionale Macht der Sünde, der die Ohnmacht des Menschen korrespondiert, von sich aus und alleine damit zurechtzukommen, macht nun ein anderes Element in dieser Theologie zwingend notwendig. Denn wenn der Mensch alleine auf sich gestellt in der Auseinandersetzung mit der Sünde hoffnungslos zu unterliegen droht, so muss Hilfe von aussen kommen, und zwar eine Hilfe, die stärker ist als die Sünde, die imstande ist, diese Sünde zu überwinden. Dies ist der heilsgeschichtliche Moment, in dem Jesus Christus, der den Menschen von Gott gesandte Retter, ins Spiel kommt. Je drastischer zuvor die Sünde und das Unvermögen des Menschen im Umgang mit der Sünde geschildert und ausgemalt wurden, desto grösser ist dann eben auch die Erlösungs- und Heilstat, die der liebende und gnädige Gott durch Christus am Menschen vollbringt.

Deshalb kann Cadonau formulieren: «Jesus ist gekommen»[171] und «Jesus ist Sieger»[172], sich berufend auf die Worte und die Taten Jesu Christi, wie sie in der Heiligen Schrift belegt sind, in deren Zentrum das «Wort vom Kreuz»[173] steht.

169 Ebd., S. 31f.
170 Ebd., S. 25f.
171 Vgl. ebd., S. 26–28.
172 Vgl. ebd., S. 34–36.
173 Vgl. ebd., S. 28–31.

> «Wie Jesus als Sohn Gottes diese Rettung aus Sündennot und Sündenschuld vollzieht, das ist ebenso ein Geheimnis wie seine Geburt. Wir können nur sagen, dass es uns im Gotteswort mit aller Klarheit bezeugt ist. Man kann davon nur in Gleichnissen reden und so versuchen, uns den Vorgang einigermassen nahe zu bringen.»[174]

Der stellvertretende Sühnetod Jesu, der die Sünden der Menschen auf sich genommen hat, ist *die* zentrale Heilstat. In dem, was die Schrift dazu bietet, «kommt [...] zum Ausdruck, dass der Tod Jesu am Kreuz uns den Weg zeigt aus der Verlorenheit der Sünde zu neuem Leben in Gott»[175]. Und:

> «Man kann es nicht verstehen, man mag es gar als Torheit verschreien, so bleibt es doch bestehen: ‹Das Wort vom Kreuz ist eine Torheit denen, die verloren werden, uns aber, die wir selig werden, ist es eine Gotteskraft› (1. Kor. 1, 18).»[176]

Immer wieder neu formuliert und variiert Cadonau in seiner Schrift *Die Botschaft der Bibel* diese zentrale religiös-theologische Aussage:

> Die «Rettung geschieht [...] durch Jesus, durch das Kreuz, die Gottesmacht zu unserer Rettung, oder auch durch den Namen Jesu nach dem Wort: ‹Es ist in keinem andern das Heil (die Rettung) und ist kein anderer Name den Menschen gegeben, durch den sie sollen gerettet werden als der Name Jesu› (Apg. 4, 12)». Und: «Wir haben aber einen, der den Kampf [sc. gegen die Sünde] für uns führt. ‹Dazu ist erschienen der Sohn Gottes, dass er die Werke des Teufels zerstöre› (1. Joh. 3, 8).»[177]

Dieses für ihn zentrale religiös-theologische Bekenntnis ist etwa auch das Leitmotiv des 1965 im Blaukreuz-Verlag Bern veröffentlichten Bändchens *Begegnungen mit Jesus. Betrachtungen zu biblischen Begebenheiten,* das vermutlich eine überarbeitete Zusammenstellung von biblischen Meditationen ist, wie er sie in Seewis und andernorts in den Jahren seines Wirkens in der Stiftung «Gott hilft» gehalten hat.

Von diesem Zentrum seiner Theologie her ergeben sich dann wie von selbst alle anderen theologischen Parameter, es ist gleichsam das Zeichen vor der Klammer, das den Status aller übrigen theologischen Aussagen definiert.

Was der Mensch nun aufgrund dieser zentralen religiös-theologischen Zusammenhänge zu leisten hat, dies ist die Erkenntnis seiner Sünde und daraus folgend Busse und Umkehr:

---

174 Ebd., S. 29.
175 Ebd., S. 30f.
176 Ebd., S. 31.
177 Ebd., S. 35.

Abb. 48 Umschlag des 1965 erschienenen Bändchens «Begegnungen mit Jesus. Betrachtungen zu biblischen Begebenheiten».

> «Um Vergebung zu finden, braucht es von der Seite des Menschen eine echte Busse. Diese besteht zunächst darin, dass der Mensch seine Sünde erkennt. Darüber hören wir im [...] Psalm Davids: ‹Ich erkenne meine Missetat, und meine Sünde ist immer vor mir›. Die Gefahr bestand bei David [...] – und sie besteht auch immer bei uns – dass man den Ernst der Sünde nicht erkennt und sich durch allerlei Gründe entschuldigen will. Wenn man einem Menschen in dieser Lage helfen will, ist es nicht damit getan, dass man seine Sünde verkleinert oder sie ihm ausredet. Selbst wenn man dabei seine Verzweiflung noch verstärkt, ist das heilsam; er soll eben in seinem eigenen Geist zerbrochen werden.»[178]

Von diesen hier namhaft gemachten und für ihn unerschütterlich feststehenden theologischen Prämissen beleuchtet er dann auch alle weiteren theologisch wichtigen Topoi, so etwa die sich daraus ergebende christliche Ethik,[179]

178 Ebd., S. 37.

179 Vgl. ebd., die Abschnitte «Der Wandel im Licht», S. 42–44, «Dienet dem Herrn mit Freuden!», S. 44–46, und «In der Nachfolge Jesu», S. 49–51.

Tod und Auferstehung,[180] Kirche,[181] Taufe und Abendmahl,[182] die Lehre vom Heiligen Geist[183] und die Eschatologie[184].

Publikationen von Peter Paul Cadonau

Historias biblicas per famiglias e scolas evangelicas della Surselva (zusammen mit Conradin Bonorand, Christian Candrian und Theodor Cavegn), Samaden und St. Murezi 1919.

Jugend und Alkoholismus, in: C. Jecklin (Hg.), Verhandlungen des ersten bündnerischen Jugendfürsorgekurses, Chur 1922, S. 237–261.

Meditaziuns sur eveniments dil temps, in: Calender Per mintga gi 5 (1926), S. 17–20.

La mort ded Ulrich Zwingli ils 31 d'october 1531, in: Calender Per mintga gi 10 (1931), S. 29–32.

Aurelius Augustinus, in bab della baselgia (354 entochen 430), in: Calender Per mintga gi 11 (1932), S. 74–80.

Aurelius Augustin, ün bap de la baselgia (354–430), in: Chalender ladin, 1932, S. 86–89.

Pertgei? [u. a.], in: Fundaziun Anton Cadonau (Hg.), Meditaziuns biblicas offeridas al pievel rumontsch reformau dalla Fundaziun Anton Cadonau per cultivar il rumontsch sursilvan ella baselgia evangelica dellas valladas renanas, Tusaun 1933, S. 61–64.

Davart il risvegl religius, in: Calender Per mintga gi 17 (1938), S. 73–79.

Die heutige Lage und Aufgabe unserer Kirche. Bericht über den sittlich-religiösen Zustand der evangelischen Gemeinden des Kantons Graubünden. Erstattet an der Synode zu Guarda 1938 durch Pfarrer Peter Paul Cadonau in Thusis, Chur 1938a.

Cardientscha viva. Priedi, salvaus ils 27 de fevrer 1938, in: Calender Per mintga gi 18 (1939), S. 105–111.

Evangeli de Mattheus. Versiun en rumontsch de Surselva, Zürich 1939.

Bibla illustrada per affons rumontschs. Il vegl Testament, Zürich 1939.

Bibla illustrada per infants rumantschs. Il nuov Testament, Zürich 1939.

Uraziuns per la casa romontscha, Turitg 1945.

La baselgia e sia muntada, in: Calender Per mintga gi 24 (1945), S. 33–38.

Il cudesch de canzuns choralas e ses antecessurs, in: Calender Per mintga gi 26 (1947), S. 33–42.

Luzi Gabriels Übersetzung des Neuen Testaments, in: Bündner Jahrbuch 4 (1948a), S. 85–92.

---

180 Vgl. ebd., S. 49–51.

181 Vgl. ebd., S. 54–57.

182 Vgl. ebd., S. 57–60.

183 Vgl. ebd., S. 52–54.

184 Vgl. ebd., die Abschnitte «Dein Reich komme!», S. 60–62, «Israel und das kommende Reich», S. 62–64, und «Lebendige Hoffnung», S. 65–67.

Decan Luci Gabriel e sia versiun dil Niev Testament dils 1648, in: Calender Per mintga gi 27 (1948), S. 29–37.
Davart il romper la lètg, in: Meditaziuns sur Ils diesch cumondaments ed Il Babnos, hg. von Colloqui Sur igl Uaul, Chur 1949, S. 21–24.
De tgi ei il reginavel?, in: Meditaziuns sur Ils diesch cumondaments ed Il Babnos, hg. vom Colloqui Sur igl Uaul, Chur 1949, S. 67–69.
Il student falliu. Raquintaziun, in: Calender Per mintga gi 30 (1951), S. 68–89.
In pievel vegl creescha in niev stadi, in: Calender Per mintga gi 30 (1951), S. 90–93.
Aua de fontauna. Reminiscenzas davart il niev provediment ded aua a Vuorz 1902, in: Calender Per mintga gi 31 (1952), S. 40–44.
Aua viva. Poesia, in: Calender Per mintga gi 31 (1952), S. 44.
Sche jeu havess buca carezia. Raquintaziun, in: Calender Per mintga gi 31 (1952), S. 59–68.
Mo ina causa fa basegns. Poesia, in: Calender Per mintga gi 31 (1952), S. 68.
Il meglier vin. Poesia, in: Calender Per mintga gi 31 (1952), S. 87.
La gronda fessa. Raquintaziun, in: Calender Per mintga gi 32 (1953), S. 65–76.
Il Niev Testament. Ils Psalms. Nova versiun sursilvana (zusammen mit Hercli Bertogg), Chur 1954.
Il derschader. Raquintaziun, in: Calender Per mintga gi 33 (1954), S. 75–88.
Gebete für die christliche Familie, Bern 1955.
Co igl ei vegniu tier la nova versiun dil Niev Testament e dils Psalms, in: Calender Per mintga gi 34 (1955), S. 33–36.
Fida e Claudia. Historia d'ina lètg en brevs, in: Calender Per mintga gi 35 (1956), S. 43–55.
La Sontga Tscheina en mia veta e miu survetsch, in: Calender Per mintga gi 36 (1957), S. 38–41.
Das Evangelium als Ruf zur Entscheidung (Badener Konferenz; 99), Basel 1958.
Il profet Jeremias, in: Calender Per mintga gi 37 (1958), S. 30–39.
Il secund profet Jesajas, in: Calender Per mintga gi 38 (1959), S. 33–39.
Dr. theol. et phil. Hercli Bertogg (Nachruf), in: Annalas 72 (1959), S. 104–107.
Ils treis sabis. Ina legenda, in: Calender Per mintga gi 39 (1960), S. 72–75.
Die Botschaft der Bibel. Eine Besinnung über wichtige biblische Wahrheiten, St. Gallen 1963.
Begegnungen mit Jesus. Betrachtungen zu biblischen Begebenheiten, Bern 1965.
Il Vegl Testament, I: Cudischs Historics (parts eligidas). Nova versiun sursilvana. Redacziun finala: M. Fontana, Chur 1967.
Emil Rupflin (Nachruf), in: Bündner Jahrbuch 10 (1968), S. 158–159.

Erstpublikation im vorliegenden Band
Die drei dramatischen Werke von Peter Paul Cadonau, *La sontgetta dil vitg*, *Nabot e sia vegna* und *Aua viva*, sind neuerdings bzw. erstmals publiziert im Anhang dieses Bandes.

Nachlassmaterialien

Wichtige Quellen des voranstehenden Beitrags wie auch des Anhangs waren die Nachlassmaterialien Peter Paul Cadonaus, die sich im Besitz von Annalisa Bischoff-Pfister und Martin Pfister befinden (vgl. S. 11 f). Auf diese Materialien wird am jeweiligen Ort mit «Nachlass» bzw. «Nachlass Cadonau» verwiesen.

Literatur

Bertogg, Hercli, Pleivs e baselgias en valladas renanas, Chur 1982.

Bundi, Martin, Stephan Gabriel. Ein markanter Bündner Prädikant in der Zeit der Gegenreformation. Ein Beitrag zur politischen und Geistesgeschichte Graubündens im 17. Jahrhundert, Dissertation Universität Zürich, Chur 1964.

Bundi, Martin, Art. Gabriel, Luzi, in: Historisches Lexikon der Schweiz. www.hls-dhs-dss.ch/textes/d/D10618.php, 11.5.2005 (abgerufen am 12.3.2018).

Bundi, Martin, Art. Rupflin, Emil, in: Historisches Lexikon der Schweiz, www.hls-dhs-dss.ch/textes/d/D42435.php, 5.1.2012 (abgerufen am 13.2.2016).

Collenberg, Adolf, Art. Bertogg, Hercli, in: Lexicon istoric retic, www.e-lir.ch/index.php?id=332 (abgerufen am 12.3.2018).

Emil Rupflin – Ein Leben in Christi Auftrag. Nach seinen Tagebüchern aufgezeichnet von Hans Brandenburg, Basel und Giessen 1974 (^{2}1975).

Fontana, Gian, Ovras. Ediziun cumpleta, emprem cudisch: Novellas; secund cudisch: Poesias, Drama, Novellas, Skizzas; tierz cudisch: Affonza, Chur 1971.

Gross, Manfred, Art. Cadonau, Pieder Paul, in: Lexicon istoric retic, Bd. 1, S. 129.

Ina cronica dalla Renania per siu giubileum da 75 onns 1922–1997, Chur 1997.

Lippy, Charles H., Art. Gemeinschaftsbewegung, in: RGG^{4}, Bd. 3 (2000), Sp. 645–652.

Luchsinger, Christine, «Niemandskinder». Erziehung in den Heimen der Stiftung *Gott hilft* 1916–2016 (Quellen und Forschungen zur Bündner Geschichte; Bd. 33), Chur 2016.

Pfister, Ulrich, Konfessionskirchen, Glaubenspraxis und Konflikt in Graubünden, 16.–18. Jahrhundert (Religion und Politik; Bd. 1), Würzburg 2012.

Rupflin, Emil, In der Erziehungsschule unseres Gottes, 5., erweiterte Auflage, Zizers 1943.

Rupp, Horst F., Peter Paul Cadonau: In plevon grischun en «survetsch dil Segner», in: Calender Per mintga gi 96 (2017), S. 110–121 (Rupp 2017a).

Rupp, Horst F., (Rezension) «Christine Luchsinger: «Niemandskinder». Erziehung in den Heimen der Stiftung Gott hilft 1916–2016», in: Bündner Monatsblatt 2/2017, S. 239–244 (Rupp 2017b).

Seeli, Arno, Waltensburg/Vuorz, Pratval 2004.

Seidel, J. Jürgen, Die Anfänge des Pietismus in Graubünden, Zürich 2001.

Spinney, Laura, 1918 – Die Welt im Fieber. Wie die Spanische Grippe die Gesellschaft veränderte, München 2018.

Vater Rupflin erzählt wie Gott hilft. Bilder aus dem Werden und Wachsen eines evangelischen Glaubenswerkes, Seewis und Bern 1955.

Walther, Lucia, Art. Gabriel, Stefan, in: Historisches Lexikon der Schweiz, www.hls-dhs-dss.ch/textes/d/D9108.php, 1.6.2012 (abgerufen am 12.3.2018).

Wittwer, Fritz, Was geschieht im Ebenen Grund? Eine Bergbauerngeschichte, Bern und Seewis 1968.

Zindel, Heinz, Gott hilft – Eine gelebte Vision, Seewis GR 2000.

«Redactur per forza»: Peter Paul Cadonau, die Renania und *La Casa Paterna*

Manfred Veraguth

Peter Paul Cadonau gehört zu den 40 Persönlichkeiten, die die Renania für ihren Einsatz zugunsten der romanischen Sprache und Kultur in der Jubiläumsbroschüre von 1997 speziell erwähnte und ehrte.[1] Dies kommt nicht von ungefähr, hat doch ser Paul sich vor allem im ersten Jahrzehnt dieser Organisation einen Namen als Förderer der romanischen Sprachgemeinschaft Graubündens gemacht. Die Mitglieder der Renania waren von Anfang an wichtig für diese romanische Bewegung, gerade die Schamser waren wegweisend für die Gründung und Entwicklung der Lia Rumantscha, standen doch die ersten 43 Jahre, von 1919 bis 1962, die Renanians Giachen Conrad und Steafan Loringett der romanischen Dachorganisation vor.[2] Man darf ohne weiteres behaupten, dass die Renania für die romanische Sprachbewegung mehr als bloss ihre kleinste Gruppierung war, denn ihre Repräsentanten waren prägend. Einer von ihnen war Peter Paul Cadonau, der vor allem als Initiant einer reformierten romanischen Zeitung und als erster Redaktor dieser Publikation in den 1920er Jahren für die Renania wertvolle Arbeit geleistet hat. Um die Rolle von Peter Paul Cadonau für die romanische Sprachbewegung verstehen und bewerten zu können, muss man sich zunächst mit den Anfängen der Renania vertraut machen.

Die Renania wurde im Dezember 1921 gegründet und ging aus der Fusion der Uniun Rumàntscha da Schons mit der Renania Romontscha hervor.[3] Die Hintergründe, die zur Bildung dieser beiden Sprachorganisationen führten, sollen hier erläutert werden. Zeitgleich wird Peter Paul Cadonaus Wirken und Schaffen in Zusammenhang mit der romanischen Sprachbewegung und der romanischen Zeitung *La Casa Paterna* ersichtlich und ergründet.

1 40 persunalitads dalla Renania, in: Renania (Hg.), Ina cronica dalla Renania per siu giubileum da 75 onns 1922–1997, Cuera 1997, S. 55–60, hier S. 56.

2 Cathomas, Bernhard, A l'entschatta era l'Uniun Rumantscha da Schons, in: Renania, cronica, 1997, S. 68–69, hier S. 68.

3 Janki, Peter, Activitads avon la fundaziun dalla Renania, in: Renania, cronica, 1997, S. 7–8.

Die Uniun Rumàntscha da Schons

Die Gründung der Uniun Rumàntscha da Schons ist als Reaktion auf den starken Rückgang des romanischen Idioms Sutsilvan um 1900 zu verstehen. Wie allgemein in Romanischbünden lässt sich auch in der Sutselva, die aus dem Domleschg, dem Heinzenberg und dem Schamsertal (romanisch Schons) gebildet wird, gegen Ende des 19. Jahrhunderts eine Bewegung zugunsten der romanischen Sprache erkennen.[4] Grund für diese Bewegung war nicht zuletzt die Verdrängung des Romanischen aus Schule und Kirche während der zweiten Hälfte des 19. Jahrhunderts.[5] Tumasch Dolf (1889–1963), einer der Initianten der Uniun Rumàntscha da Schons, beschreibt in seinem Rückblick aus dem Jahre 1937 für das Protokollbuch der Renania eindrücklich die Ausgangslage: «Dapi ils 1890 fa igl inspector de scola tut il pusseivel de ragischar ora il lungatg dils de Schons.»[6] Die endgültige Ausrottung des Schamserromanischen gelang nicht, auch wenn die Sprache und überhaupt die Schamser Kultur im 19. Jahrhundert stark zurückgedrängt wurden. Um 1900 gab es allerdings eine starke romanische Bewegung im ganzen Kanton Graubünden, welche die Spracherhaltung und -förderung zum Ziel hatte und sich gegen die Germanisierung der romanischen Dörfer wehrte: 1885 wurde die Societad Retorumantscha gegründet,[7] 1896 formierten Studenten in der katholischen Surselva die Romania,[8] im Engadin bildete sich 1904 die Uniun dals Grischs.[9] Die Schamser wurden von diesem neuen Schwung an der Kantonsschule in Chur erfasst, wo sie sich von Professor Gion Cahannes (1872–1947) für ihre Muttersprache begeistern liessen.[10] Nicht zuletzt die Sammlung von Caspar Decurtins (1855–1916) für die Rätoromanische Chrestomathie[11] ab 1896 rief die Zeugen romanischer Kultur aus dem Schams wieder in Erinnerung, und es fanden Volkslieder, Sagen, Kinder-

4 Deplazes, Gion, Art. Renaschientscha Retorumantscha, in: Lexicon istoric retic (LIR), Bd. 2, S. 244–245. Vgl. dazu kritisch zum Begriff der «Renaissance» Valär, Rico Franc, Weder Italiener noch Deutsche! Die rätoromanische Heimatbewegung 1863–1938, Baden 2013, S. 14–26.

5 Bundi, Martin, Tgei ei la Renania?, in: Calender Per mintga gi 1967, Cuera 1966, S. 29–31, hier S. 29.

6 Übers.: «Seit 1890 versucht der Schulinspektor alles Mögliche, um die Sprache der Schamser auszurotten.» (Alle Übersetzungen von M. V.) Staatsarchiv Graubünden (StAGR), A Sp III/14 n, Archiv dalla Renania, Nr. 1.1–1.5, Protocols 1931–1976, 1.1, Protocol della Renania 2.6.1931–4.6.1949, S. 22. Tumasch Dolfs Erinnerungen tragen den Titel «Notizias ord il moviment pil romontsch en Schons».

7 Giger, Felix, Art. Societad Retorumantscha, in: LIR, Bd. 2, S. 375.

8 Gross, Manfred, Art. Romania, in: LIR, Bd. 2, S. 264.

9 Gregori, Gian Peder, Art. Uniun dals Grischs (UdG), in: LIR, Bd. 2, S. 503.

10 Michael, Jacob, L'Uniun rumàntscha da Schons vean fundada, in: Calender Per mintga gi 1971, Cuera 1970, S. 104–109, hier S. 105.

11 Collenberg, Adolf, Art. Crestomazia retorumantscha, in: LIR, Bd. 1, S. 224.

reime oder Bauernregeln den Weg in die grösste Sammlung von romanischen Texten. An vorderster Front beim Sammeln der alten Dokumente und Berichte waren Tumasch Dolf und Steafan Loringett (1891–1970), welche durch diese Arbeit eine starke Bindung zu ihrer Muttersprache erhielten. Sie waren erstaunt darüber, dass ihre Vorfahren «vevan relaschau ina tal'ierta, eran tals carstgauns d'orginalitad, che havevan zatgei agien, in agen partertgar, in'atgna olma schi profunda, in'atgna maniera de s'exprimer!»[12]. Diese Eigenheiten haben Eindruck gemacht und Kraft gegeben.

1914 referierte Tumasch Dolf in Andeer über die romanische Sprache und ihre Literatur. Daraufhin wird im Frühling 1914 eine Volksversammlung abgehalten, um zu diskutieren, wie man das Sutsilvan fördern könne. Mehr als 50 Personen versammeln sich, Steafan Loringett überzeugt mit einem Vortrag über die Geschichte des Romanischen und die Mittel, um diese Sprache zu erhalten.[13] Aus dieser Versammlung geht eine Kommission hervor, die zur Aufgabe hat, eine «Uniun Rumàntscha da Schons» zu gründen. Am 7. Januar 1917 genehmigt die Generalversammlung die Statuten, der Verein ist damit gegründet. Der neue Verein will «mantener e cultivar la nazionalitad, il lungatg ed il spirt dil pievel romontsch en patria ed egl iester»[14]. Um diese Ziele erreichen zu können, soll mindestens alle zwei Jahre ein Volksfest abgehalten werden, dazu soll jährlich romanische Lektüre für die Bevölkerung in Form eines Blattes oder eines Kalenders publiziert werden. Tumasch Dolf als Präsident sowie Steafan Loringett, Giachen Manni, Giachen Gondini Fravi und Abraham Conrad bilden den Vorstand des neuen Vereins. Es mag erstaunen, dass hier eine kleine Gruppe von Überzeugten eine Sprachbewegung in Gang setzen konnte, die für den Erhalt des Schamserromanisch überlebenswichtig war. Doch prägten Mitglieder genau dieser Gruppe auch die kantonale Sprachbewegung nachhaltig.

Die Renania Romontscha

Während die Uniun Rumàntscha da Schons aus einer Bewegung zur Erhaltung und Förderung des Schamserromanisch gegründet wurde, bildete sich die Renania Romontscha aus einem anderen Grund. Sie wurde in erster Linie als Herausgeberin einer Zeitung ins Leben gerufen. Jedenfalls lässt

---

12 Übers.: «ein solches Erbe hinterlassen hatten, auch solche Originale, die etwas Eigenes hatten, ein eigenes Denken, eine eigene, so tiefe Seele, eine eigene Art sich auszudrücken!». StAGR, A Sp III/14 n, 1.1, Protokoll, S. 22.

13 StAGR, A Sp III/14 n, 1.1, Protokoll, S. 23.

14 Übers.: «die Nationalität, die Sprache und den Geist des romanischen Volkes in der Heimat und in der Fremde erhalten und pflegen». StAGR, A Sp III/14 n, 1.1, Protokoll, S. 24–25, hier S. 27.

sich die Idee, eine romanische Sprachorganisation für die reformierte Surselva zu gründen, nicht vom Wunsch trennen, eine reformierte romanische Zeitung herauszugeben. Beide Angelegenheiten waren eng miteinander verknüpft, obwohl natürlich die Zeitung einen Beitrag zur Spracherhaltung leisten sollte.

Die Gründung der Renania Romontscha muss sicherlich im Zusammenhang mit der Bildung der anderen Sprachorganisationen gesehen werden. Pfarrer Theodor Caveng (1890–1970) beschrieb dies im Rückblick folgendermassen: «Denton muncava en quei concert dallas uniuns rumontschas dall'Engiadina, da Schons e dalla Surselva aunc la vusch dils Rumontschs protestants dils cumins dalla Foppa e da Trin.»[15] Diese romanische Stimme der Reformierten der Surselva hatte sich mit der Gründung der Uniun evangelica dalla Foppa e contuorn im Jahre 1919 bereits einmal erhoben,[16] und man darf die Gründung einer reformierten Zeitung durchaus als Teil dieses Kulturkampfes sehen.[17]

Bei diesem Projekt stand Peter Paul Cadonau an vorderster Front, so dass wir uns nun wieder auf seine Spuren begeben können. Gemäss seinen Erinnerungen sei die Idee, eine Zeitung herauszugeben, während der Synode 1920 in St. Antönien entstanden. Auf Spaziergängen hätten sich Pfarrer Caveng und er Gedanken über die Edition eines «fegl popular en romontsch» gemacht, einem romanischen Volksblatt also. Es war zunächst gedacht, eine Art Nachfolger der Zeitung *Il Grischun* zu publizieren.[18] Der *Grischun* erschien ab 1905 als liberale Wochenzeitung, redigiert von Hans Erni (1867–1961), der zugleich auch für die liberale Partei im Grossen Rat des Kantons Graubünden sass.[19] Es war neben der katholisch-konservativen

---

15 Übers.: «Aber in diesem Konzert der romanischen Vereine des Engadins, des Schams und der Surselva fehlte noch die Stimme der protestantischen Romanen der Gemeinden der Foppa und von Trin.» Caveng, Theodor, Ord la historia dalla Uniun Romontscha Renana els emprems diesch onns, in: La Casa Paterna 8/1963, 21.2.1963, S. 5.

16 Clopath, Johann: La Casa Paterna/La Pùnt – dall'ediziun meinsila alla gasetta dil gi, in: Renania, cronica, 1997, S. 39–43, hier S. 39.

17 Auf diesen Kulturkampf, der zu dieser Zeit zwischen Katholiken und Reformierten der Surselva geführt wurde, kann hier nicht näher eingegangen werden, auch weil es bisher an einer entsprechenden Untersuchung fehlt. Genannt sei zum Beispiel das Spital in Ilanz, das 1913 als katholische Institution errichtet wurde, auch wenn Reformierte dieses mitfinanzieren wollten. Stattdessen wurde 1929 das Evangelische Altersasyl in Ilanz gebaut. Erni, Hans, Rapport redaczional della Casa Paterna, in: La fiasta evangelica sursilvana e l'inauguraziun digl Asil evangelic engrondiu a Glion, Cuera 1939, S. 5–8, hier S. 5. Zur Genossenschaft Hotel Rätia als protestantische Institution in der Surselva siehe: Redolfi, Silke Margherita, Ilanz im 19. und 20. Jahrhundert, in: Gemeinde Ilanz/Glion (Hg.), Ilanzer Stadtgeschichte. Historia da Glion/Foppa, Ilanz 2015, S. 245–338, hier S. 302f.

18 Cadonau, Peter Paul: Ord la historia della «Casa Paterna», in: La Casa Paterna 38/1951, 22.9.1951, S. 3.

19 Collenberg, Adolf, Art. Erni, Hans, in: LIR, Bd. 1, S. 331.

Abb. 49 Signet der Renania, entworfen im Jahr 1931 von Paul Zinsli.

Gasetta Romontscha die einzige Zeitung im surselvischen Idiom. Die letzte *Grischun*-Nummer wurde am 29. Dezember 1916 herausgegeben mit der Erklärung, dass die Zeitung vorübergehend nicht mehr erscheine, dies «en vista allas difficultats caschunadas en consequenza della guerra»[20]. Der hauptsächliche Grund lag wohl an der zu geringen Zahl an Abonnenten, was wiederum auch der politischen Ausrichtung des Blattes geschuldet war. Jedenfalls fehlte seit diesem Zeitpunkt ein publizistisches Organ für den reformierten Teil der Surselva. Dies wollten die beiden Pfarrer Caveng und Cadonau nun wieder ändern. Um dieses Ziel zu verwirklichen, gab es aber nur einen Weg, nämlich «encurir de fundar ina uniun romontscha sin terren protestant della Surselva», also einen Trägerverein für die reformierte Zeitung zu gründen.[21]

Für dieses Vorhaben brauchte man Mitstreiter und Verbündete. Doch nicht überall stiess man auf Gegenliebe für dieses Projekt. Die Skepsis gegenüber einer neuen, reformierten Zeitung war mitunter gross, etwa beim damaligen Waltensburger Pfarrer Conradin Bonorand (1872–1947), der zwar eine solche sehr begrüsste, den Erfolg aber anzweifelte: «Tgei gida in niev fegl romonsch visavi al senn freid ed indifferents de nos compatriots protestants», fragt er sich nachdenklich.[22]

---

20 Übers.: «angesichts der durch den Krieg verursachten Schwierigkeiten». Als abonnents e lecturs dil Grischun!, in: Il Grischun 52/1916, 29.12.1916, S. 1.

21 Übers.: «versuchen, einen romanischen Verein auf protestantischem Boden der Surselva zu gründen». Cadonau 1951 (wie Anm. 18), S. 3.

22 Übers.: «Was hilft ein neues romanisches Blatt angesichts des kalten und gleichgültigen Sinns unserer protestantischen Landsleute.» StAGR, A Sp III/14 n, Archiv dalla Rena-

Begrüsst wurde die Herausgabe einer reformierten romanischen Zeitung vonseiten der Lia Rumantscha (LR), deren Präsident zu dieser Zeit Giachen Conrad (1882–1956) aus Andeer war. Conrad war selbst ein vehementer Kämpfer gegen die Germanisierung und hatte mit einem Leserbrief 1919 die Gründung der LR angestossen.[23] So stellte Conrad finanzielle Hilfe der LR in Aussicht, allerdings nur unter der Bedingung, dass man dafür zunächst eine neue Gesellschaft als Sektion der LR gründen müsse, eine «nova societad romontscha per la Surselva reformada», damit die Unterstützungsbeiträge überhaupt ausbezahlt werden konnten.[24] Ein anderer Befürworter des Projekts war der damalige Sekretär der Lia Rumantscha, Steafan Loringett, der aber gleich eine Zeitung für die reformierten Gebiete der Sur- und Sutselva anstrebte: «Nus de l'entiera Sutselva cun la part reformada della Surselva stuein se unir tier quei pass.»[25] Es war nicht zuletzt Loringett, der die Zusammenarbeit zwischen den reformierten Dörfern der Sur- und der Sutselva ansprach und förderte. Damit hatten auch die Initianten der Surselva natürlich einen grösseren Rückhalt und konnten auf die Unterstützung von Conrad und Loringett und damit der Lia Rumantscha setzen.

Die erste Versammlung, welche sich mit der Gründung einer reformierten Zeitung für die Surselva beschäftigte, fand am 29. Juli 1920 in Reichenau statt. Dort wurde beschlossen, eine «Uniun romontscha evangelica» zu gründen. Die Hauptanliegen der neuen Gesellschaft waren die Pflege der romanischen Sprache, im Besonderen «cultivar, promover e defender il spirt digl evangeli e della reformaziun». Diese Ziele wollte man vor allem mit der Herausgabe eines romanischen Blattes erreichen, das zunächst einmal im Monat, später einmal in der Woche herausgegeben werden sollte.[26] Eine Art Protokoll und Zusammenfassung dieses Treffens in Reichenau, das mit dem 4. August 1920 datiert ist, wurde als Rundschreiben an verschiedene Adressaten zur Information geschickt und trägt auch drei Namen, die den Text im Namen der Initianten aufgesetzt hatten: Hans Erni, Theodor Caveng und

---

nia, Nr. 2, Correspondenza 1920–1944, Correspondenza 1920, brev da Conradin Bonorand, 26.7.1920.

23 Collenberg, Adolf, Art. Conrad, Giachen, in: LIR, Bd. 1, S. 212. Zur Gründung der Lia Rumantscha und zu den sprachlichen und konfessionellen Spannungen, die diese mit sich brachte: Lechmann, Gion, Rätoromanische Sprachbewegung. Die Geschichte der Lia Rumantscha von 1919 bis 1996 (Studien zur Zeitgeschichte, Bd. 6), Frauenfeld 2005, S. 92–100.

24 StAGR, A Sp III/14 n, Nr. 2, Correspondenza 1920, brev da Giachen Conrad, 26.7.1920.

25 Übers.: «Wir aus der ganzen Sutselva mit dem reformierten Teil der Surselva müssen uns zu diesem Schritt vereinen.» StAGR, A Sp III/14 n, Nr. 2, Correspondenza 1920, brev da Steafan Loringett, 24.6.1920.

26 StAGR, A Sp III/14 n, Nr. 2, Correspondenza 1920, Als Romontschs evangelics dellas valladas dil Rhein [o. D.].

Abb. 50 Theodor Caveng (1890–1970; Aufnahme aus dem Jahr 1967).

Abb. 51 Hans Erni (1867–1961).

Peter Paul Cadonau.[27] Caveng und Cadonau, beide Pfarrer, standen vor allem für die protestantische Bewegung, Erni hatte als früherer Zeitungsredaktor ein Interesse daran, seine Arbeit wieder aufnehmen zu können. Er strebte eine Wiederauflage «seiner» Zeitung *Il Grischun* an.

Die Vorarbeiten für die Herausgabe einer neuen reformierten Zeitung gingen zügig voran. Am 29. August 1920 fand in Ilanz bereits die nächste Versammlung statt. An dieser wurde der neue Verband gegründet und «Renania Romontscha» genannt. Im Vorstand sassen Theodor Caveng (Präsident), Padrutt Caderas, Peter Paul Cadonau, Deia Dalbert und Hans Erni. Damit waren die Bestrebungen so weit fortgeschritten, dass ein Trägerverein und damit ein Herausgeber für die neue Zeitung bereitstand. Sogleich wurden verschiedene Personen mit einem Zirkular, das vom Vorstand des neuen Vereins aufgesetzt wurde, angeschrieben mit der Bitte, als Gemeindekorrespondenten zu fungieren. Die Aufgabe dieser Gemeindekorrespondenten bestand darin, Werbung für den Verein zu machen, Mitglieder zu finden und Abonnenten zu gewinnen.[28] Eine breit abgestützte Trägerschaft, viele Abonnenten, aber auch regelmässig Mitarbeitende waren unabdingbar, um die Zeitung mittelfristig sichern zu können.

27 StAGR, A Sp III/14 n, Nr. 2, Correspondenza 1920, [Rundschreiben] Flem, 4.8.1920.
28 StAGR, A Sp III/14 n, Nr. 2, Correspondenza 1920, Renania Romontscha [Rundschreiben, o. D.]; Janki: Peter, Activitads avon la fundaziun dalla Renania, in: Renania, cronica, 1997, S. 7–8, hier S. 7.

Die Schwierigkeiten, die eine Zeitungsedition mit sich brachte, bremsten den Schwung der Initianten etwas. Peter Paul Cadonau machte noch Mitte November 1920 den Vorschlag, statt einer neuen Zeitung die Herausgabe des *Ecclesiast* zu übernehmen und diesen, statt nur dreimal, sechsmal pro Jahr erscheinen zu lassen.[29] Die Zeitung *L'ecclesiast* war von 1917 bis 1922 die romanisch- und italienischsprachige Beilage des *Bündner Kirchenboten,* herausgegeben von der Evangelisch-rätischen Synode Graubünden, die unregelmässig publiziert wurde.[30] Die Herausgabe des *Ecclesiast* wäre sicherlich inhaltlich gesehen im Sinne von Cadonau gewesen, auch wenn man damit natürlich weit weg von einer geplanten Wochenzeitung geblieben wäre.

Doch auch wenn die Zweifel manchmal grösser waren als der Schwung, sich für eine neue Zeitung einzusetzen: Im Dezember 1920 waren die Vorarbeiten so weit fortgeschritten, dass die neue Zeitung angekündigt werden konnte. In einem Rundschreiben heisst es: «Las Uniuns ‹Renania Romontscha› ed ‹Uniun Romontscha de Schons› vegnan a dar or sin Daniev in fegl familiar, che compara ina gada il meins. Quel dei en nossa contrada remplazzar igl Ecclesiast ed a medem temps preparar il terrein per ina gasetta de mintg'emna. El moment present fuss ei megna riscau de dar or ina tala gasetta.»[31] Dass es im Dezember 1920 noch zu gewagt war, eine Wochenzeitung herauszugeben, hatte vor allem mit dem finanziellen Risiko zu tun. Aber die Zeitung erschien, und damit war die Idee, welche Theodor Caveng und Peter Paul Cadonau an der Synode 1920 andiskutiert hatten, innert kürzester Zeit realisiert worden.

Peter Paul Cadonau war in dieser Phase und in dieser Sache sehr aktiv, setzte sich ein und machte Vorschläge. Er organisierte sowohl in Luven, in Flond wie auch in Waltensburg Informationsveranstaltungen zugunsten des neuen Vereins und der geplanten Zeitung.[32]

Ser Paul war also vor allem der Initiant, welcher die Uniun romontscha evangelica gegründet und die Herausgabe einer entsprechenden Zeitung in die Wege geleitet hat. Dass sich mit Caveng und Cadonau zwei Pfarrer stark-

29 StAGR, A Sp III/14 n, Nr. 2, Correspondenza 1920, brev da Peter Paul Cadonau, 17.11.1920.

30 Die Zeitung *L'ecclesiast* ist in der Kantonsbibliothek Graubünden einsehbar, die Signatur lautet Az109.

31 Übers.: «Die Vereine ‹Renania Romontscha› und ‹Uniun Romontscha de Schons› werden auf Neujahr ein Familienblatt herausgeben, das einmal im Monat erscheint. Dieses soll den Ecclesiast in unserer Region ersetzen und zur gleichen Zeit das Feld für eine Wochenzeitung ebnen. Im Moment wäre es noch zu riskant, eine solche Zeitung herauszugeben.» StAGR, A Sp III/14 n, Nr. 2, Correspondenza 1920, circulara, Luven all'entschatta de De[zember] 192[0].

32 StAGR, A Sp III/14 n, Nr. 2, Correspondenza 1920, brev da Peter Paul Cadonau, 23.9.1920.

machten, ist nicht verwunderlich. Denn die neue Zeitung sollte ja explizit für die reformierte Bevölkerung herausgegeben werden. Und die Verbreitung der reformierten Botschaft war gerade für Cadonau eine Mission.

Die Edition der *La Casa Paterna*

Die erste Nummer der neuen Zeitung *La Casa Paterna* erschien im Dezember 1920 als Organ der Renania Romontscha und der Uniun Romontscha da Schons. Die Herausgeberkommission bestand aus Hans Erni, Trin, Schamun Mani (1877–1942), Chur, und Peter Paul Cadonau, zu dieser Zeit Pfarrer in Luven-Flond. Diese Kommission umschrieb Ziel und Idee der neuen Zeitung mit «porscher *spirt ed anim a nossas casadas romontschas»*[33] – dieser Geist sollte sowohl in den romanischen Haushalten der Bündner Dörfer wie auch in der Ferne Wirkung entfalten. Die Kommission sah das Blatt in der Nachfolge des *Ecclesiast,* und gerne hätte sie mehr Seiten und eine höhere Erscheinungsfrequenz als bloss einmal im Monat geboten, doch daran war zu diesem Zeitpunkt noch nicht zu denken. «Quei ei meglier che nuot per l'arsira de noss'olma romontscha», das war die Haltung der Herausgeberkommission.[34] Besser als nichts, das deutet auch auf die Schwierigkeiten hin, die Zeitung herauszugeben, über welche man nicht hinwegsehen konnte.

Schon alleine der Name der Zeitung war schwierig zu finden, und auch hier arbeitete Peter Paul Cadonau im Hintergrund. Er hatte seine eigenen Ideen. So plädierte er für eine klare Benennung der Ausrichtung: «Il Grischun, Gasetta cristiauna independenta. Edida dalla R.R. e dall U.R.d. Sch.» sollte sie heissen; Cadonau wünschte sich also eine christliche, unabhängige Zeitung.[35] Doch so einfach war die Namensfindung nicht. Vielleicht auch wegen der Konnotation der Zeitung *Il Grischun* mit Hans Erni und seiner politischen Ausrichtung waren viele gegenüber einer Neuedition des *Grischun* skeptisch. An Vorschlägen für einen Zeitungstitel mangelte es jedenfalls nicht, so etwa «La Patria Romontscha. Gasetta populara independenta»,[36] «Igl avegnir» oder «L'alva»[37]. Doch auch hier scheint es so zu sein, dass Peter Paul Cadonau den entscheidenden Impuls setzte. In einem

33 Kursiv im Original. Übers.: «Geist und Gemüt für unsere romanischen Haushalte fördern». La Casa Paterna 1/1920, December 1920, S. 1.

34 Übers.: «Das ist besser als nichts für den Durst unserer romanischen Seele.» (Ebd.).

35 StAGR, A Sp III/14 n, Nr. 2, Correspondenza 1920, brev da Peter Paul Cadonau, 23.9.1920.

36 StAGR, A Sp III/14 n, Nr. 2, Correspondenza 1920, brev da Leonhard Nutt a Peter Paul Cadonau, 1.10.1920.

37 StAGR, A Sp III/14 n, Nr. 2, Correspondenza 1920, brev da Giachen Conrad, 12.12.1920.

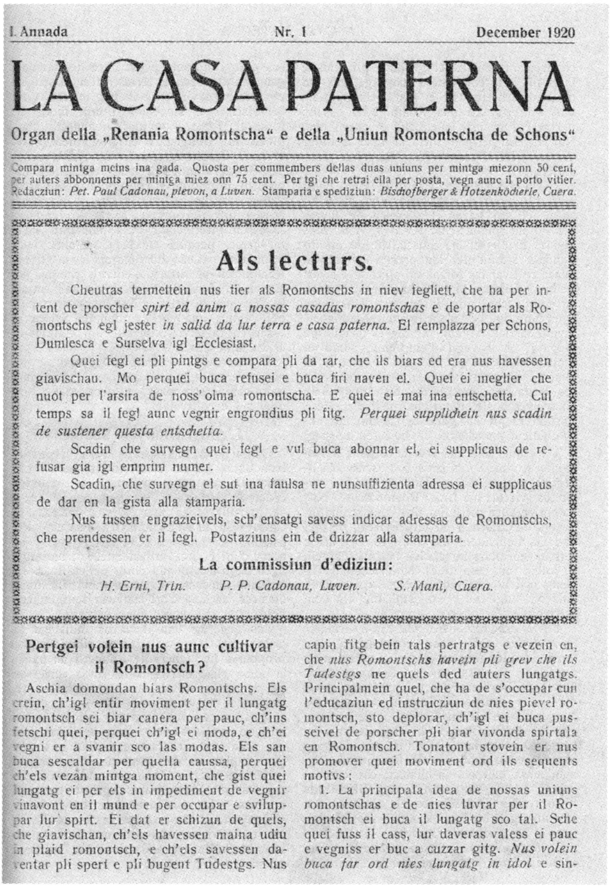

I. Annada Nr. 1 December 1920

LA CASA PATERNA

Organ della „Renania Romontscha" e della „Uniun Romontscha de Schons"

Compara mintga meins ina gada. Quosta per commembers dellas duas uniuns per mintga miezonn 50 cent, per auters abbonnents per mintga miez onn 75 cent. Per tgi che retrai ella per posta, vegn aunc il porto vitier. Redacziun: *Pet. Paul Cadonau, plevon, a Luven.* Stamparia e spediziun: *Bischofberger & Hotzenköcherle, Cuera.*

Als lecturs.

Cheutras termettein nus tier als Romontschs in niev fegliett, che ha per intent de porscher *spirt ed anim a nossas casadas romontschas* e de portar als Romontschs egl jester *in salid da lur terra e casa paterna.* El remplazza per Schons, Dumlesca e Surselva igl Ecclesiast.

Quei fegl ei pli pintgs e compara pli da rar, che ils biars ed era nus havessen giavischau. Mo perquei buca refusei e buca firi naven el. Quei ei meglier che nuot per l'arsira de noss'olma romontscha. E quei ei mai ina entschetta. Cul temps sa il fegl aunc vegnir engrondius pli fitg. *Perquei supplichein nus scadin de sustener questa entschetta.*

Scadin che survegn quei fegl e vul buca abonnar el, ei supplicaus de refusar gia igl emprim numer.

Scadin, che survegn el sut ina faulsa ne nunsuffizienta adressa ei supplicaus de dar en la gista alla stamparia.

Nus fussen engrazieivels, sch'ensatgi savess indicar adressas de Romontschs, che prendessen er il fegl. Postaziuns ein de drizzar alla stamparia.

La commissiun d'ediziun:

H. Erni, Trin. *P. P. Cadonau, Luven.* *S. Mani, Cuera.*

Pertgei volein nus aunc cultivar il Romontsch?

Aschia domondan biars Romontschs. Els crein, ch'igl entir moviment per il lungatg romontsch sei biar canera per pauc, ch'ins fetschi quei, perquei ch'igl ei moda, e ch'ei vegni er a svanir sco las modas. Els san buca sescaldar per quella caussa, perquei ch'els vezàn mintga moment, che gist quei lungatg ei per els in impediment de vegnir vinavont en il mund e per occupar e sviluppar lur spirt. Ei dat er schizun de quels, che giavischan, ch'els havessen maina udiu in plaid romontsch, e ch'els savessen dadentar pli spert e pli bugent Tudestgs. Nus capin fitg bein tals pertratgs e vezein en, che *nus Romontschs havein pli grev che ils Tudestgs* ne quels ded auters lungatgs. Principalmein quel, che ha de s'occupar cun l'educaziun ed instrucziun de nies pievel romontsch, sto deplorar, ch'igl ei buca pusseivel de porscher pli biar vivonda spirtala en Romontsch. Tonatont stovein er nus promover quei moviment ord ils sequents motivs:

1. La principala idea de nossas uniuns romontschas e de nies luvrar per il Romontsch ei buca il lungatg sco tal. Sche quei fuss il cass, lur daveras valess ei pauc e vegniss er buc a cuzzar gitg. *Nus volein buca far ord nies lungatg in idol* e sin-

Abb. 52 Die erste Seite der ersten Ausgabe der «La Casa Paterna» vom Dezember 1920.

Brief vom 29. November 1920 schreibt er Theodor Caveng: «Tgei gis Ti dil num ‹La casa paterna›?»[38] Es war ein guter Name, den die Zeitung 76 Jahre lang trug.

Der Name der Zeitung war allerdings nur ein kleineres Problem verglichen mit der Frage, wer denn überhaupt die Redaktion der Zeitung übernehmen sollte. Wiederum war Peter Paul Cadonau bei der Problemlösung stark eingebunden. Er stand in Kontakt mit Gian Caduff (1899–1994), der das Feuilleton für die Zeitung gestalten sollte. Und Cadonau wusste auch schon, wer als Redaktionsleiter infrage kam respektive liess sich dazu von seiner Frau inspirieren. Er schrieb in einem Brief an Theodor Caveng: «Maria [sc. Cadonaus Frau] gi de scriver a Ti, che Ti vegnies bein er buc a

38 StAGR, A Sp III/14 n, Nr. 2, Correspondenza 1920, brev, 29.11.1920.

Abb. 53 Schamun Mani (1877–1942).

sedostar de prender la redacziun, sch'ins anfli negin auter.»[39] Caveng sollte also die Redaktion des Blattes übernehmen, falls man niemand anderen finde. Eine Person zu finden war das eine, es musste aber auch die richtige sein, denn die Initianten hatten klare Vorstellungen. Peter Paul Cadonau hatte vor allem ein Bedenken: «Cun risguard sin la redacziun stos jeu da novamein punctuar, che Erni astga sut neginas circumstanzias daventar redactur. E sche nus domandein el, vegn el a far difficultats ed il davos tonaton a surprender. A tgi ch'ins gi ensatgei dalla nova gasetta, respundan els: Mai vegni spert cun ella, mo buc cun ina ded Erni.»[40] Die neue Zeitung sollte bloss keine Erni-Zeitung sein. Dahingehend hatte sich auch Steafan Loringett unmissverständlich geäussert: «Il desideri de haver ina gasetta reformada ei sco ei para avaunt maun e quei ei il prinzipal, mo vegn Erni buca ad esser la persuna de metter ad i a manà quella fitschenda. El ha bia memmia bia de far, e sche il Grischun vegn en en siu spirt d'avaunt, sche gid'el nuot. La gasetta nova sto fladà il spirt dil temps nov, ed igl ei de cusseglia, che forzas giuvnas de fiuc e de flomma prendien enta maun il

39 Übers.: «Maria sagt, ich soll dir schreiben, dass du dich gewiss nicht wehren würdest, die Redaktion zu übernehmen, wenn man niemand anderes findet.» StAGR, A Sp III/14 n, Nr. 2, Correspondenza 1920, brev da Peter Paul Cadonau, 23.9.1920.

40 Übers.: «Mit Rücksicht auf die Redaktion muss ich erneut betonen, dass Erni unter keinen Bedingungen Redaktor werden darf. Und wenn wir ihn fragen, wird er Schwierigkeiten bereiten und zu guter Letzt dennoch übernehmen. Wem man auch etwas von der neuen Zeitung erzählt, erwidern sie: Kommt nur schnell damit, aber nicht mit einer von Erni.» StAGR, A Sp III/14 n, Nr. 2, Correspondenza 1920, brev da Peter Paul Cadonau, 25.9.1920.

tgamun.»[41] Einer dieser Jungen war Loringett selbst, und ihn hätte man auch gerne als Redaktor engagiert. Er musste allerdings eine Absage erteilen, da er als Mitarbeiter der Lia Rumantscha nicht gleichzeitig als Redaktor einer Zeitung einer Sektion der LR arbeiten konnte.[42] Ein anderer dieser Jungen war Peter Paul Cadonau. Doch die Redaktionsarbeit war keine Aufgabe, die er suchte. In einem Brief vom 21. Oktober 1920 antwortet er, damals Pfarrer in Luven, Theodor Caveng zur Frage, ob er die Redaktion der Zeitung übernehmen könnte, kurz und knapp: «Quei sai jeu buca far». Er will jedoch so weit helfen: «Jeu surprendel de scriver ni procurar per la part instructiva dalla gasetta en quei senn ch'il material per emplenir ina entira pagina ei adina preparaus.»[43] Für die Bereitstellung der belehrenden Teile fühlte sich Cadonau berufen, die Redaktion an sich und die Verantwortlichkeit für die politischen und lokalen Teile der Zeitung sah er aber lieber in anderen Händen.

Peter Paul Cadonaus Arbeit als Zeitungsredaktor

Peter Paul Cadonau wurde trotz aller Bedenken erster Redaktor der *La Casa Paterna*. Dafür musste er sein Pfarramt nicht niederlegen, denn die Arbeit als Zeitungsredaktor war eine ehrenamtliche Tätigkeit, Cadonau machte sie also neben seinen anderen Aufgaben.[44] Die Arbeit bestand im Wesentlichen darin, Artikel und Beiträge zu sammeln, zu redigieren und für die Veröffentlichung vorzubereiten. Einige Erfahrung als Artikelschreiber hatte Cadonau schon gesammelt. Ab und an verfasste er Beiträge für die Zeitung *L'ecclesiast,* das erste Mal das Gedicht *Uraziun de sera* für die Ausgabe 2/1918.[45] Er wollte aber natürlich mehr als eine Zeitung mit eigenen Artikeln bieten. Um eine interessante und breit abgestützte Publikation zu

---

41 Übers.: «Die Sehnsucht, eine reformierte Zeitung zu haben, ist, wie es scheint, vorhanden und dies ist das Wichtigste, aber Erni wird nicht die Person sein, die dieses Geschäft in die Wege leitet und führt. Er hat viel zu viel zu tun, und wenn der Grischun in seine vorherige Geisteshaltung kommt, so hilft er nichts. Die neue Zeitung muss den Geist der neuen Zeit atmen, und es ist zu raten, dass junge Kräfte voller Begeisterung das Steuer in die Hand nehmen.» StAGR, A Sp III/14 n, Nr. 2, Correspondenza 1920, brev da Steafan Loringett, 24.6.1920.

42 StAGR, A Sp III/14 n, Nr. 2, Correspondenza 1920, brev da Steafan Loringett, 5.10.1920.

43 Übers.: «Ich schreibe oder besorge den lehrreichen Teil der Zeitung in dem Sinne, dass immer genügend Text, um eine Seite zu füllen, vorbereitet sein wird.» StAGR, A Sp III/14 n, Nr. 2, Correspondenza 1920, brev da Peter Paul Cadonau, 21.10.1920.

44 Die Redaktionsarbeit blieb bis 1929 unbezahlt. Cadonau 1951 (wie Anm. 18), S. 3.

45 Uraziun de sera, in: L'ecclesiast. Supplemaint al Bündner Kirchenbote No 2 [28.2.1918]. Das Gedicht trägt am Schluss die Initialen P. C. Ich gehe davon aus, dass es sich um Peter Paul Cadonau handelt, ohne Gewissheit zu haben.

befördern und auch um nicht allzu viel selbst schreiben zu müssen, sollten so viele Korrespondenten wie möglich gefunden werden. Deshalb war Cadonaus grösstes Anliegen zu Beginn, genügend Mitarbeiter zu gewinnen. Gleich mit der ersten Nummer der *La Casa Paterna* wandte er sich mit einem Rundschreiben Leuten zu, die er als lokale Korrespondenten der Zeitung vorgesehen hatte. Von diesen verlangte er, dass sie über Ereignisse in den Dörfern berichteten und auch Werbung für die Zeitung machten, diese verteilten und die Abonnementskosten einkassierten.[46] Es lag dem Redaktor sehr daran (und es war wohl auch seine Aufgabe), die Verbreitung der Zeitung zu fördern, wohl wissend, dass die Zeitung aus finanziellen Gründen nur mit genügend Abonnenten überleben konnte.

Die neue Zeitung umfasste vier bis acht Seiten, sie eröffnete mit einem Leitartikel, es folgten weitere Beiträge, auch eine «Cronica locala», wo auf Ereignisse in den reformierten Dörfern hingewiesen oder über solche berichtet wurde. Analysiert man den Inhalt der zunächst zweispaltigen, ab März 1921 dreispaltigen Zeitung, lassen sich Redaktor Cadonaus Schwerpunkte in der Themenauswahl erkennen. Da die Artikel in der Zeitung nicht immer signiert sind, ist zum Teil nicht ersichtlich, welche Texte von ihm stammen. Dennoch lässt sich Cadonaus Bestreben erkennen, Erbauliches für den Alltag, aber auch Nahrung für die Seele der Bevölkerung zu bieten. Ein paar wenige Nennungen von Frontbeiträgen aus den Jahren 1921 bis 1923, der Phase, als Cadonau alleiniger Redaktor war, sollen dies belegen: «Il pur e sia servitid»[47], «Il saung de Christus»[48], «Pertratgaments de domengia»[49], «Educaziun religiusa»[50], «Davart il beiver»[51], «Dei ins fundar ina partida de purs?»[52], «Ei igl uffont er in carstgaun?»[53], «Per las femnas»[54], «Baselgia e politica»[55]. Diese Haupt- oder auch Leitartikel befanden sich immer auf der ersten Seite, zumeist behandelten sie religiöse oder moralische Fragestellungen. Dass sich Peter Paul Cadonau vor allem für diese Thematiken interessierte, zeigt auch seine Mitarbeit von 1922 bis 1938 bei der *Reformierten Schweizer Zeitung,* dem Organ der sogenannten Positiven/Jungen Reformierten.[56]

---

46 StAGR, A Sp III/14 n, Nr. 2, Correspondenza 1920, circulara, Luven all'entschatta de De[cember] 192[0].

47 Text von Cadonau selbst, La Casa Paterna 2/1921, 25.1.1921, S. 1–2.

48 Autor unbekannt, La Casa Paterna 4/1921, 23.3.1921, S. 1.

49 Text von Theodor Caveng, La Casa Paterna 9/1921, 25.8.1921, S. 1.

50 Text von Raget Ragaz, La Casa Paterna 11/1921, 15.10.1921, S. 1–2.

51 Text von Cadonau, La Casa Paterna 9/1922, 10.5.1922, S. 1.

52 Autor unbekannt, La Casa Paterna 14/1922, 26.7.1922, S. 1–2.

53 Autor unbekannt, La Casa Paterna 20/1922, 25.10.1922, S. 1–2.

54 Autor unbekannt, La Casa Paterna 3/1923, 7.2.1923, S. 1–2.

55 Autor unbekannt, La Casa Paterna 12/1923, 13.7.1923, S. 1–2.

56 Gross, Manfred, Art. Cadonau, Pieder Paul, in: LIR, Bd. 1, S. 129.

Es ist klar, dass eine Zeitung, die in relativ kurzer Zeit entwickelt und herausgegeben wurde, zu Beginn keine konzise Form bieten konnte, sondern dass sie betreffend Inhalt und Format noch entwickelt werden musste. Das war bei der *La Casa Paterna* nicht anders. Bereits die vierte Nummer, die am 23. März 1921 erschien, hatte ein grösseres Format.[57] Ab Dezember 1921 wurde es nochmals angepasst, und die Zeitung erschien nun zweimal im Monat. Seit diesem Zeitpunkt fungierte die *La Casa Paterna* als Organ der Renania, die aus der Fusion der Renania Romontscha und der Uniun Rumàntscha da Schons hervorgegangen war und nun Trägerin der reformierten Zeitung für die Sur- und Sutselva war.[58] Eine höhere Erscheinungsfrequenz bedeutete für den Redaktor natürlich Mehrarbeit. Und auch der finanzielle Aufwand wurde grösser. Wohl konnte die Renania auf eine zuverlässige und gute Redaktionsarbeit zählen, finanziell war es aber alles andere als einfach, die Zeitung über die Runden zu bringen. Dies lässt sich an der Korrespondenz der Renania für die ersten Jahre leicht erkennen. Im Frühling 1924 wies die *Casa Paterna* einen Fehlbetrag von gut 2000 Franken aus. Das heisst, für alle drei bis zu diesem Zeitpunkt erschienenen Jahrgänge (1921–1923) musste die Uniun Romontscha Renana jeweils ein Defizit schreiben, ein grosser Posten bei Einnahmen von knapp 22 000 Franken.[59]

Es blieb nichts anderes übrig, als für die Zeitung Mehreinnahmen zu generieren, vielleicht war es auch deshalb wichtig, einen zweiten Mann für die *Casa Paterna* zu engagieren. Neben dem stillen Schaffer Peter Paul Cadonau war ab Oktober 1923 mit Steafan Loringett ein Macher am Werk. Er war nun auch die dominierende Person in der Redaktion: Ihm wurden die Manuskripte zugeschickt, und er war auch für die Inserateakquisition zuständig, was nicht immer eine einfache Aufgabe war.[60] Für Cadonau bedeutete dies aber eine grosse Entlastung, wie er selbst schreibt: «[...] cheutras che miu amitg Loringett surprenda la gronda mo era malengrazieivla part della lavur redaczionala, anflel jeu pli tgunsch temps per autras lavurs ed era per lavurs romontschas.»[61] Mit Loringett an seiner

57 La Casa Paterna 4/1921, 23.3.1921. Detailliertes zu den Formaten und weiteren Änderungen zu Beginn der Herausgabe der Zeitung bei Clopath 1997 (wie Anm. 16), S. 40, sowie bei Gadola, Guglielm, Historia della schurnalistica sursilvana 1836–1928, in: Igl Ischi. Organ della Romania, XXI annada, Mustér 1928, S. 49–240, hier S. 219–223.

58 La Casa Paterna 13/1921, 17.12.1921.

59 Uniun Romontscha Renana. Quen final 1921–1923, in: Calender Per mintga gi 1925, Cuera 1924, S. 127.

60 StAGR, A Sp III/14 n, Nr. 2, Correspondenza 1924, brev da Steafan Loringett, 14.3.1924.

61 Übers.: «[...] dadurch, dass mein Freund Loringett den grossen, aber auch undankbaren Teil der Redaktionsarbeit übernimmt, finde ich besser Zeit für andere Arbeiten und auch für romanische Arbeiten.» Remarca redaczionala, in: La Casa Paterna 20/1923, 3.10.1923, S. 1.

Abb. 54 Steafan Loringett (1891–1970).

Seite konnte er also zeitintensive Redaktionsarbeit abgeben und fand so ein bisschen mehr Ruhe fürs Schreiben.

Die Herausgeber gingen nun offensiv ans Werk und meldeten sich dort, wo sie sich benachteiligt fühlten. So wurde zum Beispiel die Stadt Ilanz mit einem Brief aufgefordert, die Marktinserate auch in der *Casa Paterna* erscheinen zu lassen. Ein Begehren, dem der Ilanzer Stadtrat nachkam, er liess diese Inserate ab 1925 auch in der *Casa Paterna* erscheinen.[62] Einen Erfolg konnte die Renania verbuchen, als ihre Zeitung zum offiziellen Publikationsorgan der Gemeinden wurde. Ab Ende Januar 1925 fungierte die *La Casa Paterna* als Amtsblatt der Gemeinden Flims, Trin, Waltensburg, Flond, Luven, Castrisch, Riein und Pitasch.[63] Dies war ein wichtiger Erfolg für die Zeitungsmacher, denn nun erhielt ihr Blatt einen offiziellen Status, der für die folgenden Jahre sehr wichtig werden sollte.

Ob diese Entwicklung im Sinne Cadonaus war, ist zu bezweifeln, denn nun waren offizielle Mitteilungen der Gemeinden gefragt, und so forderten Politik und Volkswirtschaft ihren Platz in der Zeitung. Dennoch blieb Cadonau bis Ende 1928 Redaktor. Es war länger, als er sich gewünscht hatte. Schon im November 1925 ersuchte ser Paul, aus dem Amt entlassen zu werden. Gründe dafür waren seine neue Heimat, er war mittlerweile

62 StAGR, A Sp III/14 n, Nr. 2, brev dalla Stadtgemeinde Ilanz, 21.10.1924.

63 La Casa Paterna 2/1925, 28.1.1925, S. 1 (Zeitungskopf).

Pfarrer in Ardez, so dass der Austausch mit dem Redaktionskollegen Loringett, der in Chur wohnhaft war, nur bedingt erfolgen konnte. Es war ein beherzter Einwurf, den Cadonau auf Papier brachte: «Forsa reussescha ei de gudignar en mia plazza in redactur, che representa pli fetg la tradiziun liberala, essend che la gronda part de nossas vischnauncas en Surselva ed en Schons ein s'exprimidas ella majoritad per la partida liberala, ed a medem temps era in, che representa nossa tradiziun linguistica protestanta e sursilvana. Jeu sai buca far pli quella caussa numnada il davos, essend che jeu vegnel mintgatont en conflict cul ladin, e Loringett ei era per bia aunc buca perfetgs, sco era il davos nummer muossa puspei.»[64] Cadonau formulierte hier zwei Gründe, weshalb er diese Arbeit nicht mehr ausführen konnte. Erstens erkannte er, dass der Redaktor politisch liberal sein müsste und dazu der reformiert-sursilvanischen Sprache mächtig. Liberal war er selbst gewiss nicht, auch dass Politik und Wirtschaft vermehrt Einzug in die Zeitung hielten, vermochte Cadonau wohl nicht zu begrüssen. Dies war sicherlich nicht im Sinne des Nachfolgers in der Zeitung *I' ecclesiast,* als die Cadonau «seine» Zeitung sah.

Zweitens hatte er Bedenken, weil der Wechsel ins Engadin seine Kenntnisse der Muttersprache verschlechtert habe, da er vermehrt Einflüsse vom Engadinerromanisch zu spüren bekam. Das ist eine interessante Aussage und würde sich wohl aus seinen Texten belegen oder widerlegen lassen. Cadonau fühlte sich jedenfalls nicht mehr ganz wohl als Redaktor, hinzu kam die viele Arbeit, die er sonst noch hatte. So formulierte er 1925 wie erwähnt den Wunsch, als Redaktor ersetzt zu werden. Bereits einen Monat nach dem Rücktrittsgesuch, am 9. Dezember 1925, stellte er allerdings fest, er habe sich entschlossen, die Redaktion weiterzuführen, auch wenn er nicht wisse, woher die Zeit dafür nehmen.[65] Es war ihm eben nicht gleichgültig, wer als Zeitungsredaktor fungierte, und vor allem die sprachliche Kompetenz schien ihm wichtig. Dies wird auch aus der immer aktuellen Suche nach möglichen Nachfolgern ersichtlich. Cadonau hatte gehört, dass man die Redaktion zum Teil Gion Michael übergeben wollte. Ser Paul hatte eine klare Meinung dazu: «Jeu sun cuntents cun mintga pas, che prenda giu da mei tut ne empau della lavur. Mo per la caussa stos jeu gir: pli bugen

---

64 Übers.: «Vielleicht gelingt es, für meine Stelle einen Redaktor zu gewinnen, der besser die liberale Tradition vertritt, hat doch der grosse Teil unserer Gemeinden in der Surselva und im Schams sich mehrheitlich für die liberale Partei ausgesprochen, und zur gleichen Zeit auch einer, der unsere sprachliche, protestantische und surselvische Traditon vertritt. Ich kann diese zuletzt genannte Sache nicht mehr tun, weil ich zuweilen in Konflikt mit dem Engadinerromanisch gerate, und Loringett ist auch bei weitem nicht perfekt, wie auch die letzte Ausgabe wieder zeigt.» StAGR, A Sp III/14 n, Nr. 2, Correspondenza 1925, brev da Peter Paul Cadonau, 6.11.1925.

65 StAGR, A Sp III/14 n, Nr. 2, Correspondenza 1925, brev da Peter Paul Cadonau, 9.12.1925.

aunc far empau vinavon ne laschar ir en la gasetta, che mirar, co ella vegn el lungatg pli schliata.»[66] Und dennoch wünschte er sich nun vermehrt, diese Arbeit abgeben zu können. Da man bei der Renania im Herbst 1926 über den Druckort der Zeitung diskutierte und auch weitere Optionen erörterte, sah Cadonau seine Möglichkeit, innerhalb dieser Änderungen das Amt des Redaktors abzugeben.[67] Er blieb aber noch bis Ende 1928 als Redaktor tätig, ehe er zusammen mit Steafan Loringett die Redaktionsarbeit in andere Hände übergeben konnte. Leider fehlt im Renania-Nachlass die Korrespondenz für das Jahr 1927 fast gänzlich und für die Jahre 1928 und 1929 sogar ganz, so dass wir kein offizielles Demissionsschreiben vorfinden, welches die Gründe Cadonaus erläutert, die schliesslich dazu geführt haben, die Redaktionstätigkeit aufzugeben. Doch aus der Korrespondenz der Jahre zuvor lässt sich schliessen, dass er nicht immer damit einverstanden war mit der Richtung, in die die Zeitung sich entwickelte. Im Rückblick schreibt er, dass die *Casa Paterna* ein «fegl cultural, religius ed educativ per nos Romontschs» hätte sein sollen.[68] Niemand bedauerte es mehr als Cadonau, dass man dieses Ziel nicht erreicht hatte.

«Redaktor wider Willen»

Peter Paul Cadonau hat seine Arbeit als Redaktor recht selbstkritisch gesehen. Für die letzte Nummer unter seiner Redaktion verfasste er einen Abschiedsartikel, in dem er seine achtjährige Arbeit als Redaktor Revue passieren lässt. Er sei gewissermassen ein «redactur per forza» gewesen, ein Redaktor wider Willen. Zwar habe er Freude gehabt, die Zeitung zu gründen und sie so zu redigieren, wie sie sich zu Beginn präsentierte. Er habe aber nie einen Ausbau gewollt, keine neue Zeitung neben anderen Zeitungen machen wollen: «Mia intenziun fuss adina stada quella de dar ora in fegl rumontsch per la famiglia, il qual lai la canera della politica ed economia publica empau d'ina vart ed emprova de dar valurs pli cuzeivlas al cor de nos lecturs en bien lungatg rumontsch.»[69]

---

66 Übers.: «Ich bin mit jedem Schritt, der mich von aller oder einiger Arbeit entlastet, zufrieden. Aber für die Sache muss ich sagen: lieber noch etwas weitermachen oder die Zeitung eingehen lassen, als zu sehen, wie sie sprachlich schlechter wird.» StAGR, A Sp III/14 n, Nr. 2, Correspondenza 1926, brev da Peter Paul Cadonau, 1.12.1926.

67 StAGR, A Sp III/14 n, Nr. 2, Correspondenza 1926, brev da Peter Paul Cadonau, 4.12.1926.

68 Cadonau 1951 (wie Anm. 18), S. 3. Übers.: «kulturelles, religiöses und erzieherisches Blatt für unsere Rätoromanen».

69 Übers.: «Meine Absicht wäre immer diejenige gewesen, ein romanisches Blatt für die Familie herauszugeben, das den Lärm der Politik und der Volkswirtschaft etwas bei Seite lässt und versucht, dem Herzen unserer Leser dauerhaftere Werte in guter roma-

Seine Arbeit als Redaktor bewertete er als ordentlich, allerdings sei nicht alles gut gewesen, man hätte vieles besser machen können. Er erinnert sich dabei vor allem an gewisse Polemiken, die auch seine Person betroffen hätten. Aber im Abschied dankte er «a mes adversaris per ils survetschs ch'els han fatg cun cumbatter mei», er habe daraus viel gelernt. Schliesslich ist Peter Paul Cadonau sich eines gewiss, nämlich dass die *Casa Paterna* «ei en tut quels onns restada fideivla a sia pli aulta mira: de defender e representar en ina maniera pli elevada ils beins dil pievel protestant romontsch»[70].

Nicht zuletzt wegen der Entwicklung zur Wochenzeitung und der damit immer grösser werdenden Arbeitsbelastung war Cadonau schliesslich froh, dass die Redaktionsbürde von ihm genommen wurde. Jedenfalls war er erleichtert, als die Renania bereit war, «dad ademplir al giavisch dils dus presents redacturs de levgiar lur giuf»[71]. Nachfolger von Cadonau und Loringett als Redaktoren der *La Casa Paterna* wurden Hans Erni aus Trin und Pfarrer Hercli Bertogg aus Pitasch.[72] Vor allem über die Wahl Hans Ernis werden weder Cadonau noch Loringett erfreut gewesen sein. Aber die Zeitung hielt sich die ganzen Jahre bis zur Herausgabe der romanischen Tageszeitung *La Quotidiana* im Jahre 1997, in der *La Casa Paterna* aufgegangen ist.

Mit dem Schreiben hat Cadonau nach seinem Rückzug als Zeitungsredaktor nicht aufgehört. Er blieb weiterhin ein fleissiger Autor für die verschiedenen Publikationsorgane der Renania. Für diese war Cadonau gerade in seinen Anfangsjahren, als gute und treue Mitarbeitende rar und gefragt waren, mit seiner Beharrlichkeit wichtig. Cadonau war zu Beginn Motor und Lenker der Sprachbewegung in der reformierten Surselva, er hat sich nicht nur ideell, sondern tatkräftig für die Publikationen der Renania eingesetzt. Dass er trotz Vorbehalten die Redaktion der *La Casa Paterna* acht Jahre lang geführt hat, zeigt seine Entschlossenheit, die Sprache in den reformierten Dörfern der Surselva zu fördern und zu pflegen. Das ist wohl sein grösstes Verdienst.

---

nischer Sprache zu vermitteln.» Comiau dalla redacziun, in: La Casa Paterna 52/1928, 27.12.1928, S. 1.

70 Übers.: «in all diesen Jahren ihrem höchsten Ziel treu geblieben ist: in einer gehobenen Weise das Gut des protestantischen, romanischen Volkes zu verteidigen und zu vertreten». Ebd.

71 Übers.: «den Wunsch der zwei jetzigen Redaktoren der La Casa Paterna zu erfüllen, ihr Joch zu erleichtern». Als lecturs, in: La Casa Paterna 51/1928, 20.12.1928, S. 1.

72 Ebd.

«Far honur a nies Deus»: Peter Paul Cadonaus dramatisches Schaffen

Manfred Veraguth

Peter Paul Cadonau war nicht nur Bibelübersetzer, Zeitungsredaktor und Verfasser von religiösen und literarischen Beiträgen, er hinterliess auch ein kleines dramatisches Werk. Soweit uns bekannt ist, hat ser Paul drei Stücke verfasst, die allesamt zur Zeit seiner Tätigkeit als Pfarrer in Trin (1944–1954) entstanden sind. Es handelt sich dabei um die beiden Hörspiele *La sontgetta dil vitg* (1947) und *Nabot e sia vegna* (1952) sowie um das Drama *Aua viva* (Uraufführung 1952). Leider hat ser Paul selbst keine Gedanken zur Funktion und Rolle der Dramatik hinterlassen, so dass wir nicht wissen, welchen Stellenwert Theater für ihn hatte und welche Funktion er dem Theater zuschrieb. Sicher ist, dass er seine dramatischen Werke nicht für die Schublade verfasst hat. Die Hörspiele wurden für das Radio produziert und dort ausgestrahlt, das Drama auf der Bühne aufgeführt.

Obwohl gerade sein Drama ein starkes Stück Dorfgeschichte darstellt, schaffte es Cadonau nicht, als Dramatiker rezipiert zu werden. Das hat vielleicht damit zu tun, dass seine Stücke unveröffentlicht blieben und somit nur für die kleine romanische oder vielleicht sogar nur surselvische Welt zugänglich waren. Und es spielt sicherlich auch eine Rolle, dass sein dramatisches Schaffen quantitativ bescheiden blieb. Dennoch erstaunt, dass im *Lexicon istoric retic* der Hinweis auf Cadonaus dramatisches Schaffen ganz fehlt[1] und dass sein Hauptwerk *Aua viva* keine Erwähnung in der Geschichte der romanischen Literatur von Gion Deplazes findet, obwohl es zum dort erwähnten Genre der zeitgenössischen religiösen Dramen, das um 1950 wieder verstärkt aufkam, genau passen würde.[2] Doch Cadonaus dramatisches Werk scheint schon früh in Vergessenheit geraten zu sein. Auch in der Publikation *Schweizer Bühnenwerke des 20. Jahrhunderts* fehlt *Aua viva*. Diese Veröffentlichung aus dem Jahre 1972 stellt ein Panorama der originalen Theaterstücke dar, und zwar für alle vier Sprachregionen. Allerdings fehlt für die romanische Schweiz die überaus fruchtbare Tradition reformierter Pfarrer der Surselva, die sich immer wieder dem Theater wid-

1 Gross, Manfred, Art. Cadonau, Pieder Paul, in: Lexicon istoric retic, Bd. 1, S. 129.

2 Deplazes, Gion, Funtaunas. Istorgia da la litteratura rumantscha per scola e pievel, Bd. 4: litteratura contemporana, Chur 1993, S. 178.

meten – und damit auch Cadonaus Drama, das als zeittypisches Stück durchaus nennenswert gewesen wäre.[3]

Cadonaus Drama ist aber nicht nur theaterhistorisch interessant, sondern lässt sich auch kaum von seinem Leben trennen. Darum ist es unbedingt angezeigt, sich auf die Spuren seines dramatischen Schaffens zu begeben.

Theater als Teil dörflicher Kultur

Der 1891 geborene Peter Paul Cadonau wurde schon als Knabe mit dem Theater konfrontiert. In seinem Heimatdorf Waltensburg spielte man um die Jahrhundertwende regelmässig Theater, er wird diese Aufführungen wie die gesamte Bevölkerung mitverfolgt haben.[4] Auch später kam er mit dem Dorftheater in Berührung: In seiner Zeit als Pfarrer in Luven und Flond (1914–1924) war er aktiv am Vereinsleben beteiligt.[5] In Luven gab es um 1920 wohl sogar eine Theatergesellschaft, die 1921 die Komödien *La prudientscha victorisescha adina* und *Il chor feminin de Tschupina* aufführte,[6] 1923 das Drama *Il davos dil Mattenhof* und die Komödie *Malezias de femnas* (1923).[7] Auch wenn sich ser Paul nicht aktiv an diesen Aufführungen beteiligte – was aber nicht ausgeschlossen ist –, so hat er sie als Dorfpersönlichkeit zumindest als Zuschauer miterlebt. Auch in seiner nächsten Station als Pfarrer, in Ardez und Ftan (1924–1931) im Unterengadin, traf er auf eine Dorftheatertradition, allerdings wurden dort die Stücke zu dieser Zeit vorwiegend in deutscher Sprache gegeben.[8] Und auch später, in seinen Gemeinden in Thusis (1932–1944) und in Trin (1944–1954), begegnete er dem Volkstheater. In Trin konnte man in den 1940er Jahren sogar eine

3 Schweizer Bühnenwerke des 20. Jahrhunderts, Zürich 1972; der Teil zu den romanischen Theaterautoren und deren Stücken findet sich auf den Seiten 60–68.

4 Die hier angegebenen Stücke beruhen auf eigenen, weder abgeschlossenen noch publizierten Recherchen. Im Jahre 1894 konnte man in Waltensburg die Stücke *Il nevs sco aug* und *Hurah, die Franzosen* bewundern, 1907 wurde *Il gerau da Schlans* von Alfons Tuor gespielt, und im Jahr 1910, als Cadonau die Matura machte, wurde *La viafier retica,* ebenfalls von Alfons Tuor, aufgeführt.

5 Rupp, Horst F., Peter Paul Cadonau: In plevon grischun en «survetsch dil Segner», in: Calender Per mintga gi (nachfolgend abgekürzt: CPMG) 2017, S. 110–121, hier S. 114.

6 Gasetta Romontscha 6/1921, 10.2.1921, S. 3 (Inserat). Zur Aufführung lädt «La societad da teater» Luven.

7 Gasetta Romontscha 6/1923, 8.2.1923, S. 4 (Inserat). Auch bei diesen Aufführungen lädt die «Societad da teater» ein. Loringett, Steafan, La situaziun hodierna dil teater el Grischun romontsch, in: Annalas da la Società retorumantscha (AnSR) 63/1944, S. 193–232, hier S. 196. In Flond wurde in dieser Zeit *Il gerau da Schlans* (1923) aufgeführt (S. 220).

8 Loringett 1944 (wie Anm. 7), S. 208.

Belebung des romanischen Theaters feststellen, hatten sich die Trinser gegenüber der Sprachorganisation Renania doch verpflichtet, jährlich ein romanisches Theaterstück aufzuführen. Im Gegenzug hatte sie finanziell mitgeholfen, eine neue, moderne Bühne einzurichten.[9]

Die erste Hälfte des 20. Jahrhunderts gilt als Hochblüte des romanischen Dorftheaters in der Surselva, in fast jedem Dorf wurde regelmässig Theater gespielt. Das wurde zum prägenden, gemeinschaftsbildenden Ereignis.[10] Von Kindesbeinen an erlebte Cadonau die Dorfgemeinschaft also auch als Theatergemeinschaft, und diese Tradition konnte er in seinen Pfarrgemeinden, egal ob in der Surselva, im Unterengadin oder in Mittelbünden, überall erkennen und erleben. Theater gehörte zum Dorfleben, wie es Cadonau kannte, dazu.

Das Hörspiel *La sontgetta dil vitg*

Mit dem Schreiben dramatischer Werke begann Peter Paul Cadonau erst im fortgeschrittenen Alter. Sein erstes Hörspiel verfasste er 1947, also mit 56 Jahren. Cadonau gehört zu denjenigen romanischen Schriftstellern, die sich in den 1940er und 1950er Jahren als Hörspielautoren versuchten.

Das Radio als neues Medium bot Autoren neue Möglichkeiten der dramatischen Form.[11] Diese Entwicklung ging nicht an der kleinen rätoromanischen Schweiz vorbei. Ab 1943 wurde das Radio zur Übertragung von romanischen Sendungen genutzt, und seit dieser Zeit wurden dafür auch Hörspiele produziert. Die Zeit von 1943 bis 1963 gilt gemeinhin als Blütezeit der romanischen Radiospiele.[12] Cadonau verfasste sein erstes Hörspiel für eine Sendung des legendären Radio Beromünster zur Erinnerung an Gian Fontana (1897–1935). Die rätoromanische Sendung hiess «Flem e siu poet Gian Fontana», wurde am 15. April 1947 in Flims aufgenommen und am 4. Juli 1947 um 21.00 Uhr ausgestrahlt. Eine Stunde lang wurden Leben und Werk Fontanas, der in diesem Jahr seinen 50. Geburtstag hätte

9 Ebd., S. 201.

10 Zur Funktion des romanischen Dorftheaters siehe auch Veraguth, Manfred, Entwicklung und Bedeutung des Volkstheaters in Castrisch im 20. Jahrhundert, in: Jan-Andrea Bernhard, Hans Caprez, Castrisch en historia e preschientscha / Castrisch in Geschichte und Gegenwart, hg. von der ehemaligen Gemeinde Castrisch, Chur 2016, S. 421–428.

11 Für die italienische Schweiz ist sogar nachgewiesen worden, dass die Entstehung des professionellen Theaters im Tessin mit der Gründung der Radio Svizzera Italiana zusammenfällt, weil das Radio die Hörspiele und somit die dramatische Kultur stark gefördert hat. Vgl. Lepori, Pierre, Radio Svizzera Italiana (RSI), Lugano TI, in: Andreas Kotte (Hg.), Dizionario teatrale Svizzero, Zürich 2005, Bd. 3, S. 1453–1456.

12 Coray, Renata, In piunier dil giug auditiv romontsch, Jon Semadeni, in: AnSR 124/2011, S. 193–213.

Abb. 55 Gian Fontana (1897–1935).

feiern können, vorgestellt und mit Liedern umrahmt. Dazu wurde ein neues Hörspiel gesendet: *La sontgetta dil vitg*,[13] Cadonaus Dramatisierung einer Novelle von Fontana, ein «giug sonor», eigens für diesen Anlass verfasst.[14]

Fontana, der als Novellist von internationaler Bedeutung gilt,[15] hat die Erzählung *La sontgetta dil vitg* im Calender *Per mintga gi* 1934 publiziert.[16] Es handelt sich dabei um eine Novelle der letzten Schaffensperiode des

13 La Renania ed il radio, in: La Casa Paterna 17/1947, 24.4.1947, S. 3; Flem e siu poet Gian Fontana, in: La Casa Paterna 27/1947, 3.7.1947, S. 2; Staatsarchiv Graubünden (StAGR), A Sp III/14 n, Archiv dalla Renania, Nr. 1.12, Rapport annual dil president dals 30 de dec. 1944 alla fin de dec. 1946 presentaus alla radunonza de delegai dils 25.1.1947 a Luven, S. 7.

14 StAGR, A Sp III/14 n, Archiv dalla Renania, Nr. 2, Correspondenza 1920–1944, Correspondenza 1947, brev da Gallus Pfister a Hercli Bertogg, 20.2.1947.

15 Giese, Wilhelm, Gian Fontana als Meister der Novelle, Separatdruck des Bulletin de la Société Néophilologique de Helsinki (Finlande), Neuphilologische Mitteilungen 53 (1952), 1–4.

16 Fontana, Gian, La sontgetta dil vitg, in: CPMG 1934, S. 46–73.

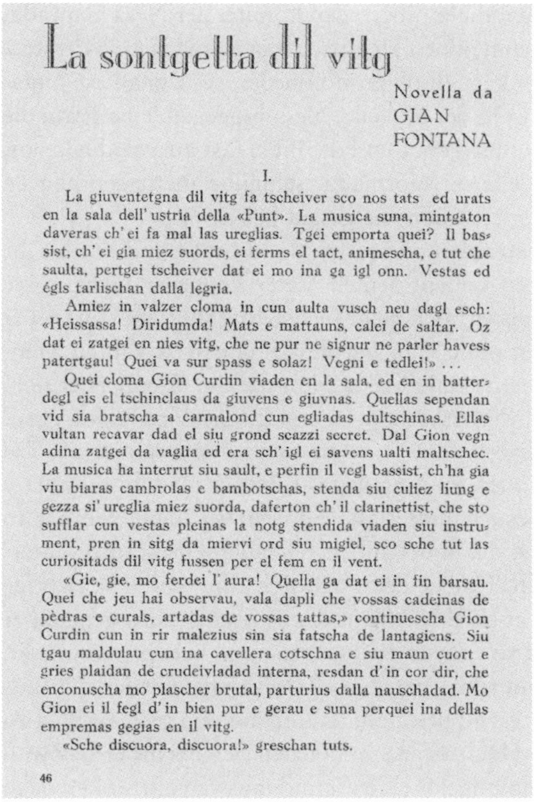

La sontgetta dil vitg

Novella da
GIAN
FONTANA

I.

La giuventetgna dil vitg fa tscheiver sco nos tats ed urats en la sala dell' ustria della «Punt». La musica suna, mintgaton daveras ch' ei fa mal las ureglias. Tgei emporta quei? Il bassist, ch' ei gia miez suords, ei ferms el tact, animescha, e tut che saulta, pertgei tscheiver dat ei mo ina ga igl onn. Vestas ed égls tarlischan dalla legria.

Amiez in valzer cloma in cun aulta vusch neu dagl esch: «Heissassa! Diridumda! Mats e mattauns, calei de saltar. Oz dat ei zatgei en nies vitg, che ne pur ne signur ne parler havess patertgau! Quei va sur spass e solaz! Vegni e tedlei!» ...

Quei cloma Gion Curdin viaden en la sala, ed en in batterdegl eis el tschinclaus da giuvens e giuvnas. Quellas sependan vid sia bratscha a carmalond cun egliadas dultschinas. Ellas vultan recavar dad el siu grond scazzi secret. Dal Gion vegn adina zatgei da vaglia ed era sch' igl ei savens ualti maltschec. La musica ha interrut siu sault, e perfin il vegl bassist, ch'ha gia viu biaras cambrolas e bambotschas, stenda siu culiez liung e gezza si' ureglia miez suorda, daferton ch' il clarinettist, che sto sufflar cun vestas pleinas la notg stendida viaden siu instrument, pren in sitg da miervi ord siu migiel, sco sche tut las curiositads dil vitg fussen per el fem en il vent.

«Gie, gie, mo ferdei l' aura! Quella ga dat ei in fin barsau. Quei che jeu hai observau, vala dapli che vossas cadeinas de pèdras e curals, artadas de vossas tattas,» continuescha Gion Curdin cun in rir malezius sin sia fatscha de lantagiens. Siu tgau maldulau cun ina cavellera cotschna e siu maun cuort e gries plaidan de crudeivladad interna, resdan d' in cor dir, che enconuscha mo plascher brutal, parturius dalla nauschadad. Mo Gion ei il fegl d' in bien pur e gerau e suna perquei ina dellas empremas gegias en il vitg.

«Sche discuora, discuora!» greschan tuts.

46

Abb. 56 Erste Seite der Novelle «La sontgetta dil vitg» von Gian Fontana im Calender «Per mintga gi» von 1934.

bereits mit 38 Jahren verstorbenen Fidazer Schriftstellers. Er schrieb vor allem über die Dorfbewohner seiner Bergregion und beschrieb sie «el bien ed el mal, en lur agen cumbat per l'honur dil carstgaun, per lur esser humaun, per lur existenza ed independenza buca mo naturala, mo era morala, sociala e religiusa»[17]. Die Novelle *La sontgetta dil vitg* beschäftigt sich intensiv mit der moralischen und religiösen Seite im sozialen Leben einer Dorfgemeinschaft. Fontana beschreibt in drei Teilen die Geschichte einer sehr frommen Frau und eines notorischen Trinkers, die heiraten und versuchen, mit dem Leben zu zweit fertigzuwerden. Die Geschichte beginnt im Saal eines Restaurants während eines Fastnachtsballs. Gion Curdin stürmt herein und

17 Übers.: «im Guten wie im Schlechten, in ihrem eigenen Kampf für die Ehre des Menschen, für ihr menschliches Sein, für ihre Existenz und Unabhängigkeit, nicht nur die natürliche, sondern auch die moralische, soziale und religiöse» (alle Übersetzungen von M. V.). Darms, Flurin, Veta ed ovra da Gian Fontana, in: Renania (Hg.), Gian Fontana. Ediziun cumpleta. Emprem cudisch, novellas, Cuera 1971, S. 464–481, hier S. 473.

erzählt, dass er den Crest Tgaumaler überreden konnte, der Nesa Caprada, die er «nossa sontgetta»[18] nennt, einen Heiratsantrag zu machen.[19] Crest ist ein armer Schlucker und Trinker: «Il pli grond bueder, sescagnader e pitgader lunsch entuorn», heisst es in der Novelle. Nesa hingegen, eine Frau, die allem weltlichen Vergnügen entsagt hat und die Bibel fast auswendig kennt, ist ganz anders: «Donn ch'ella ei reformada, schiglioc mettessen ella en claustra!», soll man immer wieder über sie gesagt haben.[20]

Tatsächlich steht der betrunkene Crest in Nesas Stube und erzählt ihr von seinem bedauernswerten Leben: Seinen Vater kenne er nicht, seine Mutter habe ihn verlassen, als er noch nicht sechsjährig war, im Dorf sei er ein Verstossener. Sein Leben ohne Halt hat ihn zu einem verrohten Menschen werden lassen, dem nichts heilig ist. In Nesas Stube offenbart er sich, doch bleiben kann er nicht: «Nesa, jeu stoi ir, stoi ir lunsch naven da cheu. Mira, en mei ei in demuni. Jeu sai buca, qual mument ch'el vegn allerta. Lai ir mei, che jeu maculeschi buca tei e tia stiva. Cheu ei tut schi schuber e pur!»[21] Der unerwartete Besuch hinterlässt Spuren bei Nesa. Sie hat in ihrem Leben nie etwas gegen die in der Bibel stehenden Grundsätze unternommen. Doch sie erschrickt: Hat sie denn wirklich alles, was eine richtige Christin tun sollte, getan, hat sie ihre Pflicht dem Mitmenschen gegenüber erfüllt? «Sun jeu buc stada in'egoista ed hai procurau mo per miu salit, laschond murir il pauper murdiu sper via?»[22] Nesa entscheidet sich aus Nächstenliebe dafür, den Crest zu heiraten, um ihn auf den rechten Weg zu bringen. Doch bereits in der Hochzeitsnacht machen sich bei ihr erste Zweifel breit, denn Crest hat hemmungslos gefeiert und musste volltrunken nach Hause getragen werden. Nesa ruft sich in Erinnerung, dass alle grossen Christen einen steinigen Weg beschreiten mussten, und in dieser Lage sieht sie sich jetzt, sie will standhaft sein, Gott werde helfen.[23] Der folgende zweite Teil von Fontanas Erzählung berichtet eindrücklich von Crests Versuch, seinem unsteten Leben als Alkoholiker zu entfliehen. Er und seine Frau Nesa verbringen dann auch einen guten Sommer. Doch trotz aufrichtiger Bemühungen verfällt Crest immer wieder dem übermässigen Trinken,

18 «Sontgetta» bedeutet «Scheinheilige, Frömmlerin». Es ist aber auch der Diminutiv von «sontga», und meint damit «kleine Heilige». Soweit ich sehe, spielt Fontana hier absichtlich mit diesen zwei Bedeutungen.

19 Fontana, sontgetta (wie Anm. 16), S. 48–49.

20 Übers.: «Der grösste Säufer, Streithahn und Schläger weit herum»; «Schade, dass sie reformiert ist, sonst würden wir sie ins Kloster stecken!» Ebd., S. 48.

21 Übers.: «Nesa, ich muss fort, weit weg von hier. Schau, in mir haust ein Dämon. Ich weiss nicht, wann er erwacht. Lass mich gehen, damit ich dich und deine Stube nicht beflecke. Hier ist alles so sauber und rein!» Ebd., S. 49–51, Zitat S. 51.

22 Übers.: «War ich nicht eine Egoistin und war nur um mein Heil besorgt, den armen Schlucker neben der Strasse sterben lassend?» Ebd., S. 51.

23 Ebd., S. 52–54.

Abb. 57 Diese vier von Andreas Juon gestalteten Zeichnungen finden sich im Erstdruck von Fontanas Novelle im Jahrgang 1934 des Calender «Per mintga gi» auf den Seiten 49, 63, 68 und 71.

und im Rausch schlägt er auch seine Frau Nesa.[24] Im dritten Teil wird das ungleiche Paar vor eine weitere Probe gestellt: Nesa ist schwanger. Crest reisst sich noch mehr zusammen, meidet die Restaurants, liest in der Bibel, geht wieder in die Kirche. An einem kalten Wintertag besucht er seit langem wieder einmal ein Gasthaus und wird fast zum Trinken verführt, doch diesmal entkommt er seinen Dämonen, und die Geschichte schliesst damit, dass Crest auf gutem Weg ist, ein besserer Mensch zu werden.[25]

24 Ebd., S. 54–65.
25 Ebd., S. 65–73.

Gian Fontanas Novelle *Sontgetta* ist ohne Zweifel eine Geschichte, die einen Pfarrer anspricht. Es ist eine Geschichte wie eine Predigt. Es erstaunt deshalb nicht, dass Peter Paul Cadonau gerade diese Novelle als Stoff für sein erstes Radiohörspiel wählte, obwohl Fontana eine Menge weiterer Erzählungen verfasst hat, die sich meines Erachtens besser für eine Dramatisierung eignen würden. Wenn Nesa über das Christentum reflektiert und zum Schluss kommt, «in cristiaun dei buca seretrer dalla veta, mo dei tschaffar viaden en quella cun curascha e forza, el dei survir e gidar e s'unfrir»[26], dann steht dies Cadonaus Auffassung vom Christsein (dienen, helfen, sich opfern) wohl sehr nahe. Dazu kommt die Thematik rund um den Alkoholmissbrauch, die ihn persönlich stark beschäftigte. Schon während seiner Gymnasialzeit kam er in Kontakt mit der Abstinenzbewegung, und er gründete in seinem Heimatdorf Waltensburg eine Jugendgruppe, um auf die Gefahren des Alkohols hinzuweisen.[27] Das Thema begleitete ihn weiter: Mit 30 Jahren hielt er während der Verhandlungen des ersten bündnerischen Jugendfürsorgekurses vom Herbst 1921 einen Vortrag zum Thema Jugend und Alkoholismus.[28] Zudem engagierte er sich in der Pflege von Alkoholkranken sowie beim Blauen Kreuz Graubünden.[29] Der Kampf gegen den Alkoholmissbrauch in den Bündner Dörfern war für Cadonau ein langjähriges Anliegen, und so muss ihm Fontanas Novelle wie ein Lehrstück vorgekommen sein.

Cadonau formte Fontanas Geschichte in ein Radiospiel in fünf Bildern um.[30] Der Anfang blieb derselbe wie beim Original: Gion Curdin platzt ins Fastnachtsfest hinein und erzählt, dass Crest bei der Nesa sei, um ihr einen

26 Übers.: «Ein Christ soll sich nicht aus dem Leben zurückziehen, sondern soll in dieses mit Mut und Kraft hineingreifen, er soll dienen und helfen und sich opfern.» Ebd., S. 51.

27 Rupp 2017 (wie Anm. 5), S. 112–113.

28 Cadonau, Peter Paul, Jugend und Alkoholismus, in: C. Jecklin (Hg.), Verhandlungen des ersten bündnerischen Jugendfürsorgekurses vom 27. September bis 1. Oktober 1921 im Grossratssaale in Chur, hg. im Auftrage des Organisations-Komitees, Chur 1922, S. 237–261.

29 Caveng, Martin/Darms, Flurin, Ser dr. h. c. Peter Paul Cadonau (1891–1972), in: CPMG 1973, S. 31–34, hier S. 33.

30 Cadonau, Peter Paul, La sontgetta dil vitg. Giug per il radio en quater maletgs [tatsächlich sind es fünf Bilder, es scheint, als ob die fünfte Szene nachträglich eingeklebt wurde; M. V.], suenter ina raquintaziun de Gian Fontana, [Trin 1947]. Kantonsbibliothek Graubünden, KGB Ufu 3337. Wenn nichts anderes angegeben ist, beziehe ich mich auf diesen Text. Es handelt sich um das Typoskript der 1947 ausgestrahlten Fassung. Ein Vergleich mit der digitalisierten Fassung des Hörspiels, die bei der Schweizerischen Nationalphonothek vorliegt, lässt diesen Schluss zu. Ich danke Alexi Monn, Leiter Dokumentation und Archiv bei Radiotelevisiun Svizra Rumantscha (RTR) für die Hilfe beim Aufspüren der digitalisierten Kopien von Peter Paul Cadonaus Hörspielen.

Heiratsantrag zu machen. Das zweite Bild handelt davon, worüber die Leute reden, als sie den Aushang sehen, der die Heirat von Crest und Nesa anzeigt. Das dritte Bild spielt sich in Nesas Stube ab, am Tag nach der Hochzeit, als Nesa versucht, ihre Zweifel an der Heirat mit guten Taten zu vertreiben. Das vierte Bild nimmt den Hörer mit in ein Restaurant, wo zwei Männer sich über Crest und Nesa das Maul zerreissen. Crest tritt ins Wirtshaus ein, widersteht jedoch dem Alkohol und eilt nach Hause. Mit den Fragen, ob die sontgetta Nesa tatsächlich einen Heiligen aus einem Schurken gemacht habe und ob denn heutzutage tatsächlich noch Wunder geschehen würden, schliesst das vierte Bild. Das Hörspiel endet mit dem fünften Bild, das ein Gespräch zwischen Crest und Nesa wiedergibt, in dem Crest sich als befreit ansieht.

Cadonau hat seinem Hörspiel nicht viel Originelles beifügen müssen, das war weder seine Aufgabe noch seine Intention. Er wollte vor allem Fontanas Qualität herausstreichen, weil das Hörspiel ja Teil einer Gedenkveranstaltung für den Schriftsteller war. Gekonnt griff er die Essenz aus Fontanas Novelle *La sontgetta dil vitg* auf und goss sie in eine Radiofassung um. Vielfach übernahm er die direkte Rede aus Fontanas Novelle. Auch dies zeigt, dass Cadonau sich mit Fontanas Geschichte und auch mit deren moralischem Inhalt identifizieren konnte. So gesehen war es für ihn kein grosses Wagnis, sich an die dramatische Form heranzuwagen, weil Fontana selbst die Dialogform als Mittel in seinen Novellen verwendet hatte und damit eine solide Grundlage bereits vorhanden war.[31]

Das Hörspiel *Nabot e sia vegna*

Es ist gut vorstellbar, dass Cadonau Lob für seine Arbeit als Hörspielautor erhielt. Jedenfalls fand er so weit Gefallen daran, dass er ein zweites Hörspiel schrieb und es für den Wettbewerb für radiogeeignete dramatische Werke einreichte. Ein Wettbewerb, der vom Radiostudio Zürich in Zusammenarbeit mit der Societad Retorumantscha 1952 zum zweiten Mal durchgeführt wurde. 38 Arbeiten konnten bewertet werden. Der erste Preis wurde nicht vergeben, dafür zwei zweite Preise in Höhe von 600 Franken. Diese

31 Dass Cadonau durchaus ein Talent für die dramatische Form besass, zeigt die Tatsache, dass sein erstes Hörspiel im Jahr 1984 eine von Werner Walther bearbeitete Neufassung erfuhr. Das Stück wurde minim angepasst und das Ende offener gelassen, weil die letzte Szene komplett gestrichen wurde. Vgl. Cadonau, Peter Paul, La sontgetta dil vitg. Giug per il radio en quater maletgs, suenter ina raquintaziun de Gian Fontana. Elavuraziun Werner Walther, 1984. Dieses Stück ist beim «post da teater» (Dokumentations-, Auskunfts- und Koordinationsstelle für das Theaterschaffen im rätoromanischen Sprachraum) der Lia Rumantscha einzusehen.

gingen an Men Rauch und Menn Gaudenz für *L'ura da Frederic il Grand* – sowie an Peter Paul Cadonau für *Nabot e sia vegna.*[32] Dies bedeutete für Cadonau eine unabhängige Bestätigung für sein dramatisches Talent. Es blieb denn auch nicht nur bei der Prämierung des Stücks, denn das zweite radiofonische Spiel von ser Paul wurde wiederum fürs Radio produziert und am 3. Februar 1956 in der «Sendung für die Rätoromanen» ausgestrahlt.[33]

Bei Cadonaus *Nabot e sia vegna* handelt es sich um die Dramatisierung einer alttestamentlichen Geschichte. Das Stück steht so in der langen Tradition der biblischen Spiele, die seit der Reformation gerade auch im rätoromanischen Gebiet Graubündens gezeigt wurden. Vor allem im Engadin des 16. Jahrhunderts, aber auch später, haben sich romanische Autoren immer wieder biblischen Stoffen zugewandt und diese für die Bühne aufbereitet. Eine neue Phase lässt sich nach dem Zweiten Weltkrieg feststellen, als vermehrt biblische Stoffe aufgegriffen wurden.[34]

Bei dem von Cadonau verwendeten Stoff handelt es sich um die alttestamentliche Erzählung *Ahab e Nabot* aus dem ersten Buch der Könige, Kapitel 21, Verse 1–29, die hier kurz zusammengefasst werden soll.[35] Nabot von Jesreel ist Besitzer eines Weinberges in der Nähe des Palastes von Ahab, dem König von Samarien. Ahab will die Reben von Nabot übernehmen und ihm dafür einen besseren Weinberg schenken oder ihn dafür auszahlen. Von diesem Handel will Nabot aber nichts wissen, weil er das Erbe seiner Vorfahren nicht aufgeben möchte. König Ahab wird wütend, seine Frau Isabel verspricht, ihm zu helfen. In einem Schreiben bittet sie die Ältesten und Edlen, ein Fasten zu organisieren und Nabot an einen bedeutenden Platz zu setzen. Ihm gegenüber sollen zwei Nichtsnutze sitzen, die ihn dann der Lästerung Gottes und des Königs beschuldigen. Dafür soll Nabot gesteinigt werden. So geschieht es. Als Isabel ihrem Mann erzählt, dass Nabot tot sei, will Ahab Nabots Weinberg in Besitz nehmen. Da taucht aber der von Gott geschickte Prophet Elija auf, der dies verhindert und Ahabs Schicksal voraussagt.

---

32 Cuminonza Radio Romontsch, in: La Casa Paterna 45/1953, 7.11.1953, S. 2; Coray 2011 (wie Anm. 12), S. 193–213.

33 Eine Digitalisierung des Hörspiels ist bei der Schweizerischen Nationalphonothek vorhanden. Eine CD-ROM der Sendung lagert in der Kantonsbibliothek Graubünden. Cadonau, Peter Paul, Nabot e sia vegna, Sendung für die Rätoromanen, Data d'emissiun 3.2.1956.

34 Liver, Ricarda, Art. Ils gieus biblics, in: Andreas Kotte (Hg.), Theaterlexikon der Schweiz, Zürich 2005, Bd. 1, S. 709–711.

35 Il Vegl Testament, I: Cudischs historics (parts elegidas). Nova versiun sursilvana, procurada en lavur communabla dils plevons romontschs dil Colloqui Sur igl Uaul sin fundament d'ina emprema translaziun da ser dr. P.P. Cadonau, Vuorz. Redacziun finala: ser M. Fontana, Castrisch, Cuera 1967, S. 417–419.

Cadonau war ein Kenner der Erzählungen des Alten Testaments. Er übersetzte und übertrug viele dieser Erzählungen selbst, so auch diejenige von Ahab und Nabot, die 1967 erschien.[36] Bereits für die im Jahre 1919 publizierte surselvische Ausgabe der biblischen Geschichten für Familien und Schulen, die das Colloqui Sur igl Uaul besorgte, stellte Cadonau zusammen mit drei weiteren Pfarrern die Auswahl zusammen,[37] und darin kommt auch die Geschichte von Ahab und Nabot vor.[38] Offenbar hat Nabots Geschichte ihm besonders zugesagt, so dass er eine Dramatisierung der Erzählung vornahm. Cadonau ist nicht der Erste, der diese Geschichte für das Theater adaptierte, vielmehr steht er in einer Reihe mit anderen Autoren biblischer Dramen, die sich der Ahab-Isabel-Elija-Thematik angenommen haben. Bereits in der Mitte des 16. Jahrhunderts wurde *Naboth* von Jos Murer in Winterthur aufgeführt,[39] und seitdem wurde diese biblische Geschichte immer wieder für die Bühne aufbereitet. Es gibt auch eine romanische Variante: Die Tragödie *La Jezabela* wurde wahrscheinlich im 18. Jahrhundert von einer italienischen Vorlage ins Romanische übertragen, 1895 wurde das Stück publiziert.[40]

Ob Cadonau von diesen Werken Kenntnis hatte oder nicht, ist nicht ersichtlich. Jedenfalls setzt er weder die boshafte Isabel noch den Propheten Elija in den Mittelpunkt seiner Dramatisierung, sondern legt das Augenmerk auf Nabots Handeln.[41] Dabei erklärt er die Umstände dieser im Alten Testament nur kurz beschriebenen Episode, die kaum etwas über Nabot aussagt, aus Sicht seines Protagonisten Nabot. Dafür teilte er sein Hörspiel in vier Szenen ein. Die erste Szene spielt sich vor dem Hause Nabots ab.[42] Nabot, Abinadab und Jojada sprechen über ihre schwierige Lage als Bauern. Während Abinadab und Jojada sich über einen Wegzug vom Land in die Stadt Gedanken machen, um ein sorgenfreieres Leben führen zu können, weist Nabot darauf hin, dass Sorgen zum Leben gehörten und man das Erbe der Vorfahren nicht einfach aufgeben dürfe. In der Stadt und vor allem am Königshof werde ein sündhaftes Leben geführt. Hanna, Nabots

36 Ebd.

37 Historias biblicas per famiglias e scolas evangelicas della Surselva, Samedan e San Murezzan 1919. Neben Cadonau waren Conradin Bonorand, Christian Candrian und Theodor Caveng für die Ausgabe verantwortlich. Vgl. die Einführung «Als lecturs».

38 Ebd., S. 47.

39 Greco-Kaufmann, Heidy, Art. Jos Murer, in: Andreas Kotte (Hg.), Theaterlexikon der Schweiz, Zürich 2005, Bd. 2, S. 1295.

40 La Jezabela. Tragedia, publicada da P. A. Vincenz, in: AnSR 9/1895, S. 223–270, Hinweis zur Entstehung des Dramas S. 270.

41 Cadonau, Peter Paul, Nabot e sia vegna. In giug biblic per il radio, Typoskript, 1954 (Kantonsbibliothek Graubünden).

42 Ebd., S. 1–5.

Frau, bringt die Nachricht, dass die Königin Isabel wünsche, auf dem Land zu leben, und dass der König den Propheten Elija ausser Landes verbannt habe. Dieser kommt zu Nabot und verlangt von ihm, nicht aufzugeben. Die zweite Szene findet in der Stadt Jezreel statt.[43] Die drei Bauern sind dorthin zitiert worden, weil Nabot, wie sie befürchten, dem Propheten Unterschlupf gewährt hat. Nabot weiss jedoch zu berichten, dass sich der König und die Königin ihr Land für ein neues Schloss angesehen hätten. Abinadab und Jojada zeigen sich erfreut und bereit, ihr Land dem König zu verkaufen, Nabot aber weigert sich:

> «Schi bienmarcau vuleis vus vies sulom / unfrir ad ina luna d'ina femna / e bandunar il funs che dat a nus il paun?»[44] Und später, als der Gesandte des Königs die Vermutungen der Bauern bestätigt, meint Nabot: «Gl'ei buca mo il retg che vegn tier nus. / Er Isabel, regina nuncartenta, / cun sia suita vegnan er tier nus / e vulan tusghentar l'entira tiara / cul spért de nuncardientscha e levsenn.»[45]

Während Abinadab und Jojada den Verkauf gutheissen, sträubt sich Nabot. Auch gutes Zureden seiner Frau hilft nicht. Die dritte Szene spielt erneut in Nabots Haus.[46] Jojada, der nun beim König arbeitet, tritt in Nabots Stube und bittet ihn, den Königsgeburtstag als Leiter zu organisieren und zu feiern, um zu zeigen, dass er dem König nicht übel gesinnt ist. Die Möglichkeit, den König nach einem gelungenen Fest bitten zu können, den Propheten Elija wieder ins Land zu lassen, ermutigt Nabot, die Aufgabe zu übernehmen. Keinen Szenenwechsel gibt es für die vierte Szene.[47] Nabot führt das Fest zur Zufriedenheit aller aus, bis sich Saboteure einschalten, die sich gegen den König wenden. Das Fest ist beendet, man befürchtet Repressionen des Königs. Nabot will aber nicht fliehen, er habe nichts Falsches getan. Der Gesandte des Königs erscheint und nimmt Nabot fest. Man hört aus den Gesprächen heraus, dass der Gesandte selbst die Saboteure eingesetzt hat, um Nabot zur Verantwortung ziehen zu können. Es ist die Rache dafür, dass Nabot die Verkaufsangebote allesamt ausgeschlagen hatte. Nabot wird abgeführt, die Bauern und Hanna sehen das bereits errichtete Schafott und hören das ohne Gerichtsverhandlung gefasste Urteil

---

43 Ebd., S. 6–11.

44 Übers.: «So günstig wollt ihr euer Eigentum opfern, wegen der Laune einer Frau, und den Boden verlassen, der uns das Brot schenkt?» Ebd., S. 7.

45 Übers.: «Nicht nur der König kommt zu uns. Auch Isabel, die ungläubige Frau mit ihrem Gefolge kommt zu uns und will das ganze Land vergiften mit dem Geist des Unglaubens und des Leichtsinns.» Ebd., S. 8.

46 Ebd., S. 11–17.

47 Ebd., S. 17–24.

gegen Nabot: Weil er zugelassen habe, dass der Name des Königs beleidigt worden sei, wird er zum Tode verurteilt und sein Hab und Gut konfisziert. Nach dem Strafvollzug erscheint der Prophet Elija und sagt König Ahab und seiner Frau ein schreckliches Ende voraus.

Das Hörspiel besticht durch die Sprache. Cadonau hat seinen *Nabot* in fünfhebigen, ungereimten Jambus, also in Blankvers, gesetzt und sich damit des klassischen Verses der deutschen Tragödie bedient. Man darf sich fragen, ob ein Blankvers die ideale Form für ein Radiospiel ist, weil dadurch vieles deklamatorisch wirkt. Die Anwendung dieser Form stellt grosse Ansprüche an den Autor. Dafür nahm Cadonau dramaturgische Mängel in Kauf: Die Dialoge sind vielfach ereignisbeschreibend, was das Hörspiel ebenfalls etwas gekünstelt wirken lässt. Zudem nimmt der Autor in der vierten Szene einen Perspektivwechsel vor: Wurde bis dahin alles aus der Sicht von Nabot erzählt, erzählen nun die Bauern und seine Frau, was mit Nabot geschieht. Das ist dramaturgisch gesehen nicht konsequent.

Erstaunlich ist aber, wie Cadonau aus der kurzen Erzählung aus dem Alten Testament eine zum Teil originelle Geschichte strickt. Es ist die Geschichte dreier Bauern, die sich um ihre Zukunft Sorgen machen. Während zwei sich durchaus kompromissbereit zeigen und bereit sind, ihr traditionelles Leben aufzugeben, sich also auch eine andere Zukunft vorstellen können, bleibt Nabot seiner Berufung treu: Er will das Erbe seiner Vorfahren weiterführen und sich nichts vorschreiben lassen, auch nicht von einem König. Die Thematik des freien, unabhängigen Bauern, die in der Surselva bestens bekannte Aussage «Quei ei miu grep, quei ei miu crap» vom «pur suveran»[48] schimmert hier deutlich durch und vermag den Bogen von alttestamentlicher Zeit zur Bündner Geschichte zu spannen. Auch Nabots Hinrichtung deutet auf diese Verbindung hin: Während er in der biblischen Erzählung gesteinigt wird, richtet man Nabot in Cadonaus Erzählung mit dem Schwert auf dem Schafott. Das war die übliche Art der Hinrichtung in den Drei Bünden, die auch im Kanton Graubünden bis in die Mitte des 19. Jahrhunderts angewendet wurde. Cadonau verwies also mit dieser biblischen Geschichte auf das harte Leben der Bergbauern und machte diese für die zeitgenössische Bevölkerung greifbar und lebensnah. Wie mit der *Sontgetta* hat Cadonau auch mit seinem biblischen Hörspiel die ihm bekannten dörflichen Gemeinschaften angesprochen. Und auch in seinem Hauptwerk *Aua viva* steht die Dorfgemeinschaft im Mittelpunkt.

---

48 Eine kritische Betrachtung des Mythos des freien Bauern als idealen Repräsentanten der romanischen Identität findet sich bei Coray, Renata, Von der Mumma Romontscha zum Retortenbaby Rumantsch Grischun. Rätoromanische Sprachmythen, Chur 2008, S. 301–308. Übers.: «Dies ist mein Fels, dies ist mein Stein.»

Das Drama *Aua viva*

Als sein zweites Hörspiel im Radio gesendet wurde, hatte sein dramatisches Hauptwerk die Uraufführung bereits hinter sich. Dabei handelt es sich nicht um ein Hörspiel, sondern um ein «drama popular», wie ser Paul es selbst nannte. Wann genau er sein Theaterstück verfasste, kann nicht abschliessend festgestellt werden, aber auch hier liess sich Cadonau offenbar von einem Wettbewerb motivieren.[49]

Wie beim Hörspiel *La sontgetta dil vitg* dramatisiert Peter Paul Cadonau einheimischen Stoff. Dieses Mal bedient er sich aber nicht bei einem heimischen Schriftsteller, sondern erschafft mit dem Drama *Aua viva* ein Theaterstück, das eigene Erfahrungen verarbeitet. Bereits der Titel macht klar, dass das Stück mit Wasser zu tun hat. Und es spielt dann auch zur Zeit der Einführung der Wasserversorgung in einem Dorf in der Surselva. Bibelfeste erkennen aber sogleich den Hinweis auf eine Erzählung aus dem Johannesevangelium. Der Titel ist gut gewählt, denn er verweist bereits auf die äusseren wie auch inneren Umstände des Dramas.

Wer die Ereignisse rund um die Einführung der Wasserversorgung in Cadonaus Heimatdorf Uors la Foppa kennt, ist wohl wenig erstaunt darüber, dass er sich genau für dieses Thema interessierte. Waltensburg erhielt seine Wasserversorgung im Sommer 1902, Cadonau war zu dieser Zeit 11 Jahre alt und hatte sowohl die Vorgeschichte als auch den Nachhall hautnah miterlebt. Der Eindruck war so prägend, dass er die Geschehnisse mit sich trug, bis er sie auf Papier verarbeiten konnte. Deshalb ist *Aua viva* auch ein sehr persönliches Stück, beschreibt es doch Ereignisse aus seinem eigenen Leben.

Bevor ich aber die Hintergründe des Stückes beleuchte, will ich zunächst auf das Drama *Aua viva* eingehen.[50] Es ist in fünf Akte gegliedert und nicht ganz einfach zu inszenieren, denn es sind vier verschiedene Bühnenbilder vorgesehen. Es beginnt (1. Akt) und endet (5. Akt) in der Stube

49 Teater a Trin, in: La Casa Paterna 10/1952, 23.2.1952, S. 2. Es ist nicht klar, welcher Wettbewerb gemeint ist. 1946 hatte die Lia Rumantscha einen Dramenwettbewerb ausgeschrieben, 16 Dramen wurden eingereicht, nur ein Autor (Gian Belsch) wurde prämiert. Drei weitere Autoren, darunter ein Sursilvan, erhielten einen kleinen finanziellen Betrag, gedacht als Ermutigung. La Casa Paterna 42/1946, 17.10.1946, S. 1. Ob es sich bei diesem Autor um Cadonau handelt, kann nur vermutet werden. Das hiesse allerdings, dass Cadonau zuallererst ein Drama geschrieben hat und erst dann die Hörspiele.

50 Cadonau, Peter Paul, Aua viva. Drama popular en 5 acts [s. l, s. d.]. Das Drama ist bisher nicht publiziert worden. Wo nichts anderes erwähnt ist, beziehe ich mich im Folgenden auf das Exemplar des Stückes, das beim Theaterposten der Lia Rumantscha vorhanden ist und dort bezogen werden kann. Dass es sich dabei um ein für eine Aufführung gebrauchtes Exemplar handelt, zeigen die Namensangaben bei den Theaterfiguren.

Abb. 58 Cadruvi (mit der heutigen Casa Posta Veglia) in historischer Aufnahme von etwa 1912; im Vordergrund der 1902 errichtete Dorfbrunnen.

des Hauptcharakters Risch Casti. Der zweite Akt spielt sich im Büro von Castis Gegenpart, dem Gemeindepräsident Giosch Parsura, ab. Die Akte drei und vier schliesslich finden auf der Strasse vor dem Dorfrestaurant statt, wobei im vierten Akt ein neuer Brunnen das Strassenbild mitprägt. Je nachdem, wie naturalistisch man das Stück aufführt, können das Bühnenbild und die Wechsel relativ aufwendig sein. Ebenso ist die Anzahl der Charaktere beachtlich: 13 mit Namen genannte Figuren, ein Dorfpolizist, mehrere Arbeiter und Bauern sowie Kinder ergeben eine relativ grosse Anzahl benötigter Darstellerinnen und Darsteller. Mit Blick auf die zwei genannten Aspekte erkennt man das für Cadonau eher ungewohnte dramatische Genre. Die Ausgangslage ist also relativ kompliziert und aufwendig gestaltet.

Cadonau entwirft in seinem Drama das Bild einer Dorfgemeinschaft zu Beginn des 20. Jahrhunderts. Das Dorf, in dem die Geschichte spielt, nennt er Surpunt. Der Dorfname wie auch die Familiennamen der Protagonisten wie Casti, Bargaus oder Decuolm lassen keine Zweifel daran, dass es sich dabei um ein Dorf in der Surselva handelt.

Der erste Akt[51] führt in die Thematik ein: Die Familie Casti wartet am Sonntag beim Mittagessen auf den Vater. Er verspätet sich, weil die Gemeindeversammlung nach der Predigt länger dauerte. Die Versammlung bewilligte gegen den Willen des Gemeindepräsidenten Wasserleitungen und Brunnen für das Dorf. Die entscheidende Kraft für den Entscheid war Risch Casti. Seine Familie freut sich auf die nun beschlossene Modernisierung, Mengia Casti fürchtet sich allerdings vor der Rache des Gemeindepräsidenten. Dieser und Risch Casti sind alte Rivalen, hätte der Gemeindepräsident

51 Ebd., S. 1–6.

ja doch selbst gerne die Mengia als Frau gehabt. Die Konstellation wird noch zusätzlich verkompliziert, weil ausgerechnet der Sohn des Gemeindepräsidenten und die Tochter von Risch Casti so gut wie verlobt sind. Die Dramaturgie ist nach dem ersten Akt so gesetzt, dass es mehrere Erzählstränge gibt, die voneinander abhängig sind, was das Stück immer spannend hält.

Im zweiten Akt[52] sitzt zunächst der Dorfkrämer und -wirt Fritz Dargien bei Giosch Parsura. Er verrät dem Gemeindepräsidenten, dass man ihn durch Risch Casti ersetzen wolle, so habe er es in seiner Schenke gehört. Parsura, der schon wegen des Entscheids zur Wasserversorgung nicht gut auf Casti zu sprechen ist, sieht in ihm nun seinen persönlichen Gegner und schwört, ihn zu vernichten. Der Bauunternehmer Capaul tritt ein und möchte dem Gemeindepräsidenten seine Offerte für die Bauarbeiten zur Wasserversorgung schmackhaft machen. Obwohl Parsura betont, diese Entscheidung treffe nicht er, sondern der Vorstand und die Gemeindeversammlung, verabredet er mit Capaul gleich Folgendes: Er soll beim Wirt Dargien Unterkünfte für die Arbeiter beziehen, Leute aus dem Dorf als Hilfsarbeiter engagieren und seinen Sohn Padrut als Aufseher einstellen. Capaul geht auf diese Bedingungen ein. Giosch Parsura macht seinem Sohn zudem unmissverständlich klar, dass es für ihn besser wäre, sich mit der Tochter des Wirtes abzugeben statt mit Nina Casti. Exemplarisch für die Haltung im Stück, quasi für dessen moralische Basis, ist die Reaktion von Padrut, der seine Mutter früh verloren hat, auf die Ankündigungen seines Vaters: «El sez ei senza ventira e vul er buca cuir quella a ses uffons. Jeu savess vegnir nars dalla gretta, e tonaton stosel jeu seprender puccau ded el. Ins encorscha, ch'ei ha muncau en nossa casa il spért della mumma, il spért de cardientscha ed uraziun. [...] Jeu sentel era en mei las forzas della stgiradetgna che tilan mei engiu silla via nauscha e mala, sche jeu hai buc enzatgi che tegn mei sidretg.»[53] Genau darum geht es in diesem Stück, um die Auseinandersetzung zwischen Gut und Böse, zwischen dem Geist des Glaubens und dem Geist der Dunkelheit. Der christliche Glaube als Rettung vor dem Bösen, als Wegweiser zum Guten, das ist die Hauptbotschaft von Cadonaus Stück.

Der dritte Akt[54] zeigt das rege Treiben vor der Crusch Alva, dem Restaurant von Fritz Dargien. Gaudenz Casti, der Sohn von Risch, der jetzt

52 Ebd., S. 7–11.

53 Übers.: «Er selbst ist ohne Glück und will dieses auch seinen Kindern nicht gönnen. Ich könnte irr werden vor Wut, und dennoch muss ich mich seiner erbarmen. Man merkt, dass der Geist der Mutter in unserem Haus gefehlt hat, der Geist des Glaubens und des Betens. [...] Ich fühle auch in mir die Kräfte der Dunkelheit, die mich abwärts auf den bösen und schlechten Weg ziehen, wenn ich nicht jemanden habe, der mich aufrecht hält.» Ebd., S. 10.

54 Ebd., S. 12–16.

auch für die Baugesellschaft arbeitet, geht wie alle anderen jeden Abend nach getaner Arbeit ins Lokal. So auch Padrut Parsura, den die anderen Arbeiter aber nicht mögen, weil er ein gehässiger Aufseher ist. Man erfährt, dass Risch Casti ohne Arbeit ist. Er hat seine Stelle als Gemeindeförster verloren, was der ganzen Familie zugesetzt hat. Zudem ist der Kontakt zwischen Nina und Padrut abgebrochen. Für Nina ist klar weshalb: Der Gemeindepräsident hat ihrem Vater die Stelle und ihr die Liebe genommen. Zu allem Übel stellt sich auch noch heraus, dass Gaudenz Geld aus der Firmenkasse gestohlen hat. Er wird von einem Polizisten abgeführt.

Die gleiche Szenerie zeigt sich im vierten Akt,[55] wobei die neue Wasserversorgung zu Ende gebaut ist. Kinder singen und bestaunen den neuen, geschmückten Brunnen. Ein Bauer beklagt sich: «Sin caussas mortas che s'empon ni da bien ni da mal, metta ins si tschupi, mo ils carstgauns de carn e saun stauscha ins d'ina vart e sa negin grau per quei ch'ei fan.»[56] Dieser Satz, den Cadonau dem Bauern Peder Decuolm in den Mund gelegt hat, stammt sinngemäss eigentlich von seinem Vater, wie wir noch weiter unten sehen werden, und zeigt, wie stark ihn diese Episode geprägt hat.

Gaudenz Casti kehrt zur gleichen Zeit aus dem Gefängnis nach Hause zurück. Er hat Gewissensbisse, weil er seine ganze Familie in ein schlechtes Licht gerückt hat. Sie nimmt ihn (den verlorenen Sohn!) aber mit offenen Armen in Empfang. Das Glück ist dennoch nicht ganz zu den Castis zurückgekehrt: In einer Begegnung bekennt sich Padrut nicht zu Nina, sondern geht mit der Wirtstochter ins Restaurant. Risch Casti schliesslich kann sich nicht recht über die neuen Brunnen freuen, er hat Angst, dass die Melodie des Wassers, das aus dem Brunnenstock kommt, ihn für immer daran erinnert, dass er das Glück der Kinder zerstört hat.

Die Auflösung folgt im fünften Akt,[57] der wiederum in Risch Castis Stube spielt, dort, wo das Stück begonnen hat. Es ist der Tag der Brunneneinweihung. Nina Casti bringt ein Gefäss mit dem ersten Brunnenwasser ins Haus. Die Festlichkeiten zur Brunneneinweihung spielen sich genau vor Risch Castis Haus ab, der zur Feier aber nicht eingeladen ist. Bei den Festreden bedrängen die Arbeiter Padrut Parsura und schlagen auf ihn ein. Man trägt ihn in die Stube von Risch Casti, wo er sich mit Nina versöhnt, ehe er an den Verletzungen stirbt. Der Gemeindepräsident stürzt ins Zimmer und macht Risch Casti für den Tod seines Sohnes verantwortlich. Nach kurzem Zögern entscheiden alle, zusammen Gottes Weg zu gehen, weil Padrut wohl tot, aber im Glauben gestorben ist. Und Mengia Casti meint abschliessend:

---

55 Ebd., S. 17–22.

56 Übers.: «Tote Sachen, die weder Gutes noch Böses vermögen, schmückt man mit einem Kranz, aber die Menschen aus Fleisch und Blut stösst man beiseite und interessiert sich nicht für das, was sie tun.» Ebd., S. 17.

57 Ebd., S. 23–27.

«Udis, co l'aua cuora giud il tgiern-funtauna. Tgi che crei, da quel vegnan a fluir flems ded aua viva.»[58]

Es ist wohl angebracht, die Konzeption des Stückes etwas zu kritisieren. Rein dramaturgisch hat es einige Defizite. So lebt es von den Dialogen, nicht von der Handlung, weil diese mehr erzählt denn gespielt wird. Vieles wickelt sich im Hintergrund ab und wird berichtet statt gezeigt, so etwa die Gemeindeversammlung, das bunte Treiben im Restaurant oder der Festumzug mit dem Tumult bei der Einweihung der Brunnen. Dabei wären es genau diese Szenen, die das Publikum fesseln könnten. So bleibt das Stück mehr ein Hör- denn ein Schauspiel. Dass man das mittlerweile über 60-jährige Stück heutzutage unbearbeitet in einem Bündner Dorf wohl nicht mehr aufführen könnte, hat jedoch noch einen anderen Grund: Zu offensichtlich ist die missionarische Grundhaltung. Die letzten Szenen des fünften Aktes sind von christlichen Glaubensbekenntnissen nur so getränkt und erheben zudem ganz stark den moralischen Zeigefinger, was von der sonst realistischen Handlung stark abweicht. Der belehrende Charakter ist offensichtlich, und damit handelt es sich bei diesem Theaterstück auch nicht um ein Volksdrama, wie Cadonau es selbst gesehen hat, sondern um ein religiöses Lehrstück.[59]

Nichtsdestotrotz hat es einige Stärken, die es auch heute noch aussagekräftig und damit relevant erscheinen lassen. Es zeigt auf eindrückliche Art und Weise die verschiedenen Mechanismen in einer Dorfgesellschaft, die durch Meinungsverschiedenheiten, Eifersucht, Geldgier oder Streit in Gang gesetzt werden und die fatale Folgen haben können. Und man merkt ganz deutlich, dass hier ein Kenner solcher Gemeinschaften das Drama geschrieben hat. Das könnte man mit vielen Angaben zu Details belegen, worauf an dieser Stelle aber verzichtet werden muss.

Das Stück *Aua viva* erfuhr seine Uraufführung 1952 in Trin, der damaligen Gemeinde von Peter Paul Cadonau. Der Chor mischedau Trin lud an zwei Sonntagen ins Theater, nämlich am 24. Februar und am 2. März.[60] Der Korrespondent der Regionalzeitung *La Casa Paterna* schreibt nach der Aufführung: «Il cuntegn dil giug ei profunds, la viva acziun lai buca luc igl aspectatur entochen che quella el tschunavel act sesligia de maniera naturala

58 Übers.: «Hört ihr, wie das Wasser aus dem Brunnenhahn fliesst. Wer glaubt, aus dem werden Flüsse lebendigen Wassers fliessen.» Ebd., S. 27.

59 Die Aussage, dass man Cadonaus Stück nicht mehr unbearbeitet in einem Dorftheater aufführen könnte, steht nicht im Widerspruch zur Feststellung, dass die Bibel als Bühnenstoff wieder aktuell ist und dass man vor allem in freikirchlichen Kreisen vermehrt religiöse Lehrstücke aufführt. Baigger, Katja, Moses ist ein Popstar, in: Neue Zürcher Zeitung, 23. Februar 2013, www.nzz.ch/panorama/moses-ist-ein-pop-star-1.18022656 (abgerufen am 11.12.2018).

60 La Casa Paterna 8/1952, 23.2.1952, S. 2 und 3 (Inserat).

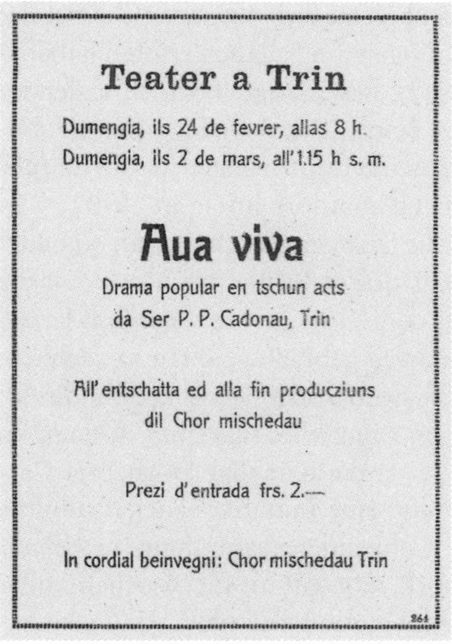

Abb. 59 Ankündigung der Aufführungen von «Aua viva» in Trin, 1952 (Inserat in: La Casa Paterna 8/1952, S. 3).

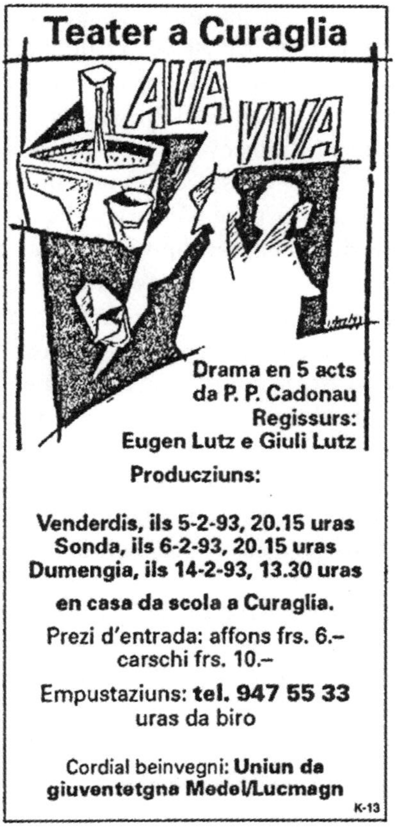

Abb. 60 Ankündigung der Aufführung von «Aua viva» in Curaglia, 1993 (Inserat in: La Casa Paterna 9/1993, S. 1).

e perschuadenta.»[61] Ob es in Trin noch weitere Aufführungen des Stückes gegeben hat, muss offenbleiben. Gut vierzig Jahre später sind in der Surselva, genauer in Curaglia, weitere Aufführungen belegt, nämlich am 5., 6. und 14. Februar 1993. Die «Uniun da giuventetgna Medel/Lucmagn» lud ein, Regie führten Eugen Lutz und Giuli Lutz.[62]

Das Drama *Aua viva* bezieht sich auf reale Geschehnisse. Darauf weist bereits das auf dem Titelblatt des Stückes stehende Motto «En pia memoria»

---

61 Übers.: «Der Inhalt des Spiels ist tief, die lebendige Handlung lässt den Zuschauer nicht locker, bis sie sich im fünften Akt ganz natürlich und überzeugend auflöst.» La Casa Paterna 9/1952, 1.3.1952, S. 1.

62 Dazu gab es sogar noch eine Zusatzvorstellung. Gasetta Romontscha 9/1993, 2.2.1993, S. 11; Gasetta Romontscha 12/1993, 12.2.1993, S. 2.

hin[63], in frommem Gedenken also, Gedenken an diejenigen, welche bei der Einführung der Wasserversorgung in Waltensburg Schaden erlitten haben.

Die Thematik hat Cadonau jahrelang beschäftigt. Für den Calender *Per mintga gi* von 1952 schrieb er einen Beitrag mit dem Titel *Aua de fontauna* (Brunnenwasser). Darin erzählt er seine Erinnerungen an die Einführung der Wasserversorgung in seinem Heimatdorf im Jahre 1902.[64] So wichtig die neue Wasserversorgung für die Dorfgemeinschaft war, so bildet sie doch ein eher dunkles Kapitel in der Dorfgeschichte. Nicht nur hat die Modernisierung der Wasserversorgung dem Dorf grosse Auseinandersetzungen zwischen Befürwortern und Gegnern gebracht, sie hat tatsächlich, wie im Drama, einen tödlichen Ausgang genommen, wenn auch indirekt. Eine der Hauptpersonen im realen Leben – auch dies schreibt Cadonau im Calender-Beitrag ohne Zurückhaltung – war der damalige Dorflehrer Caspar Cadonau, ser Pauls Vater. Dieser hatte eine Initiative lanciert, um die Frage der Wasserversorgung an einer Gemeindeversammlung zu behandeln. Cadonau schreibt, dass er sich noch sehr gut an die Wochen voller Auseinandersetzungen vor der Entscheidung erinnern könne. Und weiter:

> «Ord tema, ch'ins vegni tonaton buc a reussir, ha miu bab aunc la sonda sera avon la radunonza decisiva clamau ensemen ina radunonza dils iniziants ed admoniu in e scadin de far tut siu pusseivel per la caussa.»[65]

Peter Paul Cadonaus Vater spielte eine entscheidende Rolle zugunsten der neuen Wasserversorgung, die Gemeinde stimmte schliesslich mit 44 zu 43 Stimmen für das neue Projekt.

Die Arbeiten dazu begannen im Frühling 1902, ein Bauunternehmer aus Ilanz kam ins Dorf «cun bia Talianers», wie sich ser Paul erinnerte, um bis Ende Sommer Wasserleitungen zu legen und Brunnen zu bauen.[66] Für Peter Paul Cadonaus Familie brachte die neue Wasserversorgung jedoch viel Kummer mit sich. Die Gemeinde entliess Cadonaus Vater als Dorflehrer, was wohl eine Retourkutsche des Gemeindevorstandes wegen Cadonaus Engagement zugunsten der neuen Wasserversorgung war. Und als die Familie Cadonau Ende Sommer vom Maiensäss zurückkehrte, durch das Dorf nach Hause ging und die neuen Zementbrunnen und die Eisenstöcke sah, von denen einer sogar einen Kranz trug, ging dies Cadonaus Vater sehr

63 Cadonau, Aua viva (wie Anm. 50), Titelblatt.

64 Cadonau, Peter Paul, Aua de fontauna. Reminiscenzas davart il niev provediment ded aua a Vuorz 1902, in: CPMG 1952, S. 40–44.

65 Übers.: «Aus Angst, dass es trotzdem nicht gelingen könnte, hat mein Vater noch am Samstagabend vor der entscheidenden Versammlung eine Sitzung der Initianten einberufen und einen jeden ermahnt, sein Möglichstes für die Sache zu tun.» Ebd., S. 42.

66 Ebd., S. 43.

nahe. Cadonau beschreibt im Rückblick die Gedanken seines Vaters so: Die Brunnenstöcke habe man geschmückt, aber ihn selbst habe man auf die Seite getan. Genau diesen Gedanken hat er in seinem Stück den Bauern Peder Decuolm formulieren lassen. Diese Schmach hatte für Cadonaus Vater weitreichende Folgen: «Cu miu bab ei gl'auter gi turnaus dalla lavur, saveva el buca tschintschar pli endretg, ed el ei vegnius attaccaus d'ina greva malsogna dil tschurvi, e sia forza spirtala ei per tut sia veta stada sfraccada.»[67] Wahrlich ein Drama, das sich da abgespielt hat. Dabei hatte Caspar Cadonau sich lediglich seines Bürgerrechtes der freien Meinungsäusserung und der politischen Mitsprache bedient. Gleich wie im Theaterstück verlor ein politisch engagierter Angestellter seine Arbeit bei der Gemeinde. Und gleich wie im Theaterstück kam es rund um die Arbeiten zu einem Todesfall. Gemäss Cadonau haben italienische Arbeiter ihren einheimischen Aufseher Luzi Pfister angegriffen und tödlich verletzt.

Zu diesem Kriminalfall mit tödlichem Ausgang gibt es noch bessere Quellen als die Erinnerung Cadonaus. Das Geschehen lässt sich relativ genau rekonstruieren, weil es dazu Akten im Staatsarchiv Graubünden gibt.[68] Die Schwere des Falles bewog das Kreisamt Ruis dazu, diesen dem Kantonsgericht Graubünden zu übergeben.[69] Und das Gericht fällte bereits am 2. Dezember 1902, also knapp zweieinhalb Monate nach den Ereignissen, sein Urteil.[70] Das Prozessprotokoll des Kantonsgerichts gibt Auskunft über den Tathergang. Der Täter war einer der vielen Italiener, die ins Dorf kamen, namens Virgilio Rech, der im Sommer für die Firma Calonder beim Wasserleitungsbau mitgeholfen hatte. Als Aufseher stand ihm Luzi Pfister vor, und dieser gab Rech auch Logis. Allerdings hatten diese zwei Männer «ein etwas gespanntes Verhältnis», weil Rech mit den Logiszahlungen im Rückstand war.[71] Das Unglück geschah, nachdem die Arbeiten für die Wasserversorgung bereits beendet waren. Vom 14. bis 20. September 1902 war Rech mit Arbeiten für einen Privaten beschäftigt. Dabei verwendete er auch Werkzeuge der Firma Calonder, was bei Pfister für weiteren Unmut sorgte. Am Abend des 20. Septembers kam Pfister beim Magazin

67 Übers.: «Als mein Vater am nächsten Tag von der Arbeit kam, konnte er nicht mehr richtig sprechen, und er wurde von einer schweren Hirnkrankheit ergriffen, und seine geistige Kraft war für sein ganzes Leben zerstört.» Ebd., S. 44.

68 StAGR, C3.8, Protokoll des Kantons-Gerichtes in Strafsachen, 1901–1902, S. 573–579; StAGR, III 23 d 1, Rech, Virgilio (Untersuchung gegen Virgilio Rech von Seren, prov. Belluno betreff Körperverletzung mit tödlichem Ausgang, 1902, XI. II).

69 StAGR, III 23 d 1, Rech, Virgilio (Untersuchung gegen Virgilio Rech von Seren, prov. Belluno betreff Körperverletzung mit tödlichem Ausgang, 1902, XI. II), Dokument 1, Brief des Kreisamtes Ruis an das Kantonsgericht, 27.9.1902.

70 StAGR, C3.8, Protokoll des Kantons-Gerichtes in Strafsachen, 1901–1902, S. 573–579.

71 StAGR, C3.8, Protokoll des Kantons-Gerichtes in Strafsachen, 1901–1902, S. 574.

in der Nähe von Surpunt vorbei – man erinnere sich, dass das Dorf in Cadonaus Stück Surpunt heisst – und stellte ihn zur Rede.[72] Nach einem Wortwechsel packte der einarmige, aber kräftige Pfister seinen Widersacher, dieser hatte jedoch ein Hebeisen in der Hand und stiess ihn damit weg. Auf Pfisters zweite Bewegung hin schlug ihm Rech das Hebeisen auf den Kopf, so dass Pfister zu Boden fiel. Der Schlag hatte eine 10 Zentimeter lange, klaffende, bis auf den Schädelknochen reichende Wunde sowie eine Schädelbasisfraktur zur Folge. Zwei Tage später starb Pfister an diesen Verletzungen. Rech selbst ging nach der Tat eiligst in seine Wohnung, packte seine Sonntagskleider und floh. Die Polizei konnte ihn am 22. September in Chur verhaften.[73] Rech war geständig und wurde wegen «Körperverletzung mit tödlichem Ausgang» zu dreieinhalb Jahren Zuchthaus und lebenslänglicher Ausweisung aus der Eidgenossenschaft verurteilt.[74] Es handelt sich hier wahrlich um dramatische Ereignisse, die für ein Dorf und dessen Gemeinschaft einschneidend sind. Man kann sich vorstellen, dass der Todesfall, die anschliessenden Befragungen durch das Kreisamt und der Prozess beim Kantonsgericht viele Wochen lang das beherrschende Thema in der Gemeinde waren.

So ist es nicht verwunderlich, dass auch Cadonau die Geschehnisse vom Herbst 1902 noch lange mit sich trug. Der gewaltige Eindruck, den dieser Fall gerade bei den Kindern zurückgelassen haben muss, lässt sich auch aus den Zeugenaussagen zur tödlichen Auseinandersetzung erkennen. Der Augenzeugenbericht der damals neunjährigen Barla Seeli etwa klingt folgendermassen: «Jeu eral vi en Cadruvi circa 50 m daven dil Rech e Pfister e hai veu che il Rech ha dau cun il pal fier giu per il tgau a Luzi Pfister e quel ei, creig jeu, daus anavon giun plaun.»[75] Es muss für das kleine Mädchen ein traumatisches Erlebnis gewesen sein zu sehen, wie ein Mann einem anderen eine Eisenstange auf den Kopf schlägt. Und man darf schon annehmen, dass die Kinder über dieses Ereignis gesprochen haben und dass mit

72 Die Skizze des Tatortes im Falldossier ermöglicht es, die Geschehnisse präzise zu lokalisieren. StAGR, III 23 d 1, Rech, Virgilio (Untersuchung gegen Virgilio Rech von Seren, prov. Belluno betreff Körperverletzung mit tödlichem Ausgang, 1902, XI. II), Dokument 13, Skizze des Tatortes. – Surpunt erreicht man von Cadruvi aus, wenn man statt die Hauptstrasse Richtung Andiast hinauf rechts Richtung Sägerei und dann über die kleine Brücke geht. Rech hatte Logis im Haus in Surpunt.

73 StAGR, C3.8, Protokoll des Kantons-Gerichtes in Strafsachen, 1901–1902, S. 574–577.

74 StAGR, C3.8, Protokoll des Kantons-Gerichtes in Strafsachen, 1901–1902, S. 578.

75 Übers.: «Ich war in Cadruvi etwa 50 Meter von Rech und Pfister entfernt und habe gesehen, dass der Rech dem Luzi Pfister mit einer Eisenstange auf den Kopf gehauen hat, und dieser ist, so glaube ich, vornüber auf den Boden gefallen.» StAGR, III 23 d 1, Rech, Virgilio (Untersuchung gegen Virgilio Rech von Seren, prov. Belluno betreff Körperverletzung mit tödlichem Ausgang, 1902, XI.II), Dokument 15, Zeugenaussage von Barla Seeli (30. Oktober 1902), S. 3.

jeder Erwähnung die Erinnerung daran tiefer gedrungen ist. So tief, dass der spätere Theologe und Bibelübersetzer Cadonau ein Drama darüber hat schreiben müssen, wohl auch, um die Geschehnisse verarbeiten zu können.

Der Todesfall und die Verstörungen rund um seinen Vater haben bei Cadonau wohl auch die Frage nach dem allgemeinen Sinn von Ereignissen und Geschehnissen auf dieser Welt aufkommen lassen, er wird sich viele Male die Frage «Warum?» gestellt haben. Es ist vielleicht nicht erstaunlich,

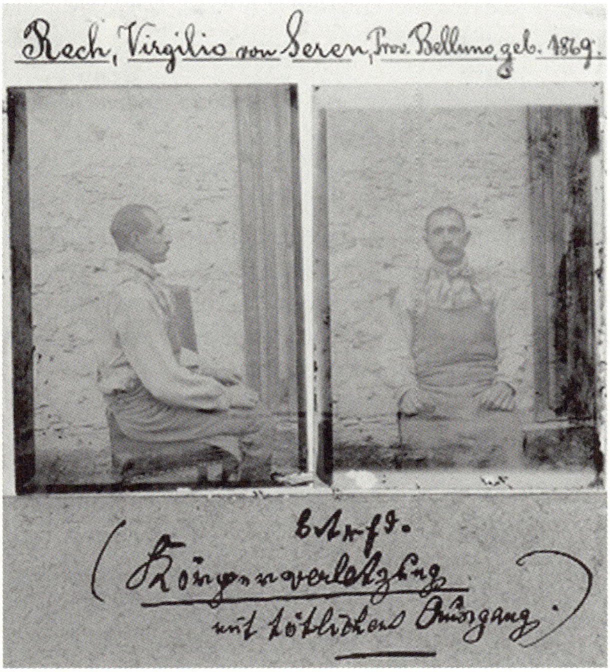

Abb. 61a Täterfoto von Virgilio Rech.

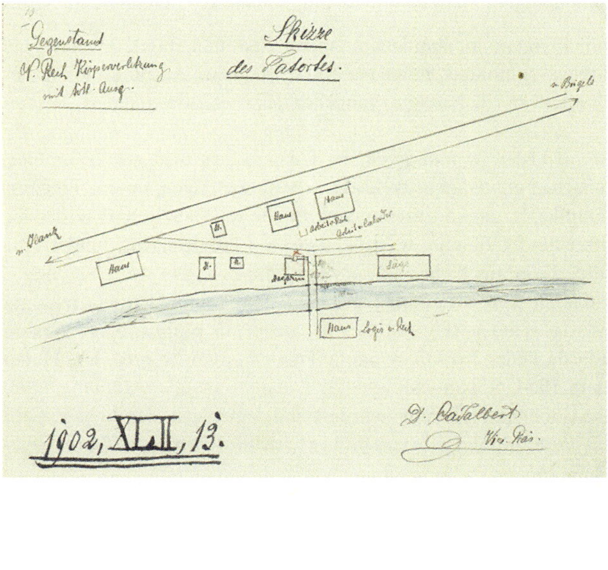

Abb. 61b Lageskizze vom Tatort (StAGR III 23d1 Rech, Virgilio).

dass einer seiner Beiträge für das im Jahre 1933 erschienene Büchlein *Meditaziuns biblicas* «Pertgei?»[76] heisst und der Frage nachgeht, weshalb so vieles auf dieser Welt geschieht, was die Menschen nicht verstehen können. Eine Antwort Cadonaus darauf lautet:

> «Bia de quei che ei e daventa el mund, e che plai buca a nus, ei cheu, per che nus vi de quellas caussas demuossien nossa forza de luvrar e de pittir, de purtar e de cumbatter, per aschia far honur a nies Deus. Perquei astga buca la larma ed il suspir esser il davos ch'il cristiaun fa sin tiara, mo la lavur e la pazienzia ch'el demuossa pell'amur de Deus.»[77]

Leidenskraft zeigen, das war ein Schlüsselwort für Cadonau, auch in seinem Drama.

Die Frage nach dem Warum hat Cadonau also immer (wieder) beschäftigt. Und es ist nicht auszuschliessen, dass die Bibelübersetzung ihm eine Antwort für die Ereignisse in Waltensburg gegeben hat. Im Johannesevangelium gibt es eine Erzählung, die zur Thematik Brunnen und Wasser bestens passt, nämlich «Jesus e la dunna samaritana»[78]. Diese Erzählung erörtert die Frage nach der «aua viva», nach dem lebendigen Wasser. Dort wird geschildert, dass Jesus eine samaritanische Frau um Wasser bittet. Sie ist erstaunt, dass ein Jude sie um Wasser bittet. Darauf sagt Jesus in der Übersetzung von ser Paul:

> «Sche ti enconuschesses il dun de Deus e tgi che quel ei che gi a ti: Dai a mi da beiber! sche havesses ti dumandau dad el, ed el havess dau a ti aua viva.»[79]

Auf die Frage, welches denn dieses kostbarere lebendige Wasser sei, erwidert Jesus, dass jeder, der Brunnenwasser trinkt, wieder Durst bekommt.

---

76 Cadonau, Peter Paul, Pertgei?, in: Fundaziun Anton Cadonau (Hg.), Meditaziuns biblicas offeridas al pievel rumontsch reformau dalla Fundaziun Anton Cadonau per cultivar il rumontsch sursilvan ella baselgia evangelica dellas valladas renanas, Tusaun 1933, S. 61–64.

77 Übers.: «Vieles, was auf Erden ist und geschieht und was uns nicht gefällt, ist hier, damit wir an diesen Sachen unsere Arbeits- und Leidenskraft zeigen, unsere Tragenskraft und unsere Kampfkraft, um so unseren Gott zu ehren. Deshalb darf weder die Träne noch der Seufzer das Letzte sein, was ein Christ auf Erden macht, sondern die Arbeit und die Geduld, die er aus Liebe zu Gott zeigt». Ebd., S. 64.

78 Joh 4,1–42, in: Fundaziun Anton Cadonau per cultivar il romontsch ella baselgia reformada dellas valladas renanas (Hg.), Il niev testament. Ils psalms. Nova versiun sursilvana [procurada da Peder Paul Cadonau a Trin cun agid de prof. Dr. Hercli Bertogg, Cuera], Cuera 1954, S. 266–269.

79 Übers.: «Wenn du die Gabe Gottes kennen würdest und denjenigen, der dir sagt: Gibt mir zu trinken!, dann hättest du ihn gebeten, und er hätte dir lebendiges Wasser gegeben.» Joh 4,10, ebd., S. 266.

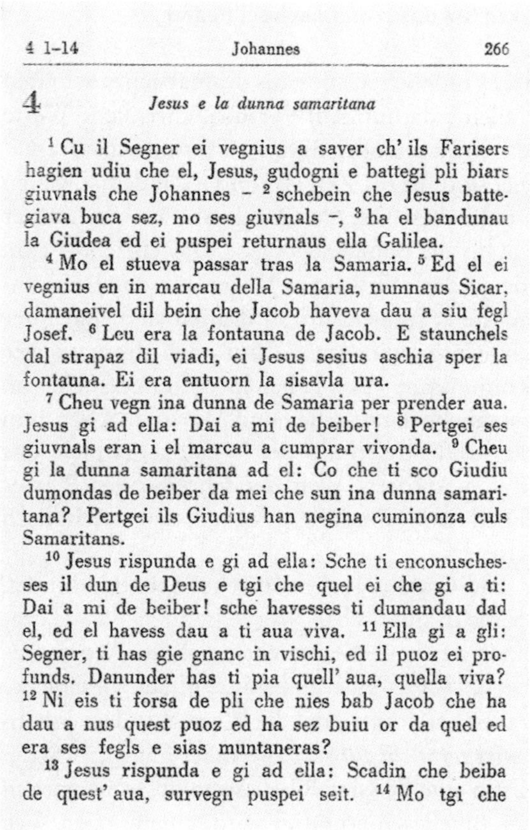

4 1–14 Johannes 266

4 *Jesus e la dunna samaritana*

[1] Cu il Segner ei vegnius a saver ch' ils Farisers
hagien udiu che el, Jesus, gudogni e battegi pli biars
giuvnals che Johannes – [2] schebein che Jesus batte-
giava buca sez, mo ses giuvnals –, [3] ha el bandunau
la Giudea ed ei puspei returnaus ella Galilea.
[4] Mo el stueva passar tras la Samaria. [5] Ed el ei
vegnius en in marcau della Samaria, numnaus Sicar,
damaneivel dil bein che Jacob haveva dau a siu fegl
Josef. [6] Leu era la fontauna de Jacob. E staunchels
dal strapaz dil viadi, ei Jesus sesius aschia sper la
fontauna. Ei era entuorn la sisavla ura.
[7] Cheu vegn ina dunna de Samaria per prender aua.
Jesus gi ad ella: Dai a mi de beiber! [8] Pertgei ses
giuvnals eran i el marcau a cumprar vivonda. [9] Cheu
gi la dunna samaritana ad el: Co che ti sco Giudiu
dumondas de beiber da mei che sun ina dunna samari-
tana? Pertgei ils Giudius han negina cuminonza culs
Samaritans.
[10] Jesus rispunda e gi ad ella: Sche ti enconusches-
ses il dun de Deus e tgi che quel ei che gi a ti:
Dai a mi de beiber! sche havesses ti dumandau dad
el, ed el havess dau a ti aua viva. [11] Ella gi a gli:
Segner, ti has gie gnanc in vischi, ed il puoz ei pro-
funds. Danunder has ti pia quell' aua, quella viva?
[12] Ni eis ti forsa de pli che nies bab Jacob che ha
dau a nus quest puoz ed ha sez buiu or da quel ed
era ses fegls e sias muntaneras?
[13] Jesus rispunda e gi ad ella: Scadin che beiba
de quest' aua, survegn puspei seit. [14] Mo tgi che

Abb. 62 Peter Paul Cadonaus Übersetzung der neutestamentlichen Erzählung «Jesus e la dunna samaritana» in der Bibelausgabe von 1954.

> «Mo tgi che beiba de quell'aua che jeu dun ad el, vegn a semper maina ad haver seit, mo l'aua che jeu dun ad el, vegn a daventar en el ina fontauna d'aua che sburfla tochen en veta perpetna.»[80]

Das lebendige Wasser ist also mehr als nur Wasser, das aus einem Brunnen kommt. Es ist das Wasser aus dem inneren Brunnenstock, der von den Worten Gottes genährt wird. Deshalb ist dieses lebendige Wasser wichtiger als jede moderne Wasserversorgung. Diese Erörterungen erlauben den Schluss, dass Peter Paul Cadonaus Drama – gleich wie seine Hörspiele – eine Form der Vermittlung christlicher Werte darstellt.

---

80 Übers.: «Aber wer Wasser trinkt, das ich ihm gebe, wird in Ewigkeit nie dürsten, sondern das Wasser, das ich ihm gebe, wird in ihm zur Quelle werden, aus der bis ins ewige Leben Wasser fliesst.» Joh 4,14, ebd., S. 266–267.

Zur Rolle reformierter Pfarrer für das romanische Theater

Nach diesen Überlegungen ist es möglich, Cadonaus dramatisches Schaffen einzuordnen. Er steht nicht alleine da mit dem Versuch, christliche Werte mittels dramatischer Texte durch Radio oder Bühne zu vermitteln. Dramatisierte Bibeltexte zum Beispiel sind für die Zeit vor und nach dem Zweiten Weltkrieg nichts Aussergewöhnliches. Gerade Gleichnisse wurden in der Zeit von 1930 bis 1950 gerne für die Bühne angepasst. Das Gleichnis vom verlorenen Sohn etwa wurde in diesen zwanzig Jahren für das Deutschschweizer Theater von mindestens sechs Autoren dramatisiert, darunter vom bekannten Theaterautor Cäsar von Arx.[81] Und auch dramatisierte Predigten hatten durchaus Konjunktur: «Das Leben im Spannungsfeld von Überlebenskampf und Nächstenliebe darzustellen und Mut zu machen zum christlichen Bekenntnis, war auch ausserhalb der Weihnachtsspiele das Anliegen einer grossen Zahl von Autoren. Viele der schreibenden Pfarrer und Lehrer hatten dabei das Bedürfnis, mit ihren Erzeugnissen erzieherisch auf das Publikum einzuwirken.»[82]

Genau hier passt Peter Paul Cadonaus dramatisches Schaffen hinein, hier muss man es verorten. Seine dramatischen Werke können alle als dramatisierte Predigten bezeichnet werden, alle beziehen sich auf Worte aus der Bibel. Während *Nabot e sia vegna* eine alttestamentliche Geschichte wiedergibt, vibrieren in *Aua viva* bereits im Titel die Worte aus dem Johannesevangelium. Und in *La sontgetta dil vitg* ist die Bibel allgegenwärtig, nicht nur, weil die Protagonistin eine fleissige Bibelleserin ist, sondern weil Crest explizit auch durch das Bibellesen ermutigt wird, einen neuen Weg einzuschlagen. Die Geschichte des verlorenen Sohnes bezieht Crest auf sich selbst.[83] Cadonaus Spiele sollen dem Publikum christliche Werte vermitteln und wollen in diesem Sinne auch belehrend sein. Die frohe Botschaft, das Evangelium Christi, wird als Gottes Gebot, als zeitloses korrektives und direktives Mittel angepriesen.

Neben der gesamtschweizerischen Strömung, der Cadonau ohne Zweifel angehört, ist er aber auch Teil einer anderen Tradition, die viel engere Grenzen kennt. Er gehört zu den Autoren der Surselva, die mit ihren Stücken im 20. Jahrhundert das romanische Theater gefördert haben. Und bei dieser Förderung spielen gerade Pfarrer eine nicht unwesentliche Rolle, des-

---

81 Amstutz, Hans/Käser-Leisibach, Ursula/Stern, Martin, Schweizertheater. Drama und Bühne der Deutschschweiz bis Frisch und Dürrenmatt 1930–1950, Zürich 2000, S. 179. Auf die Thematik des verlorenen Sohnes in den dramatischen Werken bei Cadonau wurde bereits hingewiesen. Siehe etwa Cadonau, Aua viva (wie Anm. 50), S. 17–22 (4. Akt).

82 Amstutz/Käser-Leisibach/Stern 2000 (wie Anm. 81), S. 182.

83 Fontana, sontgetta (wie Anm. 16), S. 67.

halb ist es auch nicht erstaunlich, dass Stoffe aus der Bibel wieder vermehrt Platz auf der Bühne fanden. Guglielm Gadola hatte sogar dazu aufgerufen, die biblischen Erzählungen als Theaterstoffe zu verwenden. In seinem *Muossavia dramatic* von 1946 schreibt er: «In'autra zun reha fontauna fussen senza dubi aschibein per catolics sco protestants ils grondius temas ord il Veder e Niev Testament»[84]. Von dieser Quelle machte Cadonau Gebrauch, und er gehört zu jenen reformierten Pfarrern, die sich für das Dorftheater ihrer Kirchgemeinden einsetzten.

Erstaunlich ist das Engagement der reformierten Pfarrer für das Theater nur auf den ersten Blick. Gerade in den Anfangsjahren der Sprachorganisation Renania, bei der die Pfarrer stark mitwirkten und -gestalteten, spielte das Theater eine wichtige Rolle in der Sprachförderung. Die Statuten der Renania von 1931 nennen als Ziel die Erhaltung, die Verteidigung und die Pflege von Sprache und Kultur der romanischen protestantischen Bevölkerung. Erreichen wollte man diese Ziele mit der Herausgabe der Publikationen *La Casa Paterna, Per mintga gi* und *Dun da Nadal.* Aber auch mit «procurar per teaters romontschs»[85]. Das Schreiben und Verfassen von Texten für die verschiedenen Publikationen zählte für die Initianten der Renania zu den wichtigsten Aufgaben der Organisation, dazu gehörte auch, sich um gute Theaterstücke zu kümmern. Dieses Ziel nahmen sich nicht wenige Pfarrer zu Herzen, und es scheint eine gewisse Tradition bei reformierten Pfarrern der Surselva gegeben zu haben, sich aktiv für das dörfliche Theaterleben einzusetzen. Bekannte Pfarrer, die dramatische Werke verfasst haben, sind Hercli Bertogg (1903–1958), der das Drama *Il biadi della stria*[86] wie auch das Spiel *Il bughetg* zur Flimser Geschichte verfasste.[87] Dann Luzi Cadonau (1915–1985), der das Weihnachtsspiel für Kinder *Cu il temps fuva cumplenius, ha Deus tar mess siu fegl* geschrieben hat[88] und auch als Übersetzer überzeugte: Er hat sowohl das bekannte historische Drama *Curdin de Sass* ins Romanische übertragen[89] wie auch das englische

84 Übers.: «Eine andere sehr reiche Quelle wären ohne Zweifel sowohl für Katholiken als auch für Protestanten die grossartigen Themen aus dem Alten und Neuen Testament.» Gadola, Guglielm, Il muossavia dramatic (part sursilvana), in: AnSR 60/1946, S. 130–209, hier S. 144.

85 StAGR, A Sp III/14n, 1.1, Protocoll della Renania, 2.6.1931–4.6.1949, S. 33.

86 Bertogg nennt dieses Stück explizit eine Predigt in Dramenform. Bertogg, Hercli, Il biadi della stria. Priedi en drama, in: CPMG 1940, S. 33–68.

87 Bertogg, Hercli, Il bughetg. Zaconts maletgs ord la historia de Flem, in: CPMG 1939, S. 145–176.

88 Cadonau, Luzi, Cu il temps fuva cumplenius, ha Deus tar mess siu fegl ... Giug de Nadal en 3 maletgs, screts en rema per nos uffons, in: Dun da Nadal alla giuventetgna romontscha (DdN) 1941, S. 3–11.

89 Curdin de Sass, Drama popular ord il temps della pesta en Grischun en 5 acts libramein segund ils romans de J. A. v. Sprecher da Hans Anton Joss, translatau en romontsch de L[uzi] Cadonau, [s. l., s. d.].

Stück *Via Mala*.[90] Weiter Riget Bertogg (1918–1997), der sich vor allem als Autor von Kinderspielen (*Ils aviuls sin viadi*[91] und *Nus mein a spass*[92]), aber auch als Übersetzer von Weihnachtsspielen (*Ils pasturs de Betlehem*[93] und *Herodes*[94]) und Dramen (*Ils frars Taverna*[95] und *La vusch dil glatscher*[96]) einen Namen machte.[97] Oder Ulrich Caflisch (1905–2003), der sowohl ein preisgekröntes Drama (*Tschella via*[98]) wie auch komödiantische Stücke (*Ord la carlogna*,[99] *Il gi x*,[100] *Il canzlist*[101]) schrieb. Sodann Flurin Darms (1918–2009), der zwar vor allem Lyrik verfasste, aber auch das Drama *Il zezen de Crapault*.[102] Auch Martin Fontana ist zu nennen, der die Novelle *Mistral Gion Flury* seines Vaters Gian Fontana für die Bühne umschrieb und das Stück gleich selbst inszenierte.[103] Dieses Stück wurde 1967 auch als Hörspiel produziert und gesendet.[104] Nennen kann man auch Martin Caveng (1932–2015), der in Waltensburg zeitweilig die Regiearbeit übernahm.[105]

---

90 La Casa Paterna 8/1943, 18.2.1943, S. 4 (Inserat).

91 Bertogg, Riget, Ils aviuls sin viadi. Giug per uffons en treis maletgs, in: DdN 1941, S. 20–33.

92 Bertogg, Riget, Nus mein a spass. Giugs per affons en 7 maletgs, in: DdN 1943, S. 12–26.

93 Ils pasturs de Betlehem. Giug de Nadal dad Elisa Perini, versiun sursilvana da Riget Bertogg, in: DdN 1951, S. 5–9.

94 Herodes. In giug de Nadal per la raspada da W. Hoch, vertiu en romontsch da Riget Bertogg, in: DdN 1954, S. 26–48.

95 Ils frars Taverna. Drama en 4 acts da Max Hansen, translatau en romontsch da Riget Bertogg, Cuera 1952.

96 La vusch dil glatscher. Drama en 4 acts da Max Hansen, translatau en rumontsch sursilvan da Riget Bertogg, [s. l., s. n.].

97 Dazu hat er auch ein Hörspiel (*Terratsch alpin*) und weitere Theaterstücke (*Danusa*, *Spendri nus dal mal*) geschrieben, die aber nicht veröffentlicht wurden. Deplazes, Gion, Funtaunas. Istorgia da la litteratura rumantscha per scola e pievel, Bd. 4, Cuira 1993, S. 239.

98 Caflisch, Ulrich, Tschella via. Giug dramatic en treis acts (La scena. Colleczìun dramatica 71), Cuera 1993. Das Stück wurde 1985 in Waltensburg uraufgeführt. Zur Auszeichnung des Stückes: Krättli, Esther, Art. Post da teater da la Lia Rumantscha, in: Andreas Kotte (Hg.), Theaterlexikon der Schweiz, Zürich 2005, Bd. 2, S. 1428–1429.

99 Caflisch Ulrich, Ord la carlogna. Toc humoristic en in act, in: CPMG 1982, S. 38–46.

100 Caflisch, Ulrich, Il gi x. Giug humoristic en 10 scenas (La scena. Colleczìun dramatica 72), Cuera 1993.

101 Caflisch, Ulrich, Il canzlist, in: CPMG 2003, S. 66–81.

102 Darms, Flurin, Il zezen de Crapault. Tragedia alpestra en dus acts, in: CPMG 1944, S. 59–72.

103 La Casa Paterna 4/1967, 26.1.1967, S. 1, 2 und 4 (Inserat).

104 Fontana, Martin, Mistral Gion Flury, Sendung für die Rätoromanen, Sendetermin: 5. Juli 1967, Radio Rumantsch, CD-Rom, Chur 1967.

105 Teater e concert a caschun da 50 onns Chor mischedau Vuorz, Vuorz 1987, S. 5.

Diese Aufzählung, die keine Vollständigkeit anstrebt, zeigt, dass sich kein Pfarrer langfristig als Theaterautor versuchte und dramatische Werke bei keinem zur Hauptgattung gehörten. Dennoch vermag sie die Wichtigkeit der Pfarrer zu unterstreichen, welche neben den Lehrern auch für die Dorfkultur und damit für die Dorftheaterkultur zuständig und in gewissem Sinne verantwortlich waren.

Reformierte Pfarrer aus der Surselva wuchsen in Gemeinschaften auf, in denen Theater einen festen Platz im Dorfleben hatte. So war es für sie selbstverständlich, Teil dieser Kultur zu sein, indem sie als Übersetzer oder gar Autoren von Theaterstücken auftraten oder indem sie Regieaufgaben übernahmen. Mit der Besetzung dieser kulturellen Schlüsselpositionen wurden sie zu wichtigen Trägern dieser Dorftheaterkultur und bildeten überhaupt eine Institution für alle Angelegenheiten, die mit der romanischen Sprache und Kultur in Zusammenhang standen. Mit dem Rückgang von einheimischen reformierten Pfarrern und dem daraus folgenden Zwang der romanischen Kirchgemeinden zur Besetzung des Pfarramtes mit auswärtigen Seelsorgern ging auch diese Funktion verloren. Dabei wäre gerade das Theater für die Bildung und den Zusammenhalt der romanischen Dorfgemeinschaft, aber auch für die Integration auswärtiger Personen, ein eminent wichtiger und erfolgversprechender Faktor.

Peter Paul Cadonaus lebenslange Mission war es, die Botschaft der Heiligen Schrift zu verbreiten. Er tat dies in seiner Heimat, indem er alle ihm zur Verfügung stehenden Mittel der Kommunikation nutzte. Er predigte in seinen Bündner Gemeinden, er übersetzte Teile der Bibel in seine Muttersprache, er nutzte das Telefon für die Seelsorge, er schrieb Hörspiele für das neue Medium Radio. Und er nutzte die Theaterbühne, um das Publikum mit einem Drama auf christliche Werte hinzuweisen und damit auf den richtigen Weg zu bringen. Für diese Form von Theater, das religiöse Spiel, hatte Cadonau viel übrig. Dass er als wohl letzte Theaterarbeit die Komödie *Drei Männer im Schnee* von Erich Kästner, das von Men Gaudenz ins Ladinische übersetzt wurde, ins Sursilvan übertrug,[106] zeigt aber auch, dass er das Theater als Form der Gemeinschaftsbildung gelten liess, ohne alleine auf die Aufführung von Predigtdramen zu pochen.

Peter Paul Cadonaus dramatisches Schaffen sollte man nicht geringschätzen. Auch darin lässt sich sein Weltverständnis, seine Sicht auf die Dinge, sein christliches Weltbild wiedererkennen, wie in all seinen übrigen

106 Es war wohl Pfarrerkollege Martin Caveng, der Peter Paul Cadonau überredete, Kästners Komödie ins Sursilvan zu übertragen. Somit hätten wir auch Cadonaus viertes dramatisches Erzeugnis genannt, auch wenn es sich lediglich um eine Übertragung handelt. Das Stück wurde 1959 in Waltensburg durch den gemischten Chor unter dem Namen *Diesch gis vacanzas gratuitas* aufgeführt. La Casa Paterna 5/1959, 30.1.1959, S. 2 (Vuorz) und S. 6 (Inserat).

Schriften. «Mia religiusadad persunala, mia cardientscha, s'exprima era en tut miu scriver e luvrar sigl intschess litterar», formulierte einmal Riget Bertogg.[107] Und das lässt sich auch für Peter Paul Cadonau feststellen. Darüber hinaus bedeutet sein Drama *Aua viva* für seine Heimatgemeinde Waltensburg nicht weniger als die Aufarbeitung einer folgenreichen Episode der Dorfgeschichte und für Cadonaus Biografie die Verarbeitung eines persönlichen Dramas, das ihn und sein Leben geprägt hat.

107 Übers.: «Meine persönliche Religiösität, mein Glaube, drückt sich auch in all meinem Schreiben und meiner Arbeit auf literarischem Gebiet aus.» Bertogg, Riget, Mia cardientscha s'exprima en tut miu scriver, in: Uniun da scripturs romontschs (Hg.), Litteratura. Novas litteraras 12/1989, Litteratura e religiun, Cuera 1989, S. 38–40, hier S. 39.

Die Zeichen der Zeit erkennen

Literarischer Reflex von Peter Paul Cadonaus sozialem, kirchlichem und sprachlichem Engagement im Calender *Per mintga gi* (1925–1965)

Jan-Andrea Bernhard

Im Jahre 1938 veröffentlichte Peter Paul Cadonau eine Studie *Davart il risvegl religius* (religiöser Aufbruch). Unter anderem kommt er auf den triumphierenden Unglauben zu sprechen, der die Welt immer mehr beherrsche, und er fragt sich: Darf man da noch von einem religiösen Aufbruch sprechen? Seine Antwort ist klar: «Gest peramur de quellas appariziuns stuein nus gir quei.» («Gerade wegen dieser ‹Erscheinungen› müssen wir dies sagen.») Und er bringt ein biblisches Beispiel: Als Jesus in den Tempel getragen wurde, hätte der alte Simeon gesagt: «Du wirst ein Zeichen sein, dem widersprochen werden wird.» (vgl. Lk 2,34).[1] Für Cadonau gab es kein wahrhaftiges Leben ohne Widerspruch. Die politischen Entwicklungen, die dem Christentum ‹widersprachen›, waren für ihn Zeichen der Zeit, die es zu erkennen galt, als christlicher Staat, als bekennende Kirche, als gläubige Person. Er selbst erkannte im Laufe der 1920er und 1930er Jahre ganz persönlich die Zeichen der Zeit und zog seine ‹Konsequenzen› daraus. So löste er sich im Übergang zu den 1930er Jahren von seinem theologischen Vater Leonhard Ragaz (1868–1945) und orientierte sich immer mehr an Karl Barth (1886–1968).[2] Diese Wende vom religiös-sozialen Theologen zum Barthianer zeigt sich sehr eindrücklich in seiner Studie über Augustin, den «bab dellas differentas baselgias cristiaunas» («Vater der verschiedenen christlichen Kirchen»).[3] Während Ragaz regelmässig als Begründung seines Weges, auch anlässlich der Aufgabe seiner Professur (1921), Franziskus anführte – Ragaz schreibt: «Es war der Weg des Franziskus, der mich rief […]» –,[4] betont Cadonau, wie Karl Barth, die Bedeutung von Augustin für die christlichen Kirchen. Es sei nämlich eine grosse Gefahr, dass die Kirchen ihre Aufgabe auf das Humanitäre beschränken würden. Augustin

1 Vgl. Cadonau, Peter Paul, Davart il risvegl religius, in: Calender Per mintga gi (CPMG) 17 (1938), S. 74f.

2 Vgl. Rupp, Horst F., Peter Paul Cadonau: In plevon grischun «en survetsch dil Segner», in: CPMG 96 (2017), S. 113–114.

3 Vgl. Cadonau, Peter Paul, Aurelius Augustinus, in bab della baselgia, in: CPMG 11 (1932), S. 74–80.

4 Ragaz, Leonhard, Mein Weg, Bd. 2, Zürich 1952, S. 115.

zeige aber in seinen *Confessiones* auf, dass das Christentum «fundamentaus sils pertratgs transcendents» («auf transzendenten Gedanken gegründet») sei. Die diesbezügliche Erkenntnis werde für den Erfolg «el cumbat da nies temps» («im Kampf unserer Zeit») massgebend sein.[5]

Diese theologische Entwicklung im Denken und auch mit Blick auf die persönlichen Interessen Cadonaus zeigt sich gerade in seinen Studien im Calender *Per mintga gi* exemplarisch. Dementsprechend widmet sich diese Studie der Zeit vor und nach dieser Wende. Daran schliessen sich einige Ausführungen zu Cadonaus Bemühungen für das Evangelium in romanischer Sprache an.

Religiös-soziales Engagement

Peter Paul Cadonau war 1921 Mitbegründer der Renania, der reformierten romanischen Sprachvereinigung der Sur- und Sutselva, deren Publikationsorgan der *Calender popular per las valladas renanas* war.[6] Die ersten Beiträge, die Cadonau im Calender *Per mintga gi* veröffentlichte, waren *Meditaziuns sur eveniments dil temps* («Meditationen über die Ereignisse der Zeit») in den Jahren 1925 bis 1929. Martin Caveng und Flurin Darms schrieben 1973 im Nachruf auf Cadonau, dass diese «meditaziuns» vor allem kritische Äusserungen enthalten, basierend auf dem «moviment religius social en Svizra» (der «religiös-sozialen Bewegung in der Schweiz»), angeführt von Ragaz.[7] Die zentralen Fragen sind immer dieselben: Lernen wir etwas aus der Zeitgeschichte, ja erkennen wir Zeichen, wo wir uns in der heutigen Zeit zu engagieren haben? Immer wieder schlägt Cadonau von den politisch-gesellschaftlichen, kirchlichen oder sozialen Entwicklungen den Bogen zum Christentum bzw. zum gelebten Glauben. Gar die Nordpolexpedition von Umberto Nobile im Mai 1928 ist Anlass einer «meditaziun». Cadonau fragt sich, ob das Aufstellen eines Kreuzes am Nordpol wirklich «honur al Segner» («dem Herrn Ehre») machen könne. Bis jetzt habe man Gott die Ehre erwiesen, wenn man Armen und Kranken geholfen und den Menschen Irrtümer und Sünden aufgezeigt habe. Mit «metter la crusch sil spitg da nossa veta» («das Kreuz auf den Gipfel unseres Lebens setzen») sei es nicht getan, wenn im Herzen andere Mächte herrschen würden. Leider finde man den Glanz der Ehre Gottes aber immer seltener «en tut quei che nus fagein, en nossa lavur ed en nies ruaus, en nossas interpre-

5 Cadonau, Augustinus (wie Anm. 3), S. 80.

6 Vgl. Rupp 2017 (wie Anm. 2), S. 114f. Siehe auch den entsprechenden Beitrag von Manfred Veraguth in diesem Band.

7 Vgl. Caveng, Martin/Darms, Flurin, Ser dr. h. c. Peter Paul Cadonau, in: CPMG 52 (1973), S. 34.

Abb. 63 Cover einer der frühen Nummern des Calender «Per mintga gi», 5. Jahrgang, 1926. Die Gestaltung des Covers blieb seit den Anfängen bis heute unverändert.

sas privatas e publicas» («in all dem, was wir machen, in unserer Arbeit und unserem Ruhen, in unseren privaten und öffentlichen Unternehmungen»).[8]

Damit werden die Akzente Cadonaus aus diesen Jahren deutlich: Das zentrale Anliegen ist ihm die Minderung der Armut, des sozialen Leids als Folge des Ersten Weltkriegs, die Bekämpfung von Krankheiten usw. Erstaunt stellt er fest, dass sich die Menschheit offenbar mehr für Sportereignisse interessiere oder dafür, wer beim Alpabzug die «pugniera» («Heerkuh») sei. Die zentrale Frage sei doch aber, «co san ins reparar ils donns caschunai dall'uiara, co gidar ils pievels en misergia, co dismetter las armas, co cumbatter la nauscha malsogna della tuberculosa?» («wie kann man die durch den Krieg entstandenen Schäden wieder gutmachen, wie den Völkern im Elend helfen, wie die Waffen ablegen, wie die böse Krankheit der Tuberkulose bekämpfen?»).[9] Im Zusammenhang mit dem zunehmenden Milita-

8 Cadonau, Peter Paul, Meditaziuns sur eveniments dil temps, in: CPMG 8 (1929), S. 39.

9 Cadonau, Peter Paul, Meditaziuns sur eveniments digl onn, in: CPMG 4 (1925), S. 61.

rismus in den 1920er Jahren – Cadonau war wie Ragaz ein konsequenter Pazifist – stellt Cadonau fest, dass man mit den für das Militär pro Jahr aufgewendeten fast 100 Millionen Franken vielen armen Alten in der Schweiz helfen, die Tuberkulose bekämpfen oder die Bergbevölkerung unterstützen könnte.[10]

Eine andere Krankheit, die Cadonau in seiner pfarramtlichen, besser gesagt sozialdiakonischen Arbeit begleitet und beschäftigt hat, ist der verbreitete Alkoholismus, in allen Dörfern seines Wirkens. Während seines Engadiner «Exils» vergleicht er gar den «Alkoholbrand» mit der Feuersbrunst in Susch vom 19. April 1925.[11] Er hält dabei fest, dass dieser Brand «destruescha onn per onn pli bia che quei ch'ei vegniu destruiu a Susch. El cuosta allas comunitads pli bia [...]» («Jahr für Jahr viel mehr zerstört als das, was in Susch beim Brand zerstört worden ist. Der Alkoholismus kostet die Gemeinde viel mehr [...]»). Und dies sei kein einmaliges Ereignis, doch niemand wolle «cumbatter quest il pli grond incendi» («diesen grössten Brand bekämpfen»).[12] Aufgrund seines engen Kontaktes mit den Dorfbewohnern war Cadonau klar, dass der Alkohol viel Leid in Familien und Dörfer brachte. Als Abstinent wurde er gelegentlich auch in Versuchung versetzt, wie er in seiner Autobiografie im Abschnitt «Der volksverbundene Pfarrer» festhielt.[13] Auch die vielen Feste (z.B. Schützenfeste) seien eine «ruina morala» («moralisches Verderben»), wenn damit nicht einem «intent pli ault» («höheren Ziel») gedient werde.[14] So würdigte er regelmässig die Arbeit des Blauen Kreuzes, welches die «buaders» («Trinker») durch den Glauben an Christus von ihrer Krankheit zu befreien helfe.[15]

Den zunehmenden Militarismus vergleicht Cadonau ohne Hemmungen mit der Einstellung der Alkoholkranken: Die anderen würden noch mehr trinken – gegen diese müsse man vorgehen und nicht gegen «in undreivel um sco jeu sun» («einen ehrbaren Mann, wie ich einer bin»).[16] So sei es auch, wenn man die Schweizer Politiker mit dem zunehmenden Militarismus konfrontiere und sie auf die Defizite in der Demokratie hinweise.

10 Vgl. Cadonau, Meditaziuns 1929 (wie Anm. 8), S. 36.

11 Vgl. Caviezel, Nott, Dorfbrände in Graubünden 1800–1945 (Schriftenreihe Chesa Planta Zuoz, Bd. 4), Zuoz 1998, S. 76f.

12 Cadonau, Peter Paul, Meditaziuns sur eveniments dil temps, in: CPMG 5 (1926), S. 19.

13 Vgl. Rupp 2017 (wie Anm. 2), S. 115.

14 Cadonau, Meditaziuns 1926 (wie Anm. 12), S. 17. Ähnlich äussert sich Cadonau auch in seiner Synodalproposition von 1938 («Zehnjahresbericht») über den sittlich-religiösen Zustand der Gemeinden des evangelischen Teils in Graubünden. Vgl. Cadonau, Peter Paul, Die heutige Lage und Aufgabe unserer Kirche, Chur 1938, S. 10, 22.

15 Vgl. Cadonau, Risvegl religius (wie Anm. 1), S. 74; ders., Fida e Claudia. Historia d'ina lètg en brevs, in: CPMG 35 (1956), S. 53; vgl. Caveng/Darms 1973 (wie Anm. 7), S. 33.

16 Cadonau, Meditaziuns 1929 (wie Anm. 8), S. 36.

Cadonau geisselt den Bundesrat, weil er dem rumänischen König die Ehre erwies[17] oder weil er trotz Mitgliedschaft im Völkerbund[18] an einer bewaffneten Schweiz festhält und die jungen Schweizer immer noch «la benedicziun dil survetsch militar» («den Segen des Militärdienstes») geniessen und «en perpeten tedlar plaids della defensiun della patria cun buis e plum» («in Ewigkeit Worte von der Landesverteidigung mit Gewehr und Knall hören») lasse.[19] Dies sei freilich nicht nur in der Schweiz so, sondern überall. Bezug nehmend auf die Pariser Feierlichkeiten zum «14 julliet» 1926 – «la regurdonza digl origin della democrazia» («die Erinnerung an den Ursprung der Demokratie») – hält Cadonau lakonisch fest: «La democrazia vegn celebrada sco la spindronza de tut mal, e denton encuera e cloma ins en tuttas dumondas practicas, nua ch'igl ei de prestar enzatgei, il maun ferm ded in dictatur.» («Die Demokratie wird zelebriert wie die Rettung von allem Bösen, und trotzdem sucht und ruft man in allen praktischen Fragen, wo etwas zu leisten ist, die starke Hand eines Diktators.»)[20]

Voll Sorge blickt Cadonau darum in die Zukunft: Wer wird die Oberhand gewinnen? Weder Demokratie noch Diktatur besässen absolute, ja ewige Wahrheit. Eine solche sei nur zu finden in «carezia, pasch ed uniun» («Liebe, Friede und Eintracht»).[21] Im Grundsatz hiess er darum die olympische Idee gut, da durch diese Spiele zu hoffen sei, dass sie ein Fundament für Verständigung und Frieden unter den Völkern legen würden.[22] Auch die Mitgliedschaft im Völkerbund, der den Frieden auf der Erde fördern wolle, sei darum nur zu begrüssen.[23] Ein Aufbruch, ja gar eine geistige Erneuerung sei dringend nötig. Während er die «disuniun» («Uneinigkeit») der Protestanten bei den kantonalen Wahlen im Winter 1925/26 beklagte, konnte er seine Begeisterung über die erste Weltkonferenz «Life and Work» («Bewegung für praktisches Christentum») 1925 in Stockholm[24] kaum verhehlen. Er bezeichnete deswegen das Jahr 1925 gar als *anno santo*: «Tras la conferenza mundiala a Stockholm ha ella documentau la voluntad

17 Vgl. Cadonau, Meditaziuns 1925 (wie Anm. 9), S. 62.

18 Die Schweiz trat dem Völkerbund am 16. Mai 1920 bei. Vgl. Fleury, Antoine, Art. Völkerbund, in: HLS 13, S. 43f.

19 Cadonau, Meditaziuns 1926 (wie Anm. 12), S. 18.

20 Cadonau, Peter Paul, Meditaziuns sur eveniments dil temps, in: CPMG 6 (1927), S. 36.

21 Ebd.

22 Vgl. Cadonau, Meditaziuns 1929 (wie Anm. 8), S. 38.

23 Vgl. Cadonau, Meditaziuns 1926 (wie Anm. 12), S. 17f.

24 Die «Bewegung für praktisches Christentum» nahm im Nachklang des Ersten Weltkrieges am 17. November 1919 in Paris ihren Anfang, wurde aber erst im August 1920 in Genf gegründet. An der ersten Weltkonferenz in Stockholm nahmen offiziell 661 Delegierte aus 37 Ländern teil. Vgl. Rouse, Ruth/Neill, Stephen Ch. (Hg.), Geschichte der ökumenischen Bewegung 1517–1948, 2. Teil, Göttingen 1973, S. 170f und 181–188.

e promptadad de star ensemmen e luvrar per la caussa digl evangeli en tut il mund.» («Die Weltkonferenz in Stockholm hat den Willen und die Bereitschaft dokumentiert, für die Sache des Evangeliums auf der ganzen Welt zusammenzuarbeiten.»)[25]

Für Cadonau war es klar, dass die Menschheit, die Völker und die Kirche sich nicht aus eigener Kraft aus der Misere retten konnten. «Libers dal mal vegnin nus, sulet sche nus havein zatgi pli ferm sur nus, che nus gida. Ei dat in spindrader ch'ei pli buns che nus, che spendra nus ord il precipezi sche nus vulein selaschar gidar.» («Vom Leid befreit werden können wir nur, wenn wir etwas Stärkeres über uns haben, das uns hilft. Es gibt einen Retter, der besser als wir ist, der uns vor dem Abgrund rettet, wenn wir uns helfen lassen wollen.»)[26] Gerade in dieser sich autoritär entwickelnden Zeit bleibe der Blick auf Christus zentral. Wie ein Prophet war Cadonau überzeugt, dass die Kirche Schaden nehmen würde, wenn sie nicht wieder des Faktums, dass ein starker und strenger Gott über alles in der Welt herrsche, eingedenk sei. «Deus ha motivs ded esser vilaus e de tarmetter ses castitgs.» («Gott hat guten Grund wütend zu sein und seine Strafen zu senden.»)[27] Gleichzeitig war er sich dessen gewiss, dass – und er orientierte sich dabei an Zwingli – zwar die Kirche Schaden nehmen werde, «mo da Cristus vegnis vus buca ad esser bandunai» («aber von Christus werdet ihr nicht verlassen werden»). Doch trotz aller negativen Anzeichen – wir denken an die bevorstehende Machtergreifung Hitlers – sei es ermutigend zu wissen, dass Zwingli kurz vor seinem Tod das Vertrauen in den Herrn und König Jesus Christus nicht verloren habe. Heute sei es wie damals Zeit, «buca mo mirar anavos, mo sedumandar, co nus savein en nies temps survir a Cristus» («nicht zurückzuschauen, sondern sich zu fragen, wie wir in unserer Zeit Christus dienen können»).[28]

Christus – «centrum della teologia» von Peter Paul Cadonau

Die Akzentuierungen Cadonaus zum Zwingli-Gedenkjahr 1931 belegen eindrücklich, dass er sich zu Beginn der 1930er Jahre von der religiös-sozialen Bewegung Ragaz'scher Prägung distanziert und den Wandel oder die

25 Cadonau, Meditaziuns 1926 (wie Anm. 12), S. 18. Verschiedene Akten aus dem Synodal- und Kirchenratsarchiv belegen, dass sich auch die verschiedenen Landeskirchen der Schweiz mit der Weltkonferenz für praktisches Christentum auseinandergesetzt haben. Vgl. Weltkonferenz für praktisches Christentum in Stockholm (1925), SKA, Mappe A 243, Mappe F 13.

26 Cadonau, Meditaziuns 1925 (wie Anm. 9), S. 60.

27 Cadonau, Meditaziuns 1927 (wie Anm. 20), S. 33f.

28 Cadonau, Peter Paul, La mort ded Ulrich Zwingli ils 31 d'october 1531, in: CPMG 10 (1931), S. 32.

Wende hin zum Barthianer vollzogen hatte. Er würdigte Zwingli nicht als einen, der in Zürich die Armenfürsorge («Mushafen») begründet, der gegen die Trunk- und Spielsucht gewettert hatte oder der für die Schulbildung der Minderbemittelten eingetreten war,[29] sondern als einen, der ein ungeteiltes Vertrauen in den Herrn hatte, «era cu ses survients crodan e mieran» («auch wenn seine Diener fallen und sterben»).[30]

In seinem Beitrag über den religiösen Aufbruch in den 1930er Jahren offenbart sich Cadonau unverkennbar als Vertreter einer Kirche, die ihr Bekenntnis zu Jesus Christus ins Zentrum ihrer Arbeit stellt. Rhetorisch fragt er: «Vul ti sedecider per Cristus e siu reginavel [...], e cun el artar la veta? Ni vul ti ir vinavon la via tras il mund senza el, [...] e lu era pitir la sort de quest mund, truament e perdiziun?» («Willst du dich für Christus und sein Reich entscheiden [...], und mit ihm das ewige Leben erben? Oder willst du weiterhin ohne ihn durch die Welt gehen [...], und als Folge das Schicksal dieser Welt erleiden, Gericht und Verderben?»)[31] Viele würden im Kampf zwischen «nuncardientscha» («Unglaube») – das heisst der Anpassung des Glaubens an den diktatorischen Staat – und «cardientscha» («Glaube») stehen. Von denen, die sich für den Glauben entschieden, hätten bereits viele «spons lur saung e suffriu nungetg bia peramur de lur Segner» («ihr Blut gelassen und wegen ihres Herrn unglaublich viel erlitten»).[32] Er spricht von Tausenden von Armeniern,[33] Russen[34] und Deutschen[35], die für ihren Glauben an Christus das Leben gelassen haben. Gerade die bekennenden Christen und ihre Gebete seien ein Zeichen des religiösen Aufbruchs, getreu dem altkirchlichen Wort, dass «il saung dils martirs ei il sem della baselgia» («das Blut der Märtyrer der Same der Kirche sei»).[36] Dies habe sich in den letzten zwanzig Jahren, in denen Christus wieder das Zentrum der Theologie geworden sei, regelmässig gezeigt. Umso mehr solle jeder einzelne Christ bereit sein, Christus im Glauben zu ergreifen und eine persönliche Beziehung zu ihm zu pflegen, wie Cadonau am

29 Vgl. Opitz, Peter, Zwingli. Prophet, Ketzer, Pionier des Protestantismus, Zürich 2015, S. 60f; Gäbler, Ulrich, Huldrych Zwingli. Leben und Werk, Zürich ³2004, S. 90f.

30 Cadonau, Zwingli (wie Anm. 28), S. 32.

31 Cadonau, Risvegl religius (wie Anm. 1), S. 75.

32 Ebd.

33 Zum Genozid an den christlichen Armeniern vgl. z.B. Schaefgen, Annette, Von der *treuen millet* zum Sündenbock oder Die Legende vom armenischen Dolchstoss. Der Völkermord an den Armeniern im Ersten Weltkrieg, in: Benz, Wolfgang (Hg.), Vorurteil und Genozid. Ideologische Prämissen des Völkermords, Wien 2010, S. 35–60.

34 Zum Gulag vgl. z.B. Applebaum, Anne, Der Gulag, Bern 2003.

35 Zur Verfolgung bekennender Christen im Dritten Reich vgl. z.B. Meier, Kurt, Kreuz und Hakenkreuz. Die Evangelische Kirche im Dritten Reich, München 1992.

36 Cadonau, Risvegl religius (wie Anm. 1), S. 75. Das Zitat «sanguis martyrum semen est Christianorum» stammt von Tertullian, Apologeticum, cap. 50.

27. Februar 1938 an der Jahresversammlung der Renania in Flims eindringlich predigte.[37]

Gleichzeitig mit dem Bekenntnis zum lebendigen Herrn – allein er schenke Vergebung aus «libra grazia» («freier Gnade»)[38] – soll aber auch ein neuer Eifer für das Gebet erwachsen. Denn das Gebet, das «mintga gi, e cunzun la damaun in'uriala a tgeua meditaziun, cumbinada cun uraziun» («jeden Tag, und vor allem am Morgen in stiller Ruhe, verbunden mit dem Herrengebet») gepflegt werden soll, zeige, welche Wirkkraft Gott im Leben der Gläubigen habe. Cadonau selbst hat, auch im Zusammenhang mit seinen Kontakten mit der von Emil Rupflin 1916 bzw. 1927 gegründeten Stiftung *«Gott hilft»*, die Wirkkraft des persönlichen und freien Gebetes regelmässig erfahren.[39]

Die Wirkkraft Gottes glaubte Cadonau auch in der Bewegung von Oxford zu erkennen. Die Bewegung für praktisches Christentum hatte im Juli 1937 in Oxford ihre Versammlung abgehalten – freilich unter ganz anderen Voraussetzungen als noch 1925. Die Hauptfrage war in Oxford, wie die Kirche gegenüber den Ansprüchen des «völkischen» Lebens ihre Eigenständigkeit bewahren könne.[40] Durch das klare Bekenntnis der Versammlungen, dass die Kirche gerade in einer Zeit der Verwirrung und Verzweiflung das Wort Gottes, das evangelische Wort der Befreiung, vernehmen lassen müsse, haben – so Cadonau – «biars carstgauns […] anflau […] la fontauna della veta» («viele Menschen die Quelle des Lebens gefunden»). In diesem Zusammenhang sei auch die innere Mission – er nennt namentlich die Stiftung *«Gott hilft»*[41] – gestärkt worden, «per vificar ed approfundir la veta cristianeivla denter ils carstgauns dil 20avel tschentaner» («um

37 Vgl. Cadonau, Peter Paul, Cardientscha nova. Priedi, salvaus ils 27 da fevrer 1938 a Flem, in: CPMG 18 (1939), S. 105–111.

38 Cadonau lehnt mehrfach die Lehre der Werkgerechtigkeit ab. In seinen Ausführungen zu Augustin betont er, dass dieser «visavi a Pelagius [hagi] svilupau la doctrina della grazia de Deus, sco Paulus haveva mussau ella, e la quala Luther e Calvin han lu puspei renovau» («gegenüber Pelagius die Lehre von der Gnade Gottes aufgezeigt habe, wie bereits Paulus sie gelehrt und später Luther sowie Calvin wieder erneuert haben»). Cadonau, Augustinus (wie Anm. 3), S. 80.

39 Vgl. Rupp 2017 (wie Anm. 2), S. 116; vgl. Cadonau, Risvegl religius (wie Anm. 1), S. 73 f; ders., Lage (wie Anm. 14), S. 11. Zindel, Heinz, Gott hilft – eine gelebte Vision, Seewis 2000, S. 98 f. In der neuesten Publikation zur Stiftung «Gott hilft», der Jubiläumsschrift von Christine Luchsinger, «Niemandskinder». Erziehung in den Heimen der Stiftung *Gott hilft* (1916–2016), Chur 2016 (Quellen und Forschungen zur Bündner Geschichte, Bd. 33), wird von der Gründung im Jahre 1916 ausgegangen. Im Jahre 1916 wurde zwar das Kleinheim in der ehemaligen Glockengiesserei von Felsberg gegründet, doch die eigentliche Gründung der Stiftung «Gott hilft» erfolgte erst am 16. Januar 1927.

40 Vgl. Rouse/Neill 1973 (wie Anm. 24), S. 242–251.

41 Vgl. dazu auch Cadonau, Lage (wie Anm. 14), S. 47.

Abb. 64 Cover der Jubiläumsschrift der Stiftung «Gott hilft» aus dem Jahr 2016.

das christliche Leben unter den Menschen des 20. Jahrhunderts zu beleben und zu vertiefen»).[42] Dies schien ihm besonders dringlich, da der Unglaube immer mehr triumphiere. «Entirs pievels vegnan instrui ed educai en in senn cuntrari alla cardientscha che la Bibla muossa a nus.» («Ganze Völker werden im gegenteiligen Sinne des Glaubens, den die Bibel uns zeigt, unterwiesen und erzogen.») Dies sei aber nicht nur in anderen Ländern feststellbar, sondern auch in der Schweiz. Die Jugend habe keine «relaziun cun la veta religiusa» («Beziehung zum religiösen Leben») mehr.[43] Als Cadonau an der Synode zu Guarda 1938 einen Bericht über die heutige Lage und Aufgabe der Bündner Kirche erstattete, beklagte er gleichfalls eine kirchliche Erstarrung, ja einen Zerfall der Kirchlichkeit. Wegen Sportveranstaltungen würden gar Gottesdienste ausfallen,[44] und die Jugend besuche die

42 Cadonau, Risvegl religius (wie Anm. 1), S. 73.

43 Vgl. ebd., S. 74f.

44 Vgl. Cadonau, Lage (wie Anm. 14), S. 14f und 38; ders., La baselgia e sia muntada, in: CPMG 24 (1945), S. 36f. Dies war unter anderem auch ein Thema im Kirchenrat, als am 30. August 1936 in Soglio der Gottesdienst wegen des Schützenfestes ausfiel; in anderem Zusammenhang wurde erwogen, ob man spezielle Sportgottesdienste ein-

Predigt nicht mehr regelmässig, vor allem aber nähmen die Gläubigen kaum Anteil an der leidenden Kirche im Ausland.[45] Umso wichtiger sei der «risvegl religius» («religiöse Aufbruch»), der von Oxford ausgehe und bereits viele christliche Jugendvereine präge, die öffentlich Zeugnis geben würden «de lur cardientscha en Cristus ed en Sia forza ded operar en nies mund» («von ihrem Glauben an Christus und von seiner Kraft, in unserer Welt zu wirken»).[46]

In der Folge der Versammlungen von Oxford hat Cadonau sich intensiver mit der Ekklesiologie befasst. In Oxford wurde zwar kein zusammenhängender und einheitlicher Begriff der Kirche entwickelt, jedoch brachte die Konferenz ein stärkendes Erleben der Universalität der Kirche, ja auch der Verbundenheit und Solidarität mit der leidenden und kämpfenden Kirche. Dabei wurde die Unabhängigkeit der Kirche gegenüber weltlichen Gegenkirchen immer wieder betont: «Die erste Aufgabe der Kirche ist [...], Kirche zu sein: nämlich, für Gott Zeugnis abzulegen, sein Wort zu predigen, den Glauben vor den Menschen zu bekennen [...].»[47] Während des Zweiten Weltkrieges hat sich Cadonau intensiv gefragt, was denn Kirche sei und welche Aufgabe sie habe. Dies zu bedenken schien Cadonau gerade darum dringlich, da die Kirche im Zusammenhang mit dem Weltkrieg mehrfach kritisiert wurde: «La baselgia ha disgiu ed ha buca saviu procurar per pasch e gistia sin tiara.» («Die Kirche hat versagt, und es gelang ihr nicht, für Frieden und Gerechtigkeit auf der Erde zu sorgen.») Demgegenüber hält er fest, dass unsere positive Einstellung gegenüber der Kirche von grosser Bedeutung «pil cumbat encunter il mal» («für den Kampf gegen das Böse») sein könnte.[48] Das Wesen der Kirche – «la raspada dil Deus vivent» («die versammelte Gemeinde des lebendigen Gottes»), «la casa dil vivent Deus» («das Haus des lebendigen Gottes») – müsse wieder bekannter werden: Ihre Aufgabe sei es nämlich, das Wort zu verkündigen, und dies heisse in erster Linie, die Vergebung der Sünden durch Christus zu predigen. Im Gottesdienst werde davon Zeugnis abgelegt. Erst wenn die Menschen wieder beginnen «dad ir mintga dumengia a priedi» («jeden Sonntag in die Predigt zu gehen»), würden sie auch den Mut und die Kraft haben, den Glauben vor den Menschen zu bekennen. Im Kampf gegen das Böse sei gerade das Bekenntnis zu Christus eine Hilfe. Darum sei es wichtig, dass auch die Kinder mit Gott in Kontakt seien, «tras il plaid de Deus e l'ura-

---

führen solle. Vgl. Sportgottesdienste (1936) bzw. Sonntag ohne Predigt in Soglio (1936), SKA, Mappe A 212.

45 Vgl. Cadonau, Lage (wie Anm. 14), S. 6–10.

46 Cadonau, Risvegl religius (wie Anm. 1), S. 74.

47 Kirche und Welt in Ökumenischer Sicht. Bericht der Weltkirchenkonferenz von Oxford über Kirche, Volk und Staat, hg. vom Ökumenischen Rat für praktisches Christentum (Kirche und Welt, Bd. 12), Genf 1938, S. 153f.

48 Vgl. Cadonau, Baselgia (wie Anm. 44), S. 34f.

ziun» («durch das Wort von Gott und durch das Gebet»). Es sei keineswegs belanglos, ob die Eltern den Weg in die Kirche finden oder eben nicht. «Igl ei buca tuttina sch'ei vegn era en casa ligiu la Bibla e fatg uraziun.» («Es ist nicht egal, ob auch zu Hause die Bibel gelesen wird und gebetet wird.»)[49]

Die Gemeinschaft in der Kirche unter dem Wort Gottes war für Cadonau zentral: Deshalb hat er auch den Nutzen des gemeinschaftlichen Gebets immer wieder betont,[50] deswegen lag ihm der regelmässige Kirchgang so am Herzen,[51] und deswegen feierte er das Abendmahl, «la cuminonza veseivla en Cristus» («die sichtbare Gemeinschaft in Christus»), in grosser Demut.[52] Für ihn waren Brot und Wein ohne Zweifel «enzennas della preschientscha divina» («Zeichen der göttlichen Gegenwart»), die aber keineswegs Anlass zu theologischen Auseinandersetzungen geben sollten. Als ein alter Lehrer «avon la porta della perpetnadad» («vor der Pforte der Ewigkeit») von Cadonau das Abendmahl empfing und fragte: «Ei quei ussa la Sontga Tscheina suenter Zwingli ni suenter Luther?» («Ist dies das Abendmahl gemäss Zwingli oder gemäss Luther?»), habe er geantwortet: «La Sontga Tscheina da nies Segner Jesus Cristus.» («Das Abendmahl unserer Herrn Jesus Christus.»)[53] Die Wirkkraft des heiligen Mahls beruhe nämlich auf Christus, und sie habe sich bei denen, die kommunizieren, immer wieder gezeigt: Nicht nur seien Krankheiten geheilt worden, sondern: «Nua che in sefa si avon ina fiasta ded ir tier siu vischin e porscher il maun per reconziliaziun, leu daventa quella Sontga Tscheina per omisduas parts in gi de gronda benedicziun.» («Wo sich einer vor einem [kirchlichen] Fest aufmacht, um zu seinem Nachbarn zu gehen und ihm die Hand zur Versöhnung zu reichen, da wird das Abendmahl für beide ein Tag von grossem Segen.»)[54]

Auch wenn Cadonau betont, dass es sich um das Abendmahl Jesu Christi handle, so ist sein theologisches Verständnis unverkennbar. Nicht das Brot wird im Abendmahl verwandelt, sondern die einzelnen Gläubigen werden verwandelt, das heisst die Gemeinde. Es findet gewissermassen eine *transfiguratio fidelium*, eine «Verwandlung der Gläubigen», statt. Dies ist eine der reformatorischen Erkenntnisse Zwinglis.[55] Gerade die Verwandlung, die durch das Abendmahl geschehe, sei der Ermöglichungsgrund – so Cadonau – für eine Veränderung in dieser Welt. Denn wer durch Jesus

49 Vgl. ebd., S. 36f.

50 Vgl. Cadonau, Risvegl religius (wie Anm. 1), S. 78; ders., Baselgia (wie Anm. 44), S. 34f; ders., Fida e Claudia (wie Anm. 15), S. 53ff; vgl. Rupp 2017 (wie Anm. 2), S. 116.

51 Vgl. Cadonau, Lage (wie Anm. 14), S. 9f. 31ff; ders., Baselgia (wie Anm. 44), S. 6f.

52 Vgl. Cadonau, Peter Paul, La Sontga Tscheina en mia veta e miu survetsch, in: CPMG 36 (1957), S. 38–41; ders., Lage (wie Anm. 14), S. 34f.

53 Cadonau, Sontga Tscheina (wie Anm. 52), S. 39.

54 Ebd., S. 39f.

55 Vgl. Stephens, Peter, Zwingli. Einführung in sein Denken, Zürich 1997, S. 126ff.

Christus verwandelt, ja befreit werde, «quei ei il meglier fundament per ina renovaziun [...] de nies temps» («der ist das beste Fundament für eine Erneuerung unserer Zeit»).[56]

Engagement Cadonaus für das Evangelium in romanischer Sprache

Für Cadonau war allein die Frohbotschaft der Bibel Ausgangspunkt, Orientierung und Kraft zu einem «risvegl religius» («religiösen Aufbruch»). Die Freude darüber, dass die Bibel «en novas e bunas versiuns vegn offerida al pievel» («in neuen und guten Übertragungen dem Volke angeboten werde»),[57] war freilich getrübt dadurch, dass es im Surselvischen keine Übersetzung mehr in zeitgemässer Sprache gab. Die letzte Ausgabe stammte von 1870, und deren Sprache wurde als antiquiert empfunden.[58] Cadonau schrieb dazu: «Biars han oz breigia de leger [...] [la Bibla] el vestgiu vegl. Mo buca l'ortografia, era la grammatica romontscha ha [...] priu in svilup [...].» («Viele haben heute Mühe, die Bibel in dem alten Gewand zu lesen. Nicht nur die Orthografie, sondern auch die romanische Grammatik hat eine Entwicklung erlebt.»)[59] Aus diesem Grund begann Cadonau, das Neue Testament und die Psalmen neu ins Surselvische zu übersetzen;[60] darüber hinaus hat er sich aber auch intensiv mit der Geschichte der surselvischen Sprache befasst. Als 1946 endlich ein neues surselvisches Gesangbuch erscheinen konnte, hielt Cadonau in einer Studie über die Geschichte des romanischen Gesanges fest, dass Steffan Gabriel, obwohl ein Engadiner, der Erste gewesen sei, «che ha cun forza fatg diever de nies romontsch da scartira [...]» («der unser Schriftromanisch mit Kraft gebrauchte»). Er habe auch als Erster Lieder in Sursilvan gedichtet, ja sich dadurch als «poet e scribent de valeta classica» («Dichter und Schriftsteller von klassischem Wert») erwiesen. Diese Lieder wurden – damals noch ohne Noten – erstmals als Anhang seines Katechismus *Ilg Vêr Sulaz da pievel giuvan* (Basel

56 Cadonau, Risvegl religius (wie Anm. 1), S. 79.

57 Ebd., S. 76.

58 Vgl. La Bibla u La sontga scartira dil Veder a Niev Testament, vertida en romonsch da la Ligia grischa, Frankfurt a. M. 1870.

59 Cadonau, Peter Paul, Il cudisch de canzuns choralas e ses antecessurs, in: CPMG 26 (1947), S. 39.

60 Vgl. Cadonau, Peter Paul, Decan Luci Gabriel e sia versiun dil Niev Testament dils 1648, in: CPMG 27 (1948), S. 37; ders., Co igl ei vegniu tier la nova versiun dil Niev Testament e dils Psalms, in: CPMG 34 (1955), S. 33–36; vgl. Caveng/Darms 1973 (wie Anm. 7), S. 33; Rupp 2017 (wie Anm. 2), S. 117f. Zur Übersetzung des Neuen Testaments ist auf den Beitrag von Martin Fontana in diesem Band zu verweisen.

1611) publiziert.[61] Katechismus wie Liedanhang erfuhren zahlreiche Auflagen. Zwar sei 1683 das Gesangbuch *Ils psalms d'ilg soinc prophet a reg David* (Zürich 1683) von Johann Grass erschienen, doch habe der Genfer Psalter Gabriels «canzuns» lange nicht verdrängen können.[62] Verschiedene seiner Lieder – es ist beispielsweise an *Mo aunc in pign mument* («Nur noch ein kleiner Moment») zu denken – würden gar bis heute gesungen.[63] Noch mehr Bedeutung für die Entwicklung und Festigung der romanischen Sprache habe aber das *Nief Testament* (Basel 1648) von Sohn Luci Gabriel gehabt. Cadonau erachtete Gabriels Arbeit als grossartige Leistung, weil seine Übersetzung einerseits auf der Grundlage des griechischen Textes, «cun agid della versiun tudestga de Piscator e la taliana de Deodatus» («mithilfe der deutschen Übersetzung von Piscator und der italienischen von Diodati»),[64] basiere, andererseits er «plaids sempels» («einfache Worte») benutze, «sco mintgin drova e sa capir» («die jeder gebraucht und verstehen kann»). Für ihn war es wichtig, die Worte zu wählen, «ch'ein duvreivels el lungatg popular» («die im Alltag gebräuchlich sind»), und darum habe er versucht «fuormas artificialas» («künstliche Formen») zu vermeiden – lieber wollte er ein deutsches Wort gebrauchen, damit der Leser es auch wirklich verstehe.[65] Auch wenn in der Zeit des Pietismus die *Biblischen Historien*, übersetzt und hg. von Abraham Willy,[66] immer mehr den Gebrauch des Gabriel'schen *Nief Testament* verdrängt hätten, habe «nies pievel romontsch [...] giu en quella versiun tochen sin il gi ded oz in fidau menader egl entir mund dil Niev Testament» («unser romanisches Volk in dieser

---

61 Vgl. Anzaquonts psalms da David, a canzuns spiritualas: ..., in: Gabriel, Steffan, Ilg Vêr Sulaz da pievel giuvan ..., Basel 1611, S. 99–222; vgl. Deplazes, Gion, Funtaunas. Istorgia da la litteratura rumantscha per scola e pievel, Bd. 1: Dals origins e pievel, Chur ²1993, S. 95–100.

62 Erst im Pietismus des 18. Jahrhunderts haben die Liederbücher von Conradin Riola und Mattli Conrad Gabriels Lieder verdrängt (vgl. Cadonau, Cudisch, S. 37); vgl. Deplazes 1993 (wie Anm. 61), S. 36ff.

63 Vgl. Cadonau, Cudisch (wie Anm. 59), S. 34f.

64 Gemeint sind die von Johannes Piscator herausgegebene *Biblia, Das ist: Alle bücher der H. Schrift des alten und newen Testaments: Aus Hebreischer und Griechischer spraach ... aufs new vertheutscht* (Herborn 1602–04), und die italienische protestantische Übersetzung von Giovanni Diodati, *La Bibbia cioè, i libri del Vecchio e del Nuovo Testamento* (Genf 1607/1641).

65 Vgl. Cadonau, Decan Gabriel (wie Anm. 60), S. 34f; vgl. Deplazes 1993 (wie Anm. 61), S. 20f.

66 Cadonau täuscht sich, wenn er Daniel Willi als Übersetzer nennt. Vgl. Cadonau, Decan Gabriel (wie Anm. 60), S. 36. Es handelt sich um die *Sissonta tschunc Historias biblicas* (Lindau 1755), die eine Zusammenfassung von Hübners *Zweymahl zwey und fünfzig auserlesene biblische Historien* (Leipzig 1714) sind. Vgl. Bernhard, Jan-Andrea, «... der Jugend zum Besten abgefasset ...». Die Bedeutung der *Biblischen Historien* (Leipzig 1714) von Johannes Hübner in Graubünden, in: Bündner Monatsblatt 2/2013, S. 201–225.

Übertragung bis auf den heutigen Tag einen treuen Führer in der ganzen Welt des Neuen Testaments gehabt»).[67]

Neben der Arbeit an der Übersetzung des Neuen Testaments begann Cadonau Anfang der 1950er Jahre sogenannte profane Erzählungen zu schreiben und zu veröffentlichen. Freilich verraten mehrere Titel, dass diese Erzählungen – oft abgerundet mit einem romanischen Gedicht – einen erzieherischen Charakter hatten:[68] Seine Reminiszenzen zur neuen Wasserversorgung in Waltensburg nannte er *Aua de fontauna* (Brunnenwasser), ergänzt mit dem Gedicht *Aua viva* (Lebendiges Wasser),[69] seine Erzählung *Sche jeu havess buca carezia* (Wenn ich nicht Liebe hätte) rundet er mit dem Gedicht *Mo ina caussa fa basegns* (Nur eine Sache ist nötig) ab.[70] Bei anderen Erzählungen ist es offensichtlicher, dass Cadonau durch diese eine missionarische Absicht[71] verfolgte, so z. B. mit der Erzählung *Grazian e ses cumpogns* (Grazian und seine Kollegen), einer Erläuterung zur Heilung der zehn Aussätzigen (Luk 17,11–19),[72] oder der Weihnachtslegende *Ils treis sabis* (Die drei Weisen).[73] Erwähnenswert ist besonders die Geschichte *Fida e Claudia*, die in Form von sogenannten Kunstbriefen – ein literarisches Mittel seit dem Pietismus[74] – verfasst ist. Cadonau verfolgte darin die Absicht, den Leser sachte auf die Wirkkraft des Gebetes hinzuweisen: Die nicht aus Liebe geschlossene Ehe von Fida und Clau wurde hart geprüft, so dass Clau dem Trinken verfiel. Schliesslich musste aber Fida erkennen, dass es nicht helfe, wenn sie wütend auf Clau sei – vielmehr müsse sie für ihn beten: «[...] jeu hai entschiet dad urar mintga gi da tut miu cor. E sch'il Clau mava naven ina sera, sche hai jeu enstagl de s'agitar fatg mia uraziun. Oz saiel jeu che quei ei buca stau adumbatten.» («[...] ich habe begonnen, jeden Tag von ganzem Herzen zu beten. Und wenn Clau am Abend wieder wegging, habe ich, statt mich aufzuregen, meine Gebete gemacht. Heute weiss ich, dass dies nicht vergeblich war.»)[75]

Seit 1954 war Cadonau in der Stiftung «*Gott hilft*» in Seewis im Prättigau tätig. Seine letzte Pfarrstelle in Trin war getrübt von der Erfahrung,

---

67 Cadonau, Decan Gabriel (wie Anm. 60), S. 34.

68 Cadonau hält 1938 wie 1945 fest, dass gerade die Kirche eine erzieherische Funktion habe. Vgl. Cadonau, Lage (wie Anm. 14), S. 39 f; ders., Baselgia (wie Anm. 44), S. 37 f.

69 Vgl. Cadonau, Peter Paul, Aua de fontauna, in: CPMG 31 (1952), S. 40–44. In diesem Zusammenhang ist auch das von Cadonau geschriebene Theaterstück *Aua viva* (Lebendiges Wasser) zu sehen. Siehe dazu den Beitrag von Manfred Veraguth zu Cadonaus dramatischem Schaffen in diesem Band.

70 Vgl. Cadonau, Peter Paul, Sche havess buca carezia, in: CPMG 31 (1952), S. 59–68.

71 Vgl. Cadonau, Lage (wie Anm. 14), S. 46 f.

72 Vgl. Cadonau, Peter Paul, Grazian e ses cumpogns, in: CPMG 40 (1961), S. 34–42.

73 Vgl. Cadonau, Peter Paul, Ils treis sabis, in: CPMG 39 (1960), S. 72–75.

74 Exemplarisch sei auf die *Lettres sur la religion essentielle* ... (Lausanne 1738) von Marie Huber verwiesen.

75 Cadonau, Fida e Claudia (wie Anm. 15), S. 54.

dass verschiedene seiner vielfältigen Bemühungen um einen «risvegl religius» («religiösen Aufbruch») auf Widerstand stiessen. Cadonau lernte aber auch, wie bereits erwähnt, daraus, dass es «negina vera veta senza contradicziun» («kein wahrhaftiges Leben ohne Widerspruch») gibt. Es mag ihn also nicht entmutigt, sondern ermutigt haben. Ermutigt, sich bis ans Lebensende sowohl für soziale Anliegen – es sei auf seine Tätigkeit in der Telefonseelsorge verwiesen – wie auch für die Verkündigung des Evangeliums einzusetzen. Mit Recht verlieh ihm darum die Universität Basel 1955 den Dr. honoris causa, als Anerkennung für seinen unermüdlichen Einsatz zur Übersetzung des Neuen Testaments. Endlich konnten die Menschen «en circuls regulars, en reuniuns de vacanzas, tier las differentas occasiuns en cuminonza vicendeivla [...] s'acquistar la vera entelgientscha dil plaid de Deus» («regelmässig in [Haus-]Kreisen, bei Versammlungen in den Ferien, bei verschiedenen Anlässen in wechselnder Gemeinschaft [...] sich das wahre Verständnis des Wortes Gottes aneignen»).[76] Das ist sein bleibendes Verdienst. Bis heute.

76 Cadonau, Risvegl religius (wie Anm. 1), S. 76.

Peter Paul Cadonaus romanische Bibelübersetzung im Vergleich mit früheren und nachfolgenden Übersetzungen

Martin Fontana

Rückschau auf die Geschichte der rätoromanischen Bibelübersetzungen im Engadin und in der Surselva

Humanismus und die Bedeutung der Volkssprache

In einem Rückblick auf die Sprachentwicklung, besonders im ausgehenden Mittelalter, unterstreicht der bekannte Bündner Historiker Conradin Bonorand (1914–1996) in seiner Schrift über die Engadiner Reformatoren Philipp Gallicius (1504–1566), Iachiam Tütschett Bifrun (1506–1572) und Durich Chiampell (1510–1582)[1] unter anderem die Bedeutung des Humanismus als geistige Bewegung, die von Italien und der Renaissance ausgehend seit der Mitte des 15. Jahrhunderts auch nördlich der Alpen Fuss fasste. Als für die Humanisten bezeichnend nennt er unter anderem:

- Die Triebfeder «ad fontes», das heisst zu den Quellen der Latinität und des Hellenismus, aber auch zu den reinen Quellen des Glaubens. Erasmus von Rotterdam als einer der herausragenden Vertreter dieser Geistesrichtung hat dieser Auffassung mehrfach in Vorworten zu seinen Schriften Ausdruck verliehen.[2]
- Dieses «ad fontes» bedeutete aber auch «zu allen Quellen». Auch die hebräische Sprache, die Sprache des Alten Testaments und des altjüdischen Schrifttums überhaupt, gehörten dazu.[3]
- Zu diesen Urquellen gehörte dann in der Reformationszeit Anfang des 16. Jahrhunderts in besonderem Masse das Wort der Heiligen Schrift. Die Maxime «Zurück zur Schrift» wurde zum Leitfaden der Reformation.

Die gebildete Welt des Abendlandes besass neben der Muttersprache und der in einem Staat vorherrschenden Sprache noch das Latein als gemeinsame, verbindende Sprache. Latein war nicht nur die allgemeine Kirchensprache des Mittelalters, sondern blieb auch nach der Reformation bis

1 Bonorand 1987.
2 Vgl. ebd., S. 17.
3 Vgl. ebd., S. 18.

zur Aufklärung Unterrichtssprache an den Universitäten, Sprache der Wissenschaften, des Handels, der Korrespondenz und der Verhandlungen. Überall gab es Lateinschulen, wo vor allem jungen Menschen aus politisch oder ökonomisch führenden Kreisen der Zugang zur Bildung offen stand.[4]

Im Gottesdienst geschah nun aber, dem Geist des Humanismus folgend, in Teilen eine Umsetzung der lateinischen Sprache in die Volkssprache. Gottesdienste waren ja nicht Versammlungen nur Gebildeter, sondern des Volkes. Teile der Liturgie, verschiedene Gesänge und bald auch einzelne Schriftlesungen wurden in der Sprache des Volkes gehalten. Im Hinblick darauf kam es zu den ersten Übersetzungen biblischer Texte in die Volkssprachen. So übersetzte beispielsweise Philipp Gallicius in den 1530er Jahren einzelne Teile des Buches Genesis, Ps 130 und andere alttestamentliche Texte ins Romanische.[5] Um Reformen bemühte Humanisten legten so unbeabsichtigt die Grundlage für Schriftsprachen, die in vielen Regionen und Ländern bis zum Vorabend der Reformation nur in Ansätzen oder überhaupt nicht vorhanden war, wie in Romanischbünden.[6] Natürlich konnten die Anfänge verschiedener Schriftsprachen zur Zeit des Humanismus und der Reformation zeitlich weit auseinanderliegen.

Die Bedeutung des Buchdrucks und die ersten Katechismen

Das Anliegen der Humanisten hätte sich damals aber ohne die Möglichkeit des Drucks von Flugblättern und Büchern nicht durchsetzen lassen. Der St. Galler Humanist und spätere Reformator Vadian erwähnt in einer deutsch geschriebenen Chronik der St. Galler Äbte auch den Böhmen Jan Hus (um 1370 bis 1415), der zur Zeit des Konzils von Konstanz als Ketzer verbrannt worden war (1415). Hus habe als tschechischer Reformator keinen grösseren Erfolg erzielen können, weil damals der Buchdruck noch nicht erfunden war.[7]

Der Buchdruck (seit 1450 durch Johannes Gutenberg) wurde so gleichsam zum Verbündeten des Humanismus wie des konfessionellen Zeitalters. Natürlich bedingte der Buchdruck auch, dass nicht nur die Geistlichen, sondern auch das gemeine Volk lesen konnte. Eine Sache war es, die Bibel dem Volke in seiner Sprache zugänglich zu machen, eine andere aber, sich für die Lese- und Schreibfähigkeit des gemeinen Volkes einzusetzen. Die diesbezüglichen Bildungsbemühungen vieler Reformhumanisten und Reformatoren sind längstens bekannt. Insbesondere der

4 Vgl. ebd.
5 Vgl. Bezzola 1995, S. 185ff.
6 Vgl. Bonorand 1987, S. 21.
7 Vgl. ebd., S. 22.

Druck zahlreicher Abecedaria – Schulfibeln – in den ersten Jahrzehnten des 16. Jahrhunderts sollte dazu dienen.[8]

In den Drei Bünden war allerdings die Situation für den Druck von Büchern weit komplexer als in den meisten andern Ländern Europas. Nur eine Druckerei – nämlich die Druckerei Landolfi in Poschiavo – konnte im 16. Jahrhundert gegründet werden;[9] einzelne Versuche, in Chur, Chiavenna oder Sondrio Druckereien zu gründen, scheiterten. Erst in der zweiten Hälfte des 17. Jahrhunderts nahmen Offizinen in Scuol, Chur, Strada im Engadin und Disentis ihre Tätigkeit auf. Dazu gesellte sich auch eine sogenannte ambulante Druckerei, die «Wanderdruckerei» des Johann Georg Barbisch, der in Bonaduz, Cumbel und Luven druckte.[10]

Von Luci Gabriel (geb. 1597 in Flims, gest. 1663 in Ilanz), der als Pfarrer zu Ilanz als Erster das Neue Testament in das surselvische Idiom übersetzte und 1648 herausgab, ist auch das Gedicht *Davart la Scartira* erhalten, in dem er seiner Freude Ausdruck gibt, welch grosses Geschenk es sei, dass man schreiben und Geschriebenes (auch das Wort der Heiligen Schrift) weitergeben kann. Die zwei ersten Strophen lauten:

Deus nus ha dau bear dunse	Gott gab uns viele Gaben,
Bear kunsts nus amparnein.	gar viele Künste lernen wir,
Mo 'lg ei nagin pli bunse	doch bess're gibt es nicht,
Ca leger, scriver bein.	als lesen können und auch schreiben.
Quei kunst ven or da tschiel,	Vom Himmel kommen diese Künste,
Deus fò'lg amprim scrivont,	Gott der erste Schreiber war,
cur el ad Israele	der aufschrieb, was für Israel
ha scrit sia velg'avont.	sein Wille sei und sein Gebot.

8 Ein Abecedarium hat häufig kein Titelblatt, sondern beginnt direkt mit dem Alphabet: Alle Buchstaben des Alphabeths werden als Gross- und Kleinbuchstabe präsentiert, gefolgt von für die betreffende Sprache typischen Buchstabenkombinationen bzw. Umlauten. Daran schliessen sich die traditionellen Glaubensstücke an, mit denen die Kinder erste Leseversuche wagten, u.a. das Vaterunser, das Glaubensbekenntnis (Apostolicum), das Ave-Maria (Salutatio angelica) oder auch der Dekalog. In einem dritten Teil können Gebete, katechetische Texte oder Bibeltexte folgen. Vgl. dazu: Bernhard, Jan-Andrea, Abecedaria und Schulfibeln – vom Humanismus zur Reformation. Die Bedeutung der Abecedaria für die Popularisierung des reformatorischen Denkens im Europa des 16. Jahrhunderts, in: Klaus Fitschen u.a. (Hg.), Kulturelle Wirkungen der Reformation / Cultural Impact of the Reformation. Kongressdokumentation Lutherstadt Wittenberg August 2017, Leipzig 2018, S. 123–132.

9 Vgl. Bonorand 1970; Pollini 2008.

10 Vgl. das diesbezügliche Standardwerk: Bornatico, Remo, L'arte tipografica nelle Tre Leghe (1547–1803) e nei Grigioni (1803–1975), Coira 1976.

Chei marvilgiusa caussa ei quei, ch'ün sa plidar, taner la bucca claussa a d'antallir tut dar? Vus smarvilgeit zunt fiche, Ch'ün po a Gliont tschou star, plidar cun ün amige, ca stat giu vi d'la Mar.[11]	Welch wunderbare Sache, dass man geschlossnen Mundes sprechen und dies alles klar verständlich weitergeben kann. Ja, wundert euch gar sehr, dass man in Ilanz wohnen und zugleich mit Freunden weit am Meeresstrande reden kann.

Bibelübersetzungen des Abendlandes waren aber keineswegs eine Erfindung erst der Reformation. Übersetzungen gehörten schon lange vorher zur Tradition der Kirche. Schon die im Mittelalter vorherrschende lateinische Bibel (‹Vulgata›, auf Hieronymus um 400 n. Chr. zurückgehend) war eine Übersetzung des hebräischen Alten und des griechischen Neuen Testaments. Es gab aber auch vereinzelt andere Übersetzungen in einzelne Volkssprachen, z. B. die sogenannte Wenzelsbibel vom Ende des 14. Jahrhunderts. Allerdings war die Verbreitung vor der Zeit des Buchdrucks und angesichts des bescheidenen Kreises von Lesekundigen relativ klein.

Auch die Katechismen, die «Leyen Biblia» (Martin Luther), waren keine Erfindung der Reformation. Die Reformatoren haben den Begriff in bewusstem Anschluss an das Neue Testament und die Alte Kirche aufgegriffen. Das griechische «katecheo» (*κατηχέω*) bedeutet zum einen «berichten, mitteilen», zum andern «belehren, unterweisen». Im Neuen Testament dominiert die Bedeutung «unterweisen», Tertullian brauchte dann «catechizare» und «catechismus» für die mündliche Taufunterweisung der ‹Katechumenen› – und zwar sowohl für den Unterricht wie für den Stoff. Auch im Mittelalter bedeutete «Katechismus» die mündliche Unterweisung z. B. der Taufpaten oder die Unterweisung der Priester im Gottesdienst oder der Kinder durch die Eltern und Paten. Die Vermittlung der Hauptstücke des Glaubens (Glaubensbekenntnis, Ave-Maria, Vaterunser und, erst im Spätmittelalter, auch die Zehn Gebote) war dabei zentral.[12] Luther knüpfte aber bewusst an die Tradition der Alten Kirche an: Er verstand unter Katechismus sowohl den Unterricht (‹Unterweisung›, ‹Kinderlehre›) als auch den Stoff der Unterweisung.[13] Als Buchtitel trat der Begriff «Katechismus» im deutschen Sprachraum erstmals bei Andreas Althamer 1528 in Nürnberg auf.[14]

11 Das Lied von Luci Gabriel ist erstmals abgedruckt in der 3. Auflage von Steffan Gabriels Katechismus *Ilg Vêr Sulaz da pievel giuvan* (Basel 1649), S. 273–275.

12 Vgl. Bonorand 1987, S. 28.

13 Bereits sehr früh haben kirchliche «Randgruppen» wie die Böhmischen Brüder und Waldenser die christliche Unterweisung der Jugend gepflegt. Vgl. Lang 1967, S. V.

14 Vgl. Weismann 1990, S. 2–7.

In Romanischbünden gingen die Katechismen, in denen erstmals biblische Stoffe und kirchliche Lehre in Romanisch gedruckt wurden, den Bibelübersetzungen voraus. In diesem Zusammenhang ist natürlich auf den Oberengadiner Humanisten Iachiam Tütschett Bifrun (1506–1572) zu verweisen, notabene ein Jurist, Landammann und Richter, der als erster Romanischbündner 1560 das Neue Testament ins Oberengadiner Romanisch (Puter) übersetzte und in Basel veröffentlichte. Schon vor dieser Übersetzung trat Bifrun aber 1552 mit der Übersetzung des ungedruckten, heute verlorenen Churer Katechismus von Johannes Comander (um 1484–1557) und Johannes Blasius (um 1490–1550), der weitgehend auf den beiden Katechismen des Zürchers Leo Jud (1534, 1535) basierte, hervor, den er in das oberengadinische Romanisch übertrug und in Poschiavo drucken liess.[15] Im Jahre 1571 gab Bifrun schliesslich auch die erste Ausgabe der «Tæfla» heraus, einer ersten rätoromanischen Fibel für die Schreib- und Leseunterweisung: «Nvs auain fat stampær aquaista tæfla in Arumaunsch, par chel's infauns da pitschen insü imprendan ad vrær in nos launguaick, alhura eir à l'g sauair lêr.»[16] Mit solchem Unterricht sollte die Bibel als Quelle des Glaubens zugänglich gemacht werden.[17]

Die ersten romanischen Übersetzungen der Bibel

Der Oberengadiner Iachiam Bifrun war sich der sprachlichen Begrenztheit des Romanischen bewusst. Im Vorwort zu seinem Neuen Testament 1560 verteidigt er aber vehement sein Werk gegenüber all denen, die behaupteten, dass es unmöglich sei, ein solches Werk in die romanische Sprache zu übersetzen.

Manche meinten nämlich, es sei unmöglich, das Romanische zu verschriftlichen, sonst hätten es bereits die Vorfahren getan. Bifrun antwortete, wenn man deutsch und französisch und andere Sprachen, die noch komplizierter seien, schreibe, warum sollte das nicht für das Romanische möglich sein.[18]

Nachfolgend ein Beispiel für die gute Sprachkenntnis Bifruns und die gekonnte Umsetzung griechischer Vorlagen ins Oberengadiner Idiom.

In Joh 1,1 (Zürcher Bibel 2007: «Im Anfang war das Wort, der Logos, und der Logos war bei Gott») verwendet Bifrun für das griechische «logos»

---

15 Vgl. Bernhard 2008, S. 188–200. Dank der Übersetzung von Bifrun konnte der Text des Churer Katechismus, der seit einer Dekade auch historisch-linguistisch-kritisch ediert vorliegt, bewahrt werden. Vgl. Bernhard 2008, S. 218–247.

16 Übers.: «Wir haben diese Tæfla in Romanisch drucken lassen, auf dass die Kinder von klein auf in unserer Sprache beten lernen und sie daraufhin auch lesen können.» Bifrun, Iachiam, [Tæfla], [1571], fol. A12$^{r/v}$.

17 Vgl. Bernhard 2008, S. 198–200; Bernhard 2015, S. 25–54.

18 Vgl. Bifrun, Iachiam: Alla christiauna giuvententuna d'Agnedina, in: L'g Nuof Sainc Testamaint, Basel 1560, fol. b^{r}–b5^{r}.

statt des romanischen «pled» das Wort «wierf», das in der Volkssprache bekannt gewesen sein muss und im Engadin wie in der Surselva bis heute weiterlebt. Schon Luci Gabriel (NT 1648) übersetzte «logos» aber mit «plaid», obwohl eben auch die Surselva das Wort «vierv/viarva» kannte.

Bifrun hatte ein feines Gespür für die kleinen Unterschiede im Gebrauch der Volkssprache. «Pled» (Wort) wurde – auch in der Surselva – nur für das «gesprochene oder geschriebene Wort» gebraucht. In Joh 1,1 bedeutet «logos» aber weit mehr als nur «pled». Mit «logos» wird das in Christus personifizierte Wesen Gottes bezeichnet. Mit dem Ausdruck «wierf» (sursilvan «vierv/viarva») benutzt Bifrun ein bestehendes romanisches Wort (aus lat. «verbum») mit einer weit grösseren, der Bedeutung in Joh 1,1 nahekommenden Dimension. Diese feine Unterscheidung ging später verloren. «Logos» wurde immer wieder mit «plaid» übersetzt, so schon bei Luci Gabriel 1648 und später bei Cadonau/Bertogg (NT 1954). Die Lektionarien von Pfarrer Pelican für die katholische Kirche des Oberlandes (z. B. Tom II 1972) sowie das Neue Testament der neuen *Bibla romontscha ecumena* (1988) übersetzen «logos» glücklicherweise wieder mit «vierv».

Bifruns Übersetzung stützt sich in erster Linie auf die lateinische Bibelausgabe des Erasmus von Rotterdam (um 1467–1536) aus dem Jahr 1522. Er verwendet jedoch auch deutsche und italienische Vorlagen und berücksichtigt weithin auch die Predigtsprache, wie sie damals bereits gebräuchlich war.[19]

Die romanische Sprache wurde zu jener Zeit auch schon in Gesetz und Rechtsprechung verwendet, wie damalige Rechtsstatuten bezeugen.[20] Auch die durch das einfache Volk inszenierten dramatischen Aufführungen des 16. Jahrhunderts illustrieren,[21] dass man auch die romanische Sprache schreiben konnte, wie das Deutsche oder das Italienische. Mit Recht wird darum das Romanische im ersten sprachwissenschaftlichen Werk, *Mithridates. De differentiis Linguarum* (1555) von dem Universalgelehrten Konrad Gessner, erwähnt.[22]

In seiner Übersetzung hat Bifrun eine erstaunliche Unabhängigkeit gegenüber dem Lateinischen, Deutschen und Italienischen bewahrt.[23] Er vermochte das gelehrte Wort mit der Sprache des Volkes zu verbinden. Sein Neues Testament wurde so zum Eckstein der romanischen bzw. ladinischen Schriftsprache wie auch des Idioms des Oberengadins (Puter).[24]

---

19 Vgl. Bernhard 2008, S. 212–215; Heinimann 1987.

20 Vgl. Deplazes 1, 1987, S. 69–72.

21 Vgl. ebd., S. 53–63; Bezzola 1979, S. 162–166.

22 Vgl. Gessner, Konrad, Mithridates. De differentiis Linguarum ..., Zürich 1555, fol. 65r/v.

23 Vg. Bezzola 1979, S. 194–198.

24 Vgl. Deplazes 1, 1987, S. 85.

Zusammen mit Bifrun muss da auch der Unterengadiner Pfarrer Durich Chiampell (1510–1582) genannt werden, der als eigentlicher Förderer der Reformation im Engadin 1562 in Basel die Psalmen Davids als Kirchengesangbuch in Unterengadiner Romanisch (Vallader) auf eigene Kosten veröffentlichte und diesem Gesangbuch – ohne Noten, aber mit Hinweisen auf die Singweise gemäss meist deutschen Kirchenliedern – noch den Katechismus *Intraguidamaint* beifügte. Dieser Katechismus basierte auf demjenigen von Bifrun, war aber in allen Hauptstücken theologisch präziser formuliert.[25]

Viele europäische Sprachen wurden also in der Zeit des Humanismus und der Reformation erstmals geschrieben und gedruckt. Sie konnten sich dank der Abecedaria, der Katechismen und der Bibelübersetzungen zu Schriftsprachen entwickeln, wenn auch die Orthografie oft längere Zeit brauchte, bis sie eine Normierung erfuhr.

In Deutschland stützte sich Martin Luther (1483–1546) in seinen Schriften und der Bibelübersetzung noch auf die kursächsische Kanzleisprache, und diese Sprache setzte sich als Schriftsprache mit der Zeit im ganzen reichsdeutschen Sprachgebiet durch, später auch in den deutschsprachigen Gebieten der damaligen Schweiz.[26] Die ersten rätoromanischen Drucke erschienen nun aber nicht wie im reichsdeutschen Sprachgebiet aufgrund einer massgebenden Sprachform, sondern aufgrund verschiedener dialektaler Ausdrucksformen in peripherer Lage, nämlich Bifruns Neues Testament in Oberengadiner, Chiampells Katechismus und Psalmen in Unterengadiner Romanisch.

Diese beiden Idiome unterscheiden sich wiederum stark vom rheinischen Romanisch, dem heutigen Sut- und Surselvischen, das auf reformierter Seite einerseits im Domleschg von Daniel Bonifaci (ca. 1572 bis ca. 1639) durch seinen *Catechismus* (Lindau 1601) geprägt wurde, andererseits in der Surselva von den beiden im Gebiet von Flims und Ilanz wirkenden Engadiner Pfarrern Steffan Gabriel (1570 in Ftan bis 1638 in Ilanz) und dessen in Flims geborenem Sohn Lucius durch Steffan Gabriels Katechismus *Ilg Vêr Sulaz da pievel giuvan* (Basel 1611) und Luci Gabriels NT-Übersetzung (Basel 1648). Man spürt in den Schriften der beiden Gabriels nebst dem Dialekt der regionalen Volkssprache von Flims/Ilanz auch die sprachliche Eigenheit und Schreibweise ihrer Engadiner Muttersprache. Von ihrer Herkunft waren sie ja bereits von den romanischen Schriften Bifruns und Chiampells beeinflusst.[27] Selbst die letzte reformierte romanische Gesamt-

25 Vgl. Bernhard/Darms 2016, S. 17–58.

26 Vgl. Bonorand 1987, S. 36.

27 Vgl. Bezzola 1979, S. 238, 244; Deplazes 1, S. 98; Deplazes 2, S. 20f. In diesem Zusammenhang ist auf die Studien von Matthias Grünert, Fribourg, zum Sprachgebrauch in Gabriels Katechismus *Ilg Vêr Sulaz da pievel giuvan* (1611) hinzuweisen:

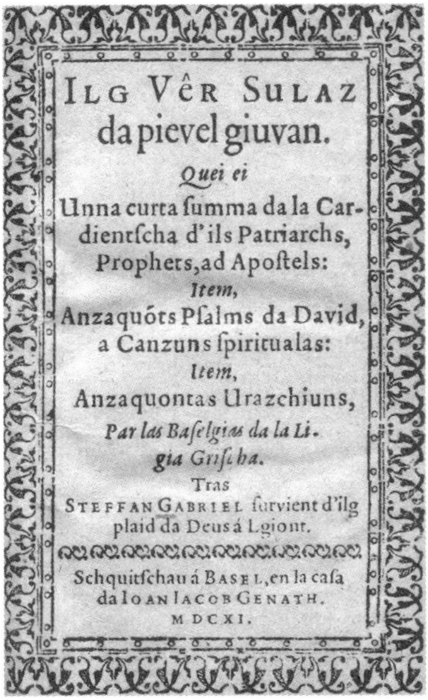

ILG VÊR SULAZ
da pievel giuvan.
Quei ei
Unna curta ſumma da la Cardientſcha d'ils Patriarchs,
Prophets, ad Apoſtels:
Item,
Anzaquôts Pſalms da David,
a Canzuns ſpiritualas:
Item,
Anzaquontas Urazchiuns,
Par las Baſelgias da la Ligia Griſcha.
Tras
STEFFAN GABRIEL ſurvient d'ilg plaid da Deus á Lgiont.
Schquitſchau á BASEL, en la caſa da IOAN IACOB GENATH.
MDCXI.

Abb. 65 Titelblatt von Steffan Gabriels Schrift «Ilg Vêr Sulaz da pievel giuvan», 1611.

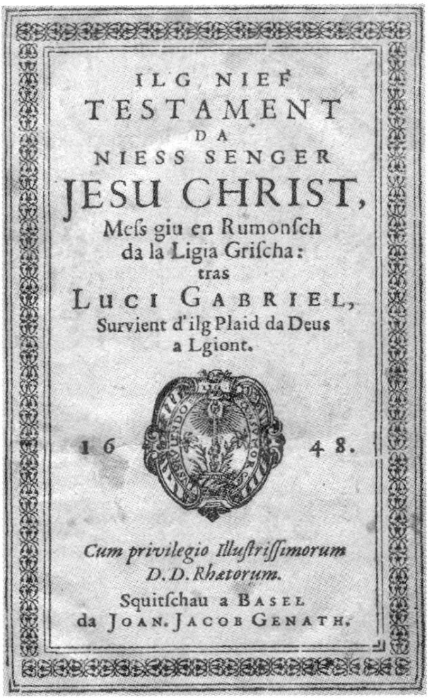

ILG NIEF
TESTAMENT
DA
NIESS SENGER
JESU CHRIST,
Meſs giu en Rumonſch
da la Ligia Griſcha:
tras
LUCI GABRIEL,
Survient d'ilg Plaid da Deus
a Lgiont.
16 48.
Cum privilegio Illuſtriſſimorum
D. D. Rhætorum.
Squitſchau a BASEL
da JOAN. JACOB GENATH.

Abb. 66 Titelblatt von Luci Gabriels Übersetzung des Neuen Testaments, 1648.

bibel von 1870 verrät noch stark diese Eigenheiten der Gabriel'schen Sprache aus dem 17. Jahrhundert.

Zwei konfessionelle Sprachrichtungen in der Surselva

Für das gesamte Gebiet der Surselva galt vom Anfang des 17. Jahrhunderts an, dass im kirchlich-religiösen Bereich zwei konfessionell geprägte Sprachrichtungen nebeneinander existierten:

- eine protestantische Variante, zunächst begründet von Steffan Gabriel mit seinem Katechismus *Ilg Vêr Sulaz da pievel giuvan* (1611) und ganz entscheidend dann geprägt von Luci Gabriels Übersetzung des Neuen Testaments, *Ilg Nief Testament da Nies Segner Jesu Christ* (1648);
- eine katholische Variante, beeinflusst durch den surselvischen[28] Katechismus *In cuort muossament ad intruvidament* (Mailand 1615) von

Bernhard, Jan-Andrea/Grünert, Matthias, Il catechissem *Ilg Vêr sulaz da pievel giuvan* (Basilea 1611) da Steffan Gabriel, Glion 2019.

28 Erstmals erschien der Katechismus 1611 im Romanisch des Domleschg, allerdings mit vielen Italianismen versehen.

Gion Antoni Calvenzano und dann durch Balzar Alig (1625–1677) von Vrin im Lugnez, der u. a. die *Passiun de nies Segner Jesu Crist* (Prag 1672) und die *Epistolas ad Evangelis* (Chur 1674) veröffentlichte.[29]

Beiden Richtungen ist eigen, dass diese ersten Katechismen und Bibelübersetzungen Autoren zu verdanken sind, die – mit Ausnahme des später lebenden Balzar Alig – nicht aus dem eigenen surselvischen Sprachgebiet stammten, sondern einerseits aus dem Engadin (Steffan Gabriel), anderseits aus der Lombardei (Gion Antoni Calvenzano).

Allerdings war wahrscheinlich nicht allein die Glaubenstrennung für die konfessionell verschiedene Ausprägung der surselvischen Schriftsprache verantwortlich. Vermutlich war es auch so, dass die beiden konfessionellen Lager, einerseits Flims/Foppa, anderseits Lugnez/Cadi, die bereits bestehenden sprachlichen Merkmale ihrer Region zur Betonung ihrer Eigenheit und zur Unterscheidung von der anderen Seite benutzten, so dass die Bezeichnung der lange Zeit bestehenden zwei Schriftvarianten des Surselvischen als katholisch und reformiert vielleicht doch irreführend sein könnte, weil regionale sprachliche Unterschiede sicher schon vor der Reformation bestanden. Gleichzeitig ist festzuhalten, dass sowohl Calvenzano wie Gabriel an den konfessionellen Auseinandersetzungen der Zeit aktiv beteiligt waren.[30]

Die Gabriel'schen Bibelübersetzungen im Vergleich mit den späteren Übersetzungen in der Surselva: Neues Testament/Psalmen von Cadonau/Bertogg, 1954, und Bibla romontscha ecumena (NT), 1988

Eigenheiten der Gabriel'schen Übersetzungssprache

Mit Blick auf die protestantische Sprache von Steffan und Luci Gabriel, wie sie in ihren Schriften auftritt und teils noch 250 Jahre nach dem Katechismus von Steffan Gabriel (1611)[31] und dem Neuen Testament von Luci Gabriel (1648) fast unverändert gedruckt wurde (siehe die Ausgabe des romanischen Neuen Testament von Luci Gabriel 1870), sollen hier ein paar Eigenheiten erwähnt werden, Eigenheiten, die dann erst in der Neuübersetzung des Neuen Testaments und der Psalmen durch Peter Paul Cadonau und Hercli Bertogg 1954 und dem Neuen Testament der *Bibla romontscha*

29 Vgl. Liver 2000, S. 259–264.

30 Vgl. Widmer 2008, S. 2; Liver 2000, S. 259–261.

31 In diesem Zusammenhang ist darauf hinzuweisen, dass kein romanischer Druck so grosse Bedeutung für ganz reformiert Bünden hatte wie Gabriels Katechismus – erschien er doch in 15 romanischen, 11 deutschen und sieben italienischen Ausgaben. Vgl. Winzap 2012, S. 122.

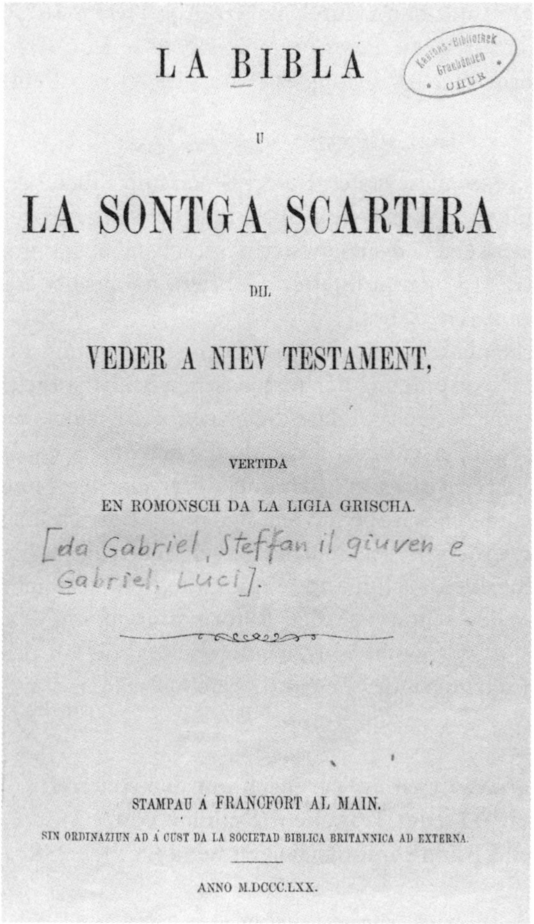
LA BIBLA

U

LA SONTGA SCARTIRA

DIL

VEDER A NIEV TESTAMENT,

VERTIDA

EN ROMONSCH DA LA LIGIA GRISCHA.

[da Gabriel, Steffan il giuven e Gabriel, Luci].

STAMPAU A FRANCFORT AL MAIN.

SIN ORDINAZIUN AD A CUST DA LA SOCIETAD BIBLICA BRITANNICA AD EXTERNA.

ANNO M.DCCC.LXX.

Abb. 67 Titelblatt des Neudrucks der Bibelübersetzung aus dem Jahr 1870.

ecumena (1988) verschwinden. Sie betreffen die Wortwahl, Grammatik und Orthografie (siehe die nachfolgenden Textvergleiche Lk 1,11–13a).

Die Sprache von Vater und Sohn Gabriel Anfang des 17. Jahrhunderts zeigt deutlich, dass die Alltagssprache, die in ihren Pfarrgemeinden von Flims respektive Ilanz gesprochen wurde, weitgehend von ihnen aufgenommen wurde. Sie berücksichtigten wie vor ihnen Martin Luther bewusst die Sprache des Volkes. Das zeigt sich deutlich in typischen Wort- und Lautbildungen aus diesem Gebiet. Nur da, wo die Volkssprache die benötigten romanischen Wörter nicht besass, verwendeten sie oft ein deutsches Wort, vermieden aber latinisierende Neubildungen, die das Volk wohl kaum verstanden hätte. So braucht Luci Gabriel in seinem Neuen Testament (1648) die deutschen Begriffe: Wassersucht, Zoller (für Zöllner), Feld (!), Schutz, Einfaltiadad u. a. In der Einleitung zum Neuen Testament schreibt er, dass «unsere Sprache arm ist an Ausdrücken, so dass man andere Sprachen zu Hilfe nehmen muss». Dennoch entschuldigt er sich, dass er an manchen Orten den vielleicht bekannteren deutschen Ausdruck doch durch einen romanischen ersetzt hat. Oder wie Lk 4,23, wo er das von ihm verwendete romanische Wort «proverbi» in der Anmerkung mit «Sprichwort» erklärt.[32] Isidor Winzap erwähnt in einer Studie über den Einfluss Steffan Gabriels auf die surselvische Schriftsprache[33] einige typische Laut- und Wortbildungen aus dem Gebiet von Flims bis Vuorz/Waltensburg, die in den Schriften der Gabriels vorkommen (in Klammer jeweils die heute geltende surselvische Form):

> aflar (anflar), antschetta (entschatta), Anzeisnas (Anceinza), ch'els vomien (mondien), Deus (Dieus), dumonda (damonda), els ein s'enderschs (s'enderschi), exudiu (exaudiu), fantschella (fintschala), fumaz (fomaz), gi (di), gistia (giustia), Giudius (gedius), giuvintschella (purschala), gliergia (gloria), misergia (miseria), misericorgia (misericordia), muntaner (mantener), nagut (nuot), Pascas (Pastgas), serp (siarp), sterzas (stiarsas), targinar (targlinar), terra (tiara), uffon (affon), uraziun (oraziun).

Die entsprechende Anmerkung im *Lexikon der Romanistischen Linguistik*,[34] dass die bei Steffan Gabriel 1611 auftretenden Beispiele mit Monophthong (terra, terza, serp, serra) seiner engadinischen Herkunft zuzuschreiben seien, scheint mir nur zum Teil glaubwürdig zu sein, da diese Sprachform (siehe obige Beispiele) bis zum heutigen Tag typisch für die Region Flims ist, dort also, wo Gabriel die surselvische Sprache in ihrer regionalen Besonderheit kennengelernt hat und wo auch seine Frau herstammte.

Lk 1,11–13a

Neues Testament 1648 (Luci Gabriel)
11 Ad ilg Aungel d'**ilg** Senger **lgi cumparet**, a steva da la vart drechia d'ilg altar d'ilg **fimient.** 12 A cur Zacharias ilg **vaset**, scha sa **schnuè'l**, a la temma **lgi det** ent. 13 Mo ilg Aungel lgi schet, **Bucca tumer** Zacharias.

Neues Testament 1870 (Luci Gabriel)
11 Ad igl aungel dil Segner **gli cumparet**, stont da la vart dretga digl altar dil **fimient.** 12 A cur Zacharias **il vezet**, sa **schnuit** el, a la tema **gli det** ent. 13 Mo igl aungel gli schet: **Buca temer**, Zacharias!

32 Vgl. Cadonau 1948, S. 85.
33 Vgl. Winzap 2012.
34 Vgl. Stimm/Linder 1989, S. 766.

Neues Testament 1954 (Cadonau/Bertogg)
[11] Ed in aunghel dil Segner **ei comparius ad el,** stond da vart dretga digl altar. [12] Vesend quel, ei **Zaccarias vegnius surprius** da snavur e tema. [13] Mo igl aunghel **gi a gli: Buca tema,** Zaccarias!

Neues Testament 1988 (Bibla romontscha ecumena)
[11] Cheu ei in aunghel dil Segner **cumparius** ad el, stond da vart dretga digl altar **dall'unfrenda d'entscheins.** [12] Vesend el, ei **Zaharias** vegnius **tut perplexs,** e tema ha tschaffau el. [13] Mo igl aunghel **di ad el:** Buca tema, Zaharias!

Der an anderer Stelle nicht zu überhörende ladinische Einfluss ihrer eigenen Muttersprache zeigt sich, wohl in Angleichung an die ihnen gewohnte Sprache Bifruns und Chiampells aus dem Engadin, besonders deutlich in folgender, der surselvischen Alltagssprache gänzlich fremden einfachen Perfektbildung, dem französischen Passé simple entsprechend: «el schet» anstelle des in der Surselva gebräuchlichen zusammengesetzten Perfekts «el ha getg/detg». Die bisweilen gemachte Annahme, dass das surselvische Alltagsromanisch zu Gabriels Zeiten diese Perfektbildung früherer Zeit noch besass, ist jedoch als unwahrscheinlich zu bezeichnen, ist aber bis heute nicht endgültig geklärt.

Der im Gegensatz zum Engadin schweizerdeutsche Einfluss in Nordbünden, der für die Vergangenheit nur die mit einem Hilfsverb zusammengesetzte Perfektform kennt («er het gseit» – ein Imperfekt wie im Schriftdeutschen kennt das Schweizerdeutsche nicht), könnte im surselvischen Romanisch für das Verschwinden einer eventuell früher geläufigen einfachen Perfektform mitverantwortlich sein. Dies ist meine rein persönliche Sichtweise. Auch die häufige Verwendung von deutschen Lehnwörtern bei den Gabriels (s.o.) bezeugt, dass die deutsche Sprache in Ilanz recht gut bekannt war. Rageth Ragaz hält in einer Studie zu Gabriel (1928) fest: «Schon zur Reformationszeit klagen die Luviser, im Städtchen werde meistens deutsch gepredigt. Im ausgehenden 15. und zu Beginn des 16. Jahrhunderts drang die stärkste deutsche Welle nach Ilanz hinauf. Hundert Jahre später waren manche dieser eingewanderten Familien ausgestorben oder romanisiert. Gabriel konnte jetzt weit häufiger romanisch predigen, als das früher möglich war.»[35]

Auch surselvische katholische Publikationen (z.B. Balzar Alig in seinen *Epistolas ad Evangelis,* 1674) verwendeten noch bis ins 18. Jahrhundert hinein das einfache Perfectum historicum (wahrscheinlich von Gabriel über-

35 Ragaz 1928, S. 9.

nommen), worauf es in der Folge in katholischen Schriften aber verschwand, in reformierten Bibeltexten jedoch (wie gesagt) noch bis 1870 (letzte Gesamtbibelausgabe) erscheint.

Die protestantische Umgangssprache, bei Gabriel zur Schriftsprache geworden, besass auch die (z.T. bis heute sporadisch noch auftretenden) unbetonten, dem Verb vorangestellten Pronomen («el **lgi/gli** cumparet», Lk 1,12) sowie die Flexion des Reflexivpronomens bei «**sa** schnuit el» (Lk 1,12).

Ein relativ später Lautwandel im surselvischen Romanisch, besonders in katholischen Schriften, zeigt sich in der zweiten Hälfte des 17. Jahrhunderts, und zwar von kurzem [i] zu geschlossenem [ẹ], also etwa von *vita*, wie es in allen anderen Idiomen lautet, zu *veta*, oder von geschlossenem [ọ] zu [uĂ], z.B. *culm* > *cuolm*. Die protestantischen Texte hingegen bleiben bis 1870 bei den alten, eher dialektalen Gabriel'schen Formen.

Die Orthografie sah neben grammatikalischen Eigenheiten noch lange unterschiedlich aus. Das heutige *gl* wurde von den Gabriels und vielen anderen *lg* geschrieben, das heute geltende *gn* als *ng*, und das *tg* wie im Ladinischen (z.B. Chiampell) mit *ch* («**ilg** altar» für «igl altar»; «**Senger**» für «Segner»; «**drechia**» für «dretga»). Auch die im Engadin noch heute gebräuchliche negative Imperativform mit Infinitiv (Lk 1,13: «**Bucca tumer!**», «Fürchte dich nicht!») oder die vorgestellten Pronomina («**lgi** det ent», Lk 1,12) sind bei den Gabriel'schen Übersetzungen bis 1870 zu finden.

Das Neue Testament und die Psalmen in der Übersetzung von Cadonau/ Bertogg 1954

Der in der ersten Hälfte des 20. Jahrhunderts wirkende Pfarrer Peter Paul Cadonau (1891–1972) hatte noch den Gabriel'schen Katechismus und die für das 20. Jahrhundert bereits etwas altertümliche, teils ladinisch und teils von regionalem Dialekt beeinflusste Bibelsprache von Vater und Sohn Gabriel vor Augen und in Händen. Der von Steffan Gabriel verfasste Katechismus *Ilg Vêr Sulaz da pievel giuvan* sowie die letzte Ausgabe der Gesamtbibel (1870) in der weitgehend noch Gabriel'schen Fassung standen bis ins 20. Jahrhundert hinein im reformierten Gebiet der Sur- und Sutselva in Gebrauch.

Für Peter Paul Cadonau war es jedoch je länger, je mehr an der Zeit, es den Engadiner Neuübersetzern Jachen Ulrich Gaudenz (1897–1997) und Rudolf Filli (1876–1962) mit ihrem Neuen Testament und den Psalmen (1932) gleichzutun und sich eine Neuübersetzung der Bibel ins Romanisch der heutigen Surselva vorzunehmen. Zu fremd schien ihm die Gabriel'sche Sprache geworden zu sein. Vor allem, da die surselvische romanische Schulsprache sich konsolidiert hatte und die lange Zeit herrschenden regionalen Unterschiede zwischen reformierter und katholischer Schreibweise überwunden waren. In einem Artikel «Wie es zur neuen Übersetzung des Neuen

Testaments und der Psalmen kam» im romanischen Calender *Per mintga gi* (1955) schrieb Cadonau über die Hintergründe dieses Unterfangens. Unter anderem hält er fest: «Dapi ch'ins ha cultivau il romontsch pli intensiv ellas scolas e purschiu a quellas in fuorma de lungatg ch'ei s'adattada alla fuorma de scriver dils catolics, ein quels cudischs daventai pli e pli nunduvreivels per il diever en baselgia.»[36]

Zudem gab es auch neue wissenschaftlich begründete Erkenntnisse, die in der Bibelübersetzungsarbeit zu berücksichtigen waren. In seinem Artikel schreibt Cadonau weiter:

> Ins ha era directamein saviu observar, co il diever de quels cudischs era adattaus de falsificar nies lungatg. Jeu vuless mo numnar il fatg che la Bibla veglia drova dapertut il schinumnau narrativ (jeu get, el savet) per raquintar; cun duvrar quellas fuormas en scola nascheva la tendenza de remplazzar quellas tras igl imperfect, duront ch'il romontsch correct dumonda de raquintar cul perfect [...]
> Jeu seregordel aunc, tgei cumbats che quei ha duvrau, mo per vegnir de scriver «il fegl» enstagl «il figl», «biala» enstagl «bella», sco ei era usitau pli baul. Cheu eis ei capeivel, sch'ins ha buca saviu far igl entir pass tier ina ortografia adequata. Per quella mira ha ei aunc duvrau bein enqual auter pass, denter auter era las ovras de nies poet Gian Fontana. Jeu mez hai en tut quels onns stuiu far beinenqual midada cun mia ortografia [...]
> Aschia ei beinspert sepresentaus il basegns de procurar per novs cudischs religius. Gia ils emprems onns a Luven hai jeu entschiet a translatar singuls tocs della Bibla, surtut havevel jeu plascher de far diever della savida de student per metter en romontsch ils Psalms en lur fuorma ritmica originala [...]
> Miu niev domicil a Trin, sin territori sursilvan, ha dau a mi buca mo novs impuls per quella lavur, mo era il temps necessari per menar a fin quella. Daveras, gl'emprem ha ei giu num de procurar per ina nova ediziun dellas canzuns choralas e d'in cudisch romontsch d'uraziuns. Mo era la versiun dil Niev Testament era s'avanzada tochen ils davos capetes, cu ins ha ella suprastonza della Fundaziun Cadonau pil romontsch en baselgia fatg la dumonda, schebein nus vuleien buc era patertgar vid ina ediziun della Bibla sco ils Engiadines. Leu hai jeu saviu declarar che la lavur pil Niev Testament seigi ton sco finida. Sinquei han ins dau a ser dr. Bertogg ed a mi l'incumbensa de repassar aunc ina gada la versiun e preparar ella per la stampa. Ins ha era giavischau ded agiunscher ils Psalms a quella ediziun.[37]

---

36 Übers.: «Nachdem man begonnen hatte, die romanische Sprache intensiver auch in den Schulen zu pflegen und zu fördern, und in diesen Schulen eine Sprachform eingeführt hatte, die sich mehr und mehr der katholischen Schreibweise anpasste, wurden die alten religiösen Bücher je länger, je unbrauchbarer für den Gebrauch im kirchlichen Dienst.» Cadonau 1955, S. 33.

37 Übers.: «Man konnte feststellen, wie der Gebrauch dieser alten Bücher dazu führte, unsere Sprache zu verfälschen. Ich möchte nur darauf hinweisen, dass die alte Bibel

Hercli Bertogg (1903–1958), der also gemeinsam mit Peter Paul Cadonau die Neuübersetzung besorgen und diese vor allem prüfen sollte, hatte in seiner 1940 erschienenen Schrift *Evangelische Verkündigung auf rätoromanischem Boden* mit Blick auf die Volkssprache, die für die christliche Glaubensverkündigung so wichtig wurde, die Christianisierung des rätischen Volkes in den ersten nachchristlichen Jahrhunderten behandelt.[38] Darüber hinaus lässt sich dieser Text, der nachfolgend teilweise referiert wird, auch als Plädoyer für die Bedeutung einer aktuellen Bibelübersetzung lesen, die die Muttersprache ernst nimmt und sie in den Mittelpunkt stellt.

So hält Bertogg fest, dass nicht die Rätersprache zur Missionssprache wurde, sondern das Latein, die Sprache der Römer, die das rätische Gebiet noch besetzt hielten. Entsprechend fänden sich denn auch keine Relikte der alten rätischen Volkssprache in der christlichen Kirchensprache. Warum wurde christianisiert, ohne einen Laut aus der intimen Sprache der bisherigen Religion der Räter aufzunehmen und zu veredeln? So fragt sich Bertogg. Diese Hintanstellung der alträtischen Sprache muss, nach Bertogg, mit der Belastung, die vom Heidentum und dessen ganzer Denkwelt auf der Sprache lag, erklärt und entschuldigt werden. Der Gegensatz von göttli-

---

überall den [in der heutigen surselvischen Alltags- und Schriftsprache nicht gebräuchlichen; M. F.] sogenannten Narrativ für die Erzählform braucht (jeu get, jeu savet) [statt: jeu hai getg, jeu hai saviu; M. F.]. In der Schule begann man diese alten Formen mit dem Imperfekt zu übersetzen, da, wo das Romanische in der Erzählform richtigerweise das Perfekt verlangt. […] // Ich erinnere mich, welch grosser Überwindung es auch bedurfte, allein schon ‹il fegl› statt das bisherige ‹il figl› oder ‹biala› statt ‹bella› zu schreiben. Begreiflich, dass man noch nicht den letzten Schritt zu einer angemessenen neuen Orthografie machen konnte. Um dieses Ziel zu erreichen, brauchte es noch weitere Zwischenschritte, nicht zuletzt auch dank der Hilfe durch die neuen literarischen Werke des Dichters Gian Fontana [1897–1935]. Ich selber musste in jenen Jahren manch neuen Schritt zu einer erneuerten romanischen Orthografie machen. […] // So ergab sich bald schon die Notwendigkeit, für den kirchlichen Gebrauch neue religiöse Literatur bereitzustellen. Bereits in meinen ersten Jahren in Luven begann ich, einzelne Abschnitte der Bibel neu zu übersetzen, vor allem reizte mich, mithilfe meines Hochschulwissens die Psalmen in die ursprüngliche rhythmische Form zu übertragen. […] // Mein neuer Wohnsitz im surselvischen Trin gab mir dann nicht nur neue Impulse, sondern auch die notwendige Zeit, um diese Arbeit [sc. am Neuen Testament] zu Ende zu führen. Allerdings, zunächst hiess es eine Neuausgabe des romanischen Kirchengesangbuches und eines romanischen Gebetbuches zu verwirklichen. Doch auch die Übersetzung des Neuen Testaments war bis auf die letzten Kapitel vorangeschritten, so dass man im Vorstand der Cadonau-Stiftung für die romanische Sprache in der Kirche die Frage aufwarf, ob wir nicht an eine Neuausgabe des Neuen Testamentes denken sollten, so wie es die Engadiner getan hatten. Ich konnte damals bestätigen, dass ich das Neue Testament sozusagen fertig übersetzt hatte, worauf man Pfarrer Dr. Bertogg und mir den Auftrag gab, die Übersetzung noch einmal durchzusehen und für den Druck vorzubereiten. Man wünschte auch, diesem Werk die Psalmen in neuer Übersetzung beizufügen.» Cadonau 1955, S. 33–35.

38 Vgl. Bertogg 1940, S. 38 ff.

chem Wort und heidnischer Welt schien gemäss Bertogg zu gross gewesen zu sein. Und er fragt weiter: Doch wie soll das Christentum vermittelt werden, wie ins Innerste der Menschen dringen, ohne dass es in ihrer Muttersprache Wohnung findet? Wenn man eine Sprache nicht mehr Trägerin des Religiösen sein lässt, schneidet man ihr gleichsam das Herz aus dem Leibe.

Das Neue, das Christliche, wurde nicht durch charismatische Menschen, wie einst Paulus einer war, nach Rätien importiert, sondern durch ein rein vermaterialisiertes Vulgärchristentum einer Staatskirche in einer Zeit verarmender Kultur und abnehmender Bildung, wie Bertogg konstatiert.[39] Kult und Reliquien seien die Brennpunkte des damaligen nachkonstantinischen religiösen Lebens gewesen. Macht und Glanz der Kirche seien wichtig gewesen, und die magischen und bedeutsamen Sakramente hätten sich ex opere operato vom Fluch einer argen, heidnischen Welt gelöst. Im Corpus des bzw. der Lokalheiligen habe man dazu die Garantie für die ständige Gottesgegenwart gehabt.

Die Kirche hat tatsächlich die althergebrachten heidnischen Riten und die Religiosität Rätiens bekämpft und auszurotten versucht, doch blieben viele heidnische Kulte im Volk lebendig und wurden schliesslich christianisiert. Man denke besonders an rätische Wasser- und Feuerkulte und nicht zuletzt an den Fruchtbarkeitskult, greifbar im «Canzun Sontga Margriata»[40].

In der Kirchensprache hingegen hat sich die Abwehr des Alträtischen dennoch niedergeschlagen, insofern der alträtischen «Muttersprache» die edelste Aufgabe, nämlich Gefäss des Ewigen zu sein, genommen wurde. Was mit dem Glauben zu tun hatte, musste volkslateinisch gesagt werden. Das ist einer der Gründe, warum in der vorreformatorischen Kirchensprache Bündens kaum ein alträtisches Wort zu finden ist, im Gegensatz zu den Relikten rätischer Sprache (in den verschiedenen romanischen Sprachformen) in anderen Lebensbereichen, zum Beispiel in der Landwirtschaft.[41]

Abschliessend hält Bertogg in seinem Aufsatz fest, dass die jeweilige Muttersprache, nicht zuletzt dank der Reformation, wieder zu ihrem Recht gekommen sei, und erkennt darin den Hauptgrund dafür, dass, ausgehend von Luther und Zwingli, auch in Romanischbünden die ersten Bibelübersetzungen in den Volkssprachen entstehen konnten.

An diese Tradition knüpften Cadonau und Bertogg an. Schliesslich konnten sie 1954 das Neue Testament und die Psalmen neu übersetzt herausgeben. Cadonaus Plan war es freilich, auch das ganze Alte Testament, nicht nur die bereits übertragenen Psalmen, zu übersetzen. Zunächst machte er dies mit Auszügen aus den historischen Büchern des Alten Testaments für

39 Vgl. ebd., S. 40.

40 Vgl. Kaiser 2000, S. 110; Caminada 2006, S. 55–60, 112, 221, 265–325; Bundi 2009, S. 50–67.

41 Vgl. Deplazes 1, 1987, S. 9–25.

den Gebrauch im Religionsunterricht, die mit der Schlussredaktion durch Pfr. Martin Fontana (geb. 1934; der Autor des vorliegenden Textes) im Jahr 1967, also noch zu Cadonaus Lebzeiten, in Druck gehen konnten.

Im Vergleich mit den alten Gabriel'schen Übersetzungen zeigt sich in den Übersetzungen von Cadonau/Bertogg doch noch da und dort die typisch reformierte Wortwahl und Schreibweise der Foppa oder von Flims, wenn auch nicht mehr so ausgeprägt wie bei den Gabriels. So schreiben sie durchgehend gemäss reformierter Schreibweise «Deus» statt «Dieus» oder «Diu», «gi» statt «di», «uffon» statt «affon», «gliergia» statt «gloria», «giuvintschala» statt «purschala». Das einfache Perfekt aber erscheint nicht mehr, auch nur selten noch das vorangestellte Pronomen (siehe Lk 1,11: «Ed in aunghel dil Segner **ei comparius ad el**»; die Gabriel'sche Ausgabe 1870 hatte noch: «Ad igl aungel dil Segner **gli cumparet**»).

Die Bibla romontscha ecumena als erste ökumenische surselvische Bibelübersetzung

Erst nach dem Tod von Peter Paul Cadonau, der zusammen mit seinem Mitstreiter Hercli Bertogg verdientermassen den Ehrendoktor der Universität Basel für die Bibelübersetzung erhalten hatte, startete dann 1988 in

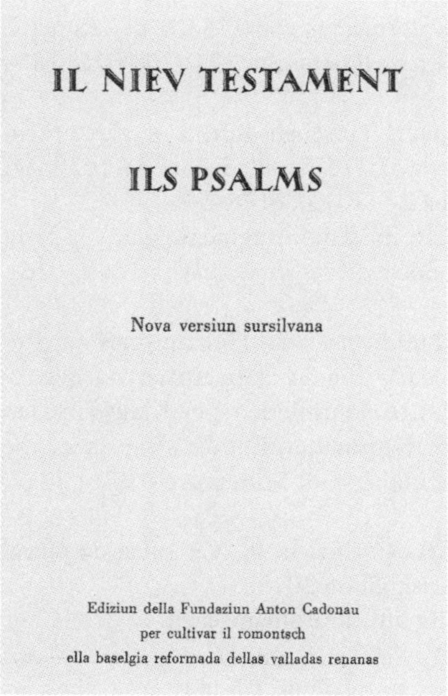

Abb. 68 Titelblatt der Übersetzung des Neuen Testaments durch Peter Paul Cadonau und Hercli Bertogg aus dem Jahr 1954.

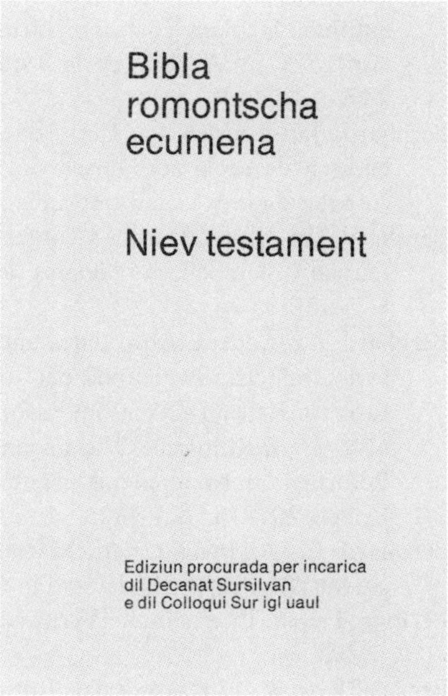

Abb. 69 Titelblatt der «Bibla romontscha ecumena. Niev Testament», 1988.

einem weiteren Schritt und in Ausführung eines Auftrags des katholischen Dekanats der Surselva und des reformierten Kolloquiums Ob dem Wald die neue, auf insgesamt fünf Bände projektierte Gesamtbibel *Bibla ecumena romontscha*. Sie wird erarbeitet von einer vier- bis sechsköpfigen interkonfessionellen Übersetzerkommission mit Theologen, Altphilologen, Hebraisten und Romanisten. Als erster Band erschien das Neue Testament, gefolgt von den Prophetenbüchern (2004) und den poetischen Büchern (2014) des Alten Testaments. Die bei Cadonau/Bertogg noch bestehenden wenigen Relikte reformierter Sprachusanz (z.B. «Deus» für «Dieus» und «Diu», siehe oben) wurden ersetzt durch die Normen neu erstellter Vocabulari für die surselvische Sprache.

Die schon von Cadonau ins Auge gefasste vollständige Neuübersetzung der surselvischen Bibel ist heute auf gutem Weg, und zwar nicht nur für eine Konfession, sondern als von beiden Konfessionen gemeinsam erarbeitete und in Gebrauch genommene Gesamtbibel. Dieses Projekt sollte in absehbarer Zeit vollendet sein.

Literatur

Bernhard, Jan-Andrea, «Vna cuorta et christiauna fuorma da intraguider la giuuentüna». Iachiam Tütschett Bifruns Katechismus von 1552 in der Ausgabe von 1571, in: Annalas da la Societad retorumantscha 121 (2008), S. 187–247.

Bernhard, Jan-Andrea, La Tæfla da Iachiam Tütschett Bifrun – igl emprem cudisch da scola romontsch. La Tæfla da 1571 ell'ediziun da 1629, in: Annalas da la Societad retorumantscha 28 (2015), S. 25–54.

Bernhard, Jan-Andrea/Darms, Georges, Il catechissem Intraguidamaint (1562) da Durich Chiampell, in: Annalas da la Societad retorumantscha 129 (2016), S. 7–138.

Bernhard, Jan-Andrea, Abecedaria und Schulfibeln – vom Humanismus zur Reformation. Die Bedeutung der Abecedaria für die Popularisierung des reformatorischen Denkens im Europa des 16. Jahrhunderts, in: Klaus Fitschen u.a. (Hg.), Kulturelle Wirkungen der Reformation/Cultural Impact of the Reformation. Kongressdokumentation Lutherstadt Wittenberg August 2017, Leipzig 2018, S. 123–132.

Bernhard, Jan-Andrea/Grünert, Matthias, Il catechissem Ilg Vêr sulaz da pievel giuvan (Basilea 1611) da Steffan Gabriel, Glion 2019.

Bertogg, Hercli, Evangelische Verkündigung auf rätoromanischem Boden, Chur 1940.

Bezzola, Reto R., Litteratura dals Rumauntschs e Ladins, Chur 1979.

Bezzola, Rudolf N., Filip Gallicius Saluz, 1504–1566, in: Annalas da la Societad retorumantscha 108 (1995), S. 177–202.

Bonorand, Conradin, Dolfin Landolfi von Poschiavo. Der erste Bündner Buchdrucker der Reformationszeit, in: Festgabe Leonhard von Muralt. Zum siebzigsten Geburtstag, hg. von Martin Haas und René Hauswirth, Zürich 1970, S. 228–244.

Bonorand, Conradin, Die Engadiner Reformatoren Philipp Gallicius, Jachiam Tütschett Bifrun, Durich Chiampell. Voraussetzungen und Möglichkeiten ihres Wirkens aus der Perspektive der Reformation im allgemeinen, Chur 1987.

Bornatico, Remo, L'arte tipografica nelle Tre Leghe (1547–1803) e nei Grigioni (1803–1975), Coira 1976.

Bundi, Martin, Stephan Gabriel. Ein markanter Bündner Prädikant in der Zeit der Gegenreformation. Ein Beitrag zur politischen und Geistesgeschichte Graubündens im 17. Jahrhundert, Dissertation Universität Zürich, Chur 1964.

Bundi, Martin, Stephan Gabriel 1570–1638, in: Bedeutende Bündner aus fünf Jahrhunderten, Bd. 1, Chur 1970.

Bundi, Martin, Rätische Landschaften, Alpensagen und Geschichte, Chur 2009.

Cadonau, Peter Paul, Luzi Gabriels Übersetzung des Neuen Testaments, in: Bündner Jahrbuch 4 (1948a), S. 85–92.

Cadonau, Peter Paul, Decan Luci Gabriel und seine Übersetzung des Neuen Testaments, in: Calender Per mintga gi 27 (1948b), S. 29–37.

Cadonau, Peter Paul, Co igl ei vegniu tier la nova versiun dil Niev Testament e dils Psalms, in: Calender Per mintga gi 34 (1955), S. 33–36.

Caminada, Christian, Die verzauberten Täler. Die urgeschichtlichen Kulte und Bräuche im alten Rätien, Chur 2006.

Collenberg, Adolf, Art. Bundi, Martin, in: Lexicon istoric retic, Bd. 1, Chur 2010.

Decurtins, Alexi, Vom Vulgärlatein zum Rätoromanischen, in: Jahrbuch der Historisch-antiquarischen Gesellschaft von Graubünden 116 (1986), S. 207–240.

Deplazes, Gion, Funtaunas. Istorgia da la litteratura rumantscha per scola e pievel, 4 Bde., Chur 1987–1993.

Diekmann, Erwin, Zur Sprachvariation, Sprachnormierung und Sprachpflege im Bündnerromanischen, in: Günter Holtus und Kurt Ringger (Hg.), Raetia antiqua et moderna. W. Theodor Elwert zum 80. Geburtstag, Tübingen 1986, S. 537–556.

Frigg, Albert, Die Geschichte der rätoromanischen Bibelübersetzungen, in: Bündner Monatsblatt 1957, S. 16–52 und 73–101.

Gerhard, Ernst, Romanische Sprachgeschichte 3, 2. Teilband, Berlin/New York 2006.

Heinimann, Siegfried, Biblische und liturgische Sprache, in: ders., Romanische Literatur- und Fachsprachen in Mittelalter und Renaissance. Beiträge zur Frühgeschichte des Provenzalischen, Französischen, Italienischen und Rätoromanischen, hg. von Rudolf Engler und Ricarda Liver, Wiesbaden 1987, S. 79–101.

Holtus, Günter/Ringger, Kurt (Hg.), Raetia antiqua et moderna. W. Theodor Elwert zum 80. Geburtstag, Tübingen 1986.

Holtus, Günter, Bündnerromanisch: Externe Sprachgeschichte, in: Lexikon der Romanistischen Linguistik, hg. von Günter Holtus u.a., Bd. 3, Berlin/New York 1989, S. 854–871.

Kaiser, Reinhold, Das Frühmittelalter (Ende 5. bis Mitte 10. Jahrhundert), in: Handbuch der Bündner Geschichte, hg. vom Verein für Bündner Kulturforschung, Bd. 1: Frühzeit bis Mittelalter, Chur 2000, S. 99–137.

Lang, August (Hg.), Der Heidelberger Katechismus und vier verwandte Katechismen (Leo Juds und Microns kleine Katechismen sowie die zwei Vorarbeiten Ursins). Mit einer historisch-theologischen Einleitung, Darmstadt 1967.

Linder, Karl Peter, Grammatische Untersuchungen zur Charakteristik des Rätoromanischen in Graubünden (Tübinger Beiträge zur Linguistik 275), Tübingen 1987.

Liver, Riccarda, Zur Entstehung bündnerromanischer Schriftsprachen (Engadin und Surselva), in: Annalas da la Societad retorumantscha 113 (2000), S. 253–265.

Pollini, Margherita, Tra nord e sud della Rezia. Poschiavo e la sua stamparia nel XVI secolo, in: Bollettino della Società storica Valtellinese 61 (2008), S. 121–138.

Ragaz, Rageth, Stefan Gabriel, der Prädikant und Dichter. Ein Lebensbild aus Graubündens schwerster Zeit, in: Bündner Monatsblatt 1–3/1928 und 1/1929.

Stimm, Helmut/Linder, Karl Peter, Bündnerromanisch: Interne Sprachgeschichte I, in: Lexikon der Romanistischen Linguistik, hg. von Günter Holtus u.a., Bd. 3, Berlin/New York 1989, S. 764–785.

Truog, Jakob Rudolf, Bibelübersetzungen in Graubünden, in: Bündner Monatsblatt 3/1921, S. 65–80.

Weismann, Christoph, Die Katechismen des Johannes Brenz. Die Entstehungs-, Text- und Wirkungsgeschichte (Spätmittelalter und Reformation. Texte und Untersuchungen 21), Berlin/New York 1990.

Widmer, Kuno, Entstehung der romanischen Idiome Graubündens, 2008, https://drg.ch/customer/files/69/idiome_wi.pdf (abgerufen am 13.10.2018).

Winzap, Isidor, Stefan Gabriel e sia influenza sil lungatg romontsch da scartira sursilvan, in: Annalas da la Societad Retorumantscha 125 (2012), S. 121–146.

Anhang

Texte von Peter Paul Cadonau

Ausgewählt, eingeleitet und kommentiert von Horst F. Rupp

Der Anhang bietet in einem ersten Teil eine Reihe von Texten Peter Paul Cadonaus, die bislang unveröffentlicht geblieben sind. Erstmals abgedruckt werden ausgewählte Texte aus seiner Tätigkeit im Pfarramt, ebenso die dramatischen Texte Cadonaus. Ein Spiegel seines Lebens und seiner Resonanz sind ausserdem die im zweiten Teil des Anhangs abgedruckte Predigt, die zu Peter Paul Cadonaus Abdankung 1972 gehalten wurde, und die in verschiedenen Zeitungen publizierten Nachrufe.

Aus dem Pfarramt

Editorische Anmerkungen zu den Texten aus dem Pfarramt
Bei den Texten aus dem Pfarramt handelt es sich um maschinenschriftliche Manuskripte aus der Hand von Peter Paul Cadonau, der diese Texte im Allgemeinen sehr sorgfältig redigiert hat. Offensichtliche Schreibfehler sowie Fehler in der Interpunktion wurden behutsam und stillschweigend korrigiert, handschriftliche Ergänzungen und Hervorhebungen in den Manuskripten am jeweiligen Ort vermerkt.

Mein Konfirmandenunterricht (1924)

[Vortrag am Herbstkolloquium in Ilanz, maschinenschriftlich (Nachlass)]

Nach zehn Jahren Pfarramtstätigkeit in der Doppelgemeinde Luven-Flond, die in Sichtweite zu seinem Heimatort Waltensburg liegt, bereitet Peter Paul Cadonau seinen Abschied aus der Surselva vor. Seine neue Gemeinde wird im Engadin liegen, genauer in Ardez-Ftan. Der Praeses des Ilanzer Colloquiums bittet ihn, zum Abschied einen Vortrag für die Kollegen vorzubereiten. Bereitwillig lässt sich Cadonau darauf ein und entscheidet sich für das Thema «Mein Konfirmandenunterricht». Der Text dieses Vortrages ist im mir vorliegenden Nachlass das früheste Typoskript, das Auskunft über seinen theologischen Standort in diesen Jahren gibt. Er liefert hier einen theoretisch fundierten Praxisbericht seiner Arbeit mit Konfirmanden, wie er sie in Luven-Flond durchgeführt hatte. Er selbst nennt dies eine Art «Leitfaden», wiewohl er gleich auch gewisse Vorbehalte diesem Begriff gegenüber artikuliert, welcher – zu wörtlich und sklavisch-eng genommen – auch zu falschen Vorstellungen verleiten und unter Umständen die Freiheit des Lehrenden einschränken könnte. Er setzt sich in seinen Ausführungen intensiv mit Konzepten für den Konfirmandenunterricht auseinander, die in diesen

Jahren en vogue waren. Klar ist für ihn, dass die Unterweisung der Konfirmanden in romanischer Sprache durchzuführen ist, in der Sprache, die für die Konfirmanden die Muttersprache ist. Sein Konzept besteht aus zwei Kursen, einem für die Präparanden, einem für die eigentlichen Konfirmanden. Als allgemeines Ziel formuliert er: «Schüler möglichst selbständig machen». Dieses Ziel differenziert er im Folgenden weiter in Teilziele aus: So spricht er von einer «Vorbereitung auf das Abendmahl», von einer «Vermittlung protestantischer Glaubenslehren» sowie einer Ausrüstung für den «Kampf im Leben», verbunden insgesamt mit der Intention, «den Kindern Freude und Interesse am christlichen Glauben zu erwecken». Als «Nebenziele» hält Peter Paul Cadonau fest, dass der «angehende Christ sich wappnet gegen den Ansturm der heutigen Zeit», weshalb die «wichtigsten Weltanschauungs- und Glaubensfragen» zu behandeln seien. Weiterhin versucht er, eine «Ausrüstung gegen die moralischen Gefahren» zu vermitteln. Und schliesslich geht es ihm im Konfirmandenunterricht um eine «Vorbereitung für die kirchliche Praxis». Verzicht leisten möchte er in diesem Konfirmandenunterricht auf historische Aspekte des christlichen Glaubens.

Liebe Kollegen!
Als mich der Praeses fragte, ob ich nicht vor meinem Wegzug aus dem Kolloquium noch ein Referat halten würde, stand es für mich fest, dass ich dieses Anerbieten, noch einmal in Eurer Mitte reden zu können, annehmen musste. Ebenfalls stand es für mich fest, dass ich dabei über irgend eine praktische Frage des Pfarramtes reden würde. In diesen Tagen, wo mir so viele alte und vergilbte Blätter durch die Hand gehen, die mir in Erinnerung rufen, was ich etwa in früheren Jahren getrieben habe, drängen sich solche Fragen auf. Und wie schwer es auch geht, lieb gewordene Bande zu lösen, spüre ich doch auch sehr gut, wie wohltätig es ist, einmal seine ganze Wohnung durchstöbern zu müssen und dadurch auch sein Inneres einer Revision zu unterwerfen. Zu allem dem gibt einem ein Umzug Gelegenheit. So wäre ich denn heute um Themata zu einem kurzen Referat wahrlich nicht verlegen.

Unter den von mir aufzuräumenden Schriften fand sich auch ein grosser Stoss mit der Aufschrift: «Konfirmandenunterricht». Seit meinem ersten praktischen Jahr habe ich jedes Jahr versucht, meinen Konfirmandenunterricht selbständig zu gestalten. Ich muss es heute sagen: Es war etwas sehr Kühnes, als junger noch ganz unerfahrener Pfarrer, eigene Wege gehen zu wollen. Allein in unseren Verhältnissen blieb nicht viel anders übrig, da es nach meiner Meinung keinen brauchbaren romanischen Leitfaden gibt. So habe ich in den ersten Jahren verschiedene deutsche Leitfäden benutzt, allerdings in freier Art, so zuerst den von Staub,[1] dann Goldschmid und Zimmermann,[2] darauf Schäfer[3] und schliess-

1 Vermutlich ist gemeint: Staub, Emil, Bilder aus der Kirchengeschichte, Zürich ^{8}1923.

2 Zimmermann, Alfred/Goldschmid, Theodor, In der Nachfolge Jesu. Leitfaden für den Konfirmationsunterricht, Zürich/Winterthur ^{7}1905.

3 Es ist nicht ganz klar, auf welchen Titel von Schäfer sich Cadonau hier bezieht. Möglich wäre etwa: Krebs, Albert/Schäfer, C. Otto, Biblisches Lesebuch, Frankfurt a. M.

lich Hadorn[4]. Aber gerade der Zwang, diese deutschen Leitfäden zu übersetzen und für unsere Verhältnisse zu übertragen, reifte in mir allmählich den Gedanken, selbständig vorzugehen. So habe ich bald angefangen, den Gang des Konfirmandenunterrichts selber zu bestimmen und durch Diktat oder auch durch verschiedene Vervielfältigungsverfahren den Kindern zugänglich zu machen. Der Fehler dieses Vorgehens war rein äusserlich, dass man natürlich den ganzen Gang beim Beginn des Unterrichts nicht fertig ausgebaut hatte und daher während des Winters daran arbeiten musste, wodurch man etwa auf Abwege geriet und mit dem Stoff nicht fertig wurde. Mein Wunsch war der, endlich einmal zu einem fertigen Leitfaden zu kommen, den ich jedes Jahr wieder brauchen könne, um so mehr die Möglichkeit zu haben, den Unterricht auf etwas vorhandenem aufzubauen, anstatt auch immer wieder den Stoff zusammenzusuchen. Dieses Vorhaben wurde dadurch gefördert, dass ich in dem Konfirmandenbüchlein von Borchert «Baustein für den Konfirmandenunterricht»[5] einen Weg fand, der im Ganzen auch für mich gangbar erschien. Auf diese Weise hat sich mit den Jahren bei mir die Mappe mit der genannten Aufschrift zu einer beträchtlichen Dicke angewachsen, und ich habe den Anlass meines Referates gerne benutzt, um diese verschiedenen Versionen zu benützen und einen geschlossenen Lehrgang zu schaffen.

Dieser liegt nun vor und ist denen von Euch, die romanisch verstehen, in einer Abschrift zugestellt worden. Allerdings ist das auch noch nicht etwas endgültiges. Es ist noch manches daran zu korrigieren und auszuebnen. Aber es zeigt doch ungefähr den Weg, auf dem ich vorgehen möchte. Und diesen möchte ich im Folgenden etwas näher angeben und begründen. Zunächst soll jedoch die Frage noch besprochen werden:

Ist der Gebrauch eines Leitfadens für den Unterricht zu empfehlen?[6] Es gibt viele Pfarrer, die das ablehnen und ohne Leitfaden auszukommen glauben. Sie stellen also ganz auf das gesprochene Wort ab. Ihnen ist die Hauptsache, wenn durch den Unterricht den Kindern ein Eindruck vermittelt wird, und nicht, dass sie etwas lernen und behalten. Der Konfirmandenunterricht erhält dadurch die hehre Aufgabe, Zeugnis abzulegen. Jede Stunde soll wie eine Predigt sein. Das Eine notwendige soll in die Herzen der jungen Menschen eingegraben werden, dass sie es nicht noch im Buche haben müssen. Dieser Gedanke hat vieles für sich. Meine Beobachtungen bestätigen es, dass was man den Kindern in eindrücklicher Weise sagt, mehr wert ist als was man ihnen gedruckt oder diktiert in die Hände drückt. Vor allem darf der Leitfaden nicht die Arbeit des Lehrers und seine gründliche Vorbereitung ersetzen. Das mechanische Durchpauken eines noch so guten Leitfadens hat gar keinen Wert, ohne dass der Lehrer dabei von seinem eigensten bietet.

Deswegen möchte ich aber doch die Verwendung eines Leitfadens befürworten. Und zwar glaube ich, dass ein solcher gerade die Vorbereitung des Leh-

---

1915, oder auch: Schäfer, C. Otto, Evangelisches Religionsbuch, Frankfurt a.M. 1923.

4 Hadorn, Wilhelm, Unterricht im Christentum für junge Christen als Leitfaden für den Konfirmandenunterricht und zum Selbststudium, Bern 1905 (^{9}1918).

5 Borchert, Otto, Bausteine zum Konfirmandenunterricht, Braunschweig 1921.

6 Was hier und nachfolgend kursiv gesetzt ist, ist im Original unterstrichelt.

rers erleichtern und fördern kann. Wenn uns der genaue oder ungefähre Gang des Unterrichts selber stets vor Augen ist, dann können wir viel leichter in unseren Besprechungen Rücksicht nehmen auf Dinge, die früher schon behandelt, vielleicht im Winter vorher durchgenommen wurden. Wir können dann viel leichter die verschiedenen Dinge miteinander verbinden und so den Schüler möglichst selbständig machen. Es ermöglicht uns auch neben dem Aufsuchen des Stoffes, den wir behandeln wollen, an der Vertiefung des gegebenen Stoffes zu arbeiten. [Handschriftliche Ergänzung: Vor allem können wir dann unsere ganze Arbeit daran verwenden, guten Illustrationsstoff, passende Erzählungen, Ereignisse aus dem Leben und aus der Geschichte zu sammeln und für die Behandlung in Bereitschaft zu stellen.] Aber auch für den Schüler hat der Leitfaden unzweifelhaft grosse Vorteile und Annehmlichkeiten. Wenn der Unterricht nach einem vorliegenden Leitfaden erteilt wird, so hat der Schüler stets vor Augen, wo man daran ist. Er kann selber den Unterricht ein wenig überschauen. Er kann namentlich bei der Repetition den ganzen Lehrgang selber durcharbeiten.

Die grosse und schwierige Frage ist nur immer die, welchen Leitfaden man benützen will. Es gibt heute eine unübersehbare Fülle von Leitfäden, und nichts wäre geeigneter, die grosse Not, die religiöse Not und die Not des Konfirmandenunterrichts unserer Zeit zu veranschaulichen als ein *Blick auf die verschiedenen Leitfäden.* Wir finden darunter in diesen kleinen Werklein manche Perle der religiösen Literatur. Ja, es gibt Leitfäden für Konfirmanden, die uns geradezu den Eindruck von prophetischen Büchern erwecken. Als solche möchte ich besonders die letzte Auflage des Baderschen Leitfadens[7] nennen und den Lehrgang, den Eduard Thurneysen im ersten Heft der Zeitschrift «Zwischen den Zeiten» veröffentlicht hat. Wie schön sie aber an sich sind, wie viel jedermann, der dies in der Stille liest, daraus nehmen kann, frage ich mich doch, ob das als Leitfaden auch für andere brauchbar ist. Wer etwa nach diesen Leitfäden unterrichten wollte, müsste von vorne herein sich dem ganzen Gedankengang dieser Männer unterwerfen. Denselben Fehler nur in ganz anderer Art begehen die Büchlein, welche einen Abriss des christlichen Glaubens und Lebens zu geben suchen, und diese sind in der Mehrzahl. Dazu sind zu rechnen: Staub für ein mehr liberales Christentum, Hadorn für einen positiveren Standpunkt und Spahn[8] für einen religiös-sozialen Unterricht. Auch Bader stand in seinen ersten Auflagen noch stark in dieser Richtung. Alle diese geben uns Abhandlungen. Manchmal ganz gute Abhandlungen. Aber dabei besteht immer die Gefahr, dass man trivial wird, dadurch, dass man über die tiefsten Wahrheiten in kurzer und einfacher Form abhandelt. Zudem kann dann vielleicht der unterrichtende Lehrer mit den darin ausgesprochenen Ansichten nicht einig gehen, und sagt den Kindern etwas ande-

---

7 Cadonau führt hier eine ganze Reihe von Autoren an, ohne die Titel der verwendeten Literatur genau zu benennen. Mithilfe von Ralph Kunz, Zürich, und insbesondere Jan-Andrea Bernhard konnten diese Titel recherchiert werden, wofür hier ganz nachdrücklich zu danken ist. Hier: Bader, Hans, Gottesreich. Ein Unterweisungsbüchlein, Basel 1916.

8 Spahn, Hans, Gott, Seele, Bruder. Leitfaden für den Konfirmationsunterricht, Basel ^{2}1922.

res, was dann den Unterrichtszweck nicht erreichen hilft. Daraus ist zu erklären, weshalb Bader in seiner neuesten Auflage von den Abhandlungen abgekommen ist. Andere haben auf anderen Wegen versucht, dieser Gefahr auszuweichen. Da ist vor allem das alte Katechismussystem zu nennen, wo der Verfasser nichts als die Frage und Antwort hersetzt und alles andere dem Lehrer und den nachfolgenden Bibelsprüchen überlässt. Hier ist vor allem unser romanischer Leitfaden von Usteri-Corai[9] zu nennen, ferner der von Zimmermann und Goldschmid. Letzterer hat entschieden grosse Vorteile durch die sorgfältig ausgewählten Bibelstellen, während der erstere in seinem Inhalt etwas trocken und dogmatisch ist und vor allem in seiner romanischen Form wegen der ungeheuerlichen Sprache einer fruchtbringenden Behandlung grosse Schwierigkeiten entgegensetzt. Aber von diesem Typus ist im allgemeinen zu sagen, dass auch er einen bestimmten Gedankengang aufzwingt. Die Fragen sind zu konstruiert und so gemacht, damit darauf die vorgenommene Antwort erfolgen kann. Es sind nicht Fragen, wie man pädagogisch richtig fragen müsste. Während diese Bücher zuerst die Frage stellen und dann auf die Frage mit Bibelstellen antworten, hat der Leitfaden des bekannten Langnauer Pfarrers Dr. Müller[10] den umgekehrten Weg eingeschlagen. Er bietet zuerst einen längeren Bibelabschnitt, von dem aus er dann zur Besprechung der verschiedenen abstrakten Fragen vordringt. Dieses Verfahren hat entschieden grosse pädagogische Vorteile, und ich gestehe, dass ich lange Zeit auch nach diesem Verfahren unterrichtet habe. Es gibt auch Leitfäden, die ganz an Hand eines biblischen Buches verfahren. So soll es einen Leitfaden im Anschluss an die Bergpredigt geben, ich kenne einen solchen von Pfarrer Stückelberger[11] in Winterthur im Anschluss an den Römerbrief. Wenn man von der Bibel selber ausgehen will, wie Müller es tut, so wäre das natürlich das Richtigere, bietet dann aber doch auch sehr grosse Hindernisse. Schliesslich will ich noch der Vollständigkeit halber gegenüber allen diesen mehr oder weniger dogmatischen Leitfäden einige geschichtlich verfahrende nennen. Es ist nur erklärlich, dass die historisch-kritische Schule in der Theologie auch versucht hat, auf diesem Gebiete ihre Kraft zu zeigen. Das ist geschehen in einem bei Mohr erschienen[en] Leitfaden von Scheer[12], der zwar auch versucht, die christlichen Wahrheiten darzustellen, aber im Anschluss an die Geschichte, namentlich an die Geschichte Jesu. Weniger

---

9 Hier handelt es sich ursprünglich um den «Katechismus» des Zürcher Dichters, Zeichners und Malers Johann Martin Usteri (1763–1827): Sechzig Fragen und Antworten von des Christen Glauben und Leben mit Beigabe von Sprüchen und Bibelstellen nach Luthers Bibelübersetzung zum Auswendiglernen und zu weiterer Förderung in der christlichen Erkenntnis. Für den Konfirmanden-Unterricht zusammengestellt von Joh. Martin Usteri, Zürich ^{25}1915. Jacob Corai hat diesen Katechismus dann ins Romanische übertragen: Catechismus della religiun christiana, sisonta dumondas e respostas, componidas par l'instrucziun dils confirmands da Joh. Martin Usteri. Versiun romonscha della 4. ed. dil original tudestg, da Jacob Corai, Zürich/Chur 1885.

10 Müller, Ernst, Leitfaden für den Konfirmanden-Unterricht, Bern ^{3}1893.

11 Jan-Andrea Bernhard vermutet, dass es sich hier um eine «interne, nicht gedruckte Schrift zum Konfirmandenunterricht» von Lukas Stückelberger handelt.

12 Vermutlich Scheer, C., Leitfaden für den evangelisch-kirchlichen Konfirmationsunterricht, Mühlhausen 1903/04.

gelungen scheint mir ein schweizerischer Leitfaden dieser Art von John Schneider[13], den ich allerdings nur einmal zur Ansicht hatte. Ein holländischer Leitfaden von Koetsveld[14] gibt in einem Teil die Geschichte und im andern die Lehre.

Mit all diesen guten und sehr guten Leitfäden möchte ich nun durchaus nicht konkurrieren, wenn ich selber einen Lehrgang aufgestellt habe. Ich habe aber einen Versuch machen wollen, etwas praktisches aufzustellen, das namentlich für unsere Bedürfnisse passt in unseren Verhältnissen. Ich weiss, dass auch bei mir manches noch recht banal ist und in der Form noch anders gefasst werden muss. Als ganzes möchte ich aber im folgenden meinen Weg zu rechtfertigen suchen. [Handschriftliche Ergänzung: Mein Wunsch geht dahin, dass aus dieser Arbeit und unserer heutigen Besprechung es dazu komme, dass wir zu einem gemeinsamen roman. Leitfaden kommen. Vielleicht versuchen einzelne Kollegen nach diesem Entwurf zu unterrichten, so dass sie auch ihre praktischen Erfahrungen mitteilen können.]

Die Auswahl des Stoffes. Wenn wir uns zuerst fragen, was im Unterricht behandelt werden soll, so müssen wir vorerst über das Ziel dieses Unterrichts im Klaren sein.

Über das Ziel des Konfirmandenunterrichts herrschen noch heute sehr verschiedene Ansichten. Die Zeit der Reformation verlangte vor allen Dingen eine gründliche Ausbildung in den wichtigsten protestantischen Glaubenslehren. Später hat man mehr auf die kirchliche Praxis Gewicht gelegt. So gibt es alte Leitfäden, die nur darauf ausgehen, den Zögling auf den Genuss des Abendmahls vorzubereiten. In der neuern Zeit herrscht mehr das Bestreben, die Kinder für den Kampf im Leben auszurüsten. Alle diese Zielbestimmungen greifen unseres Erachtens etwas hoch. Sie wären nur zu erreichen, wenn die ganze Schulzeit unter diesen Zielen stünde. Allein im Konfirmandenunterricht ist es nicht möglich, sie zu erreichen. Wir müssen uns dort mit einem bescheideneren Zweck zufrieden geben. Als solchen möchte ich nennen: *den Kindern Freude und Interesse am christlichen Glauben zu erwecken.*[15]

Wenn wir das als Hauptziel aufstellen, dann müssen wir zunächst sagen, dass es nicht so sehr darauf ankommt, was man im Unterricht behandelt. Man kann sich z. B. auf einzelne Fragen beschränken, wie es z. B. im kleinen Leitfaden von Dr. Schäfer geschieht. Die Art, wie man diese behandelt, kann genügen, um den Kindern einen Eindruck zu geben. Ich glaube auch nicht daran, dass, was die Kinder in diesem Alter lernen, viel behalten wird. Behalten wird am besten der Eindruck, den sie bekommen haben. Man kann auch ganz konkrete Dinge behandeln, die direkt vielleicht nicht viel mit Religion zu tun haben. Wenn die Behandlung aus einem frommen Geiste erfolgt, so kann das ebenso eindrücklich sein, wie wenn man lange über abstrakte und problematische Dinge spricht. So habe ich auch in meinem Lehrgang einige Abschnitte, die einzelnen vielleicht aufgefallen sind, z. B. über Tierschutz. Ich glaube indessen, wenn man diese nicht zu häufig

---

13 Vermutlich Schneider, John, Konfirmandenbuch und religiöser Wegweiser, Liestal 1915.

14 Vermutlich Koetsveld, Cornelis Elisa van, Kinderpredigten, Leipzig 1902.

15 Kursiv: hier von Hand unterstrichen.

behandelt, was der Fehler des Leitfadens von Keller[16] ist, dass dies sehr zu empfehlen ist. Wir müssen eben danach trachten, auch im Unterricht natürlich unbeschadet der grundsätzlich richtigen Einstellung das Aktuelle und Int[e]ressante heranzuziehen.

Neben diesem Hauptziel kommen aber gewiss auch einige Nebenziele in Frage, und da ist das erste, dass der angehende Christ sich wappnet gegen den Ansturm der heutigen Zeit. Es handelt sich also darum, im Konfirmandenunterricht die wichtigsten Weltanschauungs- und Glaubensfragen zu behandeln. Es kann sich gewiss nur um eine vorläufige Behandlung handeln, indem alles doch nicht begriffen werden könnte. Immerhin sollte nicht nur die Religion schlechthin in Frage kommen, sondern ein positives christliches Bekenntnis. Alles das, was wir in lebendiger Weise nach dieser Richtung bieten, findet lebhafte Aufmerksamkeit. Wir können dann etwa beobachten, dass schon unsere Konfirmanden mit den religions- und christentumsfeindlichen Gedanken unserer Zeit verhältnismässig gut vertraut sind. So habe ich vorgesehen, in beiden Kursen über das Dasein Gottes oder die Wahrheit der Religion mit ihnen zu reden. Dazu gehört dann auch, dass wir über einige andere Gegenströmungen des Christentums reden. Ich denke da besonders an den Aberglauben. Wenn wir mit den Konfirmanden in freier und doch ganz biblischer Art über diese Frage reden, dann können wir fast wie nirgends ein lebhaftes Interesse wahrnehmen. Ich habe den Eindruck gewonnen, dass von Seiten unserer Kirche dieser Sache viel zu wenig Aufmerksamkeit geschenkt werde. Ich hatte Mühe, in einem Konfirmandenleitfaden etwas über den Aberglauben zu finden. Und doch ist dieser heute vielleicht so verbreitet wie je. Ich möchte fast glauben, dass diejenigen, die am christlichen Glauben irre werden, mit der Zeit unfehlbar dem Heidentum und Aberglauben verfallen.

Zu diesem mehr theoretischen Nebenziel möchte ich als zweites nennen: die Ausrüstung gegen die moralischen Gefahren. Es war wohl immer so, solange man den Konfirmandenunterricht erteilt, dass man ihn auch als Anlass zu moralischer Beeinflussung der Kinder benutzt. Die Gefahr, dass da aber nur eine Scheinarbeit geleistet wird, ist wohl aber nirgends so gross wie gerade hier. Man muss sich davor hüten, nur allgemeine moralische Anweisungen zu geben. *Was man sagt, muss aus dem Leben gegriffen sein.*[17] Man muss die Mächte dieser Welt ins Auge fassen, die unser moralisches Leben gefährden. Das ist zwar das, womit wir am meisten anstossen. Man meint eben immer, der Pfarrer solle das Gute predigen und das Böse nicht nennen. Es ist ja ganz bezeichnend, dass man als anstössig betrachten würde, wenn der Pfarrer den Bösen selbst nennen würde. So ist es im allgemeinen. Von dem dürfen wir uns aber nicht beeinflussen lassen. Wir müssen z. B. von der Sünde der Unzucht reden nach den tatsächlichen Verhältnissen, dürfen auch nicht davor zurückschrecken, die Gefahren, die da dem jungen Menschen drohen, zu nennen. Ich pflege wenigstens jedes zweite Jahr einmal mit Buben und Mädchen gesondert über diese Dinge zu reden.

---

16 Vielleicht ist hier folgender Titel gemeint: Keller, Adolf, Was wird aus der Mission?, Zürich 1915.

17 Kursiv: hier von Hand unterstrichen.

Gerade hier erhebt sich aber die Frage, wie viel von diesen Besprechungen in einen Leitfaden gehören. Man begreift, dass, was in der Stunde besprochen, einen grossen Eindruck machen kann, mit den gleichen Worten gedruckt den Eindruck ganz verfehlen, ja sogar den entgegengesetzten Erfolg haben könnte. Daher bin ich der Ansicht, dass die Ausführungen im Leitfaden nur anzudeuten haben, was in der Stunde ausgeführt werden muss. Ein Leitfaden muss, er ist dazu verurteilt, nur allgemeine Dinge sagen. Alles einzelne, alles Illustrierende ist Sache des Unterrichts. Jeder Pfarrer, der nach einem bestimmten Leitfaden unterrichtet, sollte daneben eine Mappe haben, wo er das Material sammelt, das er zu jedem einzelnen Abschnitt vorbringt. Das gehört nicht in den Leitfaden. Aus dem möchte ich die zum Teil recht trockenen Ausführungen in meinem Lehrgang rechtfertigen.

Als weiteres Nebenziel können wir ferner auch gelten lassen die Vorbereitung für die kirchliche Praxis. Wir müssen, soweit das im Religionsunterricht nicht geschieht, die Leute in Bibel und Gesangbuch einführen, müssen sie mit den kirchlichen Festtagen vertraut machen, mit den wichtigsten Zweigen der Liebestätigkeit, auch in die Kenntnis unserer Konfession einführen. Auch das sollte wo möglich im Zusammenhang mit dem übrigen Unterricht geschehen, wie überhaupt alle diese verschiedene[n] Ziele in ein ganzes zusammengefasst werden sollten. Dennoch habe ich diese Fragen in den Anhang verwiesen, nicht weil sie eventuell weggelassen werden können, sondern um den einzelnen Pfarrern die Freiheit zu lassen, sie dort zu behandeln, wo sie am besten dafür Zeit haben.

Nicht vertreten ist in meinem Lehrgang die Geschichte. Das geschieht nicht aus Geringschätzung der Geschichte. Es geschieht vielmehr deswegen, weil in unseren Verhältnissen wir genügend Gelegenheit haben, die Kinder mit der christlichen Geschichte vertraut zu machen. Da sollten wir nicht noch den Konfirmandenunterricht dafür verwenden. Er ist vielmehr der Anlass zu zeigen, dass wir auch etwas Übergeschichtliches noch haben und es zur Geltung bringen. Die Gefahr ist doch überall sehr gross, überall wo wir reden, dass wir mit dem Historischen eine Lücke auszufüllen suchen, die in unserem Innersten vorhanden ist. Darum muss man am gegebenen Ort auf die Geschichte auch verzichten können.

Die Anordnung des Stoffes. Wenn ich in der Auswahl des zu behandelnden Stoffes im Grossen und Ganzen mich den guten vorhandenen Leitfäden angeschlossen habe, so glaube ich in der Anordnung etwas neue Wege beschritten zu haben, von denen ich glaube, dass sie sehr praktisch und geeignet für unsere Verhältnisse sind.

Alle bei uns gebräuchlichen Büchlein haben hier einen Fehler, dass sie nämlich den Stoff nach logischen Gesichtspunkten ordnen. Das ist natürlich sehr gut für Leute, die einigermassen selbständig urteilen und denken in religiösen Dingen. Das sind aber unsere Konfirmanden nicht. Es sind zum grossen Teil noch Kinder, die vielleicht ganz willig das annehmen, was man ihnen bietet, aber weiter nicht darüber nachdenken. Darum stelle ich die Forderung auf, dass man die Anordnung ganz anders trifft, so dass die Schüler eine Übersicht haben. Das ist nur möglich, indem man etwas Gegebenes zur Grundlage nimmt. In dieser Beziehung haben unsere Alten einen besseren pädagogischen Sinn gehabt als wir. Z. B. Luther hat sicher gewusst, weshalb er den Katechismus nicht nach einzelnen theologischen Locis angeordnet hat, sondern nach den Zehn Geboten, dem

Vaterunser und dem Glaubensbekenntnis. Diese musste jeder Christ kennen, und er hat die ganze christliche Lehre in Form einer Erklärung dieser Symbole gegeben. Denselben Weg hat St. Gabriel eingeschlagen, dessen Konfirmandenunterricht lange Jahre bei uns gebraucht wurde. Der ist so, dass man ihn noch heute mit einigen Modifikationen gebrauchen könnte. Bei diesen beiden Autoren ist auch die Katechismusform angehend, da sie nicht nach etwas Abstraktem fragen, sondern einfach nach der Bedeutung der einzelnen Abschnitte. In Deutschland werden zum Teil auch heute noch diese Formen des Konf. Unterrichts verwendet. Ich bin durch das schon erwähnte Büchlein von Borchert, der eine lebendige Erklärung der Gebote und des Glaubens gibt, auf diese Methode gekommen. Allerdings nehme ich lieber neben den Geboten das Vaterunser, einmal, weil dieses biblisch ist, und sodann, weil das apost. Glaubensbekenntnis bei uns gegenwärtig noch sozusagen unbekannt ist. Der Zweck ist aber doch der, dass man den Unterricht im Anschluss an etwas bekanntes gibt. Es handelt sich dabei natürlich nicht um eine Erklärung dieser Stücke. Diese müssen den Kindern schon bekannt sein. Im Religionsunterricht lernen sie diese. Im Konf. Unterricht handelt es sich darum, diese mit Inhalt zu füllen. Man kann so ziemlich alles, was man behandeln will, im Anschluss an diese Stücke behandeln. Hier sollen wir ganz frei sein. Die Hauptsache ist, dass wir ein den Kindern sichtbares Gerippe haben.

Bei der Anordnung des Stoffes ergibt sich für unsere speziellen Bündner Verhältnisse eine besondere Schwierigkeit. Sie entsteht daraus, dass wir einen Konfirmanden- und Präparandenunterricht haben, und zwar, dass diese beiden in den weitaus meisten Gemeinden gleichzeitig erteilt werden muss [sic]. Da ist es sehr schwer, einen befriedigenden Weg zu finden. Man hat es etwa so gemacht, wie es verschiedene Leitfäden an die Hand geben, dass man abwechselnd ein Jahr ethische Fragen und das andere Glaubensfragen bespricht. Dieses Verfahren ist jedoch anfechtbar, weil diese zusammen behandelt werden müssen. Man hat auch etwa einfach den ersten und zweiten Teil eines Leitfadens durchgenommen. Da diese aber meistens aus einem Gusse sind, haben diejenigen, die im zweiten Jahre als Präparanden dazu kommen, den Zusammenhang nicht. Andere machen es so, dass sie den gleichen Leitfaden zweimal durcharbeiten. Auch das geht nicht, weil dann gerade die Konfirmanden, denen der Unterricht vor allem gewidmet sein sollte, das Interesse daran verlieren. Das beste Mittel wäre noch das, dass man in den beiden Jahren zwei verschiedene Leitfäden durcharbeiten würde. Dann hätte man immer vorn angefangen, immer etwas neues und zugleich in jedem Jahre die wichtigen Fragen zu behandeln. Einen ähnlichen Weg möchte ich einschlagen. Ich habe zwei verschiedene Kurse zusammengestellt, einen nach den zehn Geboten und einen nach dem Vaterunser. Von diesen ist jeder in sich geschlossen, und jeder kann zuerst oder nachher behandelt werden. Jeder bietet wieder etwas besonderes, und doch kommen die wichtigeren Fragen in beiden vor. Das erscheint mir besonders wichtig. Da bei uns der lange Sommer dazwischen kommt, wo die Kinder viel verlernen, darf man nicht zu sehr darauf abstellen, dass sie etwas im vorigen Jahre gehabt haben. Es ist auch nicht, wie es nach dem Stoffe scheint, eine Trennung zwischen Moral und Religion, sondern die religiösen Fragen kommen bei den Geboten zum Ausdruck, ebenso wie die Moral beim Vaterunser. Ich muss nur dem ersten Kurse noch einen Abschnitt über das ewige Leben beifügen, der dort fehlt. Wahrscheinlich würde dieser gerade am Schlusse passen. Wo gleiche Gebiete behandelt werden, wie z.B. Gott, Sünde, Arbeit, Kirche, Staat, Geld u.s.w., geschieht das in den beiden Kursen in verschiedenem Zusammenhang und in etwas anderer Art, aber doch so, dass die Grundtendenz dieselbe ist. Ich habe mich auch bemüht, dazu in den beiden Kursen nicht dieselben Belegstellen zu verwenden. Wo das dennoch der Fall ist, kann es mit Leichtigkeit beseitigt werden.

Ich bin fest überzeugt, mit diesem Vorschlag einen wirklich praktischen Weg beschritten zu haben, und es interessiert mich zu hören, was die Kollegen dazu sagen. [Handschriftliche Ergänzung: Dieser bietet f[ür] einen Leitfaden auch den Vorteil, dass man einzelne Abschnitte weglassen, andere beifügen kann.]

Die äussere Form. Darüber nur wenige Worte. Da es mein Bestreben ist, nicht nur die Stücke zu erklären, sondern daran anschliessend praktische und aktuelle Fragen zu behandeln, habe ich von der Form der Frage und Antwort abgesehen, da die Frage doch jedesmal die Sache, die man bringen will, selber vortragen müsste. Ich habe die Form der Merksätze gewählt, wie sie z.B. auch Bader in seiner letzten Auflage verwendet, ferner Hadorn. Es sind nicht Lehrsätze, die auswendig gelernt werden können. Absichtlich habe ich mir grosse Mühe gegeben, diese Hauptsätze so kurz als nur möglich zu fassen, damit niemand in Versuchung komme, die Kinder damit zu plagen, diese Sätze auswendig zu lernen. Diese Sätze sollten so kurz und klar sein, dass sie ohne Weiteres behalten werden, dass ihr Inhalt sofort gepackt wird. Es ist mir bei allen nicht gelungen, und eine weitere redaktionelle Arbeit hat hier noch ein weites Betätigungsfeld. Ich möchte auch in jedem Satz ein Wort geben und gesperrt schreiben, das den Inhalt des Abschnittes ziemlich genau bezeichnet, wie es in einem Teil der Abschrift bereits erfolgt ist.

Die darauf folgenden ausführenden Sätze, die im Druck von den ersten unterschieden werden sollten, müssen auch ziemlich knapp sein und möglichst viele Anknüpfungspunkte geben für die mündliche Behandlung. Auch sie müssen klar sein, brauchen aber auch nicht so zu sein, dass sie gelernt werden können. Hier könnten wir auch noch viel von Bader und Thurneysen lernen, welche oft ganz überraschende Formulierungen geben.

Die Begleitstoffe. Es ist fast allgemein eingeführt, dass man im Konfirmandenunterricht biblische Belegstellen behandelt. [Handschriftliche Ergänzung: Das ist ganz wichtig. Das ist der beste Anlass, die Kinder nicht nur mit einem oberflächlichen hist. Abriss der Bibel bekannt zu machen, sondern sie in die Tiefen einzuführen.] Manche Leitfäden wie z.B. der von Keller und Staub bieten hierfür zu wenig Material, andere wieder wie von Usteri-Corai zu viel. Das richtige schiene mir zu sein, wenn man zu jedem behandelten Abschnitt einen längeren biblischen Abschnitt, der das Gesagte illustrieren würde, behandeln könnte. Das wäre auch pädagogisch das richtigste, und zudem führt eine solche zusammenhängende Betrachtung eines ganzen Abschnitts oder Kapitels viel mehr ein in die Bibelkenntnis als viele einzelne Stellen aus der ganzen Bibel. Diese Stellen werden auch in der Bibel selber nachgelesen und fördern namentlich bei uns Romanen, die mit der biblischen Sprache zu schaffen haben, Gelegenheit, in diese einzuführen. Ferner bietet ein solcher Bibelabschnitt geeigneten Stoff zum Wiederholen in der folgenden Stunde. Man kann von vielen Schülern nicht verlangen, dass sie die grundsätzlichen Ausführungen w[i]edergeben können, aber das kann jeder ordentlich begabte Schüler tun: den Inhalt eines Abschnittes angeben. Wenn ich zu den meisten Abschnitten mehrere Bibelstellen angeführt habe, so geschah es z. T., um bei diesem Anlass bekannte Stellen aus dem Rel. Unterricht den Kindern in Erinnerung zu rufen und ferner, um dem Lehrer eine gewisse Auswahl zu geben. Ich würde aber vielleicht noch einzelne dieser Stellen bei einer endgültigen Redaktion streichen. Es ist einzelnen vielleicht aufgefallen, dass ich verhältnismässig viele Stellen aus dem A. Test. biete. Es war mein Bestreben, das zu tun, um auch dieses bekannt zu machen, und weil manche dieser alttest. Stellen dem Verständnis der Kinder und auch der Erwachsenen manchmal näher stehen als z. B. Stellen aus den Briefen. Um diese zu verstehen, braucht es ja schon ein ziemlich weites Vordringen in den tieferen Geist des Christentums.

Neben den Bibelstellen habe ich auch Gesangbuchverse angeführt. Diese können noch ziemlich vermehrt werden. Der Sinn ist der, dass man die Lieder, die die Kinder bereits kennen, bei einem gegebenen Anlass bei der Behandlung der betr. Frage in Erinnerung ruft. Im übrigen halte ich es so, dass die Konfirmanden keine neuen Lieder lernen müssen. Gelernt werden die Lieder im Rel. Unterricht von der vierten oder fünften Klasse aufwärts. Dann repetiere ich jedes Jahr die Lieder, die die einzelnen Jahrgänge gelernt haben, so dass die Konfirmanden über einen ziemlichen Schatz von Liedern verfügen, ohne dass man sich mit dem Lernen zu viel überbürdet.

Daneben habe ich auch an einzelnen Stellen einige weitere Zitate gebracht, namentlich von St. Gabriel. Dieser Teil ist noch sehr ausbaufähig, und wie ich glaube, auch würdig. Damit können wir vielleicht zugleich etwas repetieren oder den Kindern erzählen über den Mann, der den einen oder anderen Ausspruch getan hat. Da ich über keinen Zitatenschatz verfüge wie mein Gegner in der Gasetta Romontscha, müsste ich mich mit einigen Andeutungen begnügen, die mir gerade bei dieser Arbeit in die Hände kamen. In diesem Punkte wäre mir die Unterstützung der Kollegen besonders wertvoll, indem sie mir zu den einzelnen Abschnitten gute Zitate nennen könnten aus Poesie und Prosa, doch wenn möglich von historischen Persönlichkeiten.

[Handschriftlich angefügt, als Liste: Nicht alles Material / Zweimal behandeln / Christus zu wenig. Leben Jesu / St. Gabriel / Choräle / Sprache / Glaubensbekenntnis / Auffassung des Lebens / Wert und Bedeutung der Persönlichkeit des Unterrichtenden / Vertrauensverhältnis.]

Kurze Anleitung zur täglichen Andacht (undatiert)

[maschinenschriftlich (Nachlass)]

Die drei nachfolgenden Texte bieten verschiedene Aspekte der Andacht und Frömmigkeit, oder wie wir heute vielleicht eher formulieren würden, der Spiritualität[1] *Peter Paul Cadonaus. Diese Spiritualität ruht bei Cadonau gleichsam auf zwei primären Säulen: Da ist zum einen das Gebet, welches täglich zu üben ist, und zum anderen das Lesen der Bibel, des Wortes Gottes. Frömmigkeit und Andacht sind insbesondere Übungen und Verhaltensweisen des einzelnen christlichen Individuums; die Gemeinschaft der Christen beim Gebet ist hier wohl erst etwas Sekundäres.*

Bei der Andacht nach Cadonau handelt es sich um die Hinwendung zu und die Ausrichtung der Seelenkräfte des Menschen auf Gott (bzw. Jesus Christus), der als direktes und persönliches Gegenüber des Menschen gesehen wird.

Folgende Wendungen, wie Cadonau sie in seinem Text gebraucht, umschreiben vielleicht exemplarisch das Verhältnis des Menschen zu Gott, wie es für Andacht und Gebet charakteristisch ist: mit Gott reden; zu Gott beten; stille werden vor Gott; Gottes Angesicht suchen; das tägliche Alleinsein des Menschen mit Gott; Gott bitten um das rechte Wort (beim Lesen der Bibel); vor Gott bekennen; Dank für alle empfangene Hilfe und Bewahrung; um seine Vergebung bitten; im Gebet vor Gott bringen; sich vor Gott demütigen; wir vor Gott gesammelt; den Herrn um sein Licht und seine Kraft bitten.

Das Gebet, das Zwiegespräch des einzelnen Christen mit Gott, ist der innerste Kern der Beziehung zu seinem Gott. Es soll in der sprichwörtlichen Abgeschiedenheit des stillen Kämmerchens stattfinden, vollkommen unbeobachtet und unbeeinflusst von den anderen Menschen. Cadonau spricht von verschiedenen Formen dieses Gebets, wobei er hier im Einzelnen das Dank-, das Bitt-, das Fürbitt- und das Bussgebet anführt. In der religionswissenschaftlich-theologischen Theorie wird von drei Funktionen des Gebets ausgegangen: «Durch Reinigung (via purgativa) und Sich-Erleuchten-lassen (via illuminativa) soll die Vereinigung (via unitiva) herbeigeführt werden, welche aber – bei allem Bemühen – ein Geschenk der Gnade ist.»[2]

Das zweite Standbein spiritueller Andacht nach Cadonau, das mit diesem ersten durchaus auch in Kombination stehen kann, ja soll, ist das Lesen der Bibel, des Wortes Gottes. In dieser Lektüre der Bibel ist der Wille Gottes dem Menschen gleichsam direkt erfahrbar und zugänglich. Wichtig und charakteristisch für die pietistisch-erweckte Glaubenshaltung und -richtung Cadonaus ist auch die in diesem Zusammenhang geäusserte Sicht, dass der gelehrte Theologe und Bibelwissenschaftler in der Lektüre der Heiligen Schrift keinerlei Prae vor dem einfachen Gläubigen hat, dem in dieser Lektüre das Wort und der Wille Gottes in gleicher Weise zugänglich ist und offenbar wird. «Aber in dem, worauf es vor allem ankommt, kann der einfache Bibelleser so klar sehen wie der grösste Gelehrte.»

---

1 Das Thema der Spiritualität wird heute in der wissenschaftlichen Theologie bisweilen unter der praktisch-theologischen Teildisziplin der Aszetik rubriziert und abgehandelt.

2 Mödl, Ludwig, Art. Andacht, in: RGG[4], Bd. 1, Tübingen 1998, Sp. 460f.

Allgemeines

Es gehört zum Christenleben, dass wir neben dem Dienst in Beruf und in der menschlichen Gemeinschaft täglich Gottes Angesicht suchen in persönlicher Andachtsübung.

Wer diese tägliche Andacht noch nicht kennt, oder wer sie kannte und sich wieder von ihr entfremdet hat, muss sich entschliessen, hierin einen Anfang zu machen. Es hat keinen Sinn, dass man klagt, man könne nicht beten. Der einzige Weg aus dieser Not ist der, dass man so bald als möglich den Anfang macht damit, dass man seine tägliche Andacht hält. Aus einem noch so bescheidenen Anfang kann alles Nötige herauswachsen.

Es ist ein deutliches Gebot, dass man täglich zu Gott beten und vor ihm still werden soll. Darüber, wie das zu geschehen hat, gibt es nur wenige bindende Anweisungen. Was im Folgenden dazu gesagt wird, soll daher nicht als verpflichtendes Gebot, sondern als brüderlicher Rat und hilfreiche Wegleitung verstanden werden.

Es ist darauf zu halten, dass unsere tägliche Andacht in einer bestimmten Ordnung und Regelmässigkeit erfolgt und in unserem Tagesplan einen festen Platz innehat. Wenn irgend möglich soll dieser Plan eingehalten werden; deswegen brauchen wir nicht unglücklich zu sein, wenn wir einmal durch wichtige Gründe daran verhindert werden. Diese regelmässige Ordnung schliesst aber nicht aus, dass wir auch dann zu Gott beten, wenn wir im Lauf des Tages dazu eine besondere Veranlassung haben. Wollten wir unser Gebet aber allein darauf abstellen, ob es uns darum, ob es unser Bedürfnis ist, so wüsste der Versucher uns immer mehr von Gott und seiner Anrufung fernzuhalten.

Wo die Umstände es erlauben, ist es empfehlenswert, die frühe Morgenstunde dafür zu wählen und so die beste Zeit des Tages unserem Gott zu widmen, selbst dann, wenn wir unsere Schlafenszeit etwas verkürzen müssen. Gebet verleiht uns Kraft so gut wie der Schlaf.

Über den Ort des Gebets haben wir von Jesus eine klare Anweisung. (Matth. 6,6) Das Gebet des Einzelnen gehört in die Stille, so dass niemand, auch nicht die nächsten Angehörigen zu wissen braucht, ob und was wir beten. Keine gemeinsame Andacht mit anderen darf dieses tägliche Alleinsein des Menschen mit Gott ersetzen.

Das Bibellesen

Das Gebet im Kämmerlein wird geleitet und getragen von dem Wort der Bibel. Wie es keinen Tag ohne Gebet geben soll, so auch keinen Tag ohne ein Wort Gottes.

Anderseits muss auch unser Bibellesen vom Gebet getragen sein. Beim Öffnen des Bibelbuches sprechen wir ein kurzes Gebet und bitten Gott um das rechte Wort, um das rechte Verständnis und um den rechten Gehorsam. «Sende dein Licht und deine Wahrheit, dass sie mich leiten.» (Ps. 43,3)

Bei diesem Bibellesen sollen wir weder zu genügsam noch zu begierig sein. Das erstere ist der Fall, wenn wir uns mit einem einzigen, fettgedruckten oder in einem Andachtsbuch abgedruckten Wort begnügen. Es ist nötig, dass wir stets einen ganzen Abschnitt in seinem Zusammenhang lesen. Dann können scheinbar unwichtige und bisher übersehene Worte gerade für unsere gegenwärtige Lage wichtig werden.

Es ist aber auch nicht zu empfehlen, dass wir zu diesem Zweck gierig lange Abschnitte lesen. Es mag gelegentlich wohl gut sein, wenn wir ganze biblische Bücher in ihrem Zusammenhang lesen. Für die tägliche Andacht empfiehlt es sich aber, kleinere Abschnitte zu wählen, die wir betend mehrmals, wenn möglich auch in verschiedenen Übersetzungen zu horchend zu lesen und zu überdenken [sic].

Wenn wir das tun, so werden wir in den meisten Fällen erfahren, dass es gar nicht möglich ist, den ganzen Inhalt eines solchen Abschnitts aufzunehmen. Daher begnügen wir uns damit, ein Wort besonders anzunehmen, das uns darin in unserer gegenwärtigen Lage begegnet. Wenn uns ein solches Wort nicht sofort aufleuchtet, so suchen wir es immer wieder neu, indem wir den Herrn darum bitten, bis sich eine solche Begegnung ereignet.

Die Wahl des zu lesenden Bibelabschnitts erfolgt am besten dadurch, dass wir ein biblisches Buch fortlaufend lesen, wobei wir zwischen Evangelien, Briefen und alttestamentlichen Büchern abwechseln. Man kann sich dazu eines guten Bibelleseplanes bedienen, wie es deren zahlreiche gibt. (Abreisskalender, Losungen, Morgenwache, Bibellesebund usw.)

Zu warnen ist vor einem falschen und zu frühzeitigen Gebrauch der Auslegungen, die in vielen solcher Hilfsmittel fürs Bibellesen gegeben werden. Sie bilden einen ungenügenden Ersatz für das eigene Suchen im Bibeltext selber und verleiten manche dazu, anstatt des Bibelwortes überhaupt nur die Auslegung zu lesen. Erst wenn wir selber den Abschnitt bearbeitet haben, können wir die fremde Auslegung zu Rate ziehen, die uns das Gefundene bestätigt oder ergänzen kann.

Wer Zeit und Begabung dazu hat, möge selber über den Abschnitt und das gefundene Bibelwort einige Notizen machen. Auf diese Art werden oft Dinge, die wir ahnten, erst ganz bewusst und unserem Bewusstsein eingeprägt.

Keiner soll sich scheuen, so auf eigene Faust die Bibel zu lesen, weil er kein Theologe ist. Es gibt manche Dinge, für die wir die Auskunft des Theologen nötig haben. Aber in dem, worauf es vor allem ankommt, kann der einfache Bibelleser so klar sehen wie der grösste Gelehrte. Wo er etwa auf falsche Wege geführt wurde, korrigiert sich das beim weiteren Bibellesen von selbst, sofern er bereit ist, von einmal gefassten Lieblingsgedanken auch wieder abzulassen.

Die grosse Schwierigkeit des Verständnisses der Bibel liegt nicht im einzelnen Wortsinn und in den uns fremden Vorstellungen, sondern darin, dass unsere Welt und die Welt der Bibel so verschieden sind. Da kann uns nur das helfen, dass wir unsere Welt drangeben, um uns immer mehr in die Welt Gottes, wie sie in der Bibel ausgedrückt wird, einzuleben.

Das Gebet

Im Mittelpunkt der persönlichen Andacht steht das persönliche Gebet. Dieses soll eben dadurch ganz persönlich sein, dass wir mit Gott reden und nicht nur auswendig gelernte Gebetsworte sagen oder gedruckte Gebete lesen.

Auch wenn wir das Gebet in aller Stille verrichten, ist es nötig, dass wir im Gebete Worte formen. Bloss Gedachtes ist noch nicht gebetet. Um Gestalt und Leben zu bekommen, müssen unsere Gedanken in Worte geformt werden.

Aus dem gleichen Grunde ist auch unsere Haltung beim Beten nicht ganz gleichgültig. Unsere gefalteten Hände sind der Ausdruck dafür, dass wir vor Gott gesammelt sind. Unsere gebeugten Knie bezeugen, dass wir uns vor Gott demütigen. Man höre auf, das kniende Gebet zu verdächtigen. Es ist gut evangelisch und gut biblisch, wenn es auch nicht die einzig mögliche Haltung beim Beten ist.

Das erste, was wir Gott zu sagen haben werden, ist ein Dank für alle empfangene Hilfe und Bewahrung, besonders auch für alles, was uns am vergangenen Tage widerfahren ist. Unser Dank bezieht sich dann vor allem auf die in Jesus empfangene Erlösung.

Darauf werden wir uns selber prüfen, worin wir in dieser Zeit gefehlt oder etwas versäumt haben, um es vor Gott zu bekennen und um seine Vergebung zu bitten. Es ist heilsam, wenn wir uns täglich einmal in solchem Dank- und Bussgebet genau prüfen.

Wenn das geschehen ist, werden wir in einem Bittgebet vorwärts schauen und den Herrn um sein Licht und seine Kraft bitten für die Aufgaben und Schwierigkeiten des Tages.

In dieses Dank-, Buss- und Bittgebet werden wir auch stets die Menschen einschliessen, die mit uns in Familie und Beruf verbunden sind.

Nachdem das alles geschehen ist, besteht noch eine grosse Aufgabe unseres täglichen Gebets: die Fürbitte für die anderen Menschen. Es ist ein wesentlicher Teil des Gebets und soll nie versäumt werden. Darin besteht unsere besondere Aufgabe als Christen, an dem Erlösungswerk Gottes an diesen Menschen mitzuarbeiten.

Nach dem Wort des Apostels (1. Tim. 2,1) sollen wir für alle Menschen bitten. Wir erfüllen es am besten, indem wir für Land und Volk und seine Behörden, für Kirche und Mission und ihre Diener unsere Fürbitte tun.

Dazu kommt aber noch etwas anderes. Als Christen begegnen wir ein jeder da und dort einem Menschen, der in Sünde, Elend und Verzweiflung steckt. Unser Dienst an diesen Menschen besteht nur ausser unserer Handreichung darin, dass wir sie treu und ausdauernd im Gebet vor Gott bringen. Es brauchen nicht viele Menschen zu sein, für die wir auf diese Weise beten. Wichtiger ist es, dass wir für die Wenigen beten, die der Herr unserer Fürbitte und Fürsorge zugewiesen hat. Gerade durch solche Fürbitte werden wir davor bewahrt, dass wir in unseren Gebeten stets um uns selber kreisen, was eine tödliche Gefahr ist.

Was der Mensch in seinem stillen Gebet vor Gott bringt, ist eine Angelegenheit zwischen ihm und Gott. Darüber soll nicht mit Menschen gesprochen werden, sollen nicht Segen und Erhörung verhindert werden. Auch der Mensch, für den wir bitten, braucht es nicht zu wissen. Gott wird es selber offenbar machen, dass er uns erhörte.

Unser Gebet richtet sich an Gott, den Geber aller Gaben, oder auch an Jesus, den lebendigen Herrn, der für uns fürbittend vor dem Vater steht. Wenn wir zu Jesus beten, wollen wir nicht übersehen, dass Gott unser Vater ist, dem unsere Anbetung gehört. Wenn wir zum Vater beten, so wollen wir nicht vergessen, dass wir es nur durch die Gnade Jesu und in seinem Namen tun können.

Gebetsgemeinschaft

[undatiertes Manuskript, aber nach dem 14. November 1949 entstanden, denn Cadonau benutzte die Rückseite eines Schreibens des Vadian-Verlags, St. Gallen, mit diesem Datum; maschinenschriftlich (Nachlass)]

Deutlich zurückhaltender als in Bezug auf das Gebet des Einzelnen äussert sich Cadonau im Blick auf das Gebet in der Gemeinschaft. Mit Verweis auf ein Jesus-Wort in Mt 18,19 hält er fest, dass auf dem gemeinschaftlichen Gebet ein besonderer Segen ruhe. Gebetsgemeinschaften empfehlen sich nach Cadonau insbesondere dort, «wo Menschen in einem gemeinsamen Dienst stehen» oder wo «gemeinsame konkrete Anliegen mit Nachdruck vor Gott» zu vertreten sind. Das gemeinschaftliche und damit ansatzweise öffentliche Gebet «muss aus dem Gebet in der Stille herausfliessen und zu diesem wieder zurückkehren». Gebetsgemeinschaften haben nach Cadonau einen ephemeren Charakter, sollen nicht zur «dauernden Einrichtung» werden. Denn: «Nichts eignet sich so wenig für vereinsmässigen Ausbau wie die Aufgabe des Gebets.» Und: «Auch in jeder Gebetsgemeinschaft wird Gottes Wort im Mittelpunkt stehen.» Dringlich empfiehlt Cadonau, dass «jemand die Gebetsstunde leite und das Gebet wenn nötig in gesunden Bahnen erhalte». Auch für das gemeinschaftliche Gebet gilt also, dass es zentriert werden soll um das Wort Gottes und kurz zu halten ist. Und er schärft ein, dass die Betenden «nicht für die Ohren der Mitbetenden beten. Wer sich davon nicht frei machen kann, der soll lieber nicht beten». Von besonderer Bedeutung für Cadonau ist auch das seelsorgerliche Gebet, das elementarer und fundamentaler Bestandteil des seelsorgerlichen Gesprächs überhaupt sein sollte. Neben dem vom Seelsorger zu formulierenden Gebet kann dabei durchaus auch ein frei formuliertes Gebet des seelsorgerlich zu Betreuenden stehen.

Um bestimmte Anliegen vor den Herrn zu bringen, können sich Christen gemeinsam zum Gebet versammeln. Nach Jesu Wort liegt auf dem Gebet mehrerer in gläubiger Gemeinschaft ein besonderer Segen. (Matth. 18,19)

Solche Gebetsgemeinschaft ist besonders dort möglich und empfehlenswert, wo Menschen in einem gemeinsamen Dienst stehen, oder wo es gilt, gemeinsame konkrete Anliegen mit Nachdruck vor Gott zu vertreten, wo also z. B. Glieder einer Gemeinde für ihre Anliegen gemeinsam beten, oder wo Diener an einem Werk im Dienste Gottes und der Menschen ihre Anliegen vor Gott bringen wollen.

Von solchem gemeinsamem Gebet gilt es noch ganz besonders: Es muss aus dem Gebet in der Stille herausfliessen und zu diesem wieder zurückkehren.

Solche Gebetsgemeinschaften werden sich aus den Bedürfnissen heraus bilden und mit den Bedürfnissen wieder verschwinden. Jede dauernde Einrichtung ist hier gefährlich.

Auch in jeder Gebetsgemeinschaft wird Gottes Wort im Mittelpunkt stehen. Dieses soll Ausgangspunkt und Ziel des Gebets schenken.

Es ist auch zu empfehlen, dass jemand die Gebetsstunde leite und das Gebet wenn nötig in gesunden Bahnen erhalte.

Für die Teilnehmer ist es ein dringendes Gebot, dass sie sich selber schulen und erziehen, dass sie nicht für die Ohren der Mitbetenden beten. Wer sich davon nicht frei machen kann, der soll lieber nicht beten.

Bei aller Offenheit in solchen Gebeten, werden manche Anliegen unseres stillen Gebets unausgesprochen bleiben. Wenn wir auch mit der Verschwiegenheit der Teilnehmer rechnen können, muss doch solches, das uns seelsorgerlich anvertraut wurde, hier unausgesprochen bleiben.

Da infolgedessen manches nur angedeutet werden kann, so sollen solche gemeinsamen Gebete kurz gehalten werden. Man hat Gelegenheit alles Einzelnes selber vor Gott zu bringen.

Das seelsorgerliche Gebet

In ein seelsorgerliches Gespräch gehört auch das Gebet. Dabei ist es wohl meistens so, dass der Seelsorger betet. Immerhin soll sein Gebet wirkliches Gebet sein, er betet nicht stellvertretend für den anderen, sondern er betet selbst und schliesst den anderen in sein Gebet ein. Darum ist auch ein Vorbeten, das von andern nachgesprochen wird, nicht evangelisch.

Wo es sich machen lässt, ist es wünschbar, dass auch der in der Seelsorge Betreute dem Gebet des Seelsorgers auch seines beifügt.

Die Frage der Handauflegung (undatiert)

[maschinenschriftlich (Nachlass)]

Die Handauflegung ist kein exklusiv christlicher Ritus, sondern hat anthropologische Wurzeln und wird durchaus auch in anderen Religionen praktiziert. Handauflegen hat wärmenden Effekt, ist Kommunikation, stellt soziale Nähe her und zeugt von Empathie. Davon zu unterscheiden ist wohl die im engeren Sinne religiöse Geste bzw. der religiöse Ritus der Handauflegung, die einerseits segnenden Charakter haben kann, andereseits aber auch die Übertragung religiöser Vollmacht bedeuten kann. Schon im Judentum und im Alten Testament wird die Handauflegung praktiziert, z. B. bei der Segnung von Ephraim und Manasse durch den Stammvater Jakob in Gen 48,13–16. Im Neuen Testament wird davon erzählt, dass auch Jesus die Handauflegung angewendet hat, etwa bei der Segnung der Kinder in Mt 19,13–15. Aber auch von Heilungswundern Jesu wie auch der Apostel per Handauflegung wird im Neuen Testament erzählt (vgl. etwa Lk 4,40 oder Apg 28,8–9). In der Apostelgeschichte steht die Handauflegung auch noch in anderen Kontexten, so etwa im Zusammenhang mit der Ordination, etwa von Stephanus (vgl. Apg 6,5–6), und des Empfangs des Heiligen Geistes (vgl. etwa Apg 8,15–17) wie auch der Verleihung besonderer Gnadengaben bzw. Charismen (vgl. z. B. 1Tim 4,14). Seit Beginn der Geschichte der christlichen Kirche(n) ist der Gestus bzw. Ritus der Handauflegung praktiziert worden, etwa in der katholischen sowie in den orthodoxen Kirchen im Rahmen der Spendung von Sakramenten (Taufe, Firmung, Krankensalbung und Weihesakrament), in den protestantischen Kirchen, etwa im Luthertum, im Kontext der Taufe, der Konfirmation, der Trauung und der Ordination von Pfarrern. Besonderer Beliebtheit erfreut sich die Handauflegung heute etwa in fundamentalistisch-evangelikalen Kreisen, wobei sie hier jedoch bisweilen in die Nähe eines magisch wirkenden Mittels kommt. Peter Paul Cadonau möchte einem missbräuchlichen Einsatz der Handauflegung deutlich wehren, indem er etwa die Handauflegung biblisch rückbindet durch den Verweis auf das Handeln Gottes und seines Wortes («Unsere Hilfe kommt durch die Hand des Herrn»). Das wirksamste Handeln des Menschen ist nach Cadonau nach wie vor sein Beten, das jedoch durch den Gestus des Handauflegens gestützt werden kann. Er wendet sich gegen ein magisches Verständnis des Handauflegens, das gleichsam ex opere operato wirkt, als selbständig wirkendes Mittel, das nicht des Handelns Gottes bedarf. Um dieses Mittel vor Missbrauch zu schützen, möchte es Cadonau auch an den Einsatz in der Gemeinde gebunden wissen.

1. Unsere Hilfe kommt durch die Hand des Herrn.
Ps 121,2 Meine Hilfe kommt von dem Herrn, der alles erschaffen.
Sie kommt auf die Art, zu der Zeit, die der Herr will.
Alle Mittel, womit wir diese Hilfe erzwingen wollen, sind widergöttlich und können uns zu Zauberei und Satansdienst verleiten.

So hat Israel Gott gepriesen, der mit starkem Arm und gewaltiger [Hand][1] es aus Ägypten befreit hat.
Jes. 59,1 Seine Hand ist nicht zu kurz uns zu helfen.
Ps. 118,15 Die Rechte des Herrn ist erhöht, die Rechte des Herrn erhält den Sieg.
Das gilt in gleicher Weise für die Hilfe in der Krankheit.
Apg. 4,30 bittet die ganze Gemeinde: Strecke deine Hand aus, dass Gesundheit und Zeichen und Wunder geschehen.

2. Wir Menschen können nichts Besseres tun als beten.
Das Wort von der Heilung des Kranken in Jak. 5 ist eingebettet in Worte des Gebets.
«Leidet jemand unter euch, der bete.»
Das Gebet des Glaubens wird dem Kranken helfen.
Die Kraft des Gebets liegt in Jesu Namen.
Joh. 16,23 So ihr den Vater bitten werdet in meinem Namen, wird's euch gegeben.
Apg. 4,12 Es ist kein Name (kein anderes Mittel) den Menschen [ge]geben unter dem Himmel, darin wir sollen gerettet werden.
Jesus nennt auch den Geist Gottes:
Matth. 12 So ich den Teufel durch den Geist Gottes austreibe …

3. Das Gebet kann durch sichtbare Zeichen gestützt werden.
Wie wir unsere Hände falten, können wir auch den Mitmenschen berühren.
Solches Zeichen war es, als Elia sich über den toten Knaben legte.
In gleicher Weise ist das Salben mit Oel ein solches Zeichen.
Das Oel ist in diesem Fall kein Heilmittel, sondern Zeichen des Heiligen Geistes.
Darum wurden im AT Könige damit gesalbt.
Jak. 5,14 empfiehlt so die Salbung der Kranken.
Ebenso wurde die Amtseinsetzung im NT mit Handauflegung verliehen.
2. Tim. 1,6 Die Gabe, die in dir ist durch die Auflegung meiner Hände.
Handauflegung und Oelung stehen Jak. 5,14 gleichbedeutend nebeneinander.
«Ueber ihnen beten» ist nichts anderes als Handauflegung.

4. Handauflegung ist kein selbständig wirkendes Mittel.
Da sie eine feierliche Bestätigung des Gebets ist, müssen gewisse Voraussetzungen gegeben sein.
Wie beim Abendmahl 1 Kor. 11,27ff geht eine aufrichtige Selbstprüfung und Busse voraus.
Daher ist auch eine tiefere Wirkung zu erwarten.
Sie darf aber nie als selbständig wirkendes Mittel betrachtet werden.
Wenn die erwartete Wirkung ausbleibt, ist damit noch nichts gesagt weder über den Kranken, der sie empfängt, noch über den, der sie spendet.
Darum sollen Hand und Oel nicht etwa auf kranke Stellen gelegt werden, sondern aufs Haupt. [Handschriftliche Ergänzung: Über ihnen beten]
Ps. 23,5 Du salbest mein Haupt mit Oel.

---

1 Fehlendes Wort, sinngemäss ergänzt.

5. Als besonderes feierliches Zeichen gehört Handaufl. in die Gemeinde.
Als solches muss es vor grundlosem Gebrauch geschützt werden.
Daher gilt die Regel von Jak. 5,14.
«Der rufe die Aeltesten zu sich, ...»
Handauflegung soll daher entweder durch den Diener der Gemeinde oder in Anwesenheit mehrerer Brüder oder Schwestern geschehen.
Das gehört zur Ordnung, auf die man auch im Reich Gottes nicht verzichten kann. [Handschriftliche Ergänzung: will man nicht, dass sich Missbräuche einschleichen]
Damit geht tatsächlich nichts verloren, da die Gabe und Aufgabe des Gebets stets einem jeden belassen ist.
[Handschriftliche Ergänzung: Auch wenn einer Vollmacht dazu hat, wird er zurückhaltend sein, um nicht Unbefugten Anlass zu Missbräuchen zu geben]

Zur Frage des Frauenpfarramts [1963]

[Undatiertes Manuskript, jedoch mit dem Hinweis «Votum an der Synode in Sent»[1]; maschinenschriftlich (Nachlass)]

Lange Zeit war in den christlichen Kirchen jeder konfessionellen Richtung die Ordination zum Priester-/Pfarramt den Männern vorbehalten. Im 20. Jahrhundert kam im Zusammenhang der Frauenemanzipation auch die Forderung nach der Frauenordination auf; sie wurde heftig diskutiert, besonders in den reformierten und auch in den lutherischen Kirchen. Auch die Kirchen in der Schweiz wurden von dieser Diskussion erfasst. Die Bündner Kirche beriet auf mehreren Synoden dieses Traktandum, so an der Synode in Sent vom 27. Juni bis zum 1. Juli 1963. Bei dieser Synode brachte Peter Paul Cadonau sein Votum ein. Er versuchte eine vermittelnde Position einzunehmen, zwischen strikter Ablehnung der Frauenordination und uneingeschränkter Befürwortung. Er sprach sich dafür aus, Frauen zu bestimmten Spezialpfarrämtern zuzulassen, für die er sie für besonders geeignet einstufte, also etwa im Bereich der Seelsorge oder der theologischen Betreuung von Gruppenarbeit in den Gemeinden; auch als Mitglieder der Synode konnte er sich Frauen vorstellen. Als reine Anpassung an den Zeitgeist lehnte er diese Position jedoch ab. Cadonaus Antrag wurde mit 47 gegen 7 Stimmen abgelehnt.

Aus der bisherigen Diskussion über diese Frage scheint es, dass man bereit ist, den Frauen den Zugang zum vollen Pfarramt zu öffnen. Darum darf es nicht unterlassen [werden], in dieser Frage einen andern Standpunkt zu vertreten und in diesem Sinne einen Antrag zu stellen.

Grundsätzlich bin ich auch der Meinung, dass wir die Frauen zum Dienst in der Kirche und auch zum pfarramtlichen Dienst zu[zu]lassen. Von einer solchen Mitwirkung der Frau ist eine Förderung und Weckung des kirchlichen Lebens zu erwarten. Dabei denke ich besonders an die Belebung der Seelsorge, welche bei uns vielfach darniederliegt, ferner auch an eine gute theologische Betreuung der Gruppenarbeit in unseren Gemeinde[n] und an manches andere. Auch die Zulassung der Frauen als Mitglieder der Synode kann ich durchaus bejahen. Ich erwarte auch davon eine Belebung und Überwindung der starren Förmlichkeit, unter der unsere Synode leidet.

Wenn wir aber diesen wichtigen und notwendigen Schritt tun, so kommt es darauf an, dass wir ihn auch recht tun. Es wäre aber nicht recht, wenn wir zur Zulassung der Frau nur aus dem Grunde kämen, weil jetzt gerade grosser Pfarrermangel ist. Es wäre auch nicht recht, wenn wir uns zu diesem Schritt entschlössen, weil es einer modernen Forderung der Welt entspricht, dass man die Frau in allen Dingen dem Mann gleichstellen solle.

Wir haben in der Kirche nicht auf das zu hören, was die Welt fordert, sondern haben uns nach der Bibel zu richten. Dabei brauchen wir gar nicht nur auf das Wort abzustellen «Das Weib schweige in der Gemeinde», sondern es sind

1 Gemäss Recherche von Ursi Tanner-Herter, bei der sich der Herausgeber herzlich bedankt, fand die betreffende Synode vom 27. Juni bis 1. Juli 1963 in Sent statt.

noch viel tiefere biblische Gedanken, die eine gewisse Ordnung der Stände und Geschlechter fordern. Da ist zu sagen, dass die Gerechtigkeit, die die Bibel meint, in keiner Weise die moderne Gleichmacherei ist. Ich bin auch fest überzeugt, dass die Menschen mit der Zeit von dieser emanzipierten Gleichmacherei abkommen wird [sic], gerade darum, weil sie dem Wesen des Menschen, in diesem Falle dem Wesen des Mannes und der Frau, einfach nicht entspricht.

Für unseren Fall angewandt heisst das, dass auch die Pfarrerin nicht einfach in allen Dingen dem männlichen Pfarrer gleichgestellt werden soll, sondern dass sie bei der Zusammenarbeit mit dem männlichen Theologen vor allem dort eingesetzt wird, wo sie sich am besten auswirken kann. Das wird vielleicht weniger in der Weise geschehen, dass sie ein Gemeindepfarramt selbständig betreut. Vielleicht könnte auch der Dienst der männlichen Pfarrer dadurch fruchtbarer gestaltet werden, dass auch sie jeweilen auf dem Gebiet eingesetzt werden, wo sie das Beste zu leisten imstande sind. Durch die Zulassung der Frau sollte auch der andere Gedanke verwirklicht werden, dass Menschen aus anderen Berufen nach entsprechender Ausbildung im Pfarrdienst eingesetzt werden könnten.

So weit zum Grundsätzlichen. Ich glaube, dass es nötig wäre, dass diese Frage im Kirchenrat, in den Kolloquien und auch in den Gemeinden vor einer Entscheidung noch eingehender besprochen werden sollte. Dazu müsste die Vorlage noch einmal an den Kirchenrat zurückgewiesen werden. Das ist m. E. auch aus formellen Gründen nötig. Der Kirchenrat unterbreitet uns nur die grundsätzliche Entscheidung und möchte die nähere Formulierung des [sic] ev. Grossen Rat überlassen. Das scheint mir unrichtig und verfassungswidrig zu sein. Wir können nicht eine Vorlage an das Volk genehmigen, ohne dass wir die genaue Ausführung kennen. Daher soll uns der Kirchenrat eine formulierte Verfassungsänderung vorlegen. Er mag sich dabei wenn nötig und möglich von einer vom ev. Grossen Rat ernannten Kommission beraten lassen. Aber wir müssen wissen, über was wir beschliessen.

Aus diesen beiden Gründen beantrage ich:

1. Der Zulassung der Frau zum Pfarrdienst und zur Synode wird grundsätzlich zugestimmt.
2. Der Kirchenrat wird beauftragt, in Verbindung mit dem ev. Grossen Rat, der Synode einen formulierten Antrag zur Verfassungsänderung in diesem Sinne vorzulegen.

*

Das Protokoll der Synode von Sent hält zu diesem Traktandum fest:[2]

> «Kirchenrat W. Graf erstattet der Synode Bericht über die Ergebnisse der Verhandlungen in den Kolloquien und im Kirchenrat zum Traktandum ‹Zulassung der Theologin zum Kirchendienst in voller Gleichberechtigung mit dem Theologen› aufgrund des Antrages des Kolloquiums Oberengadin/Bergell/Puschlav 1961 und 1962 und gibt erläuternd einen Überblick über

2 Text gemäss Protokoll der Synoden, einsehbar beim Kantonalen Kirchenrat Chur.

die sich in diesem Zusammenhang ergebenden Einzelfragen, über die Sicht von der Bibel her, über befürwortende Motive und über Bedenken.
Der Kirchenrat unterbreitet der Synode nun den folgenden Antrag: ‹Die Synode bejaht grundsätzlich die Zulassung der unverheirateten Theologin zum Bündner Kirchendienst in voller Gleichberechtigung mit dem Theologen und ersucht den Evangelischen Grossen R. gemäss § 14b der Kirchlichen Verfassung, die entsprechende verfassungsmässige Regelung zu treffen.›
Vizedekan J. Arquint stellt demgegenüber den Eventualantrag auf Zulassung auch der verheirateten Theologin, also auf Streichung des Wortes «unverheirateten» im Hauptantrag.
Pfarrer Dr. P.P. Cadonau bringt einen weiteren Eventualantrag ein, und zwar mit dem Wortlaut:
«Zu einzelnen Funktionen des Pfarramtes sind auch die Theologinnen zugelassen. Die Bestimmung darüber ist Sache der ‹Reglementaren Bestimmungen›.»
Bei der Abstimmung durch die Synode entfallen – nach gewalteter Diskussion – auf den Eventualantrag Arquint 51 gegen 13 Stimmen. Der Eventualantrag von Cadonau wird mit 47 gegen 7 Stimmen abgelehnt.
In der Schlussabstimmung wird mit 55 gegen 11 Stimmen der Antrag angenommen mit dem Wortlaut:
‹Die Synode bejaht grundsätzlich die Zulassung der Theologin zum Bündner Kirchendienst in voller Gleichberechtigung mit dem Theologen und ersucht den Evangelischen Grossen Rat, gemäss § 14b der Kirchlichen Verfassung, die entsprechende verfassungsmässige Regelung zu treffen.›»

Bei der Synode in Jenaz vom 25. bis zum 29. Juni 1964 wird dann die volle Gleichberechtigung der Theologinnen in der Bündner Kirche auch in der Kirchenverfassung verankert. Cadonaus Antrag auf Zulassung der Theologinnen nur «zu einzelnen Funktionen des Pfarramtes» war damit endgültig gescheitert.

Dramatische Texte

Peter Paul Cadonaus dramatisches Werk ist relativ überschaubar. Es handelt sich, soweit bekannt, um drei ausgearbeitete Texte: zwei für das Radio verfasste Hörspiele – «La sontgetta dil vitg» (1947 gesendet) und «Nabot e sia vegna» (1952 verfasst, 1956 gesendet) – sowie das für die Bühne geschriebene Drama «Aua viva» (Uraufführung 1952). Alle drei dramatischen Texte entstanden in Cadonaus Pfarramtszeit in Trin, während der er – gemäss seiner autobiografischen Skizze «40 Jahre im Dienst der Kirche» – sich nicht voll ausgelastet fühlte und sich nach weiteren Tätigkeitsfeldern umsah.

Die Radio-Szenenfolge «La sontgetta dil vitg» in vier bzw. fünf Bildern[1] *verfasste Cadonau aus einem ganz konkreten Anlass: Radio Beromünster produzierte zum 50. Geburtstag des sehr früh verstorbenen romanischen Dichters Gian Fontana (1897–1935) eine Sendung unter dem Titel «Flem e siu poet Gian Fontana», die am 15. April 1947 in Flims produziert und am 4. Juli d.J. ausgestrahlt wurde. Gian Fontana hatte 1934 im Calender «Per mintga gi»*[2] *eine Novelle unter dem Titel «La sontgetta dil vitg» publiziert. Cadonaus Text fusst auf dieser Vorlage und ist eigens für diese Sendung geschrieben worden. Cadonau hatte einen persönlichen und konkreten Bezug zum Inhalt von Fontanas Novelle: Es geht um Alkoholsucht und den christlich tätigen Glauben, der sich der Alkoholsucht aus Motiven der Nächstenliebe sowie der Errettung der Seele des verlorenen Menschen annimmt. Zu diesem Novelleninhalt haben Cadonaus «Lebensthemen» natürlich eine starke Affinität. Fontana hat sich in seinem erzählerischen Werk immer wieder mit dem Alltagsleben der einfachen Menschen seiner bündnerromanischen Heimat, ihren Problemen und Nöten, Herausforderungen und Fragen auseinandergesetzt. Peter Paul Cadonau orientiert sich in seiner dramatischen Umsetzung über weite Strecken recht genau an der Vorlage, insbesondere an den Dialogen.*

Editorische Anmerkungen zu den dramatischen Texten

Beim Start des Projektes zu Peter Paul Cadonau war dem Herausgeber nicht bekannt und bewusst, dass sein Protagonist sich auch als Autor dramatischer Dichtungen versucht hatte. Weder fanden sich im Nachlass irgendwelche Hinweise darauf – oder gar Texte – noch geht Cadonau selbst in seinen autobiografischen Darstellungen explizit darauf ein. Eher durch Zufall, nämlich durch ein Gespräch mit dem aus Waltensburg stammenden Mathias Pfister, der selbst über Jahre hinweg im Waltensburger Theaterverein aktiv gewesen war, ergab sich ein erster Hinweis auf Cadonaus dramatisches Werk. Mathias Pfister wusste nämlich von einem Theaterstück «Aua viva» aus der Feder Cadonaus zu berichten, das

---

1 Ursprünglich enthielt die Szenenfolge nur vier Bilder, ein fünftes Bild wurde wohl sekundär angefügt, ohne dass der Untertitel «Giug per il radio en quater maletgs» abgeändert wurde. Und so hat das Typoskript für das Ende des Hörspiels nach dem vierten Bild «FIN» und nochmals nach dem fünften. Werner Walter, der 1984 eine «elavuraziun» (Bearbeitung) des Hörspiels anfertigte, die sich in der Bibliothek der Lia Rumantscha in Chur findet, beliess es bei den ursprünglich vier Bildern.

2 Vgl. Den Text in: Calender Per mintga gi 13/1934, S. 46–73. Die Novelle wurde 1971 in Gian Fontanas *Ovras. Ediziun cumpleta* aufgenommen (Bd. 1: Novellas, S. 197–225).

Motive der Waltensburger Dorfgeschichte thematisierte. Erste Recherchen des Herausgebers in diese Richtung brachten dann tatsächlich dieses von Cadonau für das Theater verfasste Stück zutage. Schnell zeigte sich, dass ein im sogenannten «Theaterposten» der Lia Rumantscha vorfindliches Manuskript kein von der Hand Cadonaus stammender oder von ihm autorisierter Text war, sondern eine typografische Abschrift, die vermutlich bei einer der Aufführungen des Stückes Verwendung gefunden hatte. Der Herausgeber schaltete nach diesem ersten Fund Manfred Veraguth ein, seines Zeichens promovierter Theaterwissenschaftler aus Cadonaus Heimatgemeinde Waltensburg. Ihn bat er, diese Spur bei Peter Paul Cadonau doch genauer zu verfolgen. Manfred Veraguth unterzog sich dieser Aufgabe und wurde auch noch anderweitig fündig. Es zeigte sich schliesslich, dass Cadonau neben dem Theaterstück «Aua viva» auch noch zwei Radioskizzen verfasst hatte. Bei allen drei ausfindig gemachten dramatischen Werken Cadonaus konnte jedoch keine vom Verfasser selbst autorisierte Fassung identifiziert werden, sondern jeweils nur Typoskripte von unbekannter Hand.

Dies ist natürlich im Blick auf eine Edition der Texte, die hier erstmals vorgenommen werden soll, zu berücksichtigen. Wir können hier keinen sozusagen historisch-kritisch erarbeiteten Text rekonstruieren, der beabsichtigt, der «vox ipsissima» Cadonaus möglichst nahe zu kommen. Dies geben die uns vorliegenden Quellen schlicht und einfach nicht her. Was hier nur versucht und geleistet werden kann, dies ist die kritisch sichtende Wiedergabe der in den Archiven bzw. Bibliotheken auffindbaren Manuskripte der dramatischen Texte Cadonaus, die jedoch durch die Hände unbekannter Kopisten oder vielleicht gar Bearbeiter gegangen sind. Dieser Sachverhalt ist bei der Rezeption der dramatischen Texte Cadonaus immer zu berücksichtigen. Bei den beiden Radioszenen existieren zwar Tonaufnahmen, wobei jedoch auch hier nicht klar ist, inwiefern Eingriffe und Überarbeitungen vorgenommen worden sind, wie dies ja durchaus in diesem Kontext üblich ist. Weiterhin muss im Rahmen unserer Wiedergabe dieser Texte gesehen werden, dass zur Zeit der Abfassung der Manuskripte die Orthografie des Romanischen – trotz der Vereinheitlichung von 1934 – bisweilen noch im Flusse war, also unterschiedliche Schreibweisen bestimmter Wörter vereinzelt in Gebrauch waren. Auch dies erschwert natürlich eine Rekonstruktion der dramatischen Texte von Peter Paul Cadonau. Offensichtliche Schreibfehler wurden stillschweigend korrigiert, an der einen oder anderen Stelle wurden Vereinheitlichungen vorgenommen, so etwa bei den in Klammern gesetzten Regieanweisungen, die jetzt alle mit Kleinschreibung beginnen. Handschriftliche Einfügungen wurden am jeweiligen Ort als solche markiert.

Zu denken gibt dem Herausgeber ferner das Faktum, dass sich im Nachlass unseres Protagonisten keinerlei Hinweise auf sein dramatisches Wirken gefunden haben. Natürlich erhebt sich da dann die Frage nach der Ursache. Sind vielleicht ursprünglich vorhandene einschlägige Manuskripte aus uns nicht mehr nachvollziehbaren Gründen verloren gegangen? Oder waren diese Texte in der Selbsteinschätzung Cadonaus nicht von solcher Wichtigkeit, dass er sie seinem Nachlass anvertraute? Oder gibt es für das Nicht-Vorhandensein im Nachlass noch andere Gründe, die uns heute vielleicht nicht mehr nachvollziehbar sind? Der Herausgeber gesteht, dass er für sich selbst wie auch für die Leserschaft keine schlüssigen Antworten auf diese Fragen anzubieten hat.

La sontgetta dil vitg

[maschinenschriftlich; (Kantonsbibliothek Graubünden; Signatur: Ufu 3337)]

Giug per il radio en quater maletgs.
Suenter ina raquintaziun de Gian Fontana
da plevon P. P. Cadonau a Trin

Persunas:
Crest Tgaumaler
Nesa Caprada, sia dunna
Gion Curdin
Gada, ina giuvna
Meister Giacun, vischin
Bistgaun vischler, vischin
Pieder Sutvia, vischin
Turte de Bavuorc, vischina
Gieri Degonda, vischin de Muotabiala
Matta d'ustria

I. maletg.

Ella sala de divertiment dil vitg della Punt. La giuventetgna dil vitg fa tscheiver. Ins auda musica, gibels e sgnoccas.

Gion Curdin (entrond) Heissassa! Diridumda! Mats e mattauns, calei de saltar. Oz dat ei zatgei en nies vitg che ni pur ni signur ni parler havess patertgau. Quei va sur spass e sulaz. Vegni e tedlei!

La musica interrumpa.

Vuschs Tgei dat ei po mai? – Tuppadads! – Ins po mai saver. – Mo tgei el tegn nus pil narr. – Nus enconuschein il Gion Curdin. – Tedleien, tgei ch'el ha de gir!

Gion Gie, gie, mo ferdei l'aura. Quella ga dat ei in fin barsau. Quei che jeu hai observau, vala depli che cadeinas e pedras e curals che vus, mattauns, haveis artau da vossas tattas.

Vuschs Sche vinavon! – Ora culla romontsch!

Gion Neve, savesses bugen, nua ch'ils plugls e pelischs fan lur ignivs? – Mo tgei das a mi persuenter, ti, biala Gada?

Gada In pei el tgil, sche ti vul.

Vuschs Haha. – Has udiu, Gion? – Culla Gada eis ei buca bien magliar tscherieschas oz.

Gion Igl ei donn. Vessel giu bugen ina betscha dad ella. Mo in'autra ga lu. Neve, Gada?

Gada Quei duei maina daventar, sche ti tegns nus puspei pil narr.

Gion Lu hast ti spons la broda; pertgei quei che jeu hai de gir ei vera verdad. – Sche tedlei! Sun staus cun il Crest Tgaumaler giu ell'ustria. El ei puspei stuorns sc'ina mélla. Ha gl'emprem savilau silla dertgira e suprastonza. El massi a sepender, ha el getg, sch'el havessi in sughet. Mo gnanc in tal possi il cumin cuir ad el. Jeu hai getg, ch'el seigi in asen. El deigi plitost ir tier la Nesa Caprada, nossa sontgetta, e dumandar lezza de maridar. Quella metti enzatgei pli lom e bien che in sughet entuorn culiez. Tuts han susteniu mei, tochen ch'el ha getg: «Carteis, che jeu hagi buca la curascha? Jeu temess buc ded ir tier la feglia dil nausch.» Jeu hai gidau sin via, ed el ei pilver ius ed ha spluntau ora la Nesa.

Vuschs — Buc pusseivel! – Ed ella ha aviert?

Gion — Aviert e schau en! Ussa eis el en stiva en schenuglias avon ella e balbegia en sia eivradad de sia gronda carezia. Vus duesses ver quei spitachel. Gnanc ils barcuns ha ella serrau, ch'ins vesa en da finiastra tut plaun e plat. E patertgei: Ella carsina el culla manutta fina che ha aunc maina ziclau in mat. – Ussa, Gada, va giu e mira, sche vesas, che jeu hai buca teniu pil narr.

Gada — Quei ei pli che teniu pil narr. Quei ei ina scroccaria.

Gion — Tgei emport'ei! Viva la cumpignia! Tgeuas auas cavan riva. Si musicants! Ei dat nozzas. Nossa sontgetta marida il fegl dil malon.

Musica e gibels.

II. maletg.

Avon casa-cumin. Purs e puras vegnan neutier.

Turte de Bavuorc — Tgei dat ei cheu daniev? Tgi va puspei ella sventira?

Meister Giacun — Nesa Caprada e Crest Tgaumaler ein en scaffa.

Turte — La Nesa? Buca de capir. Tgei vul ella pomai cun quei glimari?

Giacun — In um, in um. Ella vul in um sco vus tuttas. Ed ha raschun.

Turte — Ella vess bein survegniu in auter. Quei rampun e valanuot less jeu gnanc malegiaus avon mes egls, avon aunc il mender parler.

Giacun — Has bi gir. Quels san ins buca pegliar sco las litgivas el lag de Tul. In parler ha era sia ambiziun e marida mo de sia pera. Denton schei cumbien il Crest e la Nesa. Ella vegn a saver, pertgei ella prenda el. Ella ei buca ded oz e drova ni ugau ni ugasessa. Quei ei miu meini.

Turte — Ed il miu ei, ch'ella duvrass oz ugau pli che mai. Sia rauba vegn en cuort temps ad esser sufflada tral tgamin, e sch'ella ei oz aunc schi gronda. Vegnis a ver, meister Giacun. Igl ei aunc iu cun autras aschia. E lu sa il cumin procurar per ina cudria de genira. Mo quei va tier a mi nuot. Na, buca stel. Quei ei vossa caussa.

Giacun — Jeu hai, sco ei para, tuc il viv.

Gion — Veseis ussa? Quei hai jeu instradau.

Gada — Gie, ti eis il detg.

Gion — Tgi auter che jeu? Per far in spass hai jeu fatg ir il Crest tier la sontgetta. Mo ussa havein nus puspei in clar mussament, che mintga femna, sch'ella para aunc schi sontga, garegia siu um.

Gada	Jeu perinaga buc!
Gion	Ti eis buca melra che autras. Compara in che tschagulescha enzatgei de maridar, curdeis vus tuttas ad el directamein entuorn culiez, ch'el seigi lu gobs ni zops, mets ni suords.
Gada	Ded in tgietschen sco'l nausch, sco ti eis, less jeu silmeins sepertgirar.
Pieder Sutvia	Ti Gion, has raschun. Il giudezi d'ina femna havess plaz en in diclà.
Gada	Ti, Pieder, seigies cuntents, che tia dunna ha dieschga depli giudezi che ti.
Pieder	Mo ina aschi bigotta sco la Nesa ed in de quels umens. Co va quei ensemen?
Giacun	Sas, Pieder, quei ei buca de far curvien. Vein nus buc in proverbi pli popular per gir quei? Pols extrems s'attiran. E forsa, tgi sa, vul ella far ina bun'ovra e vul midar il luf en ina nuorsa. Tier glieud schi religiusa eis ei adina grev de cattar il motiv.
Gada	Saveis tgei? Ina sontgetta eis ella stada tochen ussa, ussa vul ella daventar ina sontga.
Giacun	Possi quei reussir ad ella!
Gion	Mo lu sto ella era saver, ch'ella ha de far cun quel della tegia sut.

III. maletg.

En stiva de Nesa Caprada, il gi suenter sia nozza.

Nesa	(sesa sper la meisa e legia ella Bibla) «Tgei lein nus gir? Sche Deus ei cun nus, tgi vul lu esser encunter nus? [...] E tgi vul spartgir nus dalla carezia de Cristus? Forsa tribulaziun, ni anguoscha, ni persecuziun, ni fom, ni munconza de vestgadira, ni prighel ni spada?» – Na, negin. Er buc quella terribla notg de spusa. Jeu hai buca teniu ora pli gitg en combra. El schema e runca e sgnufla horriblamein. Letg e plantschiu ha el tartignau. Brrr! Na, quei sai jeu buca tener ora. – E tonaton. Ier en baselgia hai jeu getg frestgamein gie, e quella empermischun vi jeu era tener, senza murmignar ni puplar, e quei er lura, sche jeu stos ir tras il pli criu e grev. – Mo co sai jeu far quei? Nua sun jeu er stada de crer, che jeu hagi la forza de menar in tal sin buna via? Quei sun jeu buc el cas. Mo cheu stat ei: «Sche Deus ei cun nus.» Quei eis ei. – El vegn. Jeu vi untgir, per buca stuer scuntrar ad el cun larmas els egls. – Segner, dai a mi la forza de vegnir encunter ad el, sco ei survescha en bien! (va)
Crest	(vegn) Nua sun jeu pomai era? – Ah, gie, ier hai giu nozzas. La Nesa ei daventada mia dunna! – Co sun jeu staus leds! – Mo lu, lu? Tgei ei lu daventau? – Jeu sai buca capir, co jeu sun staus aschi tups e fleivels. Mo il Gion Curdin, co ha quel fatg printgas cun mei e davontier animau mei de beiber! – Suenter sai jeu de nuot pli. – E cheu fuss jeu ussa da casa! – Ah, jeu pudess fugir e maina seschar ver pli. – E la Nesa? Nua ei la Nesa? Co vegn ella a salidar mei?

Nesa	(vegn) Bien gi, miu mariu.
Crest	Bien gi, Nesa. – Eis ti cheu?
Nesa	Nua duess jeu esser auter che cheu en nossa casa?
Crest	Nossa casa?
Nesa	Gie, nossa, tia e mia.
Crest	... e mia?
Nesa	Pertgei duess ella buc er esser tia suenter nossas nozzas.
Crest	Suenter quellas nozzas? Gie, ti has giu bialas nozzas ed ina biala notg de spusa. Perquei ei tia fatscha oz aschi profunda e biala. – Gie, ella ei vegnida bitschada, buca da tiu spus, mo dalla veta cun sias melli pissiuns che ueglian e movan igl intern dil carstgaun.
Nesa	Cala cun tals patratgs! Neu e lein ensolver. – Vul ti gir l'uraziun?
Crest	Gi ti, Nesa.
Nesa	(urond) Benedescha, Bab, tes duns e fai sogns nus tes uffons.
Crest	(lai rumper il bargir) Tatta, tatta!
Nesa	Tgei has, tgei maunca, miu Crest?
Crest	Gest aschia urava mia tatta. – O tatta, vess jeu tedlau sin tes plaids! Mo ti eis morta memia baul, e suenter hai jeu giu negin pli che ha teniu car mei.
Nesa	O ti pauper schani, carschius si senza carezia!
Crest	Mo ussa havess jeu anflau ina carezia, mo hai quella zappitschau sut mes peis. O jeu miserabel, jeu sun buca pli vengonts de tia carezia.
Nesa	Teidla, Crest. Nus sudin uss ensemen e stuein er entscheiver enzatgei ensemen. Mo ei duei esser ina lavur che fa plascher a ti. Jeu hai da miu bab ina pulita rauba. Lein nus per igl avegnir prender anavos nies funds e luvrar de purs?
Crest	Per uonn eis ei memia tard. La glieud han gia entschiet culla lavur.
Nesa	Mo ti savesses forsa cumprar in cavagl.
Crest	In cavagl?
Nesa	Lavur dess ei segiramein avunda, cunzun ussa ch'ei baghegian in niev hotel si Muotabiala.
Crest	In cavagl? Quei ei gie stau miu siemi avon temps ed onns. Quei ei il sulegl de Mars suenter in criu unviern.

IV. maletg.

Stiva d'ustria a Muotabiala.

Gieri	(salida Bistgaun vischler che vegn en dad esch) Buna sera, cumpar. Beinvegni a Muotabiala! Eis er da cheu si?
Bistgaun	Jeu hai stuiu vegnir e mirar, co vies vitg sefa siedora. Dapli ch'ei han entschiet a baghegiar quels hotels, eis el buca pli d'enconuscher.
Gieri	Ti has raschun, mo quei ha siu bien e siu mal.

Bistgaun	Mo porta quei silmeins gudogn a biars. Nus della Punt savessen era duvrar in tal gudogn.
Gieri	Ei dat era de quels de vies vitg che vegnan si cheu a luvrar. Il Crest Tgaumaler ha segiramein gia gudignau bia raps questa stad.
Bistgaun	Mo dumonda era, cons ch'el ha duvrau.
Gieri	Ei vultan gir, ch'el seigi vegnius solids cun maridar la sontgetta de vies vitg.
Bistgaun	Mintgaton ha ei la pareta. Il luf lai dar il peil, mo buca il vèz. Sia dunna ha cartiu, ch'ei daventi ina miracla. Mo talas appartegnan ad in temps gia dagitg vargau. Ozilgi fa la veta negins sparuns. Dacuort hai jeu viu, en tgei procedura ch'el ei vegnius a casa dalla fiera de Muotabiala. La Nesa ha clamau mei; cu enzatgei va ord duas, san ins aunc adina duvrar il vegl vischler. El veseva ora pir che in biestg, e jeu hai vuliu runar el en nuegl, nua che tals glimaris s'audan.
Gieri	E tgei ha la Nesa fatg quella sera?
Bistgaun	Ti havesses stuiu ver ed udir. Energicamein ha ella protestau de metter el en nuegl. Aschia hai jeu ensemen cul Gion Curdin che era vegnius a casa cun el, saviu alzar el scalem per scalem da scala si e metter en letg. Jeu hai vegliau sper el tutta notg duront che el fireva tapet e plumatschs in toc pli lunsch e deva is sgarscheivels.
Gieri	L'autra damaun vegn la Nesa bein ad haver dau ad el ina detga capitulada.
Bistgaun	Ti has ina bial'idea. Cun tutta migeivladad ha ella aunc purtau gl'ensolver en letg. Ei vultan schizun gir, che ella hagi aunc quei gi surdau ad el las clavs della trucca de capitals de siu bab.
Gieri	Per ventira ha ella ina gronda rauba.
Bistgaun	Zacura vesa ins il funds della pli gronda caldera. El drova mo far vinavon aschia. Mai quei ch'el ha dau ora per quei cavagl ei buca pauc.
Gieri	Mo in brav cavagl eis ei. – Mira cheu vegn el gest cun sia schliusa e tegn eri avon l'ustria. Ridischen tgei comba, tgei culiez e tgei tgierp che quei tguli ha!
Bistgaun	Pauper tguli! Donn e puccau, che ti eis vegnius en tals mauns. Jeu less buc esser en tia pial.
Crest	(intra) Buna sera mes umens.
Omisdus	Bien onn Crest. Fas miezgi?
Crest	Gie, mo jeu hai prescha. Stos far cuort ed ir aunc per ina carga giu la staziun. – Matta.
Matta	Tgei giavischeis?
Crest	Ina suppa ed ina ligiongia caulda.
Matta	Astgel jeu era purtar enzatgei de beiber?
Crest	(per sesez) Stai ferms! – Sedumogna!
Matta	Co veis getg?

Crest	Sche purtei in quintin. – (per sesez) Pertgei fugir? In migiel vin vegn jeu bein a surpurtar. Cu jeu hai buiu quel, vi jeu esser ton ded ir per miu fatg.
Gieri	(a Bistgaun) Has viu, co el cumbatta?
Bistgaun	(a Gieri) Has viu co el ei vegnius dumignaus?
Gion	(entra) Buna sera tuts ensemen. – Uarda, uarda, nies Crest! Eis cheu cul cavagl? – Stupen, stupen! Forsa has er in tec plaz per mei sin tia schliusa. De quell'aura ein ins pli spèrt e pli bugen a ca-sia. – In miezliter, matta. – E co va ei, Crest? Sch'ins astga dumandar. Ins astga bein discuorer de miraclas, sch'ins vesa tei ina gada da maneivel. Temas la glieud? – Savess buca pertgei! Che jeu hai dalla fiera stuiu menar tei a casa, e che la glieud ha discuriu bravamein de tei, vegn bein ad impurtar a ti nuot. Lai discuorer las buccas nauschas! Ti mo neu tier mei. Nus dus lein bein ranschar ils spida-tissis. Fuss buca l'emprema ga! – Viva, Crest. Seregurdein dils bials onns cun lur bambotschas e revanschas! – Neu, lai emplenir tiu migiel!
Crest	Na, engraziel.
Gion	Anzi, anzi! – Tgei vul quei gir?
Crest	Jeu stos ir ussa.
Gion	Vegns bein aunc a vegnir baul avunda tier tia veglia. Drovas buca ver tema, ch'in auter tegni cuort'uriala ad ella, schegie ch'ella duei buc esser schi retratga pli.
Crest	Lai cun bien mia dunna. Duesses seturpiar de discuorer ded ina tala aschi tschuff.
Gion	Uarda, uarda, el ei era gia daventaus in sogn, ei piars per nossa cumpignia. Lein cantar ina canzun de bara!
Crest	Avunda ei avunda.
Gion	Fai buca de quels zambagls, Crest. Jeu sai schon, ins gi, che tia dunna hagi en las caultschas e tegni tei a mistregn da camifo. Miarda, hai jeu getg, jeu enconusch il Crest da ragisch e da rudien. Quel selai buca metter en frein dad ina sontgetta blaua.
Crest	(da vilau) Co has getg?
Gion	Drovas nuota laschar siglir la chicra pervia ded in plaid che pur e parler drovan e che pli baul ei er vegnius pli ch'ina gada da tia bucca.
Crest	(levond sin peis) Sepertgira da tuccar en quella! Ni che jeu smacchel tei cun quels mes agens mauns! ... Matta, jeu less pagar. (banduna l'ustria e Gion suenter)
Gieri	Ridischen cun tgei spertadad quel ei vegnius ord l'ustria e sin sia schliusa, sco sch'el havess de fugir ded enzatgi! E co siu tguli sa galoppar!
Bistgaun	Mo il Gion ei buca staus meins spèrts. Co el ei siglius silla schliusa, senza ch'il Crest ha entgiert! Sch'ins vesa el ussa a setener vid la schliusa che va tut el fem, savess ins bunamein crer,

	ch'ei fuss buc il Gion, mo quel della tegia-sut che enquera de suandar al Crest, ch'el metschi buca da ses latschs.
Gieri	Seigi tgi che vegli. Jeu creigel, ch'el hagi ussa spons la broda cul Crest.
Bistgaun	Sche havess la sontgetta tonaton fatg in sogn ord in pultrun?
Gieri	E savess ei tonaton dar miraclas aunc en nos gis?
	FIN

V. maletg.

	Ella casa Caprada.
Nesa	(sin finiastra) Tgei vesel jeu? Vegn leu buc il Crest tut el fem cun siu cavagl? Tgei ha el po mai, che el vegn ton da furtina? E tgi sesa davossi sin sia sliusa? Sche jeu sbagliel buc, eis ei il Gion Curdin. Gie, quei ei il tgau tgietschen e la gneffa rienta de quei sbuserau. Mo sche el ha buca puspei surmenau miu um! – Mo tgei ei quei? Il Crest ha fermau il cavagl, ei siglius giud la schliusa. Tschaffaus da ses ferms mauns sgola il Gion orambor vi ella neiv dil prau. – Mo sch'el ha buca slugau si'ossa, schebein che quel havess meritau quei. Ussa vegn il Crest. Jeu vi buca esser enta peis, tochen che el ei buca sequietaus. Aua tuorscha vegn mo pli tuorscha cun turschar lien. (va giu)
Crest	(vegn tut irritaus) Ussa mo cloma tias beffas ed aviras leuvi ella neiv. Mei cuntonschas ti buca pli. Na, mai pli vi jeu tedlar sin ils plaids de quei tentader. – Mo tgei ha el getg? Che mia dunna hagi en las caultschas e tegni mei a mistregn? Tgi gi de quei? Duess ei propi esser, che la glieud discuora en quei tun de mei – e della Nesa?
Nesa	(ei intrada) De mei lai gir els, tgei ch'els vulan.
Crest	Na gest ti has buca meritau enzatgei aschia.
Nesa	Meritau ni buca meritau; buca teidla silla tschontscha della glieud. Sche mo nus essan senza cuolpa!
Crest	Ti sas gir aschia, pertgei ti has negina cuolpa. Mo jeu stos sefar reproschas, che jeu hai tratg en tei, che la glieud tschontschan de tei. Sche ti savesses …
Nesa	Jeu vi nuota saver. Teidla, nus havein auter de patertgar. Pischmaun ei la fiera. Cheu stuesses ti ir a cumprar in per vaccas per nus sin primavera. Cheu dun jeu a ti la clav della trucca. Leu anflas ti ils daners necessaris. La clav salva ti per tei.
Crest	(grescha) Na, na. Salva ti la clav. Quei ei gie tut tiu.
Nesa	Na Crest, quei ei buca miu. Quei ei nies, tiu e miu, e sche Deus vul, de nies uffon …
Crest	(en grev cumbat) Gie, igl ei bien aschia. Igl ei gie tut manzegnas.
Nesa	Tgei ei manzegnas.
Crest	Quei che la glieud gi, la miserabla canaglia.

Nesa Forsa eis ei era mo il Gion Curdin.

Crest Seigi tgi che vegli. Ussa sun jeu libers. Ussa vesel jeu ch'igl ei manzegnas, che ti tegns car mei. Jeu vi mirar ded esser vengonts de tia carezia e de daventar in carstgaun che ha de temer negin ed astga mirar els egls a mintgin.

FIN

Nabot e sia vegna

«Nabot e sia vegna» ist das zweite von Peter Paul Cadonau für das Radio verfasste Hörspiel («In giug biblic per il radio»). Der Autor scheint auf dem Hintergrund seiner Erfahrungen mit seinem ersten dramatischen Text ein gewisses Gefallen an diesem Format für das recht moderne Kommunikationsmedium Radio gefunden zu haben.

Und auch hier greift er auf eine Vorlage zurück, allerdings nicht auf die eines modernen, zeitgenössischen Autors, wie dies bei der Novelle «La sontgetta dil vitg» von Gian Fontana der Fall war, sondern auf eine biblische, genauer: alttestamentliche Vorlage. Ins Auge springend ist dennoch die thematische Verbindungsbrücke zwischen den beiden von Cadonau als Vorlage verwendeten Texten: Bei beiden Texten handelt es sich um Themen der Religion, des (christlichen) Glaubens.

Der konkrete Anlass für die Abfassung dieses zweiten dramatischen Textes von Cadonau war ein von Radio Zürich in Kooperation mit der Societad Rumantscha im Jahre 1952 ausgeschriebener Wettbewerb, an dem insgesamt 38 Autoren teilnahmen. Ein erster Preis wurde bei diesem zum zweiten Male durchgeführten Wettbewerb allerdings nicht vergeben, dafür gab es jedoch zwei zweite Preise, die mit jeweils CHF 600 dotiert waren. Einer dieser beiden zweiten Preise wurde Peter Paul Cadonau und seinem Hörspiel «Nabot e sia vegna» zugesprochen. Das Hörspiel wurde dann konsequenterweise auch als solches realisiert und produziert und am 3. Februar 1956 in der «Sendung für die Rätoromanen» in das Radioprogramm aufgenommen und ausgestrahlt.

Cadonau verwendet für sein Hörspiel die im alttestamentlichen Ersten Buch der Könige in Kapitel 21,1–29 erzählte Geschichte von König Ahab und seiner Frau Isabel, die den Weinberg des einfachen Landmannes Nabot in ihren Besitz bringen wollen und dafür eine Intrige anwenden, bei der Nabot zu Tode kommt, so dass der König und seine Frau auf dessen Weinberg ungehindert zugreifen können. Stehen jedoch im Zentrum der alttestamentlichen Geschichte der Prophet Elia und sein unerschrockenes Eingreifen, so ändert sich der Fokus in Cadonaus dramatischem Text: Hier avanciert der einfache Landmann Nabot zum Protagonisten, der an dem von den Vätern überkommenen Erbe hängt und es nicht so ohne weiteres, schon gar nicht gegen Geld, hergeben möchte.

Manfred Veraguth weist in seinen Ausführungen in unserem Band zu Recht darauf hin, dass der Autor hier ein besonderes Gespür hatte für greifbare Lebensnähe zur ländlichen Bevölkerung – womit die biblisch fundierte Botschaft des Pfarrers eine realistische Chance hatte, gehört zu werden. Die Maxime des Adressatenbezugs war und ist ja eine durchaus legitime Motivation theologischen Handelns in zweitausend Jahren christlicher Geschichte.

Nabot e sia vegna

[maschinenschriftlich (Kantonsbibliothek Chur; Signatur: Ab 809:4)]

In giug biblic per il radio
da P. P. Cadonau

Persunas:
Nabot, in pur de Jesreel
Hanna, sia dunna
Abinadab, in auter pur
Jojada, in tierz pur
In mess dil retg Ahab
Elias, il profet

Liug: Il vitg Jesreel ella tiara d'Israel
Temps: Dal temps de retg Ahab

EMPREMA SCENA

Avon la casa de Nabot

Abinadab
Tgei vesel jeu? Nabot, miu bien vischin
che sesa gia ad uras sil baunet,
schebein ch'ei dat per nus oz bia lavur.

Nabot
Igl ei buc fatg mo cun luvrar, barhar,
sco ti adina fas Abinadab.
Tgi ch'ha luvrau sto er guder ruaus,
ins sto er ponderar la veta e ses beins.

Abinadab
De ponderar dat ei aunc temps avunda,
cu la raccolta tutta ei sut tetg.

Nabot
Sche buns patratgs cumpognan la lavur,
mo lu sa quell'a nus purtar buns fretgs.
Gl'ei buca gitg che ti, Abinadab,
has smalediu il mund e siu scaffider,
perquei che nus pitevan da schitgiras.
Mo uss, dapi che Elias ei turnaus
ed ha gurbiu a nus da Deus la plievgia,
eis ti sco snarrentaus ella lavur,
patratgas buc ch'ei fuss nies sogn duer
de dar nies laud a Deus per tut ses duns.

Abinadab
Gie engraziar! Quei ei gie tut endretg,
mo'l temps vargau hai jeu buc emblidau
cun tutt'anguoscha ch'el ha preparau,

e cun quitaus jeu sedamondel ussa:
Tgi sa sche quei vegn buc puspei sur nus?

Nabot — Sulet sch'il plaid dil Segner nus sbittein.
Gl'ei gie tut stau castitg per nies puccau.

Abinadab — Tgei nies puccau? Sch'il retg e la regina
han falliu, sto bein il pievel buc pitir.

Nabot — Il retg havess buc bandunau il Segner
e dau honur als vuts ded auters pievels,
sche buc il pievel sez fuss disviaus.
Segir che mintga pievel ha quei retg
ch'el ha er meritau cun tut siu esser.
Perquei sto'l er castitg cun quel purtar.

Abinadab — Quei ei gie tut mo stgisas. En verdad
daventa tut, sco gl'ei ella natira.
Tgei gida tut sebarghignar il pur,
sch'il schetg fa daventar desiert siu funs.
Il meglier fuss per nus ded emigrar
en tiaras pli fretgeivlas, meins fallusas.

Nabot — Mo co ti tschontschas oz, miu bien vischin,
patratgas buc con leds nos babs ein stai
de gnir or dal desiert en questa tiara.
Cheu han els per lur vet'anflau lavur
ed ella mort ruaus en quest terratsch.

Abinadab — Er nos babuns ein stai carstgauns sco nus.
Cu'l giuv en in liug gneva memia grevs,
ein els tilai naven en autra tiara.

Nabot — Gie, mo el liug ad els staus destinaus
da Deus entras l'empermischun dils vegls.
In um ch'ei buc ligiaus vid siu sulom patern,
ei buc vengonts d'anflar el mund beinstar.

Abinadab — Quei ei puspei la veglia melodia
ch'jeu audel tut quels onns da tia bucca.
Denton jeu mez vi crer mo quei ch'jeu vesel.

Nabot — Co sas pomai ti aunc plidar aschia,
havend sil Carmel viu la gronda ovra
ch'Elias cun urar ha contonschiu?
Mo cheu vegn ussa Jojada, nies bien cumpogn.
Ti vegns gest bein per dar cheu in pareri!

Abinadab	Creis ti buc er ch'ei fussi meglier, demai che la schitgir'a nus smanatscha, de vender tut ed ir si e naven en loghens ch'ein buc schi fallus sco cheu.
Jojada	Gie, cu vus leis vi jeu dar vi mes praus. Jeu hai onns schetgs negin gudogn ded els ed onns de plievgia stenta e fadigia. Tgei gronds viadis vein nus treis de far che possedein nies funs leuo sin Cresta!
Nabot	Mo tgei vulesses ti pegliar a mauns, sch'ti vesses buc ils fretgs de tia vegna che creschan silla Cresta sulegliva?
Jojada	Mo jeu fagess, sco auters biars han fatg. Levgiaus e leghers mass jeu el marcau. Leu nu ch'il retg secasa cun suita, dat ei per tuts lavur ed er plaschers.
Nabot	Tgei, el marcau tier schenta de puccaus?
Jojada	Ei quei puccau, sch'ins vul sesez levgiar, sch'ins vul guder zatgei de questa veta. Perquei sans ins tuttin'il Segner honorar.
Nabot	Gl'ei buca fatg d'adina far firaus, per viver gest ei drova er quitaus.
Jojada	Quels dat ei dapertut, er el marcau, mo cun divertiments ins scatscha quels.
Nabot	In ver cartent, quel astg'er selegrar. Mo quels divertiments leu alla cuort ein tusghentai entras survetsch dils vuts sch'ins prenda part de quels, ein ins ligiaus al mal sco cun cadeinas digl uffiern.
Jojada	Nabot, ti plaidas sco pli baul adina. Mo uss ils fauls profets ein neghentai e san buc pli nies pievel surmenar.
Nabot	Schegie ch'Elias ha els pirentau, sche viva aunc il spért ch'els han plantau.
Abinadab	Nabot, cheu vegn uss Hanna, tia dunna. Ei para ch'ella porti novitads.

Jojada	Tgei eis ti senza flad? Tgei has de niev?

Hanna	De niev avunda! Tedlei, tgei ch'ei vegn detg:
che la regina Isabel sei uss unfisa
de star el vegl casti leu a Sihem
e ch'ell'enqueri d'ir or silla tiara.

Nabot	Quei fuss bein la pli gronda frida
che er la tiara gness d'els tartignada.
Mo sch'ella stat da nus dalunsch naven!

Jojada	O sch'ella gness tier nus a Jesreel,
lu fussen mes giavischs spert cumpleni.

Hanna	Tedlei, jeu hai aunc pli de relatar:
Elias ei ord tiara bandischaus.

Nabot	Ei sto che spert la cresta ei carschida
a nos regents, ch'els fan de talas ovras.
E Jojada, ti lesses aunc survir
a tals che han buc sbrenzla de cunzienzia?

Jojada	Elias ei mo in e buc il pievel.
Sche Isabel ha el liu castigiar
perquei ch'el ses profets ha neghentau,
sche ha el dau leutier caschun avunda.
Perquei eis ei per mei aunc buca getg
ch'ei seigi tut cuntrari alla cuort.

Nabot	Elias ei in um dil Segner Deus.
Tgi ch'el offenda, ha siu Deus stridau
e sto spetgar dad el il grev castitg.

Abinadab	Gie, lu savein nus prest puspei far quen
cun temps de carischia e fomaz.
Jeu less ch'jeu fuss gia ussa lunsch naven.
Sche mo'l casti gness fatgs en nies contuorn,
sche gness jeu libers da mes ers e praus.

Jojada	Lu dess ei er en temps de scars cunfiert.

Nabot	Na, Deus pertgiri nus da quella plaga.
Tgi vesel jeu vegnend da via giu?
Sche jeu pos enconuscher el endretg,
ei quei gie il profet, Elias sez.

Jojada Lu fuss ei meglier de sefar naven
ch'ei hagi buca num lu ella cuort
che jeu cun quel sei aunc secumpignaus.

Elias Buc hagies tema de scuntrar cun mei,
gl'ei aunc lubiu a mi d'oz esser cheu.

Nabot Sche eis ei ver che ti eis bandischaus
e stos puspei girar giuedor el mund,
privond nies pievel da tiu ferm agid.

Abinadab E nies basegns entscheiva er danovamein.

Elias Er jeu quei fatg gl'emprem hai buc capiu.
Mo lu ei vegniu getg a mi dal Segner:
«Ei dat el pievel biara melli olmas
che cedan buc al spért pagaun e mal.»
Perquei vi a tuts quels jeu dar curascha.
Teni la dira er en grev combat,
sche vegn nies Deus a dar a vus ventschidas.

SECUNDA SCENA

Ella porta de dretg a Jesreel

Nabot Cheu fussen nus, demai ch'il mess dil retg
nus ha clamau tier el cheu ella porta,
ed era Jojada ei gia presents.

Jojada Gie mo vegni, Nabot, Abinadab.
Ei para che vus seigies cheu aunc jasters
e buc sco jeu che hai savens dertgira
per l'in e l'autra ovra de levsenn.
Mo ti Nabot ch'eis la gistia sezza,
Abinadab ch'has mo lavur el tgau,
vus dus cheu essas buc disai.
Perquei havess jeu tonaton marveglias
pertgei gest nus oz essan cheu clamai.

Abinadab Nus essan fors'ensemen oz citai,
perquei che nus havein priu si Elias.

Jojada Havess jeu po gliez gi vus buc tedlau
e fussel ius naven, sco jeu vulevel,
sche vess jeu buc perquei aunc de pitir.

Nabot	Sch'igl ei mo quei, sche seigies ruasseivels, lu ei la cuolpa mo da mia vart; el ei gie staus mo sut mes tetgs. Mo quella cuolpa vi bugen purtar, sch'ell'er custass a mi aunc grev castitg. Mo aunc per inaga jeu creigel buc ch'il retg per quei motiv nus ha clamau.
Abinadab	Sche tgei dei esser il motiv de quei?
Nabot	Er vus haveis tschei gi udiu la nova che la regina hagi l'intenziun de far edificar in niev casti.
Jojada	Gie quella tuna aud'ins de contin. Mo tgei pomai ha quei de far cun nus?
Nabot	Tschei gi sun jeu staus leu or sin Cresta a far risdiv. Discusamein lu ein vegni signuras e signurs en gronda roscha ed ein passai atras nos ers e vegnas. Jeu hai els buc enconuschiu segir, denton sch'jeu sbaglel buc, sche fuvan er il retg e la regina denter quels.
Abinadab	Tgi sa tgei quels havevan leu de far?
Nabot	Has ti aunc buc ferdau, tgei quei vul gir? Segir han ins ils plans de baghegiar il niev casti leuor sin nossa Cresta.
Abinadab	Aha, perquei ha'l uss citau nus treis che possedein gie leu nos praus e vegnas. Sch'igl ei mo quei, per mia part sa'l ver quei tut ensemen, mo quei s'entelli, sch'el paga er sco'i descha ad in retg.
Jojada	Er jeu vi far negina resistenza, sch'il retg mei gida persuenter tier ina plazza de guder la veta.
Nabot	Schi bienmarcau vuleis vus vies sulom unfrir ad ina luna d'ina femna e bandunar il funs che dat a nus il paun?

Abinadab Mo'ls onns vargai ha quei sulom patern
laschau pitir nus fom e carischia.
De quei sun jeu uss stuffis ed unfis.
Perquei sch'el paga bein, sche vendel jeu.
Mo ussa vegn gie leu il mess dil retg.

Mess Salid a vus mes umens, er dal retg.

Tuts treis La grazia de nies Segner sei cun tei,
ed er il retg Ahab dei viver gitg!

Jojada (a ses vischins)
El para d'esser oz da buna luna.
Sche ha'l bein buns intents e buca nauschs.

Mess Vegni, mes umens, lein tractar ensemen
in fatg per vus de gronda impurtonza,
e buca mo per vus, pil vischinadi
de Jesreel ha'l buca meins valeta.
E vus, vischins de gronda influenza,
vegnis a quel a dar voss'attenziun.

Nabot Tgei leis vus ir aunc gitg entuorn la buglia.
Sco um ad umens schei, tgei che vus leis.

Mess La caussa ei aunc ussa tut tschellada.
A vus denton jeu astgel confidar.
Nies niebel, honorabel retg Ahab
resenta gia daditg il desideri
ded ir or dal marcau cun siu cunfar
e silla tiara passentar ses gis.

Nabot (per sesez)
Quei desideri ha gie la regina,
mo'i para ch'el sto far e resentir
tut quei che sia dunna vul haver.

Mess En tut la vasta tiara d'Israel,
plaschess surtut in crest en Jesreel.
Ieu less el siu casti schar baghegiar.

Abinadab Tgei grond'honur ei quei per nies vitget!
La caussa ei gie impurtont'avunda.

Mess Gie franc che quei per vus ei grond'honur.
Mo aunc pli gronds per vus ei gl'avantatg

che vus de quei project saveis guder.
Mo patertgei, con bia lavur, gudogn
e veta quei purtass a vossa tiara.

Jojada
Jeu vesel gia, co tut tier nus semida.
Dal pign igniv de purs e mistergners
la nova capitala vegn a nescher,
e nobels neu de tuttas tiaras passan
atras las portas de nies Jesreel.

Nabot
Vus dus veseis la caussa memia biala
e pondereis nuotzun che quei sa er
haver per nus zun nauschas consequenzs.

Mess
Tgei nauschas consequenzas sa quei ver,
sch'il retg Ahab serenda en persuna
a habitar cun vus en vies contuorn.
Vus essas lu gie pli datier dil trun
cun tut las grazias che da quel flureschan.

Nabot
Gl'ei buca mo il retg che vegn tier nus.
Er Isabel, regina nuncartenta,
cun sia suita vegnan er tier nus
e vulan tusghentar l'entira tiara
cul spért de nuncardientscha e levsenn.

Mess
Laschei pér quels patratgs dad ina vart.
Il retg ei cheu per pertgirar ils ses,
el sa tgei ch'els promova e donnegia.
Mo uss vulein nus de nos fatgs tractar.
Jeu vus damondel in suenter l'auter:
Vuleis vus vender vies sulom al retg?

Abinadab
Sil crest gl'uaul che porscha lenna,
las vits che dattan onn per onn lur fretg
ein buc venals, pertgei privai de quels
savess miu bein entir buc render pli.

Mess
Mo cun daners avunda sas ti gie cumprar
aunc megliers praus en auters loghens;
con pag'ins ozilgi tier vus per funs?

Abinadab
Quels ch'han dacuort tier nus sulom vendiu,
han giu per quel in taler la tschuncheisma.

Mess	Sche dat il retg a ti per tia Cresta il dubel. Tgei gis: dus talers la tschuncheisma.
Abinadab	De quella pierta san ins bein tschintschar.
Mess	Ed ussa Jojada, eis era cuntents aschia?
Jojada	Mo dei a mi gest ton che vus vuleis, daners ein el mund schi pauc de cuoz. Perquei havess jeu in secund giavisch. Sch'il retg miu funs vul ver per agen, sche dei el ina plazza dar a mi de far survetsch ad el en sia cuort.
Abinadab	Gie, che ti sappies leu sedivertir. Neve, quei fuss quei che plaschess a ti.
Mess	Quei deis ti tut dal retg er survegnir aunc tier il prezi de tes praus vendi. E ti, Nabot, ti has aunc getg buc plaid. Eis bein er ti cuntents cun quei bi prezi? Ni has ti er aunc specials giavischs?
Nabot	Jeu hai mo in giavisch, e quei ei quel ch'jeu sappi tut ils gis de mia veta avdar, luvrar e star sin miu sulom. Quel ei vanals ni per daners ni per plaschers.
Mess	Jeu hai matei aunc buc purschiu avunda. Con stos jeu dar a ti per cuntentar? Vus umens, schei nus in mument persuls. Ed ussa gi a mi, con ti damondas dal retg pils beins che ti has or sin Cresta.
Nabot	Sco jeu hai getg, tier quei vi jeu restar. Il prezi piert a mi fuss aults avunda, gie memia aults, sche jeu less propi vender. Mo quei a mi ei buc lubiu.
Mess	Tgei buc lubiu? Tgi sa a ti aunc scumandar de far cun tiu possess, precis sco'i plai a ti?
Nabot	Dil fatg ch'ins ha, ins ei buc possessur, mo sco migiur ins sto dar plaid e fatg de tut quei ch'ins cun quels decid'e fa.

Aschia jeu sesentel obligaus
de mantener ils beins de mes babuns.

Mess
(per sesez)
Cun quei tgaugries sai jeu buc tgei entscheiver.
Mo cheu vegn Hanna, sia dunna. Forsa
sa ella esser aunc gideivla a mi.

Nabot
Tgei vegns ti, Hanna, tut en prescha?

Hanna
Jeu hai udiu de tut tras nos vischins.
Ti sappies vender tut nos beins sin Cresta
per in bien prezi, veglies els buc dar.

Nabot
De miu pareri paras pauc cuntenta?

Hanna
Co sai de quei jeu esser cuntentada,
sche quella occasiun ti lais vargar
de vender quella magra vegn'e prada
ch'a nus caschuna stenta e fadigia
e cul recav cumprar giu el planiv
sulom fritgeivel ch'ei er pli datier.

Nabot
Mo quel ei buc bugnaus cul suadetsch,
cungius dal tgierp dils babs leu sutterai.

Mess
Jeu porschel mo aunc ina gada a ti
caschun de vender tiu possess al retg.
Sche ti vul quella oz buc acceptar,
il retg ei gie patrun de tutta tiara
e sa secund plascher disponer d'ella.

Nabot
Er sch'el ei retg, sche eis el obligaus
de respectar ils sogns commondaments.

Hanna
Jeu sempla dunna sai buc novas de quels fatgs,
mo en miu pèz resentel jeu sco tema
ch'il retg savessi aunc far donn a nus.

Nabot
Seig'ei per bien ni mal, donn ni gudogn
jeu stosel far, sco gl'ei a mi surdau.

Mess
Sche ei quei uss tiu plaid il pli davos.

Nabot
Miu ultim plaid, jeu haiel buc in auter.
Fagei cun mei sco'i par'e plai a vus.

Mess — Sche eis ti ussa relaschaus a casa,
e tgei ch'il retg dispona vegns ti ad udir.
Clamei aunc ina gada Jojada.
Tgei tgau diraglia che negin sa fender.
Mo spetga, er per tei ei dat in cugn.

Jojada — Haveis cun quei tgaugries serrau marcau
ch'er nus nos praus savein surdar?

Mess — O na, cun quel ei schliet magliar tschareschas.
Mo quei buc impedescha nies contract.
Ti deis retscheiver prezi sco fixau
e sur de quei intrar uss en survetsch.
Ti sas vegnir gia oz cun mei tiel retg.
Ei vegn a dar per tei lavur avunda.

TIARZA SCENA

En stiva de Nabot

Nabot — (persuls)
Ei va puspei encunter primavera,
leuor sil funs uss spetga bia lavur.
El num de Deus vi jeu entscheiver quella.
Jeu vi er mia vegna or sin Cresta
puspei cun nova forza cultivar,
demai ch'il retg ha mei laschau cun bien
schebein ch'il mess haveva smanatschau.

Nabot — (ei splunta)
Mo vinavon! (Jojada entra)
Tgi vesel jeu vegnend?
Ti, Jojada, che eis puspei turnaus tier nus.
Jeu hai cartiu che ti per semper stetties
tiel retg sco niev commember della suita.

Jojada — Sch'jeu sun gie leu, sche buc emblidel jeu
miu vitg e mia tiara, lur beinstar,
el schai a mi adina aunc a cor.
Perquei sun jeu turnaus oz cheu tier vus.

Nabot — Per nies beinstar? De quel plidav'il mess,
cu el nos praus vuleva marcadar.
Sche meinan tei fors'er semglionts intents,
che ti dal retg eis uss vegnius tier nus?

Jojada — Tgei tschontschas ussa aunc da quellas caussas?

Nabot — Sche ei il retg da ses projects untgius?
Secund ils plaids ch'il mess haveva getg
hai jeu spetgau che el cun violenza
emprovi mia vegna de surgnir.
Mo tochen uss ei tut stau mur ruasseivel.

Jojada — Quei has ti d'engraziar al beinpensar
de nies undreivel retg che maina vul
cun sforz proceder cunter ses subdits.

Nabot — Quei fa a mi plascher, sch'igl ei aschia.
Mo sper il retg stat era la regina.
De quella hai jeu aunc adina tema
che ella cun rampins e faulsadad
enqueri de ses plans realisar.

Jojada — Gie sco jeu audel ha'la buc capiu
gl'emprem ch'in retg en Israel sa buc
far tgei ch'el vul culs beins de ses subdits.
Mo uss er ella ha stuiu capir
che er al retg ei daus il tschentament.

Nabot — Ti portas oz a mi legreivla nova.
Sche sai jeu ussa pia star ruasseivels
e drovel buc temer malemperneivel
perquei che jeu hai buc vendiu la vegna.

Jojada — Ti buc, mo tgi che viva leu tiel retg,
sto savens udir en tuttas modas
tras sgnoccas, beffas, tuccas e furadas
ch'ins ha per nies marcau buc simpatia.
De quei tut Jesreel ha de pitir.

Nabot — E quei ha uss menau tier nus tes pass
per muentar miu cor a compassiun
che jeu untgeschi aunc de quei ch'ei getg.

Jojada — De quei dei esser oz negin rischieni,
Nabot, tiu plaid dei esser respectaus.

Nabot — Per tgei raschun lu eis ti gnius tier mei?

Jojada — Sche teidla bein! Jeu less far miu pusseivel
ch'il retg surgness de nus in'autra impressiun.
Il proxim meins ha'l retg siu natalezi.
Sch'ins cheu vuless er celebrar quei gi,

savess quei dar ad el e tut ils ses
caschun de ver ch'er nus el respectein.

Nabot — Quei ei tier mei adina stau il cass.
Jeu maina hai disgiu ad el l'honur,
sch'jeu hai er buca fatg tenor sia veglia.
Tgei drov'ei pia aunc festivitads,
la ver'amur flurescha senza fiastas.

Jojada — Er la pli nobl'amur el cor sto stenscher,
sch'ell'ha buc occasiun de semussar.

Nabot — Sche mo al retg fagei la biala fiasta.
Segir che jeu sun cheu nagut cuntraris,
mo vi er mez quei gi far reverenzia.

Jojada — Jeu hai gia ussa tut quei instradau,
mo ussa stos haver aunc tiu sustegn.

Nabot — Aunc miu sustegn? Sche tgei hai jeu de far?

Jojada — Che tut gartegi bein e senz'incap,
dependa grondamein ded in capavel cau.
Sco um che gauda grond respect da tuts,
che ei capavels er en mintga grau
vuless jeu tei sinceramein rugar:
Surprenda ti de tgamunar la fiasta.

Nabot — Pertgei gest jeu? Ei dat aunc auters umens
ch'ein pli perderts, pli beinvesi tiel retg.

Jojada — Sche seigies buc adina schi modests,
sch'ins ina gada vul tei honorar.

Hanna — (era intrada gia avon)
Gie, Jojada, en quei has ti raschun.

Nabot — Tgei vegns ti Hanna cheu aunc denteren;
gl'ei fatgs ded umens che nus cheu tractein.

Hanna — Gie, fatgs ded umens. Quei scheis vus adina.
Vus umens decidis sur tuttas caussas,
vus cuschineis suenter vos principis.
Mo tgi sto lu magliar il cuschinau?
Tgi sto pertut, sin vi'e sper fontauna,
udir unviars, retscheiver nauschas beffas?

Perquei che ti has buc vendiu la vegna
hai jeu saviu pitir uss tut quei temps.
Perquei sche ti per tei vul buc honur,
sche pren uss quei per far plascher a mi.

Nabot De tut quei che ti gis, sai jeu buc novas.
Ils biars han miu proceder salidau.

Hanna Gie quei ei stau il cass gl'emprem mument,
sco ins gl'emprem per tut tgunsch s'inflammescha.
Cugl ir dil temps denton ins sepatratga
e mida tgunsch idea e pareri.
Aschi'er cheu. Biars han Nabot ludau,
perquei ch'el ei enviars il retg staus ferms,
mo ein seviults lu els basegns, quitaus.
Els gin: Sch'ins vess quei fatg buc refusau,
savess ins viver oz pli levamein.

Jojada Ti, Hanna, has ils cors bein perscrutau.
Mo sche ti vesas uss ch'igl ei aschia,
savesses ti, Nabot, ils cors reconquistar,
sche ti prendesses ussa questa carica.
Mo cheu vegn ussa aunc in vegl amitg
Abinadab, ti vegns bein er per mei gidar
che nies vischin Nabot daventi promts
de far a nus in impurtont survetsch.

Abinadab Sche eis ei ver ch'ei detti gronda fiasta
e che Nabot dei quella tgamunar?

Nabot Miu plaid per quei hai tuttavia buca dau
e sai ed astgel quel er buca dar.

Abinadab Cheu has ti bein raschun. Tgei aunc far fiasta,
cu dil luvrar ins po buc dar damogn.
Quei fuss gie tutensemen mo temps piars.
Gl'ei buc luvrau mo cun adina far firau.

Jojada Nus lein gie buc far fiasta per plascher
mo lein cun quella gnir ad ina mira.
Cun quei il retg vulein nus gudignar
ch'el a nies vitg puspei demuossi grazia,
che er vies viver e luvrar or silla tiara
dei gnir pli levs e ver pli bia success.

Abinadab — Gie, lu ei quei in auter fatg. Per quel
er Nabot vegn a porscher siu agid.

Nabot — Vus tuts veseis tut dalla buna vart.
Mo jeu stos ver il prighel che smanatscha.

Jojada — Tgi sa cheu gir de prighel smanatschont?

Nabot — Cu jeu tenor cunzienzi'hai refusau
de vender mia vegn'e praus al retg,
han biars quei salidau. Els han viu en
che nus cheutras nies liug havein spindrau
da novas modas e costums pagauns.
Ed uss cun questa benedida fiasta
arveis vus tuttenina portas e barcuns
a quei che nus vulevan evitar.

Jojada — Mo gest perquei nus lessen tei per cau.
Lu has ti en tes mauns ded ordinar
tgei ch'ei lubiu e tgei dei star naven.

Nabot — Ins sa bein tut semtgar e preparar,
mo'l spért che regia stat buc en nos mauns.
Il spért mundan enquera gie en tuttas modas
de penetrar er leu nu ch'ins el dosta.
El sa tras tuttas fessas penetrar.
Il pli bugen denton vul el entrar
tras occasiuns de fiastas e divertiments.

Hanna — Ti has mo memia gronda tema e vesas
mo spérts e prighels nu ch'igl ei negins.

Jojada — Cheu has ti, Hanna, francamein raschun.
Igl ei per bia buc sco ei par'a ti.
Ni has ti fors'aunc auter ch'impedescha?

Nabot — Per gir aviartamein, sche hai jeu tema
de l'Isabel e sias intenziuns.
Segir ch'ell'ha ses plans buc emblidau
e spetga mo caschun d'els exequir.
Con tgunsch savess la fiast'e siu tumult
lu dar per quei ad ella ina viarcla.

Jojada — (tut d'agitau)
Tgei vul quei gir? Manegias forsa
ch'jeu sco spiun e sbier sei cheu vegnius?

Nabot
Buc s'agitescha, Jojada. De tei
jeu creig che ti has bunas intenziuns.
Denton jeu sundel buc dil tut segirs
che ti eis forsa sez gnius tschurventaus
e senza tiu saver ni tiu vuler
ti stos survir a plans maligns zuppai.

Jojada
Sche quei ei tia tema, teidla mei:
Havess zatgi de metter maun sin tei,
sche vi jeu dar memez per tei spindrar.

Abinadab
Tgei sas ti aunc dad el depli pretender.
Sch'el sia veta vul unfrir per tei,
sche sas ti bein per quei uss sedecider.

Nabot
Jeu less che uss Elias fuss presents.
Lu schess el schon a mi tgei jeu dei far.

Hanna
Gie lez ei ussa lunsch naven da cheu,
e nus stuein uss sez anflar la via.

Jojada
Ti gis d'Elias. Sco ti sas, eis el
dapi in temps da nossa tiara bandischaus,
e tonaton havessen nus basegns ded el.

Abinadab
Gie con basegns havessen nus ded el!

Hanna
Mo la regina vul el ver naven.
O tgei savessen nus pomai er far
ch'Elias gness puspei en nossa tiara?

Jojada
Quei par'a mi fetg sempel tuttavia.
Sche nus al retg la fiasta celebrein
ch'el ha plascher de nus, ses buns subdits,
sch'astgein nus lu pli tgunsch er ir tier el
e supplicar el pil retuorn d'Elias.
Nabot, ti veses uss con bia dependa
de tei e la risposta che ti das.

Hanna
Dismetta pia tuts quitaus e temas
e dai uregl'a nus e nos giavischs.

Nabot
(suenter ina pausa)
Sche bien, cun miu agid saveis quintar.

QUARTA SCENA

Ella stiva de Nabot
(ins auda ordador rueida de bia pievel e denteren ils plaids d'in oratur)

Hanna (sin finiastra)
Tgei roschas pievel ch'oz ein radunai
giu cheu sin plazza de nies Jesreel.
Gl'ei strusch capeivel che nies pign marcau
sei aunc el cass d'a tonta glieud dar tetg.
Ed enamiez la gronda radunonza
stat cun preschientscha leu Nabot, miu um.
Tgi vess cartiu ch'ei gness aunc adaquella
che el cun tont'honur gness curunaus.
Ed ussa salv'el leu il plaid festiv,
e tut che teidla el cun attenziun.

Nabot (ordador)
Perquei nus essan oz cheu radunai,
purschend al niebel retg sincers giavischs
per siu beinstar e regiment cuzzeivel.

Vuschs Bravo! El vivi gitg, el vivi bein!

Autras vuschs Naven cun el! Nies retg, in surmenader!
(ins auda grond tumult, schuls e givels)

Hanna Tgei caussas ha quei ussa dau cheugiu?
Jeu vesel tut la fuola en moviment.
Cu en siu plaid Nabot ha vuliu porscher
salid e reverenz'al retg Ahab,
ei tuttenina leu rutt'or la bova.
Da tuttas varts ins auda schuls e givels.
O co Nabot sedat leu tutta breigia
de quietar la fuola moventada,
mo pli che mai ins auda cloms e grius.
Jeu saiel buc, tgei tut quei dei muntar.
Mo cheu vegn uss Abinadab. Quel
sa a mi dar novas, tgei ch'ei leu scuntrau.

Abinadab Canaglia infernala! Aschi'han els
la fiasta bein semtgada disturbau.
Less mo saver, tgi ch'ei da tut la cuolpa.
Avon ei tut vargau secund program,
tiu um ha demussau ch'el ei capavels

buc mo ded ir cul criec atras igl èr,
mo er de manischar la fiasta sco ei s'auda.

Hanna — Ed uss ei tutta stenta adumbatten.
Sch'ins mo savess, tgi ch'ha tut quei schendrau.

Abinadab — Jeu hai vuliu traplar ils nauschs bergluns,
mo mintgamai svanevan els el pievel.
Ed in ch'haveva «Giu cun el!» clamau,
hai jeu immediat liu plidentar,
mo el ei spert sedaus dad innocent
ed ha clamau cun forza: «Viv'il retg!»
Sch'el veva mo avon schulau, sclamau,
da tut puder fagev'el uss bravo.

Hanna — Da tut ins vesa ch'igl ei fatg complot.
Sch'ins mo havess entgins enconuschiu!

Abinadab — Tgi vul en tutta fuola ver il singul?
Denton jeu creig ch'ei erien jasters
ch'ein oz vegni neutier a questa fiasta,
ins sa perquei buc metter els a casa.

Hanna — Il pievel para uss de sespartgir,
il plaz sesvida spert. Sche vegn Nabot
uss spert tier nus. El sa il meglier
a nus dar novas. Gie, el ei uss cheu.

Nabot — O vess jeu mai semess en questa caussa,
sche vess jeu ussa buc turpetg e donn.
Mo vus haveis vuliu ch'jeu quei surprendi.

Abinadab — Tgi vess cartiu che quei finess aschia?

Hanna — Sche buca fai a nus perquei unviars,
nus vein cartiu cun quei de metter pasch.

Nabot — Ed uss havein nus bein uiara pir che mai,
stuein aunc pli che mai uss engaldir,
savein mirar, co quei sa gnir fatg bien.

Hanna — Sche mo quei dat buc aunc pli bia de far,
che ti eis staus il cau de questa fiasta!

Abinadab — Jeu temel er, sch'al retg quei vegn purtau,
ch'el vegn zaco ad encurir vendetga

e Jesreel sa magliar or la broda.
Gl'ei sco jeu hai adina getg a vus:
Disgrazia regia sur nies Jesreel;
perquei ei fuss per nus bia meglier
de vender tut ed ir naven da cheu.

Hanna — Gie bein, il meglier fuss ei de fugir,
avon ch'ei mettien nus avon dertgira.

Nabot — Sche duess jeu far ad els quei grond plascher
che jeu fugess da mia cas'e funs,
che jeu avon cun forz'hai defendiu?
Sund'jeu entochen ussa staus statteivels,
sche vi er uss jeu buc da miu sulom untgir.

Hanna — Mo uss setract'ei forsa buc de praus ed ers.
Tgisa, sch'ei vulan buc la veta prender?

Nabot — Jeu mez hai gie zun nuot falliu e sai
dar plaid e fatg aviartamein.
Jeu hai en tut vuliu far mo il bien.

Abinadab — Sch'ei vegn a quella, franc negin damonda
suenter ils intents che ti has giu.
Ins giudichesch'ils fatgs e buc ils cors.
Mo tgi jeu vesel leu vegnend viers casa?
Il mess dil retg ensemen cun dus sbiers.

Hanna — Anguoscha! Gie, els ein gia ussa cheu.
Sche ha miu cor tuttina giu raschun,
sch'el ha sminau ch'ei spetgi nus nuot bien.

Nabot — Schei pér vegnir els. Mia cunzienzia ei schubra.

Mess — (vegn cun dus sbiers)
Jeu sundel cheu bein ella dretga casa,
tier il Nabot, il niebel president
de quella fiasta ch'ha il retg blamau?

Nabot — Vus mei enconuscheis aunc bein avunda,
gl'ei buca gitg che essen stai ensemen.

Mess — Mo oz vegn jeu cun autra incumbensa.
Oz vegn jeu buc tier tei per supplicar,
per cun grond prezi cun tei marcadar.
Jeu hai camond de far tei prischunier.

Hanna	Schei el cun bien, el ei gie senza cuolpa.
Mess	Jeu sai cheu buc tedlar sin grius de femnas, mo hai de far suenter miu camond. Sch'el ei culponts ni buc, quei vegn sclariu, cu el avon dertgira vegn menaus.
Abinadab	Pegliei enstagl quels scrocs ch'han fatg tumult.
Mess	Sche vus saveis lur nums a mi numnar, sche hai jeu uorden er de quels pegliar. Schi gitg che quels ein buc enconuschents, sto esser responsabels il cau-fiasta. Al retg stuein nus dar satisfacziun pil grond entiert ch'ins ha viers el commess.
Nabot	Sche vus leis metter mei avon dertgira che jeu sai leu defender tut mes dretgs, sche sun jeu promts de vus uss suandar.
Hanna	Na buca va cun els naven da mei. Tgi ch'ina gada ei els mauns dil retg, buc tgunsch quel tuorna pli aunc a ca-sia.
Nabot	O Hanna, seigies ferma en fidonza. Jeu drovel buc ver tema de dertgiras. L'honur dil retg jeu hai vuliu promover ed il beinstar dil pievel e marcau.
Mess	L'honur dil retg? Tgi sto cheu buc rir, sch'el auda quei gest or da tia bucca. Ti has al retg gie buc dau suatientscha. Mo nus havein cheu buc de far bia plaids. Pegliei quei um ed el menei naven!
Hanna	O Segner, tgei dei jeu pegliar a mauns? (Jojada vegn) O Jojada, ti vegns el dretg mument. Gi ti in plaid che sa nus uss gidar!
Jojada	Tgei mai schabegia cheu cun tei, Nabot?
Nabot	Gl'ei gniu quei ch'jeu adina hai sminau, cu ti has per cau-fiasta mei clamau.

Jojada (al Mess)
Schei liber uss quei um che veis ligiau!

Mess Tgi dat a ti il dretg de gir aschia?

Jojada Jeu sun la cuolpa ch'el ei staus cau-fiasta.
Sche enzatgi sto esser castigiaus,
lu mei pigliei, mo quel laschei cumbien.

Mess Quei sa mintgin vegnir e gir a nus,
mo nus stuein secund ils fatgs proceder.
Tgi ch'ei la cuolpa, vegn lu alla glisch.

Jojada Tgi ch'ei la cuolpa, vi ussa gir.
Jeu mez sun quel che ha tut instradau
ed er Nabot encunter siu vuler rugau
ded esser cau de quella fiasta.
Tedlei denton, pertgei jeu quei hai fatg.
Igl ei gest quel ch'ei cheu sco mess dil retg
che quei patratg en mei ha destadau.

Abinadab Tgei stosel jeu udir da Jojada,
che ti eis sco spiun turnaus tier nus
per metter nus en tala confusiun?

Jojada Buc da bugen hai jeu quei fatg commess.
Jeu hai gie buc sminau, per tgei intent
che quei patratg ei gnius schendraus en mei.
E tonaton hai jeu falliu encunter tei,
Nabot. Sas ti a mi aunc perdunar?

Nabot Jeu sai che ti has fatg quei da levsenn
e buc per mei tradir e ruinar.
Ti has buc viu il prighel smanatschont
e co ins tiu survetsch ha surduvrau.
Jeu vesel ussa tut pli clar e bein,
co quest signur ha tut stupent urgiu
per mei tuccar cun nauscha frida.
Tgisa sch'el ha buc er pladiu ils scrocs
che cun caneras han la fiasta disturbau?

Mess Ti eis bein buc derschader de miu far,
perquei jeu drovel er buc dar risposta.
Mo ussa vinavon, menei naven el!

Jojada
Avon che vus Nabot meneis naven,
stueis vus aunc passar sur mia bara.
Jeu hai ad el la veta garantiu;
perquei protestel jeu encunter quei.

Mess
Ei quei uss il survetsch che ti pil retg
vulevas far? Gia quest'emprema gada
has ti disgiu. – Mo ussa: via libra!
(ei meinan naven Nabot)

Hanna
Ei van cun el. Per franc el maina tuorna.

Jojada
Lein buca far il mal pli gronds ch'el ei.
Els cattan forsa aunc ils malfitgonts,
ed el lu tuorna aunc sco innocent.

Abinadab
Has buc udiu? Ils scrocs ein stai pladi,
els ein gie protegi dal mess dil retg,
tgi dei lu quels traplar e castigiar?
Tgei vesel jeu leugiu sin plazza?
Ins ha gia construiu leu in schafot,
e nies Nabot stat leu cun mauns ligiai.
Ins legi'avon ad el gia la sentenzia.

Jojada
Mo tgei sentenzia sa quei esser
ch'ei fatga senza gnir avon dertgira?

Mess
(ordador)
Nabot, vischin e pur de Jesreel,
ti has sco cau de fiasta tolerau
ch'il num dil retg Ahab ei gnius blasmaus.
Perquei duei tei castitg de mort tuccar.
El liug de tiu malfatg dueis gnir mazzaus.
E tiu possess, tiu funs e tia casa,
els ein dad oz naven scurdai al retg.

Abinadab
Haveis udiu? Ses beins ein confiscai.
Cheu vein nus bein la clav de tut proceder.
Demai che el la vegn'ha buc vendiu,
sche han ins el fatg esser delinquent,
per senza prezi gudignar ses beins.

Jojada
Ti has raschun. E nus vein buc viu quei.
Da beins, plaschers terresters tschurventai,
havein nus aunc dau maun a malgiustia.

Hanna
(curdond per tiara cun grev suspir)
Sche hai jeu piars miu um e mia casa
e sundel la pli paupra e bandunada!

Abinadab
Gl'ei bien che Hanna ei en svaniment
e sto buc ver quei ch'uss cheugiu succeda.
Gia vegn il boier leu neutier Nabot,
secund isonz'emprov'el sia spada. –
Uss aulz'el ella. O sgarschur de ver! –
Nabot ei buca pli, el ha siu cuors finiu.

Jojada
In um ch'ha per siu dretg entiert pitiu.
Mo mira uss, co tuts han priu la fugia.
Els han bein la cunzienzia ch'els murtira.
Tut vita ei da glieud gia uss la plazza.

Abinadab
Ins vesa gia vegnend neutier ils tgauns.
Els letgan si il saung currius giun plaun.
Ei quei la sort d'in um real e bien?

PAUSA

Jojada
Mo tgi compara cheu uss tut surura?

Abinadab
Gie, eis ti cheu, Elias, nies profet?
Vegns ti gest uss per dar a nus confiert?

Jojada
Ah, con basegns havein nus oz de quel
en noss'anguoscha ed en nies puccau!

Elias
Il Segner ha mei dal desiert clamau.
Perquei hai jeu el cor nuot bien sminau.
Mo quei ha mei tuttina fetg surpriu
de ver murend Nabot sco innocent.
Mo ton gitg jeu: Il saung digl innocent
ei buca piars, mo porta niebel fretg
el temps present sco er egl avegnir,
per nus sin tiara ed el tschiel perpeten.
Tut innocent pitir de nus carstgauns,
el ei mo in'umbriva de quei grond schabetg
ch'ei vegn in gi a gnir in giu da tschiel
e dar la veta per spindrar il mund.
Tgi tochen lu mantegn fideivladad
vegn tras quel il ver salid anflar.

Mo paupra vus che maltracteis il gest.
Vus deis vegnir truai per tut il temps.

Ti, retg Ahab, ch'il gest has schau mazzar,
sin tei er spetga l'ura destinada
che tgauns sin plazza letgan de tiu saung.
Ed er ti, loscha Isabel, deis spert
curdar da ti'altezia ella puorla.
Mo a vies pievel vegn ei concediu
ch'in auter retg cheu regia cun giustia.

FIN[1]

1 Am Ende des Textes steht die Bemerkung «Cop. e mult. A.M. 11–15 dec 1954», woraus wohl geschlossen werden kann, dass nicht Peter Paul Cadonau selbst diese maschinenschriftliche Fassung erstellt hat.

Aua viva

Bei dem Text «Aua viva» handelt es sich um das einzige Drama im eigentlichen Sinne, das Peter Paul Cadonau verfasst hat. Der Autor orientiert sich dabei weitgehend an den Strukturprinzipien des klassischen Dramas, das ja im Normalfall fünf Akte mit jeweils mehreren Szenen umfasst und – im Blick auf die Handlung nach Gustav Freytags (1816–1895) im 19. Jahrhundert entwickelten Schema – folgende handlungsleitende Elemente aufweist: Exposition – erregende Momente – Höhepunkt – fallende Handlung mit retardierendem Moment – Katastrophe. Das Drama «Aua viva» war vom Verfasser für die Aufführung auf der Theaterbühne geschrieben worden und erlebte seine Uraufführung dann auch im Jahre 1952 in Trin, wo Cadonau zu dieser Zeit als Gemeindepfarrer wirkte. Im Jahr 1952 liegt das Geschehen, auf das sich das Drama bezieht, exakt fünfzig Jahre zurück; es hat damit vermutlich auch die Funktion der historischen Erinnerung an das die Kindheit und das seinerzeitige familiäre Leben des Autors belastende Ereignis in der Dorfgeschichte.

Aus späterer Zeit sind nur noch ganz wenige weitere Aufführungen als gesichert überliefert, so etwa in Curaglia. Manfred Veraguth, der sich in diesen Band ausführlich mit Cadonaus dramatischem Schaffen beschäftigt, führt mehrere Gründe dafür ins Feld, warum das Drama in der Folgezeit nicht zu einem Dauerbrenner auf den romanischen Theaterbühnen avancierte. Zum einen ist hier etwa die nicht ganz unkomplizierte Handlung zu nennen, durch die das Stück geprägt ist; dann auch die das Stück stark bestimmende religiöse Thematik mit ihrer zum Teil doch recht «moralinsauren» und missionarischen Ausrichtung, die wohl ein ganzes Stück weit sozusagen quer zum Zeitgeist lag und liegt.

Zur Handlung ist Folgendes festzustellen: Cadonau liess sich zu seinem Drama durch ein Geschehen inspirieren, das sich zu Beginn des zwanzigsten Jahrhunderts in seinem surselvischen Heimatdorf Waltensburg ereignet hatte und in das seine Familie, speziell sein Vater, sehr eng und wohl auch sehr leidvoll involviert war: Es geht um die im Jahr 1902 beschlossene und dann auch umgesetzte Versorgung des Dorfes mit Wasser durch Brunnen, die an verschiedenen Orten in der Gemeinde platziert wurden. Das Geschehen war Gegenstand heftiger Auseinandersetzungen und Konflikte unter den Dorfbewohnern. Mit Cadonaus dramatischer Dichtung ist nun jedoch eine ganz eigenartige Mischung aus Tatsachengeschehen und Elementen der Verfremdung bzw. im Weiteren auch einer ganz bestimmten religiös-theologischen Interpretation des Geschehens gegeben. Manfred Veraguth rekonstruiert in seinen Ausführungen recht intensiv und eindrücklich anhand des vorliegenden Archivmaterials auch die im Zusammenhang der Geschehnisse um die Waltensburger Wasserversorgung im Jahre 1902 stehenden kriminalistischen und juristischen Komplikationen, die das Dorf und seine Einwohner zusätzlich umgetrieben, ja erschüttert haben.

Zu sehen ist schliesslich auch noch, dass sich Cadonau in diesen Jahren neben der dramatischen Umsetzung auch sonst literarisch-publizistisch mit der Thematik der Wasserversorgung in seinem Heimatdorf beschäftigt hat. Aus dem gleichen Jahr wie die Uraufführung des Dramas stammt ein von ihm ebenfalls in Romanisch abgefasster Text im Calender «Per mintga gi», in dem er sich unter dem Titel «Aua de fontauna. Reminiscenzas davart il niev provediment ded aua

Abb. 70 Historische Aufnahme von Waltensburg: Blick vom Oberdorf in Richtung Kirche mit einem der 1902 errichteten Brunnen.

a Vuorz 1902» mit der Thematik beschäftigt und auch die traurigen Konsequenzen erwähnt, die die konkreten historischen Ereignisse für seinen Vater und die ganze Familie hatten: Der Vater wurde von seinem Amt als Lehrer in Waltensburg abgewählt und erlitt in der Folge massive gesundheitliche Beeinträchtigungen. Das traurige Geschehen wird für Cadonau schliesslich auch zum Anlass für religiös-theologische Reflexionen, die in ein kurzes romanisches Gedicht einmünden, das er an den Schluss seines erzählenden Textes im Calender «Per mintga gi» gestellt hat. Den autobiografisch-erzählenden Artikel wie auch das Gedicht, das den Titel des Dramas vorwegnimmt, bringen wir im Anschluss an das Drama zum Abdruck, da diese Texte in ihrer Kombination recht schön die Genese der Thematik wie auch schliesslich die religiös-theologische Deutung und Transformation des Geschehens bei Peter Paul Cadonau erkennen lassen.

Aua viva

[maschinenschriftlich (Theaterposten Lia Rumantscha; Signatur: S-CAP 1-1)]

Drama popular en 5 acts[1]

Persunas
Giosch Parsura, president de vischnaunca de Surpunt
Padrut, siu fegl
Nonna, sia feglia
Risch Casti, bostger communal
Mengia Casti, sia dunna[2]
Nina, sia feglia
Gaudenz, siu fegl
Fritz Dargien, negoziant ed ustier
Heidi, sia feglia
Clau Bargaus, frar de Mengia Casti
Gieri Decrauns, in pur
Peder Decuolm, in pur
Capaul, in impressari
Plirs luvrers e purs
Polizist communal
Uffons

I. act

En stiva de Risch Casti.

1. scena

Mengia, Nina e Gaudenz sesan vid meisa e gentan. La sutga dil bab ei vita.

Mengia — Oz va ei puspei gitg sin vischnaunca. Nus havessen duiu spetgar cul gentar.

Nina — Nus vein cartiu, che bab vegni, sche nus entscheveien, ed il Gaudenz zappitschava, ch'ins pudeva buca mirar tier. Tgei has oz puspei aschi impurtont?

Gaudenz — Nus vein oz de sepreparar sin nies matsch de ball'a pei cun quels de Plaun, e jeu less buc, che mes compogns stuessen aunc spetgar sin mei. – Jeu sai nuotta, tgei ch'ei han adina ton de far vischnaunca. Mintg'autra dumengia tucc'ei de spetgar sin bab.

1 Offensichtliche Tippfehler wurden stillschweigend korrigiert. Unterstrichenes im Typoskript ist folgend kursiv gesetzt.

2 Die Person «Mengia Casti» wurde offensichtlich im Manuskript versehentlich vergessen. Der unbekannte Bearbeiter bzw. Kopist hat diese Person deshalb handschriftlich ergänzt.

Nina	Va sez a vischnaunca, sche vesas ti, tgei ch'ei fan. Per in giuven sur 20 onns fuss ei nuot auter ch'endretg de prender part de vischnauncas e cumins. Buca gitg, sche tucca ei a vus de purtar il quitau per la vischnaunca.
Gaudenz	Nus tartgein ded era luvrar per l'honur dil vitg, sche nus prestein enzatgei el sport, che nies num vegn enconoschents.
Mengia	Jeu hai buca bia sin quellas honurs. Ellas ein aschi vitas sco la buora che vus catscheis videneu.
Gaudenz	Buca pli vitas che quellas tractandas ch'ils vegls roclan videneu en lur redunonzas.

2. scena

Mengia, Nina, Gaudenz. Risch ei denton intraus ed ha udiu ils davos plaids.

Risch	Tgei tschontschas che ti meinas cheu! Fusses staus oz a vischnaunca, sco ei s'udess ad in vischin majoren, sche tschintschasses ti buc aschia. Mo persesez, igl ei pli lev de star a casa e criticar quei ch'ils auters fan, er sch'ins ha negin'idea della caussa.
Mengia	Ussa buca s'agitescha. Neu e prenda plaz. Perduna, che nus havein buca spetgau sin tei cul gentar. Mo il Gaudenz fageva prescha, e lu havein nus entschiet, cartend che ti vegnies denton.
Risch	Gie, gie, schon endretg.
Gaudenz	(ei levaus si) Ti bab, savesses Ti aunc dar a mi enzatgei daners?
Risch	Schon puspei? Mo tschella dumengia hai jeu dau a ti. Jeu havess cartiu, che quels tonschien per in meins. Ed uss has schon duvrau si els?
Gaudenz	Sas, jeu hai ussa giu de tuttas sorts expensas, contribuziuns, reparaturas de miu velo ezetra[3]. Mo ussa vi jeu lu gitg buca vegnir pli tier tei.
Risch	(leva si e va tier il puffen e dat) Lein lu mirar con gitg. Cheu has. Mo hagies quitau per ils daners. Els vegnan buc en da sesez.
Gaudenz	Jeu vegn bein era ad haver il dretg ded haver enzatgei. Luvrar lavurel jeu alla fin era. Sche jeu savess ir a lavur tier in impressari ni egl uaul ...
Risch	Sche vesses ti era la buorsa vita sco biars auters. Jeu vesel quei memia bein vid mes luvrers egl uaul. Pli ch'els gudognan e meins ch'els han en sac.
Mengia	(a Gaudenz che va gia or dad esch) Eis lu cheu sera sin perver.
Gaudenz	Buca tgunsch, sche nus vegnin lu aunc ensemen pervia de dumengia. Sch'il bab silmeins dess en l'emprema.

3 «ezetra» handschriftlich eingefügt.

3. scena

Risch, Mengia, Nina.

Risch — Igl ei bein agen culs giuvens ded oz. Daners drovan els ch'ins sa buca co. Mo dasperas ein els amitgs della lavur fatga. Jeu sai buca, co quei vegn aunc a finir.

Mengia — Els vegnan cul temps bein er a far giudezi.

Risch — Jeu less bugen crer a quei cunfiert. Mo cu ins vesa, ch'igl agen fegl vegn da gi en gi pli da lev senn. Jeu sai buc, tgei ch'ei dat aunc or da quel.

Mengia — El vegn er buc ad esser or dals auters.

Risch — Ei dat lu tonaton aunc giuvens pli serius. Cheu ei per exempel il Padrut, il fegl dil president. Quel era oz a vischnaunca. E co ha el tedlau tier, cu nus sebattevan! Naturalmein ha el teniu cun siu bab ed era dau sia vusch aschia. Mo miu fegl, enstagl de vegnir a vischnaunca e sustener leu siu bab, stat a casa e sa buca spetgar, tochen ch'el ha litgau il tschadun per ir sias vias.

Nina — Tgei haveis vus pia giu aschi impurtont oz?

Risch — Ina caussa de gronda valeta. Gie, cun quella saveis vus dunnas lu era esser cuntentas.

Mengia — Quei haveis vus getg schon bia gadas. Jeu creigel nuot pli. Nus sentin aunc nuot, che vus havesses levgiau nus. Aunc adina stuein nus sebarghignar sillas teissas plauncas de Surpunt, e negin prenda giu nos faschs.

Risch — In de quels buordis duei ussa calar si, e cunzun vus dunnas dueis esser levgiadas.

Nina — Ussa vess jeu tonaton marveglias, tgei che quei ei.

Risch — Ei duei ussa dar aua de funtauna en nies vitg. Gitg avunda havein nus ussa buiu l'aua tschuffa or da nies flem. Buca gitg, ed ei vegn a cuorer in tgiern aua frestga e schubra giu sin Plazsut avon nossa casa.

Nina — Pertgei buca grad en cuschina?

Risch — Tgisa? Forsa sa ei er aunc gnir adaquella.

Nina — Tgei lessen nus far cun nossas bialas sadialas d'irom reisch novas? Ed il giuv che ti has tagliau ora per mei, sai jeu era fierer en pegna. Donn per las bialas uras che nus sco uffons passentavan, cu nus mavan ella val per aua. Con savens essan nus secumblidai vi sil plaz de ruassar cun raquintar nossas praulas, tochen che ina dellas mummas vegneva tut en desperaziun a mirar, che nus seien buca dai ell'aua.

Risch — Per tut quei lein nus buca schar encrescher, sche nus patertgein, en tgei prighels vus essas stai biaras gadas. E tgei prighel eis ei aunc oz per nossa sanadad de duvrar de quell'aua! E pér sch'ei vess de dar in barschament! Nus savessen lu metter la bratsch'en crusch e mirar tier, co tut nies fatg mass si en flommas.

Mengia	Jeu sai aunc buca crer, ch'ei vegni adaquella. Tontas gadas eis ei schon vegniu discuriu de metter neu aua. Mo adina eis ei iu en nuot. Cheu en nies vitg de Surpunt va ei alla finala adina silla medema via veglia, sco l'aua giu la val va er adina per siu vau. Mo jeu tratgel: Sche Niessegner ha pertgirau nus tochen cheu, vegn el er a pertgirar vinavon.
Risch	Perquei eis ei nuota getg, che buc er nus dueien far il nies per sepertgirar dal mal. Perquei essan nus aunc adina dependents da Niessegner, ch'el preservi nus dad auter mal.
Nina	Ins vesa, che ti bab, eis aunc el fiug della redunonza. Ti plaidas oz sco in advocat. E magliau has ti er de quei de nuot.
Risch	Jeu pos buca pli. Ti sas metter giud meisa. (Nina porta ora)

4. scena

Risch, Mengia. Clau Bargaus vegn.

Mengia	Essas sescaldai aschi fetg oz? Resda a mi empau, co igl ei curriu e passau.
Risch	Cheu vegn grad gl'aug Clau. Quel sa resdar a ti. (a Clau) Has gia gentau?
Clau	Gie quei gentar ha oz nuota vuliu gustar. Adina hai jeu giu tes plaids ellas ureglias, conta miarda che nus lagutin cun quell'aua dil flem, e lu era vid l'aua buna e sereina dellas funtaunas.
Risch	Jeu stun mal, sche jeu hai lavagau igl appetit a ti.
Mengia	Sche eis ei pia ver? Haveis decidiu de metter en aua de funtauna?
Clau	Decidiu lein nus aunc buca gir. Gl'emprem sto aunc vegnir fatg in project, lu pér san ins decider definitiv. Mo igl emprem pass ei fatgs, e senza dubi vegn l'auter er a suandar. E surtut ei quei ded engraziar a tiu um.
Mengia	Sche ein buca tuts stai persuenter de metter en l'aua?
Clau	Ti has in'idea! Cunzun il president. El ei bein sespruaus de metter avon la caussa tut objectiv. Mo tras tun ed egliada ha el laschau sentir, che quei fuss nunpusseivel. Jeu hai observau, co l'ins e l'auters entschevevan gia a laschar curdar il tgau sut l'impressiun, ch'ei vegni tonaton nuot lundror. Mo cheu has ti priu il plaid e scatschau la tschaghera che quel haveva fatg levar si. Ti vesses stuiu ver la tschera dil Parsura, cu la tscharna ei stada fatga. El ei vegnius tut mellens dalla gretta.
Mengia	Ti gis quei cun ton plascher. Jeu hai tema de quei.
Clau	Tgei, haver tema dall'aua.
Mengia	Na, buca dall'aua. Mo sch'igl ei, sco ti gis, hai jeu tema dalla vendetga dil president. Pertgei eis puspei semess encunter quel?
Risch	Hai jeu buc stuiu far ei?
Clau	Vess el buca duiu defender ina caussa schi buna e necessaria?
Mengia	Uss ei tut stau pernuot. Con gitg hai jeu stuiu empruar de metter en bunas, cu il president era vilaus sin tei, perquei che ti eras

staus encunter sia elecziun. Buc ina caussa savevas ti far endretg pli. Con savens vegnevas ti a casa staunchels da tes viadis e decuraschaus da tut las schicanas dil president de vischnaunca. Adina hai jeu empruau de metter giu tei, er sche jeu mezza havevel la gretta che buglieva buca pauc. Ed ussa duei tut quei esser stau per nuot? Ussa sa quei entscheiver danovamein.

Risch — Sche havess jeu duiu quescher e mirar tier, co ei lain forsa puspei vargar 10 onns, avon ch'enzatgi fetschi enzatgei per quella buna caussa.

Clau — Vus femnas veseis adina mo vossa casa e siu beinstar, mo voss'egliada tonscha buca sur il pass de vossa porta ora.

Mengia — Havess buc in auter saviu far quei, sch'ei era necessari?

Risch — Ei quei tiu patertgar cristianeivel? In auter havess el matei era priu sillas cornas sco mei.

Mengia — Buca tuttina. Quei pervia dell'aua sa il Giosch schon perdunar. Mo zatgei auter ha el buca perdunau a ti. Ti sas schon.

Risch — Gie, gie, a siu temps ha el buca pudiu magunar, che jeu hai survegniu la biala Mengia de Bargaus e buca el. Mo sco ei ha la pareta, vul ei dar in per ord siu fegl e la feglia della Mengia. Lu vegn el er ad emblidar quei.

Mengia — Vus enconoscheis buc il Giosch. Jeu sai, pertgei che jeu hai buca vuliu saver novas d'el cun tut sia facultad. El ha in tgau dir e ruaussa buc, tochen ch'el ha buca catschau tras quel.

Clau — Mo oz eis ei buca iu suenter siu tgau.

Mengia — Dei adatg, ch'el sappi buca aunc dar la cambrola a vus e volver l'aua sin siu prau.

Clau — Perquei stuein nus ussa mirar de rimnar ils umens. (mirond ord finiastra) Cheu vegnan gest[4] il Gieri ed il Peder. Aschia savein nus gest discuorer cun quels.

Mengia — Sche vus fageis partida, surtut mirei ded ir la via grada e buca duvrar crutschs e crauns. Jeu vi pli bugen duvrar vinavon l'aua tschuffa ord il flem che stuer patertgar, che um e frar seigien vegni tschuffergnai tras duvrar malizia. Il principal ei, che nus haveien adina l'aua viva dil Segner. (va)

5. scena

Risch, Clau, Gieri Decrauns e Peder Decuolm, in pur malstarschliu.

Peder — Nus vegnin per engraziar a ti, Risch, per la lavur che ti has fatg oz.

Risch — Er ti Peder? Jeu havess cartiu, che ti seigies buca prius en aschi zun per l'aua schubra.

---

4 «gest» handschriftlich im Text gestrichen.

Peder	Ti has raschun. Per mei duvreis buca procurar per autr'aua. Per miu selavar drovel jeu paucs viadis en in onn. Mo ton pli tegn jeu silla schubradad interna en nies secuntener. E sco igl ei adina vegniu luvrau encunter quei project, ei semplamein ina caussa tschuffa.
Risch	Sche mo biars patertgassen sco ti, Peder.
Gieri	Gest perquei sun jeu vegnius oz tier tei. Nus stuein ussa era patertgar, co far ir vinavon la caussa.
Risch	In crap che ha ina gada entschiet a ruclar, rocla da sez vinavon.
Gieri	Cheu has ti ina fauls'idea. En quest mund ha mintga buna caussa de batter cun melli impediments. Ils adversaris dil project vegnan ad empruar de volver biars tras de tuttas sorts stgisas e beffas. Perquei stuein er nus patertgar, cun tgei nus lein tener ensemen els ed aunc gudognar auters.
Risch	Eis ei buc avunda culla buna caussa sezza?
Gieri	Tier nus eis ei aschia: La pli buna caussa vegn buca prida si dals votants, sche ella vegn buca sustenida da pigns interess, da rivalitads e da risguards persunals. – Ed alla finala: Ils umens che han de votar han buca de lavar e cuschinar. Perquei manegel jeu, che nus stoppien aunc encurir susteniment en auters risguards.
Risch	E quels fussen?
Gieri	Nus duvrein cheu buc encurir lunsch. Biars de quels che han oz votau cun nus, han buca fatg ei pervia dell'aua, mo han ina gada vuliu dar ina stargliada al president. El gauda er buca pli la simpatia sco ina gada.
Clau	Buca crei, che tuts seigien sco ti. Ed has buc er ti mo da cuort stuiu prender anavos, quei che ti havevas getg dil president[5]?
Risch	Jeu savess er buca, pertgei ils vischins duessen esser encunter el. Jeu sun staus cuntraris de metter el president. Mo ussa stos jeu gir: El fa sia caussa en uorden e mira per il beinstar della vischnaunca.
Gieri	Gest perquei pon biars buc el. El ei memia stedis culs raps della vischnaunca e tegn quels, sco sch'els fussen ses agens, enstagl de laschar ir els empau denter la glieud.
Risch	Seigies cuntents, ch'el ha spargnau per la vischnaunca. Schiglioc savessen nus buca, nua prender ils daners de metter neu l'aua.
Gieri	Ti mo tegn cun el. Lu sas ti mirar, cu quei aquaduct vegn fatgs, e co el vegn fatgs. – Vul ti, che la caussa marschi vinavon, sche neu oz si ella Crusch Alva. Leu anflein nus ils umens che van cun nus encunter il president. Mo aschia vegnin nur era tier aua. (va)
Risch	(a Clau) La Mengia savess haver raschun. Lein sepertgirar da vias de crauns.

5 «dil president» handschriftlich abgeändert in «ded el».

Clau — Ti eis memia temeletgs. Sch'ins vul vegnir sauns, tucca ei beinduras de laguoter pellas petras. Aschia er cheu.

Risch — (a Peder) Vegns ti era?

Peder — Jeu sun memia tschufs per quels si leu. Mo sch'els fussen er endadens aschi schubers. Ei dat miarda che selai lavar giu ed autra che tacca sco largau, tgi che prenda quella enta maun, vegn buca pli libers dad ella.

Risch — Ti has er adina mo de far cun tes proverbis della miarda. (va cun Clau e Peder suenter)

6. scena

Nina, suenter Padrut.

Nina — (vegn e va sin finiastra) Quels umens han oz giu gitg de contrahar. (dat in'ensena e va tiegl esch)

Padrut — (vegn) Ei l'aria ussa schubra cheu? Tgei han quels umens vuliu?

Nina — Eis forsa scuius sin els?

Padrut — Tgi sa, sche ti has forsa dau ina betscha a quei bi Peder Decuolm.

Nina — Sch'ei dat ussa aua el vitg, sche selava quel lu era, che las giuvnas vegnan aunc naras en el.

Padrut — Entscheivas ti uss era cun quell'aua. Jeu hai avunda de quella. Tier nus a casa ha quella lavagau gl'entir gentar.

Nina — Mo sche ti selais buc aunc trer viaden, che ti pertratgas pli bia vi de quei che vid mei.

Padrut — Quei dependa da tei. Sche jeu sai mirar en tes bials egls e ver tes dents alvs en bucca rienta, sun jeu cuntents e garegel nuot auter.

Nina — Propi? Ti vegnesses forsa er unfis de quei ed entscheivas lu ad encurir tiu plascher ellas carplinas dils umens. Vus essas tuts tuttina, sefixeis en certas ideas e vegnis lu tschocs per la ventira e bellezia de quest mund.

Padrut — Empermetta, che ti veglies esser mia, e jeu giavischel nuot auter.

Nina — Contas gadas hai jeu gia getg: Jeu sun e restel tia. – Mo ti, sas ti secuntentar mo culla sempla feglia dil bostger? E tgei gi tiu bab, sche ti maridas mo ina paupra matta?

Padrut — Tgei dumondel jeu suenter rauba e carriera! Ti eis miu scazi e mia honur. Quei temel jeu er buca de gir a miu bab.

Nina — Pst. La mumma.

7. scena

Nina, Padrut, lu Mengia.

Mengia — Tgei dat ei cheu bialastiva da bi miezgi?

Padrut — Perdunei, dunna Mengia, mo jeu hai stuiu vegnir a giavischar la buna sera a vossa feglia.

Nina — Suenter tut quei che nus havein udiu oz da gentar, hai er jeu spetgau vess de saver, tgei ch'il Padrut pertratgi de quella caussa dell'aua.

Mengia — Tgei leis vus capir de quei? Ed alla finala fuss ei bein er stau baul avunda la sera da notg, cu ils vegls ein a durmir.

Padrut — Jeu sai, ch'igl ei buca dischent, che in mat vommi da bi clar gi tier ina matta, schi gitg ch'els ein buca spus. Mo per mia part sa quei esser il cass, cu ch'igl ei.

Mengia — Sur de quei stos discuorer cun miu um. – Ed ussa, Nina, va e seregola, sche fagein nus aunc ina viseta a tia madretscha che ei malsauna.

Padrut — (per sesez) Quei ei in lungatg ch'ins capescha. (dad ault) Gie, jeu vi ir. Stei cun Diu. Stai bein, mia Nina, en cuort dueis ti esser mia spusa. (va)

8. scena

Mengia e Nina.

Mengia — Teidla, mia Nina, sin il cussegl de tia mumma. Buca tschenta memia bia sin quella amicizia cul Padrut.

Nina — Amicizia? Amicizia! Numnas ti quei aschia? Nus essan gie ton sco spus.

Mengia — Tuttina. Mo che ti seigies buca memia surprida, sch'ei havess aunc ded ir auter.

Nina — Quei ei gie buca pusseivel. Il Padrut ei aschi buns. El stat fideivels a mi.

Mengia — Forsa bein, schi lunsch sco ei dependa dad el. Mo siu bab vegn er aunc a vuler gir in plaid en capetel.

Nina — Sa pertgei lez duess buc esser cuntents? Sche nies bab ei gie buca president ed ha buc tonta rauba sco el, sche eis el tonaton in um honorau e da siu fatg. Pertgei duesssen nus buc esser d'engrau.

Mengia — Tis sas buca, tgei che jeu hai stuiu far tras pervia de quels dus. Ed ussa cun quella caussa dell'aua hai jeu tema, ch'ei savess danovamein esser fiug el tetg.

Nina — Tgei curios mund. Els discuoran de metter neu aua per tener il fiug naven da nos tetgs, e ti vesas gia il fiug ch'ei els tetgs en consequenza dell'aua. Mo tgei duess quell'aua haver de far cun mia ventira?

Mengia — O ti pupratscha. Ti enconuschas aunc buca la malizia dil mund e dils carstgauns. Peramur de lur caprezi e de lur ideas ch'els han pegliau si, savessen els zappitschar sut spért e cor.

Nina — Pér ch'ei emprovien! Il Padrut e jeu, nus lein mussar, che nus laschein buca zappitschar sut nos cors e nossa carezia.

Mengia — De tei sas ti forsa gir quei. Mo eis ti er segira ch'il fegl dil Giosch Parsura seigi el cass de far quei?

Nina (sesa giu e bragia) Ch'ei vegni tgei che vegli. Jeu vi salvar mia carezia sco la poppa de mes egls.

Mengia (metta il maun sil tgau de Nina) Il Segner gidi tei, miu uffon, che ti sappies adina tener quei ed aschia aunc anflar tia ventira.

(Tenda)

II. act

En stiva de biro de Giosch Parsura.

1. scena

Giosch Parsura sesa vid ina meisa curclada cun acts. Fritz Dargien suttascriva ina scartira e dat vi quella al president.

Giosch Schia. Quei fuss er en uorden. Mo sche tuts fussen aschi speditivs sco Vus de liquidar lur fatschentas! Mo tier biars ston ins spetgar meins e meins, e per els eis ei lu maina fatg spert avunda, cu els han de basegns d'enzatgei.

Dargien (plaida romontsch cun accent tudestg e fa bia plaschantinas) Secapescha, Herr president. Tgi less buc vegnir veructs cun quella glieud freha ded ozilgi. Ei garegian bia e san grau per nuot.

Giosch Engraziament pretendel jeu nuot. Tgi che survescha al public sto buca quintar cun renconoschientscha.

Dargien Tut respect de tal patertgar. Mo mintgaton fuss ei tonaton bien de metter en schrancas empau guess elements malruasseivels.

Giosch Jeu enconusch schon quels. Mo da cuort hai jeu stuppau la bucca ad in de quels.

Dargien Mo sch'ella fuss stuppada, Herr president! (leva si per ir) Mo jeu vi buca pli gitg tener si il Herr president.

Giosch Buca fagei prescha. Fagei il bein e prendei aunc plaz. A mi fa ei plascher de saver discuorer empau cun glieud ruasseivla e prudenta.

Dargien Engraziel pil compliment.

Giosch Vus haveis avon getg enzatgei pervia dil stuppar la bucca. Tgei haveis Vus manegiau cun quei?

Dargien Il Herr president sto saver: En ina schenca auda ins biaras gadas caussas, ch'ins sto far sco sch'ins havess udiu nuot. Quei ei schidengir Berufspflicht. Jeu less buca far il verraten.

Giosch Tut respect de quei. Jeu dumondel er buc, per mez vegnir ord merveglias ni trer in néz ordlunder. Mo biaras gadas fuss ei bien per il beinstar della vischnaunca, sch'il president fuss orientaus empau meglier.

Dargien Secapescha, Herr president. Quei fuss pia per il Gemeinwohl.

Giosch Sche Vus savesses ina gada ni l'autra orientar mei, stuesses buca far quei per nuot. Vus saveis lu emprender, che quels che tegnan

	cul Giosch Parsura, fan quei buca per nuot[6]. – Saveis pia gir, tgei che quei ei stau.
Dargien	Pia im Vertrauen. L'emprema dumengia ch'ins ha tractau quella Wasserversorgung ha quei naturalmein era dau bia Gesprächsstoff en schenca. Mo buca mo quei, ins ha lu era trumfegiau sur dil Herr president.
Giosch	Tgei han els pia giu de gir de mei?
Dargien	Tschuberlins da lur victoria ella redunonza havessen els il pli bugen er stuschau il Herr president giu da siu sessel. Els manegiavan, che quel tegni ensemen memia fetg ils raps della vischnaunca e tranclegi memia fetg ils privats.
Giosch	Quei fuss in ver striun che savess a medem temps procurar per vischnaunca e privats. – Mo tgi vessen els lu vuliu metter en mia plazza.
Dargien	Biars manegiavan, ch'il förster Casti fuss il passend um.
Giosch	(pli e pli attents) E lez, ha el giu novas de quei?
Dargien	Quei gi era el sez anwesend en schenca.
Giosch	(leva si e va tut ded agitau per stanza entuorn) Ussa hai jeu tei! Tertgau hai jeu adina, ch'ei seigi aunc enzatgei davostier cun quell'aua, ch'ils vischins de Surpunt ein per la segunda gada stai persuenter. Schiglioc ein els buc aschi pri en[7] per enzatgei niev. Ussa hai jeu la ragisch. Ussa sai jeu, che ti vul metter mei ella malura, ti bostger della miarda. Mo spetga ti pér. Avon che ti derschies mei, vi jeu far cupitgar tei. Aunc ussa sun jeu president de Surpunt e sai menar la barca, sco jeu vi. Ti has sfurzau tras de metter neu l'aua. Ti dueis aunc ver, co il Giosch Parsura sa menar ti'aua sin siu mulin.
Dargien	(tut alteraus) Hai jeu vilentau il Herr president. Perdunei, jeu hai mo vuliu varnegiar.
Giosch	A Vus hai jeu nuot de perdunar, mo al Casti vegn jeu maina ad emblidar quei. – Buca haveies tema. Jeu vegn aunc a patertgar vi de Vus, sco jeu hai empermess.

2. scena

Giosch, Dargien, lu Capaul.

	(ei splunta)
Giosch	Mo vinavon!
Capaul	Buna sera, mes signurs. Jeu vi buca disturbar.
Giosch	Vus disturbeis nuot. Nus essan a fin.
Dargien	Pietigot, Herr president.
Giosch	Mo stei Vus cheu. Forsa vegnis aunc ded udir enzatgei che ha per Vus interess. (a Capaul) Prendei plaz. Tgei ei Vies giavisch?

6 «nuot» handschriftlich abgeändert in «lur donn».

7 Handschriftlicher Änderungsvorschlag: «scaldai» anstelle von «pri en».

Capaul — La vischnaunca de Surpunt ha mess en concurrenza las lavurs dil niev aquaduct. Nossa firma s'interessescha per quella lavur e less recumandar al signur president ...

Giosch — Vus stueis far in'offerta per mauns dil cussegl e della redunonza. Quels decidan.

Capaul — (surdat ina cuviarta) Cheu ei noss'offerta. Sche nus astgein, lessen nus supplicar il signur president de dar in bien plaid per nossa firma. Nus savein far quella lavur per pleina cuntentientscha.

Giosch — Sco getg: Jeu hai buca de decider.

Capaul — Jeu sai bein. Mo pil pli va ei, sco il president propona, cunzun en caussas d'aschi grond'impurtonza.

Giosch — A Surpunt ei quei buc adina stau il cass.

Capaul — Mo quella biala ovra digl aquaduct havess la vischnaunca segiramein buca decidiu, sche buca l'iniziativa ed energia de siu president havess promoviu la caussa.

Giosch — Buca tuts ein de quell'idea.

Capaul — Sche sto ei vegnir fatg enconoschent, e da nossa vart duei quei buca muncar.

Dargien — Gie, nus lein seflissigiar de far a saver, tgei ch'il Herr president ha luvrau per il Fortschritt.

Giosch — (cun in rir de satisfacziun) Buca fagei compliments nunmotivai. – Mo ussa, signur Capaul, havessen nus aunc de tractar enqual dumonda per il cass, che Vus havesses de survegnir la lavur.

Capaul — (dapersei) Aha, igl ei buca stau per nuot de dar la cua ad el. Quei fuss ina bun'ensenna.

Giosch — (continuescha) Haveis era gia s'enderschiu[8] pervia de locals, nua che Vus drizasses en cuschina, magasins e locals per Vossa glieud?

Capaul — Ins ha recumandau a nus l'ustria dil Sulegl.

Giosch — Jeu pudess cuir il gudogn a quella glieud. Mo per Vus ei quella memia giud via. Mo cheu ei gest il signur Dargien, possessur dell'ustria della Crusch Alva ed a medem temps d'ina buna stizun. Leu havesses gest tut ensemen. E locals havesses er avunda, neve, signur Dargien.

Dargien — Secapescha, Herr president.

Capaul — (per sesez) Cheu ha ei num suandar, schegie che quei tudestg plai a mi mo empau. (dad ault) Sche il signur president manegia, sche lein nus prender en egl quei.

Giosch — E lu aunc enzatgei. Vus vegnis er a duvrar luvrers per quella lavur. Nus havein en vischnaunca in diember glieud giuvna che ha memia pauca occupaziun e che va perquei memia bia suenter sport e divertiment. Quels savessen anflar lavur tier Vus.

8 Handschriftlicher Änderungsvorschlag: «ponderau» anstelle von «s'enderschiu».

Capaul Sche nus survegnin l'entira lavur, savein nus duvrar fetg bein aunc in diember luvrers.

Giosch E vus desses a quels la medema pagaglia sco a Vos luvrers stabels?

Capaul Nus paghein bein suenter las prestaziuns. (Giosch dat in'egliada resoluta) Mo sche Vus insistis, sche savein nus acceptar er[9] questa proposta.

Giosch E co stat ei cun ils surveglionts dellas lavurs?

Capaul Per quei havein nus noss'atgna glieud che ei versada.

Giosch Quei ei capeivel. Mo en cass che Vus havesses aunc de basegns d'enzatgi, savess jeu laschar vegnir miu fegl. Nus havessen bein lavur avunda a casa. Mo per segidar cun Vus, savessen nus sedrizzar, che el fuss libers. Jeu vi gest clamar el, sche saveis gest discuorer cun el sez. (va)

Capaul (per sesez) Quel pretenda bia. Mo tgei vul ins far culla concurrenza ded oz. Cheu ha ei num quescher e laguoter.

3. scena

Giosch, Dargien, Capaul, Padrut.

Giosch (tuorna cun Padrut) Cheu ei miu fegl Padrut.

Padrut Buna sera, mes signurs. Tgei vul cun mei, bab?

Giosch Il signur Capaul cheu less discuorer in per plaids cun tei.

Capaul Stimau giuven, mia firma ha fatg l'offerta per las lavurs digl aquaduct. En cass che nus survegnin quella lavur – quei che ei aunc buca decidiu – havessen nus de basegns d'in capavel giuven per survegliar las lavurs. Oz eis ei aschi grev de survegnir glieud fidada. Perquei essan nus engrazieivels che Vies bab ha lubiu a nus de dumandar Vus de surprender quella plazza.

Padrut (mira tut de surstau sin siu bab) Mo ti sas, bab, che nus havein bia lavur a casa. E sin tei vegn ei buc ad esser de seschar bia per uonn. Cun tut gl'auter dat quei aquaduct bein er a ti aunc depli lavur.

Giosch Zatgi vegn a far la lavur sil funds. Mo cheu han ei de basegns d'ina forza qualificada.

Padrut Sun jeu ina tala? Jeu hai aunc maina fatg de quellas lavurs.

Giosch Tgi che sa far ina lavur, ei era capavels per in'autra. Eis ti in bien pur, sche sas ti er esser in bien surveglion[10].

Capaul Ei fa plascher a nus, sche nus savein quintar cun Vies agid.

Giosch Lu fuss ussa tut el clar. Sche ils signurs han buca prescha, sche less jeu aunc envidar en els ad in migiel vin. Leis far il bein e vegnir en stiva.

9 «er» handschriftlich eingefügt.

10 Handschriftlicher Änderungsvorschlag: «survegliader» anstelle von «surveglionť».

Dargien Il Herr president sto perstgisar mei. Jeu hai in dringend Geschäft e sun gia staus memia gitg naven da casa. (mirond ord finiastra) Cheu vegn mia feglia neutier quella casa. Guess vegn ella a clamar mei.

Giosch Ton meglier. Lu stat la feglia en nossa cumpignia. Mia feglia Nonna ha era plascher ded haver ina gada ina nobla cumerata, ed a miu fegl dat ei era buca donn de ver ina gada in'autra fatscha. (Giosch cumpogna Capaul e Dargien agl esch stiva e vegn leu retenius da Padrut)

4. scena

Giosch, Padrut.

Padrut Bab, tgei has vuliu gir cun quels plaids?

Giosch Han els furau? Tgi che ha che morda, duei sgartar.

Padrut Ti vegns buc ad haver manegiau, che jeu deigi sedar giu cun la feglia dil hermer, jeu, il fegl d'in pur cun quella signura, jeu in bau de grascha cun quella poppa della moda, jeu in romontsch da num e da pum cun quella tudestga ed jastra?

Giosch Jeu manegel mo, ch'ei detti er buca donn a nus purs e romontschs ded emprender empau maniera. Ins po maina saver, cu quei vegn aunc surviu. Ed uss, sche ti eis emploiau della gronda firma Capaul, sas ti gia duvrar ei.

Padrut Quei che jeu hai de basegns per far quella plazza, sai jeu buc emprender da quei tgau-canaster. – Mo gi, bab, pertgei vul ti catschar mei en quella plazza? Jeu pos buca far quella lavur.

Giosch Ei quei gl'engraziament, perquei che jeu enquerel tia ventira?

Padrut Sche ti vul propi mia ventira, sche buca catscha mei sin ina via che sefa buca per miu natiral. Lai star mei en mia clamada de pur che cuntenta mei. E lu lai prender mei ina dunna che sefa cun mei, ina che jeu sai carezar e respectar.

Giosch Jeu sai schon, nua quei vul ora. Buca crei, che jeu hagi buca fatg persenn, che ti has ina relaziun culla feglia dil bostger. Mo che ti sappies: Da gliez dat ei lu nuot. Denter mia casa e quella dil Risch Casti ein ussa tagliadas tuttas sugas. Ussa sas ti, co ei stat.

Padrut Pertgei tuttenina?

Giosch Il Risch ei adina staus miu rival. Co igl ei iu cull'aua, has ti tez viu. Mo quei ei adina stau aschia. El sa bein cun bials plaids far ver, sco sch'el lessi mo il beinstar de tut, mo en sesez ha el ina rabgia de far donn a mi. Jeu hai ussa mussaments, ch'el ha era vuliu prender a mi miu uffeci.

Padrut Quei sa buc esser.

Giosch Ti creis buc ei, perquei che tia carezia per la Nina ha tschorventau tei.

Padrut	Ed aunc sche quei fuss, tgei has ti de quei uffeci de president. Nus havessen ina veta pli ruasseivla, sche Ti stesses era pli bia vid tiu fatg e laschasses administrar tgi che vul.
Giosch	Tgei hai jeu auter? Jeu hai giu sventira da mia giuventetgna ensi. Mia dunna, tia paupra mumma, hai jeu maridau senza carezia, e cu ella, suenter paucs onns solitaris, ei morta, sun jeu staus aunc pli solitaris. Jeu hai era buca saviu trer vus sco ina mumma, aschia che nus havessen ina relaziun pli intima. Jeu sai ei bein avunda. Aschia hai jeu encuriu tut miu cunfiert en uffecis d'honur. Prendan els naven a mi quels, sche sun jeu in um piars.
Padrut	Vera ventira schai buc en facultad ni honur. Er per tei dat ei aunc in auter cunfiert.
Giosch	Jeu sai, ch'ei dess in. Mo per mei eis ei memia tard de vuler entscheiver sin auter fundament. Perquei vi jeu defender quei che jeu hai e far frunt a tut mes inimitgs, e surtut a quel che ha adina encuriu mia disgrazia. E jeu vi buc, che mes uffons sustegnien aunc quels. Ti sas pia, tgei che jeu hai getg. Basta! (va en stiva)

5. scena

Padrut persuls.

Padrut	Ei quei pusseivel tier in bab? El sez ei senza ventira e vul er buca cuir quella a ses uffons. Jeu savess vegnir nars dalla gretta, e tonaton stosel jeu seprender puccau ded el. Ins encorscha, ch'ei ha muncau en nossa casa il spért della mumma, il spért de cardientscha ed uraziun. Mo gest perquei ha ei adina tratg mei ella casa dil Casti. Gia da pign ensi erel jeu savens leu. Ed ussa duei ella esser serrada per mei! Mo senza quella sun jeu piars. Jeu sentel era en mei las forzas della stgiradetgna che tilan mei engiu silla via nauscha e mala, sche jeu hai buc enzatgi che tegn mei sidretg. (metta il tgau en ses mauns e bragia)

6. scena

Padrut, Nonna.

Nonna	(ina giuvna empau ureidia) Pertgei vegns ti Padrut buc ora tier nus? La Heidi ei vegnida a clamar siu bab ed ei stada empau tier nus. Ella sa far aschi legher, ch'ins sto rir.
Padrut	Jeu pos buca far legher e rir.
Nonna	Mo tgei maunca ei pia? Eis ei ver, ch'il bab vegli uonn laschar per tscheins nies funds, per che ti sappies luvrar vid l'aua? Perquei lein nus buca bargir. Lu vein nus era ina gada empau liber.
Padrut	Jeu mass pli bugen cun faultsch e risti che far quella lavur.
Nonna	Mo ti eis bein in schgnup. Leu stos ti buca suar. E sche ti has seit, sche gudognas ti daners de beiber enqual buteglia. Portas lu era zatgei a mi?

Padrut — A mi gustass pli bein il cafe che ti portas la damaun ora sil funds e che nus buein leu ensemen denter ils canvaus cun lur odur de rugada.

Nonna — Jeu vesel schon, cun tei selai oz far nuot. Jeu clomel la Heidi. Quella scatscha schon a ti quels studis.

7. scena

Padrut, Nonna, Heidi.

Heidi — Bien gi, signur Parsura. Essas oz buc dalla luna?

Padrut — Jeu hai num Padrut. E dapli cu gin ins Vus denter la giuventetgna de nies vitg?

Heidi — Ton pli grond plascher, sche jeu astgel esser ducis cun in giuven de reputaziun.

Padrut — Tgei ei quei «reputaziun»?

Heidi — Quei ei bein romontsch. Jeu hai ligiu quei enzanua, jeu creigel en nossa gasetta «Gl'amitg della famiglia». Mo tgei ch'ei vul gir, sai jeu buc.

Padrut — Sche discuora de quei che ti capeschas.

Heidi — Lu stuess jeu discuorer tudestg ni franzos.

Nonna — Sas, Padrut, la Heidi ei stada dus onns ella Svizra franzosa e sa franzos pli bein che tudestg. Jeu less er, che jeu savess.

Padrut — Per discuorer cun tes salvanoris?

Nonna — Sas, sche nus havein lu buca de luvrar pli sil funds, sche vom jeu lu era a spass e savess lu discuorer culla signuria.

Heidi — Mo lu stuesses ti er haver autra vestgadira.

Nonna — Gie, lu dun jeu era si colur allas levzas. La Heidi ha mussau, co ins fa quei.

Heidi — E quei stat aschi schic ad ella.

Nonna — E lu savein nus era ir enqual gadas la sera ella Crusch Alva e far legher cun ils auters.

Heidi — Vus havesses stuiu esser la davosa dumengia sera, cu nos giuvens ein turnai da lur matsch. Lu han els bognau giu lur victoria[11].

Padrut — Jeu hai schon udiu, co els han buadrau tochen la damaun. Quei ein lu nos heroxs che lavuran per la honur dil vitg. Less mo saver, tgi che furnescha cun daners ad els davontier.

Heidi — Quella sera ha il Gaudenz dil bostger pagau all'entira cumpagnia. Para, che siu bab gudogni bein sco imploiau de vischnaunca.

11 Handschriftlicher Änderungsvorschlag: «lur victoria en uorden» anstelle von «giu lur victoria».

8. scena

Giosch, Padrut.

Giosch — Tgei maniera ei quei, ch'ils giuvens van si e naven, cu ins ha de survir a hosps! (las duas giuvnas van en stiva)

Padrut — Ussa hai jeu gudiu la cumpignia de quella nobla giuvna.

Giosch — E co ha ella plaschiu a ti? Franc nuota mal?

Padrut — Jeu sai buc, co miu bab sa recumandar a mi in tala poppa de tarmagls cun cor e tgau vit.

Giosch — Teidla miu fegl. Igl ei meglier ina dunna cun tgau vit che ina che ha en memia bia. Lu san ins emplenir siu tgau cun tgei ch'ins vul.

Padrut — Ti pudesses haver raschun, sch'ins ha era sez enzatgei, cun il qual ins sa emplenir. Mo nus essan aschi paupers, senza l'aua frestgentonta ded in bien spért.

(Tenda)

III. act

Ina via dil vitg de Surpunt. Dad ina vart l'ustria della Crusch Alva. Avon quella sutgas e meisas d'ustria.

1. scena

Gaudenz Casti vegn cun dus auters luvrers dalla lavur.

Gaudenz — In gi fuss puspei a fin. Con leds che jeu sun.

1. luvrer — Buca selamenta. Sche ti stuesses luvrar de pur sco auters onns, fuss ei per tei aunc gitg buca sera. Da quellas uras savesses ti aunc suar cun purtar ponns e segar.

2. luvrer — Encunter lezza lavur stuess la nossa esser per vus sco vacanzas.

Gaudenz — Mo persuenter stuess jeu er buc tedlar[12] ton sevilem e zachergem sco cheu.

1. luvrer — Tgei vul ti gir? Il mender de tuts ei quei Padrut Parsura. El ei er in pur, mo sa zachergiar e murtirar pir che mintgin auter.

2. luvrer — Ei vulan schizun gir, ch'el mondi cun tia sora. Nus savein gratular a ti per quei quinau.

Gaudenz — Tgei dumondel jeu suenter quei. Sch'el havess mo ina brenzla carezia per mia sora, tractass el mei buc aschia.

2. luvrer — Mo ussa laschei d'ina vart lavur e displaschers dil gi. Ussa lein nus far ina legra sera …

Gaudenz — Gie, en quei grau eis ei uonn er in'autra veta che schiglioc cheu a Surpunt. (ins auda musica ell'ustria) Tedlei, igl ustier ha puspei procurau per divertiment. Quel capescha sia caussa.

12 «emblidar» ist handschriftlich und korrigierend ersetzt durch «tedlar».

1. luvrer Il mender ei mo, ch'ins drova si la pagaglia, avon che l'autra vegni. Savesses ti, Gaudenz, buc emprestar a mi in per francs?

Gaudenz (prenda ord sac e dumbra ora) Cons vul? Cheu has 5 francs.

2. luvrer Danunder has ti tons daners? Dat tiu bab aunc a ti, che ti has de stiarner?

Gaudenz O na. Dapli ch'el ha buca sia plazza, munglass jeu aunc dar ad el. Mo leu secugliuna el malamein.

2. scena

Ils medems, Dargien.

Dargien (vegn ord casa) Willkomma, mes giuvens. Leis buca vegnir en e prender plaz? Vus vegnis ad esser staunchels.

Gaudenz Gie, la sera sesa ins bugen ed auda ina gada enzatgei auter. (va culs luvrers ell'ustria)

3. scena

Dargien. Padrut. Suenter Heidi.

Dargien Ah, tscheu vegn il Herr Parsura. Quei fa plascher, che Vus fageis era puspei ina gada l'honur a mia casa. Leis buca prender plaz e beiber in glas vin. (cloma en casa) Heidi, porta ina flescha, ina dil meglier.

Padrut (prenda plaz) Jeu engraziel.

Heidi (vegn cul vin e derscha ora) Sin tia sanadad, Padrut. Schon gitg hai jeu buca viu tei pli. Ei vegn buc a ver muncau enzatgei?

Padrut Grazia. Jeu sai buca far sco mes luvrers. Sco che mai ch'igl ei las sis, bettan els vi zappun e badel e van per lur fatg. In auter ha lu aunc bia de luvrar.

Heidi Ti eis memia cunsienzius. Mo sco ins auda, ein tes patruns era cuntents cun tei. Mo tschei gi hai jeu udiu, co els han getg ell'ustria: Sche ti fagesses gia biars onns quella lavur, savessies ti buc far ella meglier.

Padrut Han ei getg quei?

Heidi Gie, ed aunc pli che quei. Mo gliez vi jeu buca gir a ti, per che la cresta creschi buca memia fetg. – Mo ussa lein nus selegrar, che ti eis cheu. Aunc pli grond plascher havess jeu, sche jeu savess far in sault cun tei.

Padrut Plai ei forsa de vegnir quel. (ins auda musica en casa) (Padrut va cun Heidi ell'ustria)

Dargien Quei ston ins gir: Mia feglia capescha igl Umgang culla glieud, ed ella ha era entgiert, da quala vart ins sto prender ils Parsuras.

4. scena

	Dargien. Nina Casti.
Nina	(vegn e stat eri dad ina vart) Hai jeu viu endretg? Ei quei buca il Padrut che ei ius en casa a bratsch culla Heidi digl ustier? – Mo quei sa bein buc esser.
Dargien	(leva si e va pli datier) Tgi essas Vus, tgei leis Vus cheu?
Nina	Jeu sun vegnida a clamar miu frar. Cheu sto el vegnir dalla lavur. Ni eis el forsa gia vargaus? Haveis buca viu el? Eis el forsa ell'ustria? Lesses clamar ora el?
Dargien	Quei sai jeu buca far. Sche ti vul clamar el, sche va en sezza. (Nina va en casa) Ei quei buca la feglia dil Förster Casti? De quella haveva ei num ina gada, ch'ella vomi cul Padrut Parsura. – Gie, mo va en e mira. Ti anflas leu forsa aunc enzatgi auter che ti has buc encuriu. (va en casa)

5. scena

	Nina e Gaudenz.
Nina	(vegn cun Gaudenz ord l'ustria) Tgei tratgas de buca vegnir a casa?
Gaudenz	Jeu hai cartiu, che vus seigies aunc sil funds. Jeu vegnevel lu schon sin uras de tscheina.
Nina	Mo jer sera eis ti vegnius pér suenter mesa notg. Il bab ei pli ch'or da senn, che ti has entschiet a menar questa veta. Perquei ha la mumma tarmess mei a clamar tei, che ti seigies a casa, cu il bab vegn dalla lavur.
Gaudenz	Manegias ti, che jeu stoppi far per cumond a vus. Jeu gudognel sez miu paun e sun miu agen patrun. Jeu vegn a casa, cu ei plai a mi.
Nina	Mo tgei lungatg ti meinas! Jeu enconusch buca tei pli. Pertratga vid tes geniturs. Il davos temps han els giu tons displaschers, perquei ch'ei han priu a bab la plazza de bostger. Sche buca fai ti ad els aunc pli grev cun tiu secuntener.
Gaudenz	Tgei s'empos jeu, ch'il bab ha fatg tuppadads e cheutras piars sia plazza. Duess jeu pitir per quei?
Nina	Ti duesses buca gir aschia. Ti sas bein avunda, co nies bab ha adina giu quitau per nus. Aschia ha el era vuliu haver quitau per ses cunvischins. Quels han pagau ad el cun malrenconoschientscha. Sche lein nus silmeins mussar ad el engraziament.
Gaudenz	Ti has raschun.
1. luvrer	(compara sigl esch) Gaudenz, nua eis? Neu en.
Gaudenz	Jeu stos aunc ir en a pagar. Jeu vegn lu ad uras. (va en casa)

6. scena

Nina, Padrut.

Padrut (vegn ord l'ustria) Eis ti cheu, Nina. Tartgau hai jeu, che jeu hagi viu tia fatscha en sala. Eis forsa vegnida per spiunar?

Nina Jeu hai nuot de spiunar e de zuppentar. Jeu sun vegnida per clamar miu frar.

Padrut Tgei vul cun tiu frar?

Nina El stuess vegnir a casa. Savesses buca ti gir in plaid, che el vegness.

Padrut Jeu hai de cumandar mo il temps de lavur sur ded els. Gl'auter temps fan els, tgei ch'els vulan. Cu el ei en cumpignia teidla el buca sin mei.

Nina Gie, quella bial'ustria e cumpignia fan, che ils pli bravs emblidan vi lur duers.

Padrut Tgei manegias ti cun quei?

Nina Jeu hai plidau dil Gaudenz. Mo el ei buca persuls.

Padrut Manegias er mei? (Nina quescha) – Jeu sun leds de saver discuorer cun tei puspei ina gada.

Nina Sche ti has de gir enzatgei, sche sas ti la via. Ella ei aviarta, sco ella ei stada avon.

Padrut Buca fai reproschas a mi. Sas, jeu hai cartiu, che ils tes seigien vilai sin mei.

Nina Pertgei po mai?

Padrut Mo tis sas bein, che tiu bab ha gretta sin il miu, perquei ch'el ha piars sia plazza. Perquei hai jeu buca astgau vegnir pli tier tei en casa.

Nina Quella caussa ha caschunau a nus gis de larmas e notgs senza sien avunda. Mo perquei stos ti buca crer, che nus sappien buca far la differenza denter bab e fegl. Fusses ti en quei temps vegnius silmeins ina gada, sche fuss quei stau per mei in grond cunfiert, e segiramein er per ils mes.

Padrut Perduna, sche jeu hai buca patertgau vi de quei. Mo cun quella lavur hai jeu ussa schiglioc il tgau plein, che jeu emblidel vi memez.

Nina Ti vesses bein anflau temps e peda. Sche ti eis buca vegnius, sche has ti buca vuliu – ni buca astgau. Jeu sai buca qual.

Padrut Jeu sai mez buca gir qual. Mo ussa eis ti cheu. Sche jeu vesel tei, sche sentel jeu puspei l'entira ardur de mia carezia. Perduna, che jeu sun staus aschi freids. Mo ussa duei quei vegnir auter. Neu e sesa empau cun mei.

Nina Jeu sai buca star. Ils mes spetgan sin mei. Jeu hai er nuot per divertiments.

Padrut Eis ti vegnida aschi seriusa?

Nina Tut quei temps havein nus stuiu far serius partratgs. Bugen lessen nus purtar la frida che ha tuccau nus, sche nus savessen, ch'ei survescha en bien. Mo vesend tut il disturbi, dumonda miu bab mintgaton: Fuss ei buca stau meglier de laschar tut tier il vegl? E mia mumma gi adina: Encuri surtut l'aua viva d'ina buna cunsienzia.

7. scena

Padrut, Nina, Giosch Parsura, in polizist.

Giosch (vegn cul polizist) Nus havein ussa ils fistes de quel che ha engulau daners ord la cassa de stizun. El duei esser denter quels luvrers che sediverteschan cheu mintga sera. Vus meis ussa en sala ed emprueis de cattar ora, qual ch'igl ei. Lu meneis el or cheu. Jeu spetgel denton, per che nus saveien gest far l'inquisiziun.

Polizist Sin Vies cumond, signur president. (va en casa)

Giosch (catta d'agur Padrut e Nina che ein untgi d'ina vart) Tgei vesel jeu? Jeu vegnel cheu per encurir in malfitgont, e cattel miu agen fegl che va sin vias scumandadas.

Nina Sche co vias scumandadas? Jeu sun buc ina schluonza, ch'il Padrut astgass buca discuorer cun mei sin via.

Giosch (a Nina) Jeu hai nuota de dar plaid e fatg a ti. (a Padrut) Sche ti vul sedivertir, sche va si en sala, ni che ti vas vid tia lavur. Cheu has ti piars nuot.

Padrut Bab ...

Giosch Buca plaid pli! Ti sas, tgei ch'jeu hai getg.

Nina (dapersei) Ussa capesch jeu la caussa. Al Padrut ha siu bab scumandau de vegnir tier mei. E tut quei mo pervia dell'aua. A miu bab cuosta ella la plazza, ed a mi mia carezia. (bragia)

8. scena

Giosch, Padrut, Nina. Risch Casti.

Risch (vegn en furia) Ei para, che jeu stoppi sez ir a mirar, che mes uffons vegnien a casa. (vesa Nina a bargir) Tgei ei schabegiau cun tei? (vesa Giosch) Aha, ti eis cheu? Lu creig jeu bugen, che mia buna Nina stoppi bargir. Mo de mirar sin tei, sto far vegnir las ventgaquater. (trai Nina d'ina vart)

Giosch Pertgei vegns ti aschia encunter mei? Tgei hai jeu mess en peis a ti?

Risch (cun in rir mordent) Ti mess enta peis? Na gliez has ti nuot. Mo or da peis has ti mess mei. Sco in crap che schai en via has ti spurnau mei d'ina vart. Ussa ei la via libra per tei, che ti sas far, tgei che ti vul.

Giosch Buca fai entiert a mi. Jeu hai fatg miu duer. Havesses ti er fatg il tiu, fuss ei buca vegniu aschi lunsch.

Risch Cu hai jeu buca fatg miu duer?

Giosch Ei quei stau tiu duer, sche ti sco emploiau de vischnaunca vas e fas complot encunter tes superiurs culla pli miserabla glieud ch'ei dat en vischnaunca.

Risch Tgi sa gir de quei?

Giosch Jeu hai glieud fidada che dattan perdetga de quei. Sche ti has buca buna memoria, sche dumonda quels mirs (muossa sill'ustria) quels san forsa aunc far endamen a ti quei ch'els han udiu.

Risch (ei vegnius pli ruasseivels. Tier sesez) Duess enzatgi haver purtau ad el, quei che ei vegniu plidau quella dumengia cheu ella Crusch Alva? Aha, per nuot ha el buca procurau, ch'igl ustier ha gl'entir gudogn dils luvrers. Havess buca cartiu, che quei tudestg fuss ina tala uolp. – (a Giosch) Sche ti gis quei, sche eis ti buca informaus endretg. Ti havesses astgau udir tut quei che jeu hai getg. Mo sche ti has udiu de quei, pertgei eis buca vegnius a dumandar mei, co ei stat, avon che far talas figuras?

Giosch (ri) Has ti forsa dumandau mei, avon che ir sin vischnaunca e far opposiziun a mi ella caussa digl aquaduct?

Risch Quei fuss stau tuttina sco de dumandar in retg per lubientscha de far revoluziun.

Giosch Cheu has ti ussa getg la verdad. Aschia eis ei, ti eis in revoluziunari, in rebell, in miserabel scroc. Jeu sun leds, che jeu hai de far nuot cun lumpamenta, sco vus essas.

Risch Tgei selubeschas ti?

9. scena

Ils medems. Polizist e Gaudenz.

Polizist (vegn cun Gaudenz ord l'ustria) Ussa hai jeu anflau quei malfitgont. Cheu ei quei lumpun.

Risch Tgei! Miu fegl els mauns della polizia!

Nina (a Gaudenz) O vesses ti po tedlau sin mei e fusses vegnius a casa. Lu vessen ei buca dubi sin tei, che ti hagies fatg enzatgei dil mal.

Polizist Dubi? Cheu ei negin dubi. Quel eis ei e negin auter.

Risch Sche tgei ha quei giuven fatg, che Vus ligeis el? Quei ei miu fegl.

Polizist El vegn ad esser in fretg marsch ded in pumer marsch.

Risch Laschei liber el!

Giosch Quei has buca ti de cumandar. Jeu decidel quei. (a Gaudenz) Has ti priu jer sera daners ord la cassa de stizun?

Gaudenz (quescha)

Giosch Has ti priu leu in cunti e vendiu quel ad in cumarad?

Gaudenz (quescha)

Risch Dai risposta, ch'ei vesien, che ti eis in fegl de glieud undreivla.

Giosch Ina biala undreivladad! (a Gaudenz) Tgei has fatg culs daners? Has duvrau els?

Gaudenz (dat il tgau)

Risch Sche eis ei tonaton ver!

Nina	Sto quei er aunc vegnir sur de nus!
Padrut	(vul ir vitier e pusar Nina)
Giosch	Miu fegl, naven da quella schenta. Emblida buc, de tgei glieud che ti eis. (al polizist) Menei naven il delinquent.
Nina	(a Risch) Bab, ei van cun nies Gaudenz. Gi al president, ch'ei deigien far grazia, e che nus vuleien pagar tut il donn.
Risch	(ei staus sco ina petga) Jeu duess s'enclinar avon el che ha fatg a nus aschi grond donn ed entiert?
Nina	Pertratga vid il Gaudenz. Lai buc ir el en perschun. El vegn aunc a semegliurar e lu puspei far bien tut.
Risch	Sch'el ha engulau, duei el era purtar il castitg.
Nina	(va vi tier il president) Signur president, fagei grazia, mo quella gada. El ei buca schliats. El ei mo vegnius surmenaus de nauschas cumpignias. Hagies pazienzia cun el. Patertgei, co el ei vegnius surmenaus da quella ustria. Sche el vegn tier sesez, sche vegn el a s'enriclar e semegliurar. Per il donn lein nus star neu.
Giosch	(sevolva naven) Tgei duei jeu tedlar sils plaids ded in toc femna nauscha. Tgi dat a mi garanzia, ch'il donn vegni curclaus? (al polizist) Mo vinavon. Tgei targineis aunc? (va giu cul polizist che meina Gaudenz)

10. scena

Risch, Nina, Padrut.

Risch	Ussa hai jeu prest piars tut. Vul ti, Nina, buc er aunc ir naven? Tgei vul ti star cun tes paupers geniturs? Vul buc er ir la via de puccaus. Occasiun has ti bein era. Va si en sala ed enquera in amitg. Cun quel sas ti star si legher. A casa has ti tonaton buc in lev gi pli.
Nina	Buca plaida aschia.
Risch	Ni vesas leu tiu muronz, il fegl dil president. Per sia spusa eis ti buca pli bun'avunda. Mo sche ti sefieras en bratsch ad el, vegn el buc a refidar tei. Ton sco la feglia digl ustier eis ti lu aunc adina.
Nina	(peglia pil bratsch e meina naven el) Buca s'agitescha aschia Neu a casa tier la mumma. Cugl agid dil Segner vulein nus purtar ensemen er questa frida.

11. scena

Padrut, suenter Heidi.

Padrut	(persuls) Tgei duei jeu far? Senza la Nina sai jeu buca viver. E tier ella sai jeu buc ir pli. Suenter tut quei ch'ei schabegiau, suenter gl'affrunt che siu bab ha fatg cun ses davos plaids. Nua duei jeu sevolver? – Ha ella buca getg enzatgei ded aua viva? – (cloma) Ustria!

Heidi (vegn) Pertgei eis aschi trests? Neu puspei si en sala. Leu ei aschi legher.

Padrut Jeu pos buca far legher. Porta in zanin. (Heidi va en casa) Jeu creigel denton, ch'ella cun quell'aua viva hagi manegiau in'autra buvronda.

(Tenda)

IV. act

Medema sceneria sco el III. act, mo ch'ins vesa d'ina vart aunc in begl ed ina petga funtauna. Igl ei sera.[13]

1. scena

Uffons vegnan per via cun fluras els mauns e sin tgau.

Uffons (contan)

Cu il clar sulegl
leva en parada,
mein nus bein marvegl
or sin verda prada.

Leu nus selegrein
cullas loschas tschittas
e cun flurs fagein
matgs e bialas bittas.

Lu a casa mein
leds e ventireivels,
matgs als nos purtein
per lur duns migeivels.

Er a nies car Diu
il nies cor engrazia;
el a nus purschiu
ha agid e grazia.

1. uffon Tgei ei quei leu? (muossa silla funtauna)
2. uffon Quei ei ussa ina dellas novas funtaunas.
3. uffon Cheu savein nus ussa prender aua.
1. uffon Uss aunc buc, mo en cuort.
2. uffon Miu bab ha getg, che nus prendeien buc aua de begl.
Plirs uffons Lu leis vus ir giu la val per aua?
2. uffon Lezza aua seigi pli sanadeivla.
1. uffon O jeu selegrel, che jeu hai buca de purtar pli aua si dalla val.
3. uffon Quei gi lein nus lu far ina gronda fiasta.

13 «Igl ei sera» handschriftlich eingefügt.

1. uffon	Lein buca gia oz entscheiver? (va vitier la funtauna e metta siu matg silla petga)
Plirs uffons	(fan suenter) O tgei bi!
2. uffon	Mirei leu vegn il Peder Decuolm. Fugi, schiglioc peglia el vus.
Uffons	O il Peder parler! Igl um selvadi! (fuin)

2. scena

Peder Decuolm e Gieri Decrauns s'entaupan.

Gieri	Tgei canera quella gianira fa! Ah, eis ti cheu? Lu creig jeu schon, che quels seigien fugi. Eis er gia giu da cuolm?
Peder	Uonn ha l'aura gidau bein cul fenar. Mo jeu less, che jeu fuss aunc si cuolm. Leu eis ei aschi ruasseivel, e cheu savess ins vegnir narrs dalla rueida e canera. Tgei ha quell'aua buca purtau tut a nies vitg!
Gieri	Quei va ussa lu alla fin, e lu audas ti er cheu nuot auter pli ch'il ramurar dil tgiern-funtauna. Mira, leu han ei gia mess si in matg de ventschida.
Peder	Quei semeglia quest mund senistrau. Sin caussas mortas che s'empon ni da bien ni da mal, metta ins si tschupi, mo ils carstgauns de carn e saun stauscha ins d'ina vart e sa negin grau per quei ch'ei fan.
Gieri	Ti manegias il Risch Casti. Mo lez, sch'el ha piars sia plazza, eis el sez la cuolpa. Schavi de semischedar en caussas che van buca tier ad el!
Peder	Tgi gi de quei?
Gieri	Ha buc il president explicau quei bein e manedel sin quella redunonza?
Peder	E ti has era cartiu quei? Has buc encurschiu, che quei era mo la vendetga dil president pervia dell'aua. Cu igl ei stau de trer il Risch en vossa cumpignia, per far partida encunter il president, eis ti staus maufers. Mo suenter haveis vus laschau el persuls, e cu il president ha dau la cambrola ad el, haveis vus laschau curdar el.
Gieri	Jeu sai nuota, tgei ch'igl ei stau. Mo tut schuber eis ei buca stau[14] vid il Risch. Ti vesas gie, er siu fegl ha stuiu ir en perschun. Aschia vegn ei er ad esser stau enqual tac vi ded el.
Peder	Mo sche vus haveis buca pli bia tacs cun tut vos inschins e crauns!
Gieri	Ti eis adina il medem narr. Cun tei san ins buca discuorer. (va)
Peder	Pli bugen esser narrs che schliats.

14 Handschriftlich «stau» gestrichen.

3. scena

Peder, lu Gaudenz.

Gaudenz (vegn tut da schenau. Senza haver viu Peder) Ussa fuss jeu a casa. Co il vitg vesa ora uss. Leu ei ina funtauna gia finida. E sin ella in tschupi, sco sche la patria less beneventar mei. Mo da la glieud vegn ei a dar in curios beinvegni. Leu ell'ustria ein mes cumpogns; els han gidau consumar quei che jeu hai giu engulau; mo ussa vegnan els buc ad enconuscher mei. Leugiu ei la casa de miu bab. Lez vegn a mussar a mi igl esch, sche jeu vegn a casa. Nua dei jeu sevolver? Il meglier fuss, che jeu turnass en perschun. Mo leu prendan ei buca mei, senza che jeu hagi puspei commess enzatgei. Bien pia, la melra via de turnar leu ei quella. (vul ir ell'ustria)

Peder Teidla, Gaudenz.

Gaudenz (ha pegliau tema) Tgi ei cheu.

Peder En quei cass buc in aunghel cun alas tarlischontas, mo sulettamein il tschuf puranchel Decuolm. Mo enqualgadas san era ils ners far survetsch ded aunghels.

Gaudenz Tgei leis da mei?

Peder Ti has getg enzatgei dil fegl piars. Sas ti, co quel ei vegnius a casa, co siu bab spetgava sin el ed ei lu ius encunter ad el, ha bitschau el e laschau mazzar il vadi engarschau?

Gaudenz De quei vegn oz buc avon; quei stat mo els cudischs.

Peder Emprova, miu giuven. Va a casa e fai tiu pusseivel de far plascher als tes. E sche tiu bab croda er buc entuorn culiez a ti – quei ei gie buca siu temperament – jeu stuess tonaton enconuscher mal el, che el savess buca perdunar a ti ed esser migeivels.

Gaudenz Quei havess ins buca getg quella sera ch'ins ha pegliau mei.

4. scena

Peder, Gaudenz, Mengia Casti vegn cun in canaster giu da cuolm.

Mengia Miu Gaudenz! Eis ti puspei cheu?

Gaudenz (cuora encunter ed embratscha la mumma) O mumma, mumma!

Mengia Miu pauper uffon. Co eis ei iu cun tei tut quei temps? Han ei fatg mitgiert cun tei?

Gaudenz (sa sut larmas buca dar risposta)

Mengia Neu giu en casa. Ti vegns ad haver fom. Jeu vi far ina buna tscheina.

Gaudenz Per la fom hai jeu giu avunda. Mo jeu hai laschau encrescher per casa e sun staus mal per vus. Tgei haveis vus era stuiu patertgar de mei?

Mengia Ussa lai esser bien. Mo che ti seigies puspei a casa!

Gaudenz Mo tgei gi il bab?

Peder	Neve, dunna Mengia, el vegn era a perdunar.
Gaudenz	Quella sera ch'ei han pegliau mei vess el buca dau in bien plaid al president per mei. Eis el pia auter ussa?
Mengia	Jeu hai buca discuriu bia cun el sur de quei. Gl'emprem temps vuleva el saver novas nuot. Mo quei temps si cuolm ha fatg bein ad el, ch'el ei ussa pli ruasseivels sur de tut ensemen.
Peder	Con bien, sch'el fuss ius en sesez ed havess viu en, che el ei era sez empau la cuolpa sur della disgrazia de sia famiglia.
Gaudenz	Che jeu hai engulau, de gliez ei miu bab buca la cuolpa. Contas gadas ha el admoniu mei, mo jeu hai buca vuliu tedlar. Aschia stosel jeu ussa er ir mias vias.
Mengia	Mo neu a casa e stai cun nus. Nus lein purtar cun tei.
Gaudenz	(prenda il canaster) Cheu has ti grev. Lai purtar mei. (Mengia e Gaudenz van)

5. scena

Peder. Giosch Parsura e Capaul, vegnan a mirar la funtauna.

Capaul	Tgei scheis ussa de quels begls, signur president?
Giosch	Els ein fatgs en uorden. Quels duessen ussa tener per 50 onns. Vus haveis era fatg ir vinavon la lavur, mo haveis era giu in grond diember de luvrers.
Peder	Gie canera e barlots han quels fatg avunda.
Capaul	Quei ei buca stau mo nossa cuolpa. Vies ustier, il Dargien, ha capiu de trer els viaden en sia ustria ed en cumpignias, ch'els havevan bia gadas il tgau pli tier ils divertiments che tier la lavur.
Peder	Pertgei haveis Vus lu s'alliau cun quel en tala maniera, sco sch'ei dess buc aunc auters locals en Surpunt?
Capaul	Sche nus havessen saviu far, sco nus vulevan, fagevan nus ei auter. Mo la vischnaunca ha vuliu aschia. Eis ei buc aschia, signur president?
Giosch	Enzatgei ei stau discuriu en quei senn. – Mo co essas Vus, signur Capaul, stai cuntents cun miu fegl?
Capaul	Igl ei stau de sesmarvegliar, con spèrt el ei seluvraus en. Nus essan cuntents, mo ils luvrers han buca giu bugen el. Els dessen il pli bugen tissi ad el; perquei eis ei bien, che la lavur va prest a fin.
Giosch	Il davos temps hai jeu era entgiert, ch'el ei buca pli il medem.
Peder	Havesses teniu tiu fegl a casa e laschau far il pur, sche fuss el oz aschi frestgs e cuntents sco schiglioc. Mo pervia ded in per raps has ti catschau el sin ina via prigulusa.
Giosch	Cheu fas ti entiert a mi, Peder. A mi eis ei buca stau per ils daners. Jeu hai era mias fleivlezias, mo in ranver ei il Giosch Parsura buc.
Peder	Sche pertgei has schau vi tiu funds e tarmess tiu fegl sco luvrer?
Giosch	Jeu hai vuliu, ch'el vegni de ver enzatgei auter ed hagi empau auters pertratgs. Mo tgei has ti de semischedar en fatgs de fami-

	glia? (a Capaul) Lein aunc ir vinavon a mirar tschellas funtaunas. (va cun Capaul)
Peder	Gie bein auters pertratgs. En quei cass ei il pertratg che ti has vuliu scatschar ad el, ina matta. Sche jeu sbagl buc, sche vegn leu gest il Padrut cun siu niev pertratg en bratsch. Pilver in bi pertratg, silmeins vestgius ed ornaus en uorden. Cheu sto il Peder parler cun sia miarda sefar ord la puorla. (va)

6. scena

Padrut e Heidi.

Heidi	Quei ei ussa bi, che ti eis vegnius ina gada a spass cun mei. Schiglioc er'ei adina de gir, che ti hagies de luvrar.
Padrut	Era quei buca ver? Cunzun cun quels luvrers. Ins sa buca volver il dies, ch'els fan nuot de valer.
Heidi	Per ventira ei quella lavur ussa lu a fin. Lu savein nus ir a spass mintga gi.
Padrut	Tgei schessen er la glieud?
Heidi	Tgei vulan ei gir, ina gada che nus essan lu spus.
Padrut	Per mei dat ei lu era puspei lavur a casa.
Heidi	Ti vegns buc a vuler puspei entscheiver a far de pur?
Padrut	Tgei duess jeu far auter? Quei ei gie quei che jeu fetsch il pli bugen.
Heidi	Tgei vul esser tugi ella grascha, ch'ins freda aunc treis gis suenter. – Mo ussa buca seigies trests. Mira leu quei tschupi silla petga funtauna.
Padrut	Tgei munta quel?
Heidi	Tgei manegias? Forsa ch'el ei fatgs per nus, per nies gi de spusalezi. Padrut, cu has atgnamein el senn de dar a mi igl ani?
Padrut	Aunc ussa hai jeu buca giu peda.
Heidi	Peda? Quei drova bein buca bia temps.
Padrut	(suspira) Quei drova bia patertgar.
Heidi	Mira, ussa has ti puspei quitaus. Neu en e beiba enzatgei. Jeu vi mischedar per tei in fin cocktail. Quel scatscha ils quitaus per tias fatschentas.
Padrut	(per sesez) Sche mo ei fuss mo fatschentas. (van en casa)

7. scena

Risch e Nina Casti vegnan cun uorden ed uaffens giu da cuolm.

Nina	Mira, bab, co ei han fatg vinavon cullas lavurs. Cheu stat gia ina funtauna, en buca gitg vegn l'aua a cuorer en ella. Selegras ti buca sin quei gi?
Risch	Sche mo il Gaudenz fuss a casa.
Nina	Sch'igl ei mo quei che strocla tei – jeu creig, ch'el sappi turnar en cuort.

Risch — E sche mo jeu vesess tei puspei aschi ventireivla, sco ti eras pli baul. Con gitg eis ei, ch'il Padrut ei buca staus pli tier tei?

Nina — Nus essan stai gitg e liung si cuolm.

Risch — Ei ha dau in temps, ch'ei fuss per el buca stau memia lunsch ded ir sur pézzas e vals per vegnir tier tei.

Nina — Ussa ha el buca giu temps, sche el sto luvrar gi e notg.

Risch — Co ti prendas part per el! – Seigies sincera, encunter tetezza ed encunter nus. En tetezza creis ti sezza buca pli, ch'el tuorni tier tei. Pertgei gis buc a nus? (Nina tschenta giu il canaster e fruscha ils egls) Neve, ti has getg nuot, per buca far reproschas. En il cor pertratgas ti, che jeu seigi la cuolpa de tutta sventira che ha tuccau tei ed il Gaudenz.

Nina — Bab, buca plaida aschia. Buc in mument hai jeu dau a ti la cuolpa. Jeu hai daveras piars bia. Mo mintga disgrazia ha era sias bunas varts. Gl'emprem sevilenta ins e fa reproschas als auters. Pér plaunsiu entscheiva ins a ver en, tgei ch'ins ha er sez falliu.

Risch — Ti gis quei, sco sche ti lesses descriver quei che jeu hai resentiu tut quei temps. Er jeu hai stuiu far reproschas a memez, che jeu sun buca procedius endretg en quell'entira caussa. Mo quei levgescha buc il cor, mo fa anzi pli grev.

Nina — Silla liunga vegn ei buc a far mal pli[15], sch'ins sa scargar giu cuolpa e cordoli el dretg liug, sut la crusch de quel che ei morts per spindrar nus da misiergia e puccaus.

Risch — Ti has raschun. Er jeu vi empruar ded anflar leu agid.

Nina — E lu lein nus ensemen selegrar da cor quei gi che l'aua cuora giud il tgiern funtauna.

Risch — Jeu hai tema de sia canzun. Siu ramurar vegn adina a gir a mi: Ti has ruinau la ventira de tes uffons.

Nina — A mi duei sia canzun gir enzatgei auter. Aschi gitg sco jeu vivel duei ella esser ina regurdonza de miu bab, che ha unfriu sesez per ses uffons e per ses vischins. – Vesas leu il tschupi silla petga funtauna.

Risch — El ei per mei ina ensenna della malengrazieivladad dil mund.

Nina — Buca seigies trests. Sco sia feglia secca e croda, aschia vegnan manzegna ed entiert a curdar. Mo quei ch'ei semnau da surengiu, vera carezia e renconoschientscha, vegnan a verdegar a semper. (Nina prenda si siu canaster. Van)

8. scena

Padrut vegn persuls ord l'ustria, suenter compara Peder.

Padrut — (per sesez) Tgei vesel jeu. Era quei buca la Nina? Tgei pertratgs, tgei regurdientschas leventa quei en miu pauper cor!

---

15 «pli» handschriftlich ergänzt.

Peder	(vegn neutier) Neve, quei ei in auter maletg che quella, che ti has avon menau per il bratsch?
Padrut	Tgei vuleis Vus cheu. Vuleis far mei aunc pli sventireivels che quei che jeu sun?
Peder	Forsa sai jeu esser gideivels. Ti fusses oz buca igl emprem ch'il tschuf Peder Decuolm ha spindrau dalla sventira.
Padrut	Mei sa negin carstgaun gidar. Jeu sentel las pussonzas stgiras che prendan possess da miu cor e che sestartuglian entuorn mei sco la parvengla entuorn il strom egl er e stinschentan quel.
Peder	Buca gi aschia. Ti eis aunc giuvens e sas bein dumignar quellas pussonzas.
Padrut	Jeu hai era cartiu quei[16]. Cu miu bab ha catschau mei en quella lavur ed en quella casa, hai jeu patertgau en miu cor superbi: Ti vul mussar, che ti eis patrun de tetez e de tuts carstgauns. Jeu hai cartiu de saver mussar ad el, che jeu lasch buca scarpar ord miu cor la carezia per la Nina Casti. Havend finiu quella lavur level jeu passar avon ils egls de miu bab e gir: Ussa hai jeu fatg quei, ed hai fatg ei endretg: Ussa dai a mi la Nina per dunna!
Peder	Sche co has laschau tschorventar da quella Heidi che ei buca l'umbriva della Nina?
Padrut	Jeu sai buca, co quei ei stau pusseivel. Grettas culs luvrers, buvronda, nauscha cumpignia, e jeu sai buca tgei tut, han priu possess de miu cor, che jeu enconusch buca pli memez.
Peder	Gie tiu bab capescha la caussa. El sa buca mo administrar la vischnaunca; el capescha era de reger ils cors. (va)
Padrut	Quei ei in curios regiment, in regiment che metta nus aunc dil tut en malura. (en desperaziun) Tgi sa liberar mei da quellas forzas stgiras che taccan sco bargers vid miu cor. Mo ti sas far quei, ti mia Nina, miu aunghel.

9. scena

Padrut. Nina vegn encurend enzatgei. Igl ei denton vegniu stgir.

Nina	Tgi cloma mei? Eis ei buc ina vusch enconoschenta?
Padrut	Gie, jeu sun cheu, tiu Padrut. Tgei fas ti aunc cheu? Jeu cartevel, che ti seigies gia a casa.
Nina	Cheu hai jeu giu tschentau giu miu canaster e stos haver piars mia giacca.
Padrut	(cun in rir murdent) Gie, sas, cheu ei in liug prigulus. Auters han piars cheu aunc depli che mo ina giacca. Duei jeu gidar encurir tei?
Nina	Grazia, cheu hai jeu ella. Buna notg.

16 «quei» handschriftlich ergänzt.

Padrut — Nina, Nina, buca va. Gida uss er mei encurir quei che jeu hai piars cheu.
Nina — Tgei has ti piars?
Padrut — Bia hai jeu piars, memez, mia cunsienzia, mi'olma, tei, mia spusa.
Nina — Quei che dependa da mei, has ti buca piars mei, e ti sas nua che jeu sun de cattar. Ed aschia sas ti era sco cristifideivel, nua che ti sas cattar olma e cunsienzia. (vul ir)
Padrut — (tschaffa ella) Buca lai star mei persuls cun ils spérts che sestartuglian entuorn miu cor.

10. scena

Padrut, Nina, Heidi, suenter Dargien e luvrers.

Heidi — (vegn sigl esch e cloma) Padrut, nua stas aschi gitg?
Padrut — (tegn Nina e fa buca risposta)
Heidi — (pli dad ault) Padrut, nua eis?
1. luvrer — (vegn sigl esch) Tgi enqueras?
Heidi — Il Padrut, miu spus.
1. luvrer — Tgei tiu spus? Depli cu?
2. luvrer — Lai ir el en pegna. Bia bien va buc a piarder.
Dargien — Tgei dat ei. Pertgei tonta lerma?
Heidi — Il Padrut ei ius naven da mei, e jeu sai buca, nu'el ei. (ei vegnida pli datier e vesa Padrut e Nina) Cheu eis el. Quella stria ha vuliu carmelar naven el.
Dargien — Tgi ei quei?
Heidi — Vesas buc? La Nina dil bostger.
1. luvrer — Lu capesch ins. Ella ha vuliu engular il cor, sco siu frar ils daners.
Dargien — Tgei fas ti cheu da quellas uras? Fai che ti vegnies naven!
Nina — Jeu fuss ida avon che d'uss, sch'ins havess laschau. Mo sche vus cumandeis, sche stun jeu cheu. Aunc ussa hai jeu il dretg ded esser sin via de Surpunt.
Dargien — Tgei freha bucca!
Heidi — Ed ina de quellas vul prender a mi miu spus. E lu eis ella gnanc vestgida bein endretg e freda da nuegl in toc naven.
Nina — (a Padrut) Fai quescher ella.
Padrut — (s'allontanescha da Nina e va cun Heidi. Sa gir nuot)
Nina — Pér ussa vesel jeu, co ti eis ligiaus da ligioms nunveseivels. Enquera l'aua viva che sappi liberar tei.

(Tenda)

V. act

En stiva de Risch Casti.

1. scena

Risch e Mengia. Risch sesa en stiva.

Mengia (vegn en dad esch) Nua ei il Gaudenz?

Risch Jeu hai lubiu ad el ded ir empau per vitg si.

Mengia Oz vesses ti duiu tener el a casa.

Risch Sche nus stein pli bugen de buc ir oz ord casa, sche eis ei buca getg, che nies mat deigi er far sco nus. La giuventetgna pretenda era ses dretgs.

Mengia Jeu manegel buca per quei. Mo oz, ch'ei fan la fiasta de ventschida per l'aua, eis ei per el empau prigulus. Con spèrt han ses cumpogns tratg viaden el de far fiasta cun els, e lu savess el puspei curdar anavos en ses vegls vezis.

Risch Il Gaudenz ei staus endretg tut quei temps, dapli ch'el ei turnaus. Aschia lein nus haver spronza, ch'el sappi er setener visavi a ses cumpogns. Gl'auter ha el empermess de vegnir en cuort a casa.

Mengia Ins sa er mai, cu quels giuvens ein forsa empau bui, sche els entscheivan a far beffas cun el, perquei ch'el ei staus serraus en. En quei grau pon ils giuvens lu buca surpurtar bia.

Risch Sch'els pon buca surpurtar, ston els er emprender, ch'ei va buc adina sco els vulan, e ch'ins sto saver magliar ora, quei ch'ins ha manizzau en.

Mengia Gie, en quei grau ha el giu bien a casa. Co ha el temiu quella sera ch'el ei vegnius a casa, che ti sevilies e fetschies mitgiert cun el. Mo cu ti has dau bien plaid e fatg, eis el staus tut levgiaus. Perquei ha el er tut quei temps sespruau de far plascher a nus. – Mo sch'el resta er vinavon aschia, sch'el entscheiva lu puspei ad ir en cumpignia.

Risch Sco el ei en casa vegnius auters, sa el era semidar en quei grau. Nus stuein haver empau fidonza. – Bunamein depli quitaus hai jeu pervia della Nina.

Mengia Sche co pia? Ella ei gie aschi quieta e fa siu fatg.

Risch Vesas ti buc la gronda burasca en siu cor che sezuppa davos quella quietezia? Jeu temel, ch'ella sappi buca emblidar sia carezia pil Padrut e vegni buca sur quei vi, che lez ha bandunau ella.

Mengia Mo en sesezza ha ella aunc adina la spronza, ch'el tuorni anavos.

Risch Spronza vegn ei buc adaquella. El ei semussaus, ch'el ei buca vengonts d'ina matta sco nossa Nina. In ch'ei ina gada vegnius malfideivels, vegn er vinavon buc ad esser fidaus.

Mengia Pertratga, sch'enzatgi schess aschia de nies Gaudenz, fussen nus er buca cuntents.

2. scena

	Risch, Mengia, Nina.
Nina	(vegn cun in bucal aua) Mirei, cheu port jeu a vus l'emprema aua de funtauna che jeu hai purtau si da begl.
Mengia	Tgei tratgas. Quella ei aunc buca schubra, tochen ch'ils bischens ein buca schubergiai tras.
Risch	Mo dai neu. Pli tschuffa che quella dil flem vegn ella er buc ad esser. (schagia) Frestga eis ella tonaton.
Mengia	(prendend in schatg) Possi quella frestgentar nus e nos uffons en biaras generaziuns.
Risch	(a Nina) Vul ti er?
Nina	Vus prendeis quell'aua aschi solennamein, sco de prender la sontga tscheina. Sche vi jeu er buca star anavos.
Risch	Ti has raschun de far attents nus de buca preziar memia ault quell'aua che s'auda er mo tier las caussas dil mund. Sur tut sogns ed adorabels duein esser per nus ils beins digl evangeli. Mo er quels duns cheu[17] lein nus prender cun engraziament.

3. scena

	Risch, Mengia, Nina, Gaudenz.
Gaudenz	(vegn en furia) Essas vus tuts a casa, cu tut la glieud ei or sin via?
Mengia	Eis ti gia anavos.
Gaudenz	Jeu vom lu aunc ina gada. Mo ussa hai jeu stuiu vegnir a rischunar a vus, tgei che jeu hai viu.
Nina	Tgei ha ei dau aschi interessant?
Gaudenz	Oz han ei schau vegnir l'aua.
Nina	Quei savein nus schon. Nus havein schagiau ella. Mo ti has muncau tier quella fiasta.
Gaudenz	Ed ussa han ei empruau ils hidrants. E co quels squetran si en in'altezia nungetg.
Risch	Pon els tonscher tochen sur ils tetgs?
Gaudenz	Gie tochen sisum il clutger baselgia han ei tunschiu. E lu tgei tschallatada aua che vegn ord quels uders! Jeu hai udiu, ch'ils umens schevan, che dus de quels fussien el cass de stenschentar il fiug ded ina casa che ardess sil pli ault.
Risch	Tgei tschera fageva il president?
Gaudenz	El era naturalmein il pli davon. Jeu hai udiu, co el scheva ad in vischin: Quei havessi el buca cartiu. – Mo el ha lu bein spèrt cuschiu. In dils luvrers che menava il suitrè ha drizzau l'aua grad vi encunter el, ch'el ei vegnius tut bletschs e bunamein daus da leuvi.

17 «cheu» handschriftlich ergänzt.

Mengia	Tgei maniera ei quei encunter il president.
Gaudenz	Mo ti vesses stuiu udir: Sin quei han tuts clamau bravo, ed el sez ei ius giud il plaz sco in vadi bletsch.
Risch	Jeu savess cuir quei ad el, ed empau ina sfardentada ha segir buca dau donn ad el. Mo quei va lu tonaton empau memia lunsch. Quei ei fatg da buobanaglia. Ha negin saviu tursegiar quels luvrers? Sch'els fan zonur al tgau, fan els zonur er alla entira vischnaunca.
Gaudenz	Jeu hai udiu, ch'els schevan, che el hagi buca tuc il dretg. La procedura fuss stada destinada per il fegl. Per ventira era lez pil mument buca d'entuorn, schiglioc fuss ei aunc iu mender cun el che cun siu bab. Jeu sai, tgei rabgia ils luvrers han sin el.
Nina	Mo sch'ei dat buc aunc ina disgrazia, tochen che tut ei finiu!
Risch	Tgei disgrazia vul ei dar? Las lavurs ein ussa finidas. Silpli ch'igl ustier procura aunc, che sia feglia daventi la spusa dil Padrut, avon che laschar mitschar el or da ses latschs.
Nina	Ei quei buca disgrazia avunda?
Risch	Per nus negina disgrazia, ed er buca per tei. Disgrazia silpli pil Padrut. Mo el ha vuliu aschia ed ha era meritau.
Nina	El ha buca saviu far auter. Mo sch'ins savess gidar el!

4. scena

Risch, Mengia, Nina, Gaudenz, polizist.

Polizist	(vegn e porscha in scret) Cheu ei in program per fiasta de questa sera.
Gaudenz	(pren il scret e legia) Til festiv tras il vitg, act festiv silla plazza sut.
Risch	Tgei gest avon nossa casa? San ei buca laschar cun paus mei?
Gaudenz	(legia vinavon) Plaids digl impressari e dil president communal. – Sch'el ei schetgs tochen lu. – (continuescha) Suenter tscheina dils prominents e luvrers ella sala della Crusch Alva. – Tgi ein quels prominents?
Polizist	Jeu hai giu d'envidar quels della suprastonza, il plevon, ils scolasts, ils scharschai de pompiers, la societad de dunnas, la societad de tratga de biestga ...
Risch	Cala cun tias societads. E persunas privatas has giu d'envidar negin auter.
Polizist	Jeu savess buca tgi. Quei che vala enzatgei ei ella suprastonza ded ina ni l'autra societad. (va)

5. scena

Risch, Mengia, Nina, Gaudenz.

Gaudenz	Mein nus er a quella fiasta?
Risch	Ti sas ir, sche ti has plascher.

Gaudenz	E ti, bab, pertgei vegns ti buc?
Risch	Ei han gie er buc envidau mei.
Mengia	Has ti aunc spetgau, ch'ei envidien tei alla tscheina?
Risch	Havess jeu buca meritau schi bein sco ils auters? Silmeins questa sera havessen ei saviu patertgar vi de mei.
Gaudenz[18]	Mo gi, bab, sch'il president havess envidau tei silla fiasta, fusses ti ius lu?
Risch	Ti has raschun de dumandar aschia. D'ina vart havess jeu giu plascher de scarpar l'invitaziun e tarmetter ils tocs anavos al Parsura. Mo da l'autra vart fuss er mo in tal invit staus in act de reconciliaziun che jeu havess buc astgau refusar. Silmeins dalunsch havess jeu forsa tonaton priu part della fiasta. – Mo ussa ha el gnanc fatg la fenta ded envidar mei. Aschia vegn jeu er buc en empruament de prender part e vi laschar al Giosch l'entira gloria ded haver procurau per aua alla vischnaunca de Surpunt. Perquei stun jeu a casa.
Mengia e Nina	E nus stein cun tei.
Gaudenz	Jeu vomel e teidlel, tgei che vegn fatg. Seigies senza tema per mei. Jeu vegn lu aunc a temps a raquintar a vus. (va)

6. scena

Risch, Mengia, Nina, Peder Decuolm.

Peder	(intrond) Haveis schagiau l'aua? Co ha ella gustau?
Risch	L'aua fuss buna, sch'ei fuss buca curdau a nus tontas petras larmas lien. – Mo tgei eis ei cun tei questa sera?
Mengia	Has ti fatg ina lischiva? Ins enconuscha strusch tei pli.
Peder	Persesez. Jeu hai tonaton stuiu far honur a quell'aua che ha dau ton de plidar, ed ina gada selavar endretg. Ed ussa hai jeu stuiu vegnir a semussar agl autur de quella biala ovra.
Risch	Jeu engraziel pil compliment. – Suenter vegns ti er ad ir a fiasta, schubers e fins sco ti eis.
Peder	Mo sche ti creis, che jeu vegli ir a tedlar quels plaids leischens de quellas uolps.
Nina	Lu essas buc el dretg liug. Ils plaids vegnan teni gest sut finiastras de nossa casa. Cheugiu han ei gia mess si ina lautga per ils oraturs.
Peder	Jeu sai schon pertgei els fan la fiasta silla Plazza sut. Aschia sto il Risch Casti era udir las laudavaglias sin quels che han fatg nuot auter che metter en cadenatschs. – Mo tonaton, jeu stun cheu cun vus, sche jeu astgel.

18 Handschriftlich abgeändert in «Nina».

Mengia	Quei fa plascher, che nus havein aunc in amitg che ei restaus fideivels. (ins auda davos la scena ina musica de marsch che vegn pli e pli datier, lu grius e givels. Tuts van viers la finiastra)
Nina	Cheu vegn gia il til. La musica ordavon, lu ils emprems de vischnaunca, ed ussa in til fantastic: Uffons e giuvens cun hontas e sadialas, cun giufs e cazzas d'aua, per part ils modells ils pli vegls. Tgei vulan els cun quei?
Risch	Els vulan mussar, tgei ch'ins sa ussa better tier il fier veder.
Nina	Cheu ei schizun in cun ina squetra de maun.
Peder	Co ils temps semidan! Tochen ussa fuva quella nies sulet agid en cass de fiug. Ed ussa mett'ins ella tier il fier veder.
Nina	Mira leu, schizun in carr cun si duas brels.
Mengia	Quei ein[19] segiramein quels de Puoz che stuevan en temps de schitgira menar l'aua della val en brels tochen giu tier lur uclaun.
Peder	Ed uss han ei era in begl cun aua currenta avon lur casas.
Nina	Cheu, il davos dil til vegnan ils luvrers cun lur zappuns e badels. (ins auda cont de luvrers)
Risch	Loschamein va il Padrut ordavon e dat gnanc in'egliada si sin tei.
Peder	Ussa ein els sepostai. Igl impressari Capaul va silla lautga ed entscheiva a plidar. (ins auda singuls plaids ded in discuors) El surdat la lavur finida allas ludeivlas autoritads de vischanunca. – Udis: «La vischnaunca sa esser loscha sin ina tala ovra proponida, realisada e pagada tras il quitau ded in premurau president cun sia energia ed iniziativa.» – Igl ei bein ver: Maina vegn ei getg tontas manzegnas sco da fiastas. (ins auda applaus e bravos)
Nina	Ussa va il president silla lautga.
Peder	El engrazia als impressaris per la buna lavur. (applaus) Ed er a tut ses luvrers (grond applaus) ed er als capavels surveglionts. (lev applaus. Ins auda schuls e givels)
Nina	Tgei ei quei?
Peder	Ils luvrers secatschan anavon. Ei dat ina sedada. (ins auda grius e zachers)
Nina	O Segner, ei dattan sin el.
Mengia	Sin tgi po mai?
Risch	Sch'igl ei il Padrut, sche retscheiva el la gesta pagaglia.
Peder	Ils luvrers ha el tractau sco tgauns; perquei vulan els ussa dar ad el la recompensa.
Mengia	Tgei po mai ei schabegiau? Ussa tut che untgescha e fui.
Nina	(dat in griu e cuora or dad esch)
Mengia	Cheu ei schabegiau ina disgrazia.
Peder	Forsa in delict. Perquei tut che fui. (silenzi)

19 «ein» handschriftlich ergänzt.

7. scena

Risch, Mengia, Nina, Peder, Padrut. Umens e pievel.

Padrut (vegn purtaus da dus umens che mettan el bufatg giun plaun) (schema) Nua sun jeu?

Nina (ei vegnida en suenter cun ina butschida cun aua e schigentamauns) Buca tema, mo seigies ruasseivles.

Padrut Ti cheu – Nina?

Nina Jeu vi schigentar tias plagas. (schigenta il tgau) Ei vegn schon puspei meglier.

Peder (ha mirau las plagas. Tier ils auters) Il saun cuora da contin. Nus stuessen haver in miedi. Nus savein buca stinentar il saun. Enzatgi ha tagliau a funds.

Padrut Ei han – tagliau – las sugas – las sugas – che ligiavan mei. Uss sun jeu libers.

Nina Has mal?

Padrut Il tgau. – Igl ei bi – ded esser libers – libers – da tuts ligioms.

Nina Enconuschas mei?

Padrut Mia Nina. – Stai cun mei – adina – adina.

8. scena

Ils medems, Heidi.

Heidi (cuora en stanza e cloma dad ault) Nua eis el? Miu spus? Il Padrut? Tgei han ei fatg? Quella nauscha glieud.

Peder Buca fai tonta canera. El sto haver ruaus.

Heidi (grescha) Nua eis el? Jeu stos ir tier el.

Padrut Ella buc – naven! – naven!

Heidi (vesa il blessau) Tgei! – Tgi ha dau sin el? Saun! Saun! (sesnuescha ed untgescha anavos)

Mengia El vegn tut alvs. El viva buca gitg pli.

Padrut Naven!

Heidi (bragia dad ault) Ah tgei sgarscheivel.

Padrut Naven!

Peder (a Heidi) Fai il bien e va giuedora. El sto haver ruaus. (Heidi va)

Nina Ella ei ida. Ussa sun jeu tia spusa.

Padrut (ragogna) Mia – spusa – a semper.

Nina A semper tia. – Ed ussa, va en pasch. Il Segner fetschi grazia a ti.

Padrut Segner! – Grazia! (Miera. Tuts levan si. Nina stat en schenuglias sper la bara)

Risch Il Segner salvi si'olma ed er las nossas. Schein mintgin in Babnos. (silenzi)

9. scena

Ils medems, senza Heidi, Gaudenz.

Peder	Grazia er per quels che han sia veta silla cunsienzia!
Gaudenz	(vegn)
Mengia	Mo che ti vegnies. Il Padrut ei morts.
Gaudenz	Morts? Mazzaus da quels ch'ein stai mes cumpogns?
Mengia	Fusses ti ius vinavon cun els, fusses er ti uss la cuolpa de sia mort.
Gaudenz	Gie, ei para, che jeu hagi stuiu ir en perschun per vegnir preservaus da mender.
Mengia[20]	Las vias dil Segner ein stgiras, mo mervigliusas.

10. scena

Ils medems. Giosch Parsura.

Giosch	(vegn tut da stuorn) Tgei ei schabegiau? Nua ei miu fegl? Tgi ha purtau el en quella casa?
In pur	Ei quei il pli grond malfatg? Havessen nus duiu laschar el or sin via?
Giosch	(va vitier la bara e muossa sin Nina) Tgei fa quella cheu?
2. pur	Ella ha lavau las plagas, frestgentau il frunt e cunfortau l'olma ell'ura della mort.
Giosch	Della mort? Tgi ei morts? Gi, ch'ei seigi buca ver.
Mengia	Mira tez.
Giosch	(croda ensemen sper la bara; suenter in'uriala) Padrut, miu fegl. Ti mia suletta spronza. Senza tei ei la veta piarsa per mei. Peramur de tei hai jeu battiu e luvrau tut quei temps. Sche ti eis buca pli, ei mia forza rutta. – Sutterrei mei cun el. Pertgei vivel jeu aunc pli gitg?
Mengia	Buca fai puccau aschia. Ei dat aunc in'autra spronza che quella sin carstgauns.
Giosch	(leva si) E tgi ei la cuolpa de tut quei? Pertgei hai jeu stuiu piarder el? Pervia de quella benedida aua e quels che han vuliu ella.
Peder	Teidla, Giosch. Pervia dell'aua havess tiu fegl buca stuiu murir, silpli pervia dell'aua ch'igl ustier ha vendiu ad el. E seigies sincers. Has buca ti stuschau el viaden en quella spelunca de puccaus satanics ed havesses vendiu el en bratsch ded ina femna che vala nuot. E tut quei mo pervia de tiu caprezi e de tiu odi encunter glieud che han buca vuliu far dil mal.
Giosch	(cun in'egliada sin Risch) Buca dil mal?
Risch	Na, dil mal havein nus vuliu far a negin, er buc a ti. E tonaton havein nus selaschau surmenar de nutrir il fiug de disfidonza.

20 «Mengia» handschriftlich abgeändert in «Risch».

Ussa essan nus castigiai persuenter. Nus lein era purtar ei ensemen. (vul dar il maun a Giosch. Quel mira pitgiv silla bara)

Peder — Teidla quei ch'il Risch gi. Dai er ti il maun e fagei la pasch.

Giosch — Cun quei vegn miu fegl buca puspei en veta.

Mengia — Tiu fegl viva. Ella davosa ura eis el aunc seviults ed ei morts en cardientscha. Er ti sas intrar ella veta, sche ti vas quella via.

Nina — (leva si e porscha a Giosch il maun) Er jeu hai piars quei che Vus haveis piars. Mo jeu sai, ch'el ei buca piars. Ella mort hai jeu anflau miu spus e vi buca piarder el pli. Lein ir ensemen la via tier il Segner e tier Vies fegl.

Giosch — (dat il maun a Nina e Risch) Gie lein ir ensemen.

Mengia — Udis, co l'aua cuora giud il tgiern-funtauna. Tgi che crei, da quel vegnan a fluir flems ded aua viva.

(Tenda)

Aua de fontauna

Reminiscenzas davart il niev provediment ded aua a Vuorz 1902

Da Peder Paul Cadonau

Den nachfolgenden autobiografisch-erzählenden Text hat Peter Paul Cadonau im Calender «Per mintga gi» des Jahres 1952 (S. 40–44) publiziert.[1] *Dieser Text resümiert den dokumentarisch-erfahrungsmässigen Hintergrund Cadonaus für das Theaterstück «Aua viva», welches aus dem gleichen Jahr 1952 stammt und eine ganz eigene, ja eigenartige Mischung ist aus den historischen Ereignissen des Jahres 1902 im Zusammenhang der neu errichteten Wasserversorgung seines Heimatdorfes Waltensburg und daran angeschlossenen freien, fiktiven religiösen Interpretationen, die der Autor in den Stoff einträgt und die erwachsen sind aus der Erfahrung von konfliktgeladener Machtausübung zwischen Menschen, von Gewalt, Schuld und dem Umgang damit und ähnlichen, vor allem auch religiös konnotierten Themen – wie etwa Sünde und die Macht des Bösen, Hoffnung auf Christus als den Erlöser der Menschen –, die Peter Paul Cadonau in diesen Jahren besonders am Herzen lagen und die natürlich eine seiner Hauptmotivationen zur Abfassung des Theaterstückes waren.*

Sch'ins passa oz tras la vischnaunca de Vuorz, sche catta ins mintga ton toc ina fontauna de cement che vegn nutrida dad in reh fil ded aua frestga. Zacons de quels dudisch begls de cement portan aunc la cefra 1902 e regordan nus al fatg, che gliez onn ha la vischnaunca per l'emprema gada survegniu aua de fontauna. Pli baul saveva ei schabegiar, sche in jester vegneva el vitg, ch'el stueva encurir adumabatten ina fontauna; sco buobs havein nus ina gada stuiu gir ad in viturin, ch'el stoppi ir cun siu cavagl vi el Flem a schar beiber, sco nossa biestga stoppi era ir.

Il vitg de Vuorz sesanfla sin ina morena ed ha perquei egl entir contuorn buc ina fontauna pli reha. Da primavera sema ei bein tscheu e leu sut vitg ora enqual aveina ded aua; mo quellas schigian lu era puspei. Per quei motiv han ins probabel baghegiau la vischnaunca en lingia suenter il Flem, in'aua che nescha el Frisal e cuora sper Breil vi e lu tras il funs de Breil e Vuorz e sbucca sper Rueun el Rein. Quei Flem haveva de furnir l'aua per buentar e cuschinar, per lavar e per cass de fiug. Denton haveva ina part dil vitg, la squadra de Demvitg, era aschia grondas difficultads cun l'aua; pertgei leu ei il Flem sfundraus giu en ina profunda val.

Era la casa de mes geniturs era situada en quella part dil vitg. Perquei viva il problem dell'aua aunc ellas regurdonzas de mes gis d'uffon. Naven da nossa casa haveva ins fatg ina senda viaden ella val dil Flem. Sut il santeri giu stevan aunc las ruinas ded in vegl mulin, e denter quellas era nies plaz de prender aua. Leu stuevan nossas mummas era lavar e far lischiva. Dad uffons mavan nus mintga gi in pèr gadas cun hontas e sadluttas per aua. Sper quella senda deva ei era in plaz de

1 Der Stiftung des Calender *Per mintga gi* sei an dieser Stelle herzlich gedankt für die Erteilung der Abdruckgenehmigung für den autobiografischen Text wie auch für das Gedicht aus dem Calender 1952.

ruassar, e leu essan nus, sco uffons fan, bein enqual gadas secumblidai, tochen che ina dellas mummas vegneva cun cavels sgulatschonts a mirar, sch'ei seigi buca schabegiau enzatgei. Ins sa bein era discuorer ded ina protecziun divina, ch'igl ei da miu seregurdar maina schabegiau, ch'in uffon fuss curdaus el Flem cun ir per aua.

Il temps de primavera, cu la neiv luava sils aults ed ils muvels eran tuts en vischnaunca e vegnevan buentai cun catschar la biestga viaden il Flem, haveva ei num levar marvegl e purtar aua, avon che quella vegni tuorscha e tschuffa. Gl'unviern era la riva dil Flem savens schelada e l'aua scufflada, ch'ins duvrava ina cazza per emplenir las sadialas. Ina matta pupratscha ded ina famiglia paupra, numnada la Matgoda, mava mintga gi a rugar latg ni caschiel e purtava lu aua per ils purs per pagaglia. Nus havein bia ris ded ella, co ella derscheva l'aua della cazza sper la sadiala.

Aunc mender che nus stevan quels dellas casa pli engiu. In temps prendevan els aua ord ina pintga fontauna giu Puoz. Mo la stad schigiava era quella, e lu stuevan els ir tochen sin Cadruvi per aua e menavan quella savens en brels e buots sin in carr. Ei secapescha, ch'era ils pompiers che ein da gliez temps vegni organisai, savevan buc exercitar culs hidrants. Jeu seregordel ded in exercezi de pompiers, nua ch'ins ha fatg ina senda giu la val naven dalla casa pervenda e dau si aua en sadialas, fagend ina cadeina; en quella havevan era dunnas ed uffons lur funcziun.

Il provediment ded aua per quella part dil vitg era gia dagitg staus in problem per nossa vischnaunca. Ina gada haveva ins fatg in'emprova cun ina pumpa che era installada sper il Flem sut nossa senda ded ir per aua. L'aua pumpada vegneva menada en treis begls. Jeu seregordel aunc ded haver viu las restonzas de quella pumpa e las treis petgas-fontauna che stevan precis el medem plaz sco oz las treis fontaunas de Demvitg, senza quella sper Casanova. Mo jeu seregordel buca ded haver viu vegnend aua da quellas. Sco mattatschet hai jeu era udiu bein enqual discuors, co ins savessi procurar per aua. Denter auter vegneva en dumonda ina fontauna ell'acla de Foppas.

Ei ha duvrau in special impuls, tochen che la caussa ei vegnida realisada. Da nies temps prendevan nus buobs adina part dellas radunonzas de vischnaunca. Sche quellas vegnevan salvadas suenter priedi en pierten, revevan nus sin las petgas dil pierten; sch'ellas eran en la stiva de scola sesevan nus els bauns davos ni stevan era sin pei. Jeu seregordel aunc dil decuors de quellas radunonzas. Cu il president haveva declarau ina tractanda, laschava el dumandar ils pareris tras il cuitg. Quel dumandava gl'emprem ils auters suprastonts e dignitaris e lu mintga singul votant, priu ora forsa ils pli giuvens, cun gir: «President M., schei vies meini» ed aschia vinavon. L'in e l'auter sustenevan il president ni scheva siu agen meini, biars muentavan lur capiala cun in det – ins purtava lu capialas schizun en stiva de radunonza – e scheva: «Sco'i plai», dond vinavon il plaid a siu vischin. Ded ina tala radunonza seregordel jeu aunc, ch'il president ha suttamess al vischinadi ina brev dil miedi districtual, nua che quel ha scret, ch'ei seigi constatau, ch'ina malsogna contagiusa seigi vegnida tras l'aua dil Flem transportada da Breil a Vuorz, e che la vischnaunca vegni obligada, de procurar per aua sanadeivla. Quella brev ei lu vegnida messa d'ina vart, senza dar suatientscha. Ins era da lezzas uras aunc buca disaus de spender daners culla cazza gronda e stermentava ils gronds cuosts.

Mo ils habitonts de Demvitg han buca laschau ruscher quella caussa, mo han vuliu seprofitar da quella occasiun. Els han priu ina iniziativa en quei senn ed aschia sfurzau de tractar aunc ina gada quella dumonda en radunonza. Menaders dils iniziants eran dus umens – lur nums astgan cheu vegnir numnai cun honur: president Marti Cadonau e miu bab scolast Caspar Cadonau. Jeu seregordel aunc fetg bein de quellas jamnas de combat avon la decisiun. Ord tema, ch'ins vegni tonaton buc a reussir, ha miu bab aunc la sonda sera avon la radunonza decisiva clamau ensemen ina radunonza dils iniziants ed admoniu in e scadin de far tut siu pusseivel per la caussa. Il gi suenter eis ei vegniu – cun 44 encunter 43 vuschs – decidiu, de far in aquaduct per la vischnaunca. Suenter haveva ei num, che in giuven hagi votau cun gie, schegie ch'el havevi aunc buca cumpleniu 20 onns; mo la caussa ei stada decidida, ed ins ei ius vid la lavur.

Per survegnir aua en sufficienta quantitad e qualitad, han ins stuiu sedecider de prender duas fontaunas silla pastira della Gneida. Quei ha dau in liung conduct, ed ils cuosts ein vegni calculai sin 48 000 francs. De quels ha il signur Anton Cadonau, igl enconuschent benefactur tras siu testament, contribuiu 10 000 francs. Gl'auter ha tut la vischnaunca pagau, era ils begls publics, senza cargar si in ton dils cuosts als proprietaris de casas e clavaus; sulettamein la fontauna sper Casanova giudem vischnaunca han ils proprietaris, ils quals eran stai dils emprems promoturs della caussa, stuiu pagar sezs, sch'els han vuliu haver leu in begl per els e per ils biars muvels che vegnevan buentai leu la primavera.

Per nus buobs ha ei dau in interessant temps, cu ins ha la primavera 1902 entschiet cun las lavurs. Igl impressari de Glion, che haveva surpriu quellas, ei vegnius cun bia Talianers, e nus miravan tier, co quels cavavan ils foss. Cu nus mavan a cuolm, deva ei de mirar il grond reservuar che vegneva construius silla pastira de Derums. Mo il pli grond interess leventava il serrer che culava ensemen ils bischels de fier cun teglia e plum. Alla fin della stad ei la lavur stada finida. Ei ha de miu saver dau negina festivitad. Da gliez temps fageva ins buc aschi levamein fiasta sco ozilgi; e dil reminent eran ils spérts aunc buca sequietai dil combat vargau.

Per nossa famiglia ha quella ovra denton purtau ina consequenza tragica e tresta. La primavera haveva la radunonza communala buca pli confirmau miu bab sco scolast, per part segiramein era ord gretta, ch'el sco scolast dil liug era staus menader en quei combat ed haveva ughegiau de far in'iniziativa – ina caussa absolutamein buc usitada en nos vitgs – e quei encunter l'entira suprastonza. Ei mava encunter la fin d'uost, cu nus gliez onn havein giu ventschiu de fenar si cuolm ed essan ina sera vegni a casa e passai tras vischnaunca. Las fontaunas de cement eran tschentadas, e sper ellas stevan era las petgas de fier. Silla petga sper la fontauna sil Crest haveva enzatgi mess in tschupi de fluras. Passond sperasvi, hai jeu entgiert, che miu bab ha entschiet ad ir pli dabot, e jeu hai resentiu, tgei che siu cor tertgava: «La petga-fontauna han ins ornau, mo mei han ins bess d'ina vart». Cu miu bab ei gl'auter gi turnaus dalla lavur, saveva el buca tschintschar pli endretg, ed el ei vegnius attaccaus d'ina greva malsogna dil tschurvi, e sia forza spirtala ei per tut sia veta stada sfraccada. Ei vegn ad esser, che aunc autras caussas che han da gliez temps grevegiau siu cor, han contribuiu a quella malsogna, mo per part eis ella segiramein era stada ina consequenza de siu combat per l'aua de fontauna.

Ei ha lu aunc dau in'autra unfrenda. Sco survigilader dellas lavurs haveva ins engaschau in vischin de Vuorz, Luzi Pfister, in um grond e ferm, che haveva denton pli baul cun occasiun dil sittar de nozzas piars il maun dretg. El haveva teniu buna disciplina denter ils Talianers; mo quei gi ch'ins ha dau a quels la davosa paga, ha in vuliu prender vendetga, ha attaccau el e vulnerau el aschi fetg, ch'el ei en cuort morts. Aschia pretenda mintga ovra, sch'ella dei reussir, che carstgauns sappien defender ella ed era purtar unfrendas.

Duront ch'ins era aunc vid la lavur, deva ei de quels che schevan, che l'aua dil Flem seigi bia pli buna che quella della Gneida, e ch'els perinagada mondien vinavon giu Flem per aua de far caffe. Mo jeu creigel, ch'ins hagi, dagl emprem gi naven che l'aua ei vegnida, viu negin pli mond cun giuv e sadialas giu Flem. Dapi 50 onns ha Vuorz in stupent aquaduct che ha era gia gidau dustar in prigulus fiug. Perquei eis ei mo endretg, ch'ils fegls seregordien cun engraziament della lavur dils babs.

Aua viva

Das Gedicht «Aua viva» lässt Peter Paul Cadonau direkt im Anschluss an den autobiografisch-erzählenden Text «Aua de fontauna» im Calender «Per mintga gi» des Jahres 1952 zum Abdruck bringen (S. 44). Es bildet für den Autor wohl das Zwischenstück, den Überschritt vom dokumentarischen Erzähltext hin zum fiktiv-dramatischen Text, der die religiöse Conclusio aus den historischen Ereignissen zieht, sie interpretiert und glaubensmässig überformt. Insofern stellt es ein fundamental wichtiges Element zum Verstehen von Cadonaus Drama dar, weshalb wir es hier auch wiedergeben.

In viandond rumogna
spel begl giudem il vitg.
Siu frunt bufatg el bogna
e prenda lu dal tgiern in sitg.

Ina giuvna vegn per via
e gi sco per tentar:
«Quell'aua tuttavia
sa tgierp ed olma frestgentar.»

Mo el gi alla matta:
«Quest'aua sa dustar
la seit della gargatta,
mo buc dil cor siu suspirar.

Vul ti tal'aua viva,
stos ver in auter begl.
Da mei il plaid deriva
che medgi'il mund e siu scumbegl.»

ppc.

Texte zu Peter Paul Cadonau

Predigt von Pfarrer Martin Caveng anlässlich der Beerdigung von Peter Paul Cadonau am 27. August 1972 in Waltensburg

Plaid sur fossa, salvaus ils 27.8.1972 sil santeri da Vuorz per ser dr. h. c. Peter Paul Cadonau (1891–1972)

[maschinenschriftlich (Nachlass)]

Daniel 12,3: «Die Weisen werden leuchten wie der Glanz des Himmels, und die Lehrer, welche viele zur Gerechtigkeit geführt haben, werden leuchten wie Sterne.»

Psalm 111,10: «Die Furcht des Herrn ist der Weisheit Anfang.»

Wenn nun die Herbstzeit sich sacht im Naturgeschehen ankündigt, und die Boten der Erfüllung des Jahres sichtbar werden ..., wenn im Churer Rheintal etwa, wie man dies noch letzte Woche dort sehen konnte, die Bauern die goldenen Kornäcker abgeerntet haben ... Zeit der reifen Ähren, Zeit der Garben, die eingefahren werden ... So will sich uns an diesem Grabe zunächst ein Wort einstellen: Reif. Ein Menschenleben, das über acht Jahrzehnte lang sich bei körperlicher und geistiger Gesundheit ausdehnen und entwickeln durfte, darf einmal «reif an Jahren» bezeichnet werden. Ein Leben aber, das geprägt war von immensem Fleiss und grösster Schaffenskraft bis zuletzt, es ist wohl auch «reif von seinen Werken» her gesehen. Dazu nur der kleine, und doch so bezeichnende Hinweis: Der religiöse Artikel unserer romanischen Wochenzeitung, der Casa Paterna, erschienen vor zwei Tagen, stammt noch aus seiner Feder.

Wie immer man aber von der Reifung, von der Erfüllung des Lebens von Pfarrer Cadonau und seines Geschickes sprechen möchte, eines ist gewiss: Reif und bereit zur Ernte ist dieses nun zu seinem irdischen Ziel gelangte Leben durch das Licht oder im Licht des Gotteswortes geworden. Das «Verbi divini minister», VDM, «Diener am göttlichen Wort», die eigentliche Berufsbezeichnung des Prädikanten, er hat diese wirklich gelebt. Von diesem Gotteswort ist der Verstorbene durchdrungen gewesen. Und wenn sicher manche Anliegen von ser Paul reif werden durften, so eben ganz in diesem Dienst am Gotteswort. Mit der Kraft seiner ganzen Persönlichkeit ist er von der biblischen Wahrheit durchdrungen gewesen.

Da nun aber Leben und Wirken reifgeworden, da Frucht erkennbar wird, können wir wohl sagen: Erntezeit ist auch eine Zeit des Dankes. Und diesen Dank finden wir doch so gut ausgedrückt im verlesenen Prophetenwort Daniels. Mit den Gestirnen des Himmels gar vergleicht der alttestamentliche Prophet diejenigen, welche in aufrichtigem Bemühen die Wahrheit Gottes den Menschen gezeigt haben, und diese Wahrheit auch gelebt haben. Daniel redet zwar nicht von der Zeit jetzt und von der Erfüllung eines einzelnen Lebensgeschickes, sondern von der Endzeit, da alles in der Welt sich erfüllen wird. Dann aber, so sagt er voller Dankbarkeit, dann werden «die Lehrer und Weisen leuchten wie die Sterne». Sicher hat er dabei nicht an selbstleuchtende Gestirne gedacht, sondern an jene, die ihr Leuchten von anderer, grösserer Lichtquelle empfangen haben. Licht vom Gotteslicht empfangen und weitergegeben: Wie gut bezeichnet dies das Wirken des lieben Verstorbenen als Prediger, als Seelsorger, als väterlicher Ratgeber so mancher Suchenden, oft auch Verirrten.

Da wir nun dankbar einiger Stationen aus dem reichen Leben von Peter Paul Cadonau uns erinnern wollen, sei doch gleich am Anfang gesagt: Der Dank für so vieles, das in diesem Leben sichtbar wurde, richtet sich zutiefst an den Geber aller Gaben. Gott allein die Ehre. So hat es der Verstorbene oft bekannt, wir wollen es an seinem Grab nicht anders halten.

Es mag vor ungefähr 15 Jahren gewesen sein, dass Pfr. Cadonau im Kreise seiner Collegen über sein Leben und die Erfahrungen seines Dienstes in der Kirche gesprochen hat. Hier in Waltensburg ist das gewesen. So gut noch erinnere ich mich, wie er damals die Herkunft, die ihn prägte, genannt hat: Als erste Kraft nannte er das Bauerntum seiner Vorfahren. Sein Vater war Lehrer und Landwirt. In einer bäuerlichen Familie, zusammen mit noch drei jüngeren Schwestern, mit denen und deren Familien er zeitlebens eng verbunden blieb, ist er aufgewachsen. Und dieses bäuerliche Erbe mag in seinem zähen Arbeitswillen sichtbar geworden sein, und in der männlich-tapferen Art, wie er das, was er als gut und wahr erkannt hatte, zu vertreten und zu verteidigen verstand.

Aus seiner Jugendzeit erinnerte er sich dankbar auch im Alter noch des damaligen Dorfpfarrers von Waltensburg, Pfr. C. Bonorand, dessen Auslegungen etwa der Jesusgleichnisse ihm bleibenden Eindruck gemacht hatten. Nach der Churer Kantonsschulzeit, aus seiner Studienzeit in Zürich und Basel nennen wir dann als eine besonders starke Kraft der Beeinflussung das Wirken von Leonhard Ragaz. Ragaz ist jener theologische Lehrer, der den Theologiestudenten jener Vorkriegsjahre so viele gute Weisung gegeben hat.

1914 wurde Peter Paul Cadonau dann in Davos-Dorf in die evangelisch-rätische Synode aufgenommen. Und damit begann ein grosses Engagement all seiner Kräfte für die ihm anvertrauten Menschen und Gemeinden. Nicht nur in der Verkündigung des Gotteswortes am Sonntag, nicht nur in vielen treuen Bibelstunden wollte er dienen, sondern auch im Versuch zur Verbesserung der Lebensbedingungen in den Berggemeinden. Religiös-sozial – so hiess das Losungswort damals, und kann und darf es eigentlich für das tätige Christentum nie anders lauten. Zeichen dieses Einsatzes – anstelle von anderen sei es genannt – ist die Tatsache, dass der Verstorbene, damals als Pfarrer von Luven und Flond, zu den Mitbegründern des Konsumvereins Ilanz gehörte, den er dann auch einige Jahre leitete. Dann denken wir daran, wie der Verblichene die kulturelle Aufgabe erkannte, und bezeichnend für ihn: Jedes kulturelle Bemühen suchte er mit der Verkündigung des Evangeliums zu verbinden. Dieses verleiht nun auch den Anstrengungen von ser Paul für seine geliebte romanische Sprache bleibende Bedeutung und Wert. Nicht als Selbstzweck, sondern als ein – allerdings sehr kostbares – Gefäss für den kostbaren Inhalt des Evangeliums und göttlicher

Wahrheit: So gebrauchte der Verstorbene die Sprache seines Herzens. Dies aber wollen wir dann auch dankbar anerkennen: Das lebenslange Wollen des Verblichenen, biblische Wahrheiten seinen romanischen Mitchristen eben in der Sprache der Väter zu verkündigen, führte dazu, dass es wohl nicht allzu viele gewesen sind, die es ihm im sprachlichen Ausdruck, im Formgefühl, auch in der Kraft und Originalität gleichtun konnten. Manche Formulierung, etwa im profanen und im Kirchenlied ist ihm gelungen, welche wirkliches Volksgut geworden sind.

So waren es zunächst romanische Gemeinden, denen er gedient hat. In diese erste Zeit seines Wirkens, 1918 fiel die Verheiratung mit Maria Cadonau. In ihr fand er nicht allein eine treubesorgte Gattin, die ihn mit aller Liebe begleitet und gehegt hat. Noch mehr – und dankbar war der Verstorbene sich dessen bewusst: Da die Ehe kinderlos blieb, so wurde das Pfarrhaus in Luven und Ardez, in Thusis und Trin zur Heimat auf kürzere oder längere Zeit für so manche Menschen, zu einem Zufluchtsort, wo viele das stille, segensreiche Walten der Pfarrfrau und das weisende Wort des Pfarrers erleben durften. So ist auch seine christlich geführte Ehe zu einem Mittel der Verkündigung des Gotteswillens geworden.

Die Dankbarkeit für dieses Leben würde uns nun dazu führen, von seinen Früchten zu sprechen. Wir könnten nun eine lange Reihe von literarischen Werken aufzählen, in denen ser Paul zum Lehrer der romanischsprechenden Gemeinden geworden ist. Dazu ist dies nicht der Ort. Im Mittelpunkt all dieser Bemühungen steht aber gewiss seine Übersetzung des Neuen Testamentes, 1954 erschienen, herausgegeben zusammen mit Prof. Dr. Hercli Bertogg. Welche grosse Arbeit liegt doch darin, wenn wir festhalten, dass er ungefähr 20 Jahre lang daran gearbeitet hat. Es ist bekannt, dass ihm die Universität zu Basel dafür den Doktortitel ehrenhalber verliehen hat.

Dann sind es viele Ämter gewesen, die er mit grossem Pflichtbewusstsein innehatte: Wir denken an sein Wirken in der Sprachvereinigung Renania, denken daran, dass er innerhalb der Kolloquien mit grossem Einsatz gearbeitet hat, dass er der Bündner Kirche manche Jahre als Aktuar des Kirchenrats und als Mitglied des Examinationskollegiums diente. Er, der bereits in der Kantonsschulzeit der Abstinenzbewegung beigetreten war, begann dann in den Dreissiger Jahren, aufgefordert durch seinen Freund Pfr. Thurneysen, aktiv in der Blaukreuzbewegung mitzuarbeiten. In diesem Zusammenhang wurde er mit der Kinderheimarbeit «Gott hilft» bekannt und mit deren Gründer, Vater Rupflin. Durch Besinnungswochen und Vorträge ist er immer mehr in die Mitarbeit von «Gott hilft» hineingekommen, sodass er, nach vierzigjährigem Pfarramt 1954 die geistig-theologische Leitung der «Gott-hilft-Häuser» in Seewis übernahm, gleichzeitig mit der damals neugegründeten Telephonseelsorge.

Erst vor vier Jahren trat er von diesen Aufgaben zurück und nahm endgültigen Wohnsitz wiederum hier in unserer Gemeinde – womit sich der Kreis dieses Lebens auch örtlich gesehen wiederum zu schliessen begann. Es wären darum wohl sehr viele sichtbare, und wohl noch lange weiterwirkende Zeichen seiner Wirksamkeit zu nennen. In über 70 Gemeinden Graubündens, aber auch der deutschen Schweiz, diente er mit mehrtägigen Evangelisationen. Die Früchte seiner überaus intensiven seelsorgerlichen Bemühungen sind nicht wäg- und zählbar. Sie sind verborgen, Gott allein kennt sie. Aber wir wissen doch, dass es sehr viele sind, die mit Dankbarkeit an Peter Paul Cadonau zurückdenken werden.

Eines aber muss an diesem Grab unbedingt noch gesagt werden: Ein Anliegen, welches ser Paul immer mehr erfüllt hat, in Verkündigung und Seelsorge. Ein Gedanke, ja vielmehr eine Überzeugung, die im Thema einer gedruckten Predigt vom Jahr 1937 zum Ausdruck kommt: «Jesus, der Fürst des Friedens». So heisst es dort. Und «Begegnungen mit Jesus», so lautet der Titel eines vielgelesenen Andachtsbüchleins. Zentrales Anliegen seines Glaubens und Hoffens war die Autorität Jesu. Daran hat er festgehalten, manchen Anfeindungen zum Trotz. In einer Zeit, da die Gebote immer mehr vielen Menschen unverbindlich werden ... in unserer Zeit, da offen oder versteckt der Anspruch Gottes auf unser Leben verneint wird, da die Menschen in sich selber das Mass aller Dinge, auch das Mass ihres Glückes zu finden glauben: Da hat der Verstorbene die Autorität Jesu, seine Herrschaft und seinen Anspruch geglaubt und verkündigt. Es ist in keinem anderen das Heil – von diesem Wissen aus versuchte er Weisung für alle Fragen des täglichen Lebens zu erhalten. Dass in Jesus erschienen ist die Liebe Gottes – wie oft und vielfältig hat er uns dieses verkündigt. Und dass diese Autorität Jesu Ewigkeitswert habe, dass sie irdisches Leben umfasse und überdaure, ja darum auch Krankheitszeit, Sterben und Tod: Diese Hoffnung hat er gekannt. Wir alle wollen sie heute aufnehmen und festhalten. Dankbar für Leben und Werk des Verblichenen, zum Trost für alle Trauernden, und zur Stärkung unserer Glaubenshoffnung wollen wir darum sprechen: Jesus Christus gestern, heute und in Ewigkeit.

In davos plaid da cunfiert seigi drizzaus per romontsch a Vus tuts. Aschia gi gl'apostel Paulus: Jeu sun cunventschius che ni mort ni veta, ni aunghels ni pussonzas stgiras, ni caussas presentas ni futuras seigien el cass da spartgir nus dalla carezia da Deus en Cristus Jesus, nies Segner. Nua che tala perschuasiun vegn cunfessada denter ils carstgauns – e pilver ch'igl ei stau il cass tier il defunct – leu vegn nossa spronza, nossa cardientscha fortificada. Nus savein, co nies mund ei plein scumbegls, plein disfidonza e discordia. La clav per sabientscha ei la tema da Deus. Quei plaid da cunfirmaziun da ser Paul seigi per nus in davos muossavia. Tema dil Segner – quei munta: Fai pasch gl'emprem cun tiu scaffider e salvader, lu pér sa ei era dar pasch denter ils carstgauns. Per tal priedi da pasch e reconziliaziun cun Deus vegnan biars ad esser engrazieivels lunsch entuorn seregurdond dil defunct. Mo surtut nossas duas pleivs da Vuorz e Schnaus vegnan oz a seregurdar cun engraziament da ser Paul: Ha el gie en aulta vegliadetgna aunc astgau drizzar ora il plaid dalla veta perpetna e dalla pasch, duront quei onn, che Vus essas stai senza plevon.

Per Vus, caras famiglias en malacurada, gie per nus tuts vali il davos vers dalla canzun che cunfessa il Deus ch'ei in pastur fidau. Leu ha ei num ella formulaziun dil defunct:

Deus meina mei sin trutg segir
da quel negin fa mei untgir.
El ei bitgett' e fest a mi
e meina mei en tschiel leusi.

AMEN — Martin Caveng[1]

1 Handschriftlich gezeichnet von Pfarrer Martin Caveng.

Erinnerung an Peter Paul Cadonau von Fritz Wittwer, gerichtet an die «Freunde von den Blaukreuz-Besinnungswochen»

[maschinenschriftlich, vervielfältigt als Blaumatrize, undatiert (Nachlass)]

Unser Pfarrer Peter Paul Cadonau †
Liebe Freunde von den Blaukreuz-Besinnungswochen!
Nun ruht er auch aus von seinem reichen Leben, auf dem kleinen Friedhof am Bergkirchlein auf dem Jörgenberg, nicht weit von dem andern Wohltäter des gleichen Namens, der durch seine Stiftung so Vielen das Leben erleichtert.

Es sind prächtige, markante, treue Menschen, diese Waltensburger. Einer von ihnen war auch unser WOHLTAETER Pfr. Cadonau. Denn dass er es war, das werden gerade wir herzhaft bekennen! Aber er war es nicht nur mit offener Hand, er war es viel tiefer, auf geistige Art. Er spendete zeitlebens und unermüdlich aus der Fülle göttlicher Kräfte: Ermutigung, Wegweisung, Heilung für innere Leiden und Schäden, Vergebung; und dies alles im Namen des Herrn Jesus Christus, der sein Leben so bestimmt und fruchtbar machte. So und nicht anders muss man diesen echten Pfarrer und seine Amtsführung als Seelsorger kennzeichnen und achten.

Er war und blieb in erster Linie *Verkünder*, und zwar der biblischen Heilsbotschaft. Zuerst war er vor allem *Täter*, angriffiger Verwirklicher gewesen, als Jünger vom grossen und doch so bescheidenen Leonhard Ragaz für die vordringliche soziale Besserstellung. Das hiess praktisch: Gründer des Konsums in seiner ersten Oberlandgemeinde; unerschrockener Samariter in den Grippejahren; leidenschaftlicher Kämpfer für das reine Oberländisch-Romanisch im Talblatt.

Schon als Kantonsschüler durch Erfahrung klug, wurde er Abstinent. Ich gewann ihn via Pfr. Thurneyesen für das Blaue Kreuz. Das ist eine meiner grossen Bündner Freuden. Treue Gebete seiner Gemeindeglieder in Th. und die markanten Vorträge im «Steinbock» in Igis änderten seine Stellung zur Heiligen Schrift. Er war ja von jeher ihr Erforscher und Übersetzer. Das trug ihm, wie seinen Amtsbrüdern E. Camenisch, B. Hartmann, Bertogg, P. Vogt den Ehrendoktor ein. Wir freuten uns alle mit ihm. Ehre, wem Ehre gebührt!

Dann leitete er von 1936–1959 unsern Blaukreuz-Kantonalverband. Er blühte auf, nicht zuletzt auch dank dem nimmermüden Agenten, Freund Gottfried Neuenschwander und seinen drei jungen eifrigen Nachfolgern. Wie gesegnet waren doch die Mitarbeitertagungen im «Steinbock» und die Besinnungswochen in Seewis!

Nach fruchtbaren Jahren im Engadin, in Thusis und im sonnigen Trins wurde der grosse Kanton und das weite Unterland seine «Gemeinde»: Pfr. Cadonau wurde der geistliche Leiter des «Gott hilft»-Dienstes – gehörte er doch schon lange dem Stiftungsrat an – Zahlreich sind seine Vortragswochen, und an Tausende von Gästen in Seewis richtete er seine lebendige Botschaft aus – auch an uns alle. Sind wir ihm dafür dankbar durch die Tat und die Treue? Gott geb's! Denn so bleibt er uns allen in lebensnaher Erinnerung: als einer der treuesten Diener seines Herrn. Darf ich's noch einmal sagen: Wir wollen sein Andenken ehren durch ähnliche Entschiedenheit und Treue!

Mit herzlichen Grüssen!
Euer Fritz Wittwer, nun in Malans

(aus dem ersten Vortrag einer Woche

In Schiers und St. Moritz, gehalten, 1957 von Pfr. Dr. P. P. Cadonau)

ICH bin der Weg. Joh. 14,6ff «Wir empfangen die Orientierung in dem verlesenen Wort. So ist es vom Vater verordnet. Ich legte einmal Zeugnis ab, wie ich zu Jesus kam. Die Diskussion entbrannte: ‹Das ist nun Dein Weg. Muss es auch meiner sein?›

Jawohl! Er ist es.»

Ausgewählte Nekrologe in lokalen bzw. regionalen Publikationen

Neue Bündner Zeitung vom 2. September 1972, S. 4

Pfarrer Dr. h. c. Peter Paul Cadonau zum Gedenken

Als er nach 40-jährigem Pfarramt in der Bündner Kirche anlässlich einer Pastoralkonferenz seinen Kollegen von seinen Erfahrungen erzählte, nannte Pfarrer Cadonau selber seine bäuerliche Herkunft eine «Kraft, die ihn mitgeprägt» habe. Geboren am 28. März 1891 in Waltensburg/Vuorz, wuchs er in einer bergbäuerlichen Familie auf, zusammen mit noch drei jüngeren Schwestern. In seinem zähen Arbeitswillen, auch in der tapferen, männlichen Art, wie er einmal als gut und wahr Erkanntes zu vertreten und verteidigen verstand, mag dieses bäuerliche Herkommen später sichtbar geworden sein.

Ein weiterer Hinweis zu seinem Herkommen: Sein Vater war Lehrer, und er setzte damit insofern eine Tradition fort, weil aus der Cadonau-Familie seit Jahrhunderten immer wieder führende Persönlichkeiten sich in den Dienst der Gemeinde gestellt haben. Man könnte da den Podestaten von Plurs Mitte des 16. Jahrhunderts nennen, Ulrich de Cadunau, oder den Landammann Johann de Cadunau, der die Gemeinde Waltensburg leitete, als sie 1734 sich von der politischen Herrschaft des Klosters Disentis löste. Oder es liesse sich auf Mistral Johann Jacob Cadonau hinweisen, der in der Wende zum 19. Jahrhundert als Geissel der Österreicher eine Zeitlang, mit manchen anderen «Franzosenfreunden» Graubündens, in den Staatsgefängnissen von Innsbruck leiden musste. Und schliesslich erhält dieser Familienname einen ganz besonderen Klang, wenn man an den 1929 verstorbenen Wohltäter Anton Cadonau denkt, dessen Legate es erst ermöglicht haben, dass so manche Werke, die Pfr. P.P. Cadonau geschaffen, auch gedruckt werden konnten. Dieser Hinweis auf das Herkommen ist nicht ganz unwichtig, wird hier doch die Situation des Heimatdorfes sichtbar, welche den Verstorbenen auch mitprägte: Waltensburg/Vuorz war seit der Reformation konfessionelle Enklave und sprachlich bis heute geschlossen romanisch.

Von 1903–1910 besuchte Peter Paul Cadonau das Gymnasium der Bündner Kantonsschule, und er gehörte jener Klasse an, die sich später regelmässig wiederum als besonderer Freundeskreis traf. Das Theologiestudium führte Cadonau nach Zürich und Basel. Der intelligente Student holte sich da das notwendige theologische Fachwissen, das ihm später ermöglichte, in überaus gewandter und beredter Art sich an so manchen Glaubensgesprächen zu beteiligen. 1914 wurde er in Davos-Dorf in die evangelisch-rätische Synode aufgenommen und begann mit grossem Eifer das Pfarramt in den Gemeinden von Luven und Flond. Als einer, der beim bekannten Lehrer Leonhard Ragaz das soziale Element in der christlichen Verkündigung zu sehen gelernt hatte, fühlte er sich nun ganz für die ihm Anvertrauten verantwortlich. Diese Verpflichtung führte dazu, dass er zu den Gründern des Konsumvereins Ilanz und Umgebung gehörte, den er einige Jahre leitete. Aber auch die vielfältigen Bemühungen um das Kulturelle mögen hier ihre Wurzeln haben: Peter Paul Cadonau gehörte zu den Gründern der Sprachvereinigung Renania (1920). Er redigierte die bis heute erscheinende Wochenzeitung Casa Paterna in den ersten, schwierigsten Jahren. Er verfasste Theaterstücke und religiöse Radiohörspiele. Er gab zusammen mit Tumasch Dolf eine Sammlung von profanen (1925) und religiösen Gemischtenchorliedern (1933) heraus.

Als einer, der zweimal in Oberländer romanischen Gemeinden diente (in Luven/Flond bis 1924, in Trin von 1944–1954), und der durch 7-jährigen Dienst in Ardez/Ftan auch Engadiner Verhältnisse kennengelernt hatte, war es ihm ein immer grösseres Anliegen, den religiösen Unterricht in Schule und Haus durch neue Lehrmittel zu verbessern. Eine romanische Schulbibel, eine Kinderbibel, dann auch zusammen mit anderen Kollegen ein Andachtsbüchlein waren erste, feine Früchte seines Strebens. In den dreissiger Jahren begannen die ersten Vorarbeiten einer neuen Übersetzung des Neuen Testamentes. 1939 erschien das Matthäus-Evangelium. In der Folge erhielt Peter Paul Cadonau in Prof. Dr. Hercli Bertogg einen treuen Mitarbeiter, mit welchem er das vollendete Werk 1954 dem Volk übergeben konnte («Il Niev Testament, ils psalms – nova versiun sursilvana»). Den Übersetzern verlieh die theologische (sic!) Fakultät der Universität Basel den Doktortitel ehrenhalber. In einer überaus verdienstvollen Arbeit von Pfr. Dr. A. Frigg, St. Peter (Bündner Monatsblatt 1958) ist aufgewiesen worden, wie die Übersetzung Cadonau/Bertogg gänzlich neu erfolgen musste, weil die aus der Reformationszeit stammende Übersetzung von Luci Gabriel (1648) sprachlich antiquiert war und sich immer mehr von der Alltagssprache entfernt hatte.

Bei dieser Arbeit schaute – wie man es von Luther weiss – P. P. Cadonau von neuem «dem Volk aufs Maul». Mit feinem sprachlichem Verständnis verkündete seine Übersetzung dem Volk in heutiger Sprache den Willen Gottes. Und dafür, ebenso wie für die Herausgabe des romanischen Choralbuches (1946), wird das reformierte romanische Kirchenvolk der Sur- und Sutselva ihrem (sic!) Paul dankbar bleiben. Es folgte dann – in hohem Alter bereits – eine teilweise Übersetzung der geschichtlichen Bücher des Alten Testamentes in Zusammenarbeit mit anderen Kollegen durch Endredaktion von Pfr. M. Fontana, Felsberg, im Jahre 1967 redigiert. Dies ist eine späte Frucht des ungeheuren Fleisses, welcher typisch war für P. P. Cadonau als romanischer Verkünder und Prediger.

Nachdem er sich so während 40 Jahren in den Dienst der Bündner Kirche gestellt hatte, war Pfarrer P. P. Cadonau als geistig-theologischer Leiter der «Gott hilft»-Häuser von 1954–68 in Seewis tätig. Da eröffnete sich ihm ein reiches Betätigungsfeld als Seelsorger, für welchen Dienst er schon früher ganz besonders begabt erschien. Mit grosser Treue war er stets den Mühseligen und Beladenen, auch den Gebundenen, nachgegangen. Als überzeugter Anhänger der Abstinenz war Pfarrer Cadonau durch seinen Freund Pfarrer Thurneysen in der Blaukreuzbewegung tätig geworden, war auch viele Jahre Kantonalpräsident der Bündner Blaukreuzvereine. In diesem Dienst war er mit Vater Rupflin und dessen Werk bekannt geworden und setzte sich nunmehr während 14 Jahren in den Dienst der Betreuung der vielen Gäste, die in Seewis Stärkung für Leib und Seele suchten. Als Mitglied des Stiftungsrates «Gott hilft» wurden seine Erfahrungen, seine klare christliche Einstellung und Tatkraft geschätzt.

Auch die Bündnerische Telephonseelsorge – eine neugegründete Institution – betreute er von Seewis aus manche Jahre, und wurde so mit vielen Menschen zusammengeführt, denen er etwas bedeuten konnte. Und schliesslich: Wenn festgehalten wird, dass Pfr. Cadonau in über 70 Gemeinden Graubündens und der Deutschschweiz mehrtägige Evangelisationen durchgeführt hat, so mag dies wiederum auf seinen grossen Einsatz hinweisen.

Einsatz wofür? Gewiss nicht für sich selber oder sein Haus – Pfarrer Cadonau hatte in Maria Cadonau eine treubesorgte Lebensgefährtin, die in ihrer stillen Art ihm, dem Vielbeschäftigten und wohl auch oft Angefochtenen, das Heim bot, dessen er bedurfte. Peter Paul Cadonau ist in allem, was er unternommen hat, «verbi divini minister» gewesen, «Diener am göttlichen Wort». Und wenn eine seiner letzten Publikationen die Überschrift trägt «Begegnungen mit Jesus», so zeigt dies sein Hauptanliegen. Die Autorität Jesu, der Führungsanspruch Gottes über dem menschlichen Leben: Dies war zentrales Anliegen in Verkündigung und Leben dieses Bündner Prädikanten. Nach siebenwöchiger Krankheit ist er am 24. August im Spital in Ilanz verschieden. Viele denken in diesen Tagen mit besonderer Dankbarkeit an den Verstorbenen. Wir tun es mit der Zuversicht und Hoffnung, dass er nun sehen darf, was er geglaubt und verkündet hat.

mc[1]

1 Das Kürzel «mc» steht wohl für Martin Caveng.

Bündner Post. Die Lokalzeitung für Mittelbünden, Donnerstag, 7. September 1972, 83. Jahrgang, Nr. 103/36, S. 1

Zur Erinnerung an Pfarrer Dr. Peter Paul Cadonau
Es ist alles andere als Zufall, dass die «Bündner Post» mit ihren vielen Mitarbeitern und Lesern auch des eben verstorbenen Pfarrers Cadonau gedenken will. Dieser unvergessliche Bündner Prädikant wirkte von 1932 bis 1944 in der aufstrebenden Gemeinde Thusis, versah dazu Masein, Cazis und Rongellen. Er blieb auch nach seiner Übersiedlung nach Trin und später mit vielen Thusner Familien herzlich verbunden. Manche werden heute bekennen, dass sie ihm Wesentliches zu verdanken haben.

Peter Paul Cadonau stammte aus Waltensburg, wo er am 27. August nun auch zu Grabe getragen wurde. Sein Vater war Lehrer, und seine Familie hat der Gemeinde mehr als einmal bedeutende führende Persönlichkeiten geschenkt. So war es verständlich, dass auch der am 28. März 1891 geborene Peter Paul studieren durfte. Offenbar hatte er – neben drei Töchtern der einzige Sohn – schon recht früh in die Schulbücher seines Vaters geschaut, denn er begann seine Schulzeit gleich mit dem Eintritt in die zweite Klasse und soll auch später nochmals eine Klasse übersprungen haben. Die Folge davon war, dass er schon früh ins Gymnasium der Kantonsschule eintreten konnte. Er erzählte, dass ein Bekannter seinem Vater geraten habe: «Nimm dein Söhnlein wieder heim, denn der ist noch zu klein und zart für die Kantonsschule.» Aber der kleine Waltensburger hat mit bestem Erfolg das Gymnasium beendet und die Maturitätsprüfung bestanden. Die Schüler dieser kleinen Klasse blieben sich auch später treu. In den letzten Jahren trafen sie sich jährlich und gedachten der schönen Tage an der Alma mater.

Das Theologiestudium führte Peter Paul Cadonau nach Basel und Zürich, wo damals der geistesmächtige Bündner Leonhard Ragaz als Professor wirkte und die jungen Theologen in seinen Bann zog – dermassen, dass ein damit nicht einverstandener Bündner Synodale ausrief: «Sono tutti ragazzi». Zusammen mit seinem Freund Theodor Caveng, Robert Lejeune, dem frühvollendeten Dichterpfarrer William Wolfensberger und anderen mehr wurde Peter P. Cadonau am 28. Juni 1914 – am gleichen Tag, da in Sarajewo die verhängnisvollen Schüsse auf den österreichischen Thronfolger fielen, welche den Ersten Weltkrieg auslösten – in Davos-Dorf in die Synode aufgenommen. Es war eine bemerkenswerte Synode, von der der Kanzellar Domenig schrieb: «Et haec meminisse juvabit». Sie beschloss die Schaffung des Kantonalen Kirchenboten, dessen langjähriger Redaktor Peter Paul Cadonau wurde.

Der junge Pfarrer übernahm kurz nach der Synode die Kirchgemeinden Luven-Flond, die seit 1895 verwaist waren und von Ilanz resp. von Castrisch aus versehen wurden. Die Freude der Bevölkerung war gross, die Dankbarkeit anhaltend. Bis zum heutigen Tage wurde die Verbindung aufrechterhalten. Der initiative junge Pfarrer begnügte sich nicht damit, nur zu predigen und zu unterrichten. Er bewältigte schon hier eine staunenswerte Arbeit. Bald übernahm er von Domenig den Posten eines Aktuars des Kirchenrates und der Synode. In Verbindung mit anderen weitsichtigen Männern des Oberlandes gründete Cadonau – ganz im Sinne seines Lehrers Ragaz – den Konsumverein Ilanz und Umgebung, welcher bald sein Geschäft eröffnen konnte. Anlässlich der Synode von St. Antönien besprachen er und sein Freund Caveng wie schon oft wieder einmal die alarmierende Situation der romanischen Sprache speziell in der Gruob. Aus diesen Gesprächen kam es dann zur Gründung der Renania, deren erster Präsident Pfarrer Caveng wurde. Peter Paul Cadonau aber übernahm die Redaktion der zugleich gegründeten Wochenzeitung «La Casa Paterna». Viele Jahre führte er teils allein, teils mit Steafan Loringett zusammen diese Arbeit weiter. Auch als andere Redaktoren diese Arbeit übernahmen, blieb er ein fleissiger Korrespondent – bis zu seinem Tode. War es Zufall, dass noch an seinem Todestag ein von ihm verfasster Artikel erschien und ein anderer Monate vorher verfasster noch acht Tage später zu lesen war?

1924 wurde der nunmehr Verstorbene nach Ardez berufen und übernahm kurze Zeit später auch die Gemeinde Ftan. Innert kürzester Zeit predigte er auch schon in ladinischer Sprache. Und zwar erlernte er das Engadinische so gut, dass er viele Jahre später im Münstertal in ladinischer Sprache Vorträge halten konnte. Bis zuletzt erinnerte er sich dankbaren Herzens der kirchentreuen Unterengadiner Gemeinden.

Sein Weg führte ihn dann nach Thusis, wo Candrian nach 26-jähriger Tätigkeit demissioniert hatte. Da wartete eine grosse Arbeit auf ihn. Mit besonderem Eifer widmete er sich dem Blauen Kreuz. Abstinent war Cadonau immer gewesen. Innerhalb des Blauen Kreuzes von Thusis und des Kantons – er wurde bald Kantonalpräsident – begegnete er dann vielen Menschen, die als «Pietisten» verschrieen mit dem Christentum es sehr ernst nahmen. Von ihnen empfing er Entscheidendes. In diesem Zusammenhang nannte er vor allem Professor Jakob. Von da an stand das soziale Interesse nicht mehr an erster Stelle. Jetzt ging es ihm mehr und mehr darum, den einzelnen Menschen zur Annahme Christi, zum Durchbruch zu verhelfen. Wie sehr ihn das beschäftigte, mag man daraus ersehen, dass er noch bei meinem letzten Besuch im Spital in Ilanz auf diese Zusammenhänge hinwies. Von da an diente er mit seiner Botschaft nicht nur seiner eigentlichen Gemeinde, sondern auch auswärts. Er soll im Laufe der Jahre – vor allem nach seinem Rücktritt vom Pfarramt – in ca. 70 Gemeinden Evangelisationsvorträge gehalten haben.

Da unser verstorbener Kollege ganz entschieden die Meinung vertrat, ein Pfarrer sollte nicht zu lange in der gleichen Gemeinde amten, so blieb er auch in Thusis nur zwölf Jahre. Es waren aber reiche Jahre. Während den strengen Wintermonaten standen ihm junge Pfarrer, die es damals im Überfluss gab, zur Seite. Diese erlebten eine gründliche, aber doch verständnisvolle Einführung in das Pfarramt. Von Thusis führte der Weg ins Oberland, nach Trin, wo Peter Paul Cadonau wieder in seinem surselvischen Idiom predigen durfte. Er hatte auch von Ardez und Thusis aus die romanischen Periodika mit fleissigen Beiträgen bedacht und gerade auf die Landesausstellung hin die Übersetzung des Matthäus-Evangeliums fertiggestellt. Als Präsident der «Fundaziun per il romontsch en baselgia» schenkte er in Zusammenarbeit mit allen sur- und sutselvischen Pfarrern den vielen dankbaren Lesern die «Meditaziuns biblicas», ein kleines Andachtsbuch, das wir auch heute noch gerne zur Hand nehmen. Jetzt nach der Rückkehr in die Surselva nahm er sich der «Canzuns choralas» an. In Zusammenarbeit mit seinen romanischen Kollegen und dem Komponisten Tumasch Dolf wurde das kleine Kirchengesangbuch geschaffen. Der Unermüdliche setzte sich dann an die Übersetzung des ganzen Neuen Testamentes. Hier war es dann Prof. Dr. Hercli Bertogg, welcher mit ihm das umfangreiche Manuskript noch einmal durchging. Die Basler Universität ehrte Cadonau und Bertogg mit dem Ehrendoktor, eine wohlverdiente Anerkennung seiner unermüdlichen Arbeit. Von seinen weiteren Arbeiten können wir nur wenige nennen: ein kleines Gebetbuch in romanischer Sprache, dann auch ein deutsches Gebetbüchlein, sowie die «Begegnungen mit Jesus», die gerne gelesen werden. Er hat seine Zeit auch in dieser Beziehung ausgekauft, dass er eben seinen Glaubensgenossen Hilfsmittel für das Gebets- und Glaubensleben zur Verfügung stellen wollte.

Nachdem Cadonau während vierzig Jahren in aller Treue der Bündner Kirche und Synode – letzterer als Examinator – gedient hatte, übersiedelten er und seine Gattin nach Seewis, wo er fortan im Evangeliumsdienst «Gott hilft» eine bedeutende Stellung inne hatte. Er hielt nicht nur die täglichen Andachten und betreute seelsorgerlich die vielen Gäste, sondern leitete auch Besinnungswochen, Trinkerwochen, Freizeiten und Evangelisationen. Dabei stand er in beispielhafter Art den Bedrückten und Gefährdeten bei – vor allem auch den ehemaligen Trinkern. So konnte er einmal in der grössten Sommerhitze von Seewis nach Landquart hinauseilen – per pedes apostolorum auf der staubigen Landstrasse – um einem Verirrten beizustehen. Kein Weg war ihm zu weit und kein Opfer zu gross, selbst dann nicht, wenn seine Liebe auch missbraucht wurde. In den Besinnungswochen des Blauen Kreuzes fand er immer den Ton und die Art, welche selbst die Trinker noch verstanden und annahmen. Zu den Gebetsbundversammlungen kamen Gläubige aus den verschiedensten Tälern Graubündens.

Pfarrer Cadonau hat im kirchlich-religiösen Leben unseres Kantons eine eigenartige – um nicht zu sagen einzigartige – Aufgabe gehabt. Er hat immer zwischen der Kirche und den Pfarrern einerseits und den Gemeinschaftsleuten anderseits vermittelt. Wenn die Gemeinschaftsleute mit den «ungläubigen Pfarrern» abrechneten, dann verteidigte Cadonau seine Kollegen mit voller Überzeugung und konnte recht energisch werden. Aber ebenso energisch kämpfte er bei seinen Kollegen um das Verständnis für die «Frömmler und Stündeler». Wenn das Verhältnis heute besser und gesünder geworden ist und man in seinen Urteilen zurückhält, dann verdanken wir das nicht zuletzt dem lieben Verstorbenen. Er selbst ertrug manchen Widerspruch auch von uns jüngeren Kollegen, die wir unsere Ansichten auch recht stürmisch und ohne das «Ehre das Alter» vortrugen. So fand man sich immer wieder. Und in den letzten Jahren, da Peter Paul an zunehmender Erblindung litt, sah er sich von der Sympathie seiner Kollegen getragen.

In Maria, geb. Cadonau, hatte unser Kollege eine verständnisvolle Lebensgefährtin, welche immer ein offenes Haus führte. Nicht nur Freunde und Amtsbrüder gingen da ein und aus, sondern auch viele Bedrückte, Rat- und Hilfesuchende, ja Brüder der Landstrasse. Frau Pfarrer Cadonau unterstützte ihren Gatten in der Gemeindearbeit, ohne viel Wesens zu machen. Sie ermöglichte es ihm, in seinen alten Tagen trotz des Augenleidens noch tätig zu sein.

Wenn wir auf das Lebenswerk Peter Paul Cadonaus zurückschauen, können wir kaum traurig sein. Dann müssen wir Gott danken für alles, was er uns in und durch unseren Pfarrer Cadonau gegeben hat. Und es ist wohl in seinem Sinne, wenn wir nicht nur ihm danken, sondern ein «Lobe den Herrn, meine Seele» anstimmen.

Michael[1]

1 Bei «Michael» handelt es sich vermutlich um ser Jacob Michael, Pfarrer in Samedan und einer der damaligen Redaktoren des Calender *Per mintga gi*.

La Casa Paterna, 52. Jahrgang, Nr. 36, vom 7. September 1972, S. 1–2

En memoria da ser Paul Cadonau

In um d'in'admirabla dinamica, d'ina marvegliusa intensitad spirtala e d'ina beinvuglientscha singulara ha bandunau quest mund, relaschond en profunda malencurada sia premurada consorta, ses parents ed amitgs e nundumbreivels attaschai parochians dallas siat pleivs, las qualas el ha provediu duront ina fritgeivla activitad pastorala da varga tschun decennis.

Survir e gidar al parmer carstgaun ei temps da sia veta stau la suprema maxima da ser Paul Cadonau. E havend la sort dotau el cun ina forza da lavur pongi nunexauribla, ha il permiert ordeifer siu uffeci parochial saviu sededicar a numerusas autras vocaziuns en favur dil proxim e dalla cuminonza. Sia capientscha per problems d'administraziun, sia eminenta habilitad pratica – duns e talents da sia derivonza purila – han senza dubi contribuiu il lur, da render pusseivel quell'eclatanta diversitad da siu operar. Cancellari dalla sinoda evangelica retica, actuar dil consistori evangelic, fundatur e parsura dalla societad da consum Glion e contuorn, iniziant e menader d'evangelisaziuns en varga 70 vischnauncas en ed ordeifer il Grischun, confundatur dall'uniun romontscha «Renania», president dil cussegl-scola, parsura cantunal dalla «Crusch blaua», plevon e directur administrativ digl asil «Gott hilft» a Seewis, pastur dallas olmas els spitals Tusaun, Cuera e Glion, scriptur e redactur da gasetta – tut quellas incaricas ha ser Paul Cadonau provediu, provediu culla premura conscienziusa che ha neu e neu caracterisau siu far e demanar.

Il pastur dallas olmas

Cun 23 onns ha il giuven plevon surpriu la pleiv Luven-Flond. Ardez-Ftan ell'Engiadina bassa, Tusaun-Masein e finalmein Trin ein stadas las suandontas staziuns da sia activitad pastorala. Culla midada d'Ardez a Tusaun ha igl operar pastoral da ser Paul anflau ina viulta decisiva. El spital circuital a Tusaun sesarva al premurau plevon in niev camp d'activitad. Il provediment pils malsauns, l'assistenza gidonta pils endironts e suffrents daventa pli e pli *l'incumbensa cardinala* da sia clamada. Favorisaus cun in dun extraordinari, da saver consolar e confortar, ei ser Paul, era aunc suenter ch'el era seretratgs da siu uffeci parochial, cuntinuadamein sededicaus alla missiun, da visitar ils malsauns els spitals da Glion, Tusaun e Cuera. E malgrad – ni forsa gest grazia a siu natiral tgeu, retratg e ruasseivel eis ei reussiu ad el da conquistar la confidonza e la cardientscha dils malsauns.

Sia habilitad, da confortar ils pazients e destadar en lur cor nova speronza, sto esser stada singulara. Repetidamein hai jeu udiu enconuschents a risdar dils marveglius success che las visetas da ser Paul hagien giu duront lur malsogna. «Sias visetas han promoviu mia guariziun silmeins aschi bein sco las visetas dil miedi», confessa ina veglia pura. «Gia il patratg che ser Cadonau vegni a visitar mei suentermiezgi, ha mintgamai mitigau mia suffrientscha. E cu el ei lu sesius sper miu letg, eran mias dolurs sco stizzadas ora. El duvrava gnanc plidar bia. Gia sia preschientscha sco tala ha quietau mei, ha dau a mi nova speronza. Ei era sco sche sia persuna derasass ina misteriusa forza calmonta.»

En consideraziun da tals confess san ins buc auter che da seregurdar dallas particularitads religius-spirtalas, che la terminologia teologica numna «Charisma» ...

Il gasettist

Il settember 1920 ein enzacons premurai Romontschs seradunai a Glion per fundar l'uniun romontscha «Renania». Da medem temps ei vegniu concludiu d'edir en cuminonza cull' «Uniun Rumantscha da Schons» in fegl mensil sut il tetel «La Casa Paterna». Per redactur dalla nova gasetta han ins elegiu cun acclamaziun igl iniziativ plevon da Luven-Flond, ser Peter Paul Cadonau.

Sin Nadal 1920 ei igl emprem numer dalla «Casa Paterna» cumparius. En siu artechel inizial ha il redactur fixau sia posiziun personala davart il manteniment dil lungatg romontsch. Havend questas explicaziuns, screttas avon biebein in miez tschentaner, en princip salvau lur valeivladad tochen sin il gi dad oz, seigi lubiu a mi, da citar el suandont ils pugns essenzials ord igl instructiv artechel da ser Paul Cadonau:

> «La principala idea de nossas uniuns romontschas e de nies luvrar per il Romontsch ei buca in lungatg sco tal. Sche quei fuss il cass, lu daveras valess ei pauc e vegness era buc a cuzzar gitg. *Nus volein buca far ord nies lungatg in idol* e s'enclinar avon el. El ei ge buca pli buns e buca pli bels che auters lungatgs, mo era buca pli schletts. El ei gest aschi buns ne schi schletts sco nus Romontschs essan; pertgei el ei mai quei, che ei enten nus. Nus vulein perquei tuttavia buca seludar, mo era buca seturpegiar da nies vierv matern. Tgi che tschaffa si endretg nossa lavur per il Romontsch sto haver ina mira pli aulta. El sto haver il giavisch, de luvrar per l'olma romontscha, *per il spirt ed nies pievel.* E quei ei ina caussa, che dovess inflammar scadin tier ina premura stateivla. Senza cultivar las forzas dil spirt savein nus ge buca exister. Mo tier in pievel vegn ins de contonscher quei intent mai entras siu agen lungatg.
>
> Perquei che nus volein cultivar il Romontsch, *volein nus buca bandischar il Tudestg*; pertgei saver Tudestg ei ina domonda vitala per nus Romontschs. Nus volein era buca affruntar nos convischins tudestgs el Grischun ed ella Svizzera; pertgei dad els dependein nus ina gronda part e retschevein biars benefecis. Perquei astgein e volein nus era buca bandischar il Tudestg ord nossas scolas. Nos scolars dein vinavont emprender Tudestg; mo els dein ordavon emprender Romontsch.
>
> *Nus essan ussa Romontschs e savein era buca midar quei.* Aunc sche nus volessen unfrir nies lungatg ed eleger in auter, mass quei biar pli vess, che sco ils biars crein. Il lungatg selai buca scomiar sco in vestgiu; el ha profundas ragischs.
>
> *Il pievel romontsch drova, perquei ch'el ei pintgs, buca seplaccar.* La Svizra ei era pintga, mo seturpegia buca da star sper grondas e pussentas terras. Ella ha schizun per temps saviu prestar per quellas buns servetschs. E sin sumeglionta moda ha forsa era il pievel romontsch aunc de complenir ina obligaziun enteifer nies pievel svizzer. Ei fuss negin avantatg per nus e per

nossa terra in grond donn, sche nies lungatg romontsch mass en decadenza. Perquei si! e cultivei el!»

Sco questas explicaziuns programmaticas demuossan, ei la cultivaziun dil lungatg mumma per il redactur ser Paul Cadonau oravontut in mied per nutrir spért ed olma da ses lecturs. En ualti tuts problems che han da lezzas uras fatschentau nies agen ed auters pievels, ha el priu posiziun personalmein. La diversitad dils temas che ser Paul tractava en sias contribuziuns redacziunalas, era buca meins marvegliusa che sias profundas enconuschientschas dallas diversas materias. Era suenter ch'el era 1928 seretratgs dalla redacziun, ha el milsanavon, gie tochen ils davos gis da sia veta enrihiu la «Casa Paterna» cun sias beinponderadas, stilisticamein excellentas contribuziuns.

Il scriptur Paul Cadonau

Buca mo alla schurnalistica, ch'ei per regla dependenta dall'actualitad variabla e vargheivla, ha il defunct dedicau sia plema versada. Ser Paul ha era scaffiu in respectabel diember d'ovras litteraras, ovras litteraras ch'astgan pretender valur cuzzeivla. Ils catalogs da nossa Biblioteca cantunala registreschan sut il num Peter Paul Cadonau ils tetels d'ina roscha publicaziuns, schebein en lungatg tudestg sco en ladin e sursilvan. La part preponderonta da questas publicaziuns secumpona da tractats religius-teologics e versiuns dalla Sontga scartira. Dasperas sepresentan pliras collecziuns da Canzuns Choralas e da poesias, Biblas illustradas pil diever dalla scola e biografias, milsanavon cudischs d'uraziun, tractats davart fatgs ecclesiastics, giugs auditivs, monografias historicas e raquintaziuns belletristicas.

La capo-ovra denton, che ser Paul Cadonau ha regalau a sia patria romontscha, ei senza damonda la versiun sursilvana dil Niev Testament e dils Psalms, la quala el ha procurau cun agid da prof. Hercli Bertogg. Varga vegn onns ha ser Paul – sper tut ils auters buordis e grevezias da sia extendida activitad pastorala – sestentau cun quei niebel, mo nungetg pretenzius pensum. Mo tgi ch'ei sez zacuras sefatschentaus cun semegliontas incumbensas, po s'imaginar tgei quei munta. Cun in stoizissem veramein admirabel ei ser Pau sesuttamess allas renunzias e desistenzas, las qualas questa immensa interpresa ha pretendiu. Sch'el duront quei temps visitava mei a Cuera en miu luvratori – e quei capitava per miu grond plascher beinduras – hai jeu maina tralaschau d'empalar nies discuors sin la lavur da sia translaziun, per astgar parter cun el la satisfacziun dils progress da sia interpresa monumentala.

1954 ei la versiun dil Niev Testament e dils Psalms cumparida renconuschida cun laud distinguent aschi bein da vart teologica sco dils erudits dalla filologia. Igl onn sissu, 1955, ha la facultad teologica dall'Universitad da Basilea remunerau l'oreifra prestaziun scientifica cun numnar ser Peter Paul Cadonau *Doctur honoris causa* dalla teologia.

Daveras, igl ei ina ordvart reha veta ch'ei secumplenida ils 24 d'uost 1972 el spital Sontga Clau a Glion. Ina veta, reha da lavur e da prestaziuns extraordinarias, reha da valeivels merets e da success. Las prestaziuns dil meriteivel defunct fussen ualvess stadas pusseivlas e contonschiblas en tala dimensiun ed extensiun, senza la perseveronta assistenza da sia gideivla consorta dunna Maria, la quala ha pruamein susteniu e promoviu il nunstunclenteivel operar parochial da siu mariu, prendend viva art e part dallas responsabladads, dallas desistenzas e dils sacrifecis che l'aulta finamira dalla pretensiusa missiun da ser Paul Cadonau ha garegiau.

Gian Caduff

Per mintga gi. Calender popular per las valladas renanas 52 (1973), S. 31–34

Ser dr. h. c. Peter Paul Cadonau (1891–1972)
Nies calender da uonn era gia en stampa ed il redactur en vacanzas, cu la nova ei vegnida che nies ser Peter Paul Cadonau seigi morts suenter entginas jamnas da dimora el spital a Glion e vegni sutterraus la dumengia dils 27 da uost sil santeri da siu liug nativ a Vuorz, – la dumengia dalla fiasta ecclesiastica. Malgrad fuss ei buc endretg, sche nus purtassen buc aunc el calender in necrolog en sia memoria, era sche quel sto forsa vegnir screts empau en prescha e senza che nus veien la peda necessaria per surveser e far menziun da tut quei che ser Paul ha fatg e prestau per nus el decuors de sia liunga veta da plevon. Il compilader da questas lingias ei engrazieivels d'astgar far diever per quei intent dils artechels commemorativs da ser Martin Cavegn e da Gian Caduff ella pressa e dil plaid sur fossa da ser Martin il gi dalla sepultura a Vuorz.

Igl emprem ina veglia regurdonza. Ella memoria dil scribent ei semantenius in maletg ord sia emprema giuventetgna, in maletg, il qual el ha pli tard gitg buca saviu, nua ch'el hagi da metter el, e da tgei persunas ch'ei setracti. Pér bia pli tard han las persunas sil maletg da sia memoria puspei survegniu in num ed el ha saviu metter a casa ellas. Avon la baselgietta a Flond stat ina gronda fuola da glieud. Els ston gest esser vegni ord baselgia. Tuts stattan en rudi entuorn enzatgi, al qual ei stroclan il maun e vulan aunc inaga sentir sia vischinonza. A biars roclan las larmas, dunnas ein denter che bragian, ils umens stattan leu cun fatschas pensivas. Mo ordamiez il marighel da glieud vegn ina vusch migeivla e cunfortonta d'in um aunc giuven, ed ina curteseivla dunna giuvna stat sper el. Onns ed onns duront il temps da mia giuventetgna ei quei maletg restaus en mia memoria senza che jeu vessi saviu, da tgi e da tgei ch'ei hagi setractau lezzaga. Sulettamein quei veva mia memoria manteniu, che la glieud entuorn quei um e quella dunna erien surpri d'ina dolur e tristezia, sco sch'els fussien restai anavos senza pastur, e dasperas quella vusch cunfortonta e migeivla digl um e dalla dunnna, sco sch'els vulessan gir: «Vus essas buca sulets. In auter e pli ault vegn ad esser cun vus.» Igl ei stau il priedi e la dumengia da comiau da ser Paul e da sia consorta, dunnonda Maria, da lur empremas pleivs a Luven e Flond, la stad 1924. Jeu vevel pia strusch sis onns, ed era mei ha enzatgi menau tier quei um e quella dunna, per che jeu detti ad els il maun e getgi adia.

Il maletg muossa enzatgei. El muossa la gronda veneraziun che las duas pleivs da Luven e Flond vevan per lur da lezzas uras aunc giuven plevon e sia dunna. Els stuevan ver capiu da gudignar ils cors da quella populaziun. Il cor d'in carstgaun gudogna quel che ei per l'auter in agid, che fa enzatgei per el ed ei daventaus siu amitg. Era ei stau sia moda sempla e capeivla da perdegar, sia capientscha pils basegns dil singul, sia tgira pastorala dallas olmas, ni siu star en per ils problems e per las dumondas dalla cuminonza entira?

Tgi che ha pli tard empriu d'enconuscher ser Paul, sa che tuttas quellas qualitads mavan tier el ina en l'autra, sia migeivladad e capientscha visavi il singul e sia forza cu ei setractava da star en per ils beins generals dad in pievel e d'ina baselgiada. Survient dil plaid da Diu e pastur dallas olmas. Quellas duas caussas ston ir ensemen. Vigur e migeivladad en uniun ina cun l'autra. Quellas duas qualitads ensemen cun ina profunda savida ed ina enorma forza da lavur han accumpignau ser Paul entochen en aulta vegliadetgna en tuttas sias pleivs ch'el ha pastorau ed en tut tschella lavur ch'el ha prestau pil beinstar da nies pievel.

Da 1914–1924 ei ser Paul plevon a Luven e Flond, da 1924–1932 ad Ardez e Ftan ell'Engiadina bassa, da 1932–1944 a Tusaun-Masein, da 1944–1954 a Trin. Duront onns, tochen 1968 meina el lu l'ovra «Gott hilft» a Seewis, e suenter esser seretratgs era da quella lavur ed esser secasaus puspei diltut a Vuorz, ha el aunc en ses davos onns, el temps dalla munconza da plevons da 1970–1971, surpriu la pastoraziun da Vuorz e Schnaus. Dasperas ha el duront sia entira veta da plevon luvrau cun gronda perschuasiun sil camp d'evangelisaziun, ella tgira pils malsauns d'alcool, ella societad grischuna dalla Crusch blaua, la quala el ha presidiau duront biars onns, sco era ella tgira dils spitals ed el survetsch da tgira entras il telefon. Sin tut quels camps ha el gudignau biars ed engrazieivels amitgs egl entir cantun e lunsch sur ils cunfins da quel viado. A tuts, ils quals ein scuntrai cun el en quella lavur, vegn el a restar nunemblideivels.

Nus Romontschs denton vein bein aunc in special motiv da seregurdar cun engraziament e veneraziun da nies ser Paul. Quei ei stau sia carezia e sia attaschadadad per nies lungatg e la lavur ch'el ha prestau per il manteniment e per igl alzament da quel. El calender 1955 scriva el, co ei seigi vegniu tier la nova versiun dil Niev Testament e dils Psalms, cumparida ils 1954, la quala vegn a restar sia pli impurtonta lavur sil camp ecclesiastic romontsch, e per la quala el ei vegnius honoraus ensemen cun ser dr. Hercli Bertogg cul doctur honoris causa entras la facultad da teologia a Basilea. El descriva la munconza da mieds adattai per la cultivaziun dil lungatg romontsch en nossa baselgia dil temps ch'el ei entraus el survetsch da quella, il basegns ch'ei sepresentaus gia lezzaga da procurar per novs cudischs religius. L'entschatta ei stau ina ediziun dallas historias biblicas ensemen cun treis auters collegas. Pli tard ein vegni vitier in cudisch da meditaziuns ed in dad uraziuns per la casa romontscha, dasperas la gronda lavur vid las novas canzuns coralas, cumparidas sut sia tgira ils 1946, e la finala il Niev Testament ed ils Psalms dils 1954. Pli baul eran cumpari cudischets cun canzuns religiusas, edi ensemen cun Tumasch Dolf, ed ils 1936 igl evangeli suenter Matteus en nova versiun sursilvana sco ovras pli grondas. Quei ein mo las principalas ovras sil camp per nossa baselgia romontscha, las qualas portan per gronda part siu bul ed ein vegnidas a strada oravontut entras sia nunstunclenteivla lavur e sia carezia per nies lungatg. Da numnar fuss oravontut era aunc la part historica dil Veder Testament, cumparida en extracts ils 1967, la quala ei medemamein vegnida fatga en lavur cumineivla sin fundament d'ina emprema translaziun entras el e sut sia survigilonza, e lu lein buca emblidar ses numerus artechels religius e sias meditaziuns biblicas ella Casa Paterna.

Mo gest sil camp romontsch e perschuadius dalla muntada dil lungatg mumma per la cultivaziun dil spért e dall'olma eis el buca secuntentaus mo cun la litteratura religiusa. Gia baul ha el sentiu era il basegns per ina gasetta romontscha protestanta. Cu la Renania sin sia cuniniziativa ei vegnida fundada dils 1920, ha el immediat surpriu la redacziun dalla Casa Paterna, la quala cumpareva lu aunc sco fegl mensil. Quella ha el redigiu aunc in liung temps duront ses emprems onns ad Ardez, e tgi che sfeglia en quellas veglias annadas, quel sa seperschuader dalla gronda lavur ch'el ha prestau per lur reussir. E medemamein sche nus sfegliein d'entschatta enneu entochen il davos ellas annadas da nies calender, sche entupein nus adina puspei sia plema. Ellas empremas annadas eran ei oravontut sias meditaziuns criticas sur eveniments dil temps. Ei era ils onns dil moviment religius-social en Svizra ed autro. Cadonau era staus scular da Leonhard Ragaz, il menader da quei moviment. Las dumondas socialas da nies pievel fatschentavan el fermamein. Mira la fundaziun dil consum puril a Glion a lezzas uras sin sia iniziativa e sut sia direcziun. Ed il medem motiv religius-social ei era quel ch'intimescha las emprovas dil defunct sco scribent da raquintaziuns popularas educativas e sco autur da giugs auditivs ord la Bibla per la tribuna romontscha e per las emissiuns romontschas el radio. Maina, aschi gitg che sias forzas ed oravontut sia vesida han lubiu, ha enzatgi spluntau per nuot per in artechel ni ina contribuziun tier el, ed aunc els onns che sia vesida vegneva adina pli fleivla e falombra, ha el tarmess regularmein ses artechels religius per la gasetta.

Aschia stein nus avon ina veta secumplenida entochen il davos en pleina lavur per nies pievel e per nossa baselgia evangelica, prestada en gronda savida e fideivladad. Ina greva ed ampla spigia madira sin nies èr e sigl èr dil Tutpussent. Vigur e migeivladad – la veneraziun nunsmesada d'ina entira pleiv – il maletg ord l'emprema memoria ei semanifestaus e severificaus entochen la davosa ura, ch'il Segner ha priu ad el il pennel orda maun per schar entrar el ella pasch perpetna da siu reginavel. En veneraziun per sia persuna engrazien nus a Deus, ch'el dat a nus tals mussaders. Cun sincera condolientscha a sia stimada consorta ed a ses ulteriurs relaschai.

mc/fd[1]

1 Die Kürzel «mc/fd» stehen vermutlich für Martin Caveng und Flurin Darms, einen der damaligen Redaktoren des Calender *Per mintga gi*.

Personenregister

Herausgeber und Autoren

Horst F. Rupp, Univ.-Prof. Dr. theol., geb. 1949 in Rothenburg ob der Tauber, Studium der Theologie, Psychologie, Germanistik und Geschichte an den Universitäten in Erlangen und Zürich. Erstes und zweites Staatsexamen für den Gymnasialdienst, erstes theologisches Examen für das geistliche Amt. Promotion 1984/85 in Erlangen, Habilitation in Praktischer Theologie/Religionspädagogik 1993 in Frankfurt a. M. Nach Stationen an den Universitäten in Bamberg, Aachen, Koblenz und Frankfurt a. M. 1993 Ruf auf den Lehrstuhl für Evangelische Theologie und Religionspädagogik an der Universität Würzburg. Diverse Publikationen zur Theologie, Geschichte, Pädagogik und Religionspädagogik.

Neuere Veröffentlichungen:

Lebensweg, religiöse Erziehung und Bildung. Religionspädagogik als Autobiographie, Bd. 6, hg. zusammen mit Susanne Schwarz, Würzburg 2015.

(Hg.), Der Waltensburger Meister in seiner Zeit, Lindenberg i. Allgäu und Chur 2015.

LebensBILDung. Ausgewählte Schriften zu Religion und Bildung, Judentum und Kunst, hg. von Martha Römer und Susanne Schwarz, Würzburg 2015.

Rothenburg ob der Tauber. Geschichte der Stadt und ihres Umlandes, hg. zusammen mit Karl Borchardt, Darmstadt 2016.

«Jeder Lehrer – ein Religionslehrer». Religion und ihre Didaktik bei Fr. A. W. Diesterweg. Ein Kapitel einer Geschichte der Religionsdidaktik im 19. Jahrhundert, 2., ergänzte Auflage, Würzburg 2016.

Diesterweg im Fokus. Bildungs- und schulgeschichtliche Beiträge, Würzburg 2017.

Jan-Andrea Bernhard, Privatdozent, Dr. theol., geb. 1971 in Chur, Studium der Altphilologie, Theologie und Geschichte an den Universitäten in Zürich und Basel. Ordination 2001 in Andeer, Promotion 2003 in Zürich, Habilitation 2012 in Zürich. Nach einer Gastdozentur 2004 in Klausenburg (Cluj, Rumänien) verschiedene Lehraufträge und Gastvorlesungen in Reformationsgeschichte und osteuropäischer Geschichte an unterschiedlichen Universitäten in Mittel- und Osteuropa. Von 2003 bis 2016 Pfarrer in der reformierten Kirchgemeinde Castrisch/Riein. Seit 2017 Pfarrer in Waltensburg und Schnaus.

Neuere Veröffentlichungen (Autor oder Herausgeber, keine Einzelstudien):

Orbis Helveticorum. Das Schweizer Buch und seine mitteleuropäische Welt, hg. zusammen mit Viliam Čičaj, Bratislava 2011.

Konsolidierung des reformierten Bekenntnisses im Reich der Stephanskrone. Ein Beitrag zur Kommunikationsgeschichte zwischen Ungarn und der Schweiz in der frühen Neuzeit (1500–1700), Göttingen 2015.

Castrisch en historia e preschientscha / Castrisch in Geschichte und Gegenwart, hg. zusammen mit Hans Caprez, Chur 2016.

Martin Fontana, Dr. theol. h. c. (Universität Zürich), geb. 1934, aufgewachsen in Flims, studierte evangelisch-reformierte Theologie, Religionswissenschaft und altorientalische Sprachen in Zürich, Berlin, Marburg an der Lahn und Basel. Neben seiner pfarramtlichen Tätigkeit in Castrisch/Riein 1958–1969 und Felsberg 1969–1994 war er zwanzig Jahre lang Redaktor des romanischen Jahrbuches *Per mintga gi* und Autor von kulturhistorischen Artikeln. Seit 1968 Mitarbeit an der neuen, fünfbändigen Bibelübersetzung ins surselvische Romanisch, *Bibla romontscha ecumena*, von der bereits drei Bände erschienen sind: *Niev Testament,* 1988; *Ils profets,* 2004; *Ils cudischs poetics,* 2014.

Veröffentlichungen:

Sinzurs agl ur. Poesias, Trun 1999.

Ei para l'alva. Poesias, Trun 2001.

Manfred Veraguth, Dr. phil., geb. 1971 in Waltensburg/Vuorz. Nach verschiedenen Tätigkeiten als Redaktor (*La Casa Paterna*, Radio Rumantsch) Studium der Geschichte, Theaterwissenschaft und der Wissenschaftstheorie/-geschichte an der Universität Bern. Promotion 2013 in Bern zu einem theaterhistorischen Thema. Seitdem Tätigkeiten als Archivar (Stadtarchiv Chur) und Wissenschaftlicher Mitarbeiter (Staatsarchiv Graubünden); seit 2018 Dokumentalist beim Institut dal Dicziunari Rumantsch Grischun sowie Arbeit am Projekt des Instituts für Kulturforschung Graubünden «Theatergeschichte der Drei Bünde». Diverse Publikationen, vor allem zur Bündner (Kultur-)Geschichte.

Neuere Veröffentlichungen:

Peter Bissegger, Martin Hauzenberger, Manfred Veraguth, Grosse Schweizer Kleinkunst, Zürich 2010.

«Besser ein ordentliches Theater, als die Tingel-Tangel-Wirtschaft in allen Quartieren». Die Theatertopographie und das Theaterpanorama der Stadt Bern um 1900, Hannover 2015.

150 onns Spital regiunal Surselva. Vom privaten Hospitale zur Regionalspital Surselva AG 1868–2018, hg. von der Regionalspital Surselva AG, Ilanz, Chur 2018.

Bildnachweise

Abb. 1, Abb. 4; Abb. 5, Abb. 6, Abb. 7, Abb. 8, Abb. 10, Abb. 11, Abb. 12, Abb. 15, Abb. 16, Abb. 17a/b/c, Abb. 18, Abb. 20, Abb. 21, Abb. 23, Abb. 25, Abb. 29, Abb. 30a/b, Abb. 31, Abb. 32b, Abb. 33, Abb. 34, Abb. 35, Abb. 36, Abb. 38, Abb. 41, Abb. 43, Abb. 44, Abb. 45, Abb. 46, Abb. 47, Abb. 50, Abb. 52, Abb. 62, Abb. 63, Abb. 68, Abb. 69:
Nachlass Peter Paul Cadonau, in Händen von Annalisa Bischoff-Pfister und Dr. Martin Pfister

Abb. 2: Kirchgemeinde Waltensburg
Abb. 3, Abb. 70:
Entnommen aus: Arno Seeli, Waltensburg/Vuorz. Pratval 2004.
Abb. 9: Zeitschrift «Neue Wege», Zürich
Abb. 19: Karl-Barth-Archiv, Basel
Abb. 22, Abb. 51, Abb. 53, Abb. 54:
Lia Rumantscha, Chur
Abb. 24, Abb. 39, Abb. 40, Abb. 64:
Stiftung «Gott hilft», Zizers
Abb. 13, Abb. 14, Abb. 26, Abb. 27, Abb. 28, Abb. 48, Abb. 65, Abb. 66, Abb. 67:
Kantonsbibliothek Graubünden, Chur
Abb. 32a: Universitätsbibliothek Basel
Abb. 37: Entnommen aus: Vater Rupflin erzählt wie Gott hilft. Gott-hilft-Verlag, Seewis/Blaukreuzverlag, Bern 1955.
Abb. 42: Iris Eigenmann-Veraguth
Abb. 49: Entnommen aus: 1922–1997. Ina cronica dalla Renania per siu giubileum da 75 onns. Chur 1997
Abb. 55: Martin Fontana
Abb. 56, Abb. 57a–d:
Entnommen aus: Calender *Per mintga gi* 1934
Abb. 58: Sammlung Rupp-Pfister
Abb. 59, Abb. 60:
Manfred Veraguth
Abb. 61a/b: Staatsarchiv Graubünden, Chur